Kunst-Reiseführer in der Reihe DuMont Dokumente

Zur schnellen Orientierung – die wichtigsten Orte und Sehenswürdigkeiten auf einen Blick:

(Auszug aus dem ausführlichen Ortsregister)

Ahun (F 7) 74
Ambazac (D 6) 279
Argentat (F 2) 173
Aubazine (D 2) 154
Aubusson (F 6) 48
Beaulieu-sur-Dordogne (E 1) . . 166
Bellac (B 7) 282
Bénévent l'Abbaye (D 7) . . . 69
Bort-les-Orgues (H 3) 179
Bourganeuf (E 6) 64
Boussac (F 8) 38
Brive (D 2) 122
Châlus (B 5) 241
Chambon-sur-Voueize (G 7) . . 41
Château de Chalusset (C 5) . . 248
Château de Sédières (F 3) . . . 117
Château de Val (H 3) 180
Château de Ventadour (F 3) . . 119
Château de Villemonteix (F 7) . 52
Châteauponsac (C 7) 286
Chénérailles (F 7) 52
Collonges-la-Rouge (E 1) . . . 163
Coussac-Bonneval (C 4) 234
Crocq (G 6) 59
Crozant (D 8) 31
Curemonte (E 1) 171
Evaux-les-Bains (G 7) 40
Felletin (F 6) 57
Fresselines (E 8) 34
Gimel-les-Cascades (E 3) . . . 114
Guéret (E 7) 25
Lac de Vassivière (E 5) 61
La Souterraine (D 8) 27
Le Chalard (C 4) 237
Le Dorat (B 7) 283
Limoges (C 5/6) 224
Meymac (F 4) 213
Moutier-d'Ahun (F 7) 73
Pompadour (C 3) 201
Rochechouart (A 5) 245
Saint-Junien (B 6) 272
Saint-Léonard-de-Noblat (D 5/6) 268
Saint-Yrieix-la-Perche (C 4) . . 235
Solignac (C 5) 265
Tours de Merle (F 1) 175
Treignac (E 4) 207
Tulle (E 2/3) . . . . . [illegible]8
Tur[illegible]

In der vorderen Umschlagklappe: Übersichtskarte Li[illegible]

In der hinteren Umschlagklappe: Stadtplan von Limoges

Erich Grau
Margit Kilian

Das Limousin

Im Herzen Frankreichs – Entdeckungsreisen zwischen Zentralmassiv und Poitou, Périgord und Bourbonnais

DuMont Buchverlag Köln

Umschlagvorderseite: CHÂTEAU DE VILLEMONTEIX

Umschlagklappe vorn: CROCQ, Kirche, Detail des Triptychons

Umschlagrückseite: Dämmerung in LIMOGES, Quartier de l'Abbesaille in der Cité

Frontispiz: Die Schloßherrin und der Troubadour, Tapisserie 15. Jh.

Vignette: Troubadour, aristokratischer Minnesänger

Die Deutsche Bibliothek – CIP-Einheitsaufnahme

Grau, Erich:
Das Limousin: im Herzen Frankreichs;
Entdeckungsreisen zwischen Zentralmassiv und Poitou,
Périgord und Bourbonnais /
Erich Grau; Margit Kilian. – Köln: DuMont, 1992
(DuMont-Dokumente: DuMont-Kunst-Reiseführer)
ISBN 3-7701-2732-3

Satz, Druck und buchbinderische Verarbeitung: Boss-Druck, Kleve

Printed in Germany ISBN 3-7701-2732-3

Inhalt

Einleitung 8

Kultur und Kunst im Limousin 10
Kirchliche Kunst 10
Burgen und Wehrkirchen 12
Hausbau im ländlichen Limousin 13

Creuse 14

Landschaft und Geschichte 15
Vorgeschichte 15
Die Zeit der Völkerwanderung 16
Die Grafschaft Marche 18
Die Engländer 18
Die Religionskriege 19
Das 17. und 18. Jahrhundert 20
Die Creuse nach der Revolution 20
Die Bauarbeiter der Creuse 21
Der Bevölkerungsrückgang 22
Landwirtschaft 23
Viehzucht 23
Holz als neuer Erwerbszweig 24

Die Hauptstadt Guéret 25

Creuse-Rundreisen 27
Zwischen La Souterraine und Crozant (Circuit des Vertes Vallées) 27
Zwischen Boussac und Chambon-sur-Voueize (Circuit des Vieilles Pierres) 38
Im Tal der kleinen Creuse (Circuit Petite Creuse) 45

Haute-Marche und Combrailles (Circuit Haute-Marche et Combrailles) 48
Im Süden der Creuse (Circuit des Pins et Bruyères) 57
Um den Lac de Vassivière (Circuit des Lacs) 61
Um Bourganeuf (Circuit des Chevaliers) 64
Im Westen der Creuse (Circuit des Eaux Vives) 69
Im Zentrum der Creuse (Circuit de la Creuse Romane) 73
Um Guéret (Circuit des Pierres et Chemins Verts) 78

Corrèze 98

Landschaft und Geschichte 99
Vorgeschichte 99
Die ersten Völker 100
Die Zeit der Römer 100
Das Mittelalter 101
Kunst im Mittelalter 101
Der Hundertjährige Krieg und die Religionskriege 102
Die Renaissance 104
Das 18. Jahrhundert 104
Das 19. und 20. Jahrhundert 105
Die Corrèze heute 106
Landwirtschaft 106
Die Bauernhöfe 106
Die Sprache des Limousin 107

Die Hauptstadt Tulle 108

Corrèze-Rundreisen 113
Von Tulle nach Egletons 113
Brive und das Yssandonnais 122
Zwischen Tulle und Brive 154
Um Collonges und Turenne 158
Beaulieu und Umgebung 166
Argentat und die Xaintrie 172
Das Tal der Dordogne 179
Uzerche und Umgebung 183
Das Gebirgsmassiv der Monédières 205
Ussel und das Plateau de Millevaches 210

Haute-Vienne 218

Das Departement 220
Kunst und Handwerk 221
Die Emailarbeiten 221
Das Porzellan 222
Gerber und Bandholzmacher 223

Die Hauptstadt Limoges 224

Haute-Vienne-Rundreisen 234
Die Straße ›Richard Löwenherz‹ 234
Das Tal der Briance 247
Im Tal der Vienne 266
Die Monts de Blond 275
Das Taurion-Tal und die Berge von Ambazac 279
Die Basse-Marche 281

Erläuterung der Fachbegriffe 289

Literaturhinweise 295
Abbildungsnachweis 295

Praktische Reiseinformationen 297

Register 324

Kunstgeschichtliche und andere Fachbegriffe, die im Text erscheinen, werden auf den Seiten 289–294 erläutert.
Vorschläge für Kurzaufenthalte befinden sich auf den Seiten 300–301.

Einleitung

»Man braucht mehr als ein Leben, um alle verschiedenen Varianten der Farbe Grün in diesem Tal zu erfassen«, schwärmte schon der 1841 in Limoges geborene Maler Auguste Renoir von der Natur entlang des Flüßchens Creuse in seiner Heimat, dem Limousin. Diese Region im Zentrum Frankreichs, von vielen vielleicht bislang nur im Vorbeifahren auf dem Weg nach Spanien oder an die Atlantikküste auf der Karte registriert, hat sich seither auch wenig verändert. Weiträumige, teilweise fast verlassene Landschaften prägen den ersten Eindruck. Kein Wunder, daß die Region mit ihrem Namen sogar noch für ein französisches Schimpfwort herhalten mußte. Seit 1914 Generalstabschef Joseph Joffre 134 unfähige Offiziere von Paris nach Limoges strafversetzte, bedeutet das Verb ›limoger‹ etwa kaltstellen oder absägen. Doch wenn man sich Zeit nimmt und das Limousin länger durchstreift, dann präsentiert einem diese Region ihre schönen Seiten.

Das Limousin hat eine bewegte Vergangenheit: Über ein Jahrtausend war das Gebiet immer wieder umkämpft. Vor allem im Hundertjährigen Krieg, als England mit Aquitanien den südwestlichen Teil Frankreichs beanspruchte, war das Limousin heißumstrittenes Grenzland, und Dutzende von Burgen und Wehrkirchen erzählen noch heute ihre Geschichte aus dieser Zeit. Der bekannteste Kämpfer im Limousin war sicher Richard Löwenherz. Der englische König füllte hier, im damals an Gold und Emailkunstwerken reichen Norden seines Festlandbesitzes, die Kriegskasse. Bei der Belagerung von Châlus im Südwesten des Limousin fand das sagenumwobene Leben Richards durch einen Armbrustpfeil auch sein Ende.

Heute haben die Engländer das Limousin erneut entdeckt. Viele kaufen sich hier, nur 750 km von London entfernt, ein Landhaus oder gar eine kleine Burg. Das Limousin ist ein Land, das durch seine Ruhe und Beschaulichkeit immer mehr Freunde findet. Künstler zieht es nicht nur nach Fresselines, dem Geburtsort des Poeten Maurice Rollinat, wo schon Claude Monet zu seinen Bildern inspiriert wurde und auch der Bildhauer Auguste Rodin arbeitete. Wassersportler haben die Wahl zwischen insgesamt 10 000 ha Stauseen und Wildwasserstrekken aller Schwierigkeitsgrade. Wanderer, Radsportler und Pferdefreunde können tagelang durch kaum bewohnte Gebiete ziehen.

Als Inbegriff hervorragender ländlicher Gastronomie bietet das Limousin Gerichte mit Steinpilzen und Trüffeln, Eßkastanien und Walnüssen, Entenleberpastete und Ziegenkäse. Und hinzu kommt die herzliche Gastfreundschaft der Menschen im Limousin, die man nicht zuletzt bei der Übernachtung auf einem Bauernhof, in einer Pension auf dem Lande oder einem umgebauten Schloß erleben wird. Bei der Rundfahrt durch kleine Ortschaften kann der Tourist noch erleben, daß die Bäuerin ihre Arbeit unterbricht, um dem Gast beim Vorbeiradeln oder -fahren zuzusehen, und der Bauer mit einem lauten ›bonjour‹ grüßt.

›Chabatz d'entrar‹ in dem noch teilweise lebendigen Dialekt des Limousin oder auf französisch ›Finissez d'entrer‹ – treten Sie ganz ein – pflegt man im Limousin zu sagen, wenn man einen Besucher hereinbittet. Unter diesem Motto sollte man auch seinen Aufenthalt gestalten, wenn man den charakteristischen Lebensrhythmus dieser großzügigen Region in sich aufnehmen will.

Die Landschaft des Limousin, hier bei Turenne

Kultur und Kunst im Limousin

Kirchliche Kunst

Antike und frühes Mittelalter haben nur wenige Spuren im Limousin hinterlassen. Die Ausgrabungsstätte von Saint-Martial in Limoges und die galloromanische Krypta in La Souterraine sind die wichtigsten Zeugen dieser Epoche. Um die Jahrtausendwende begann mit der **Romanik** dann der prägende Kunstabschnitt für die Region. Im 11. Jh. dominieren die einfachen Formen, das 12. Jh. sieht elegantere Bauteile, Säulen und Pfeiler vor den Apsiden oder Emporen oberhalb des Chorumgangs. Die romanische Kunst des Limousin ist vor allem wegen ihrer Mannigfaltigkeit und der Vielzahl der Bauwerke bemerkenswert. Sie wurde stark durch die der Auvergne beeinflußt: Deren Hauptcharakteristik, die Wölbung des Kirchenschiffs, ist zum Beispiel in der Kirche von Beaulieu-sur-Dordogne schulmäßig vertreten. Aber auch die Stilrichtung von Poitou zeigt sich immer wieder, wie in der Stiftskirche Saint-Pierre von Le Dorat. Ein Tonnengewölbe überdacht das Hauptschiff, Kreuzgewölbe die Seitenschiffe. Hin und wieder ist auch der Kunsteinfluß des Périgord zu spüren, der sich beispielsweise in der Kuppel der Kirche von Solignac verewigt hat. Eine ganze Reihe von Elementen gilt jedoch als typisch für das Limousin. Zuerst ist hier das Baumaterial Granit zu nennen, dann die besondere Form der Glockentürme mit den Blendgiebeln, für die Saint-Léonard-de-Noblat, Collonges-la-Rouge, Saint-Junien und Uzerche als repräsentativ gelten. Diese Türme sind in den unteren Geschossen rechteckig und werden nach oben hin oktogonal. Die Blendgiebel könnte man als Bauglieder bezeichnen, die den Übergang vom Quadrat zum Achteck markieren und gleichzeitig fließender erscheinen lassen. In der Regel umschließen sie eine rundbogige Öffnung des oktogonalen Aufbaus und reichen oft bis zum obersten Geschoß oder ragen gar noch über den Helmansatz hinaus. Dabei können die Blendgiebel sowohl vor den Seiten als auch vor den Kanten der Achteckgeschosse stehen.

Auch die Fassaden des Limousin bieten Charakteristisches: Vorhallentürme werden beidseitig von Glockentürmchen flankiert, was besonders schön in Le Dorat und Saint-Junien zur Geltung kommt. Vielpaßbogen umrahmen dabei häufig das Portal und erinnern an die arabische Baukunst. Hin und wieder flankieren Blendarkaden den Eingang. Eine für das Limousin typische Eigenart bei Dorfkirchen ist die Glockenmauer oder -wand. Es handelt sich um eine nach oben verlängerte Westfassade oder um einen Westgiebel, in dem die

Glocken in einem oder mehreren Durchbrüchen hängen.

Da der harte Granit des Limousin nur schwer zu bearbeiten ist, sind Skulpturen eher die Ausnahme. Nur wenige Kapitelle und Tympana weisen Verzierungen auf. Damit soll aber nicht gesagt sein, daß diese wenigen Ausnahmen keine Ausstrahlungskraft hätten; das kunstvolle Tympanon in Beaulieu-sur-Dordogne beweist eindrucksvoll das Gegenteil. Noch zwei romanische Besonderheiten des Limousin verdienen der Erwähnung: zum einen die ›boudins‹, verzierende Wülste an Fenstern und Portalen, zum anderen die berühmten Totenlaternen aus dem 12. Jh. Mit den Fresken von Les Salles-Lavauguyon wurden vor einigen Jahren auch wichtige romanische Malereien entdeckt.

Die **Gotik** hat im Limousin, im Gegensatz zur Romanik, keine eigene Stilnuance entwickelt. Sie ist ein Zusammenfluß der Gotik des Languedoc und der Nordfrankreichs. Typische Beispiele sind bei den Kirchen und Kathedralen Saint-Etienne in Limoges, die Stiftskirche von Saint-Yrieix-la-Perche und der Vorhallenturm von Notre-Dame in Tulle. Zwei Steingräber aus dem 14. Jh. in der Kathedrale Saint-Etienne in Limoges stehen exemplarisch für die Gotik des Limousin im Bereich der Skulptur. Von den gotischen Wandmalereien des Limousin erhält man einen recht guten Eindruck in der Stiftskirche Saint-Junien, deren Gewölbe mit Werken aus dem 13. Jh. verziert ist. Nach dem Hundertjährigen Krieg gab es viel Wiederaufbauarbeit zu leisten, dabei dominierte der Flamboyant-Stil der Spätgotik.

Saint-Léonard-de-Noblat,
Glockenturm der Stiftskirche

Die **Renaissance** prägte die nächsten Jahrzehnte, ab dem 16. Jh. beeinflußt von italienischen Richtungen. Ein herrliches Renaissanceportal besitzt die Kathedrale von Limoges. Beispiele dieser Architekturepoche für profane Bauten liefern das Maison de Loyac in Tulle und das Maison des Archiprêtres in Lubersac. Ab etwa dem 17. Jh. verliert die sakrale Kunst im Limousin jeglichen regionalen Charakter.

Der **Barock** hält seinen Einzug in die Kirchen vor allem mit der Innenausstattung, die in diesem üppigen Stil renoviert wird. Bestes Anschauungsobjekt sind die Holztäfelungen der Kirche von Moutier-d'Ahun. Das 18. Jh. sieht dann unter Federführung der Intendanten vor allem weitgreifende Änderungen im Umfeld der schon bestehenden und gepflegten Bauten: Einengende Wehrmauern und Burggräben verschwinden, Plätze, Gärten und Boulevards geben ein weiträumiges Stadtbild. Hinzu kommen imposante Bauwerke wie der Bischofspalast von Limoges.

Burgen und Wehrkirchen

Die Feudalschlösser im Limousin aus dem 10./11. Jh. haben das zu Ende gehende Jahrtausend nicht ohne grundlegende Veränderungen, oft nach schweren Zerstörungen während der verschiedenen Kriege, überstanden. Meist sind es Wachtürme aus dem 12. Jh., die uns heute noch aus dieser Zeitspanne erhalten sind. Ehemals quadratische Bollwerke mit mehreren Stockwer-

ken, die verbindenden Treppen ins Mauerwerk eingelassen, erhielten sie im 13. Jh. größtenteils rundbogige Öffnungen. Ein gutes Beispiel ist der Wachturm von Châlus, an dem man auch die nur über eine einziehbare Leiter erreichbare kleine Tür im ersten Stock sieht. Häufig wurden die alten Burgen später zu Lustschlössern umgebaut, Burggräben und Teiche angelegt; ihr wehrhaftes Äußeres haben viele aber erhalten. Zu den wichtigsten Burgen dieser Epoche zählen im Limousin Merle, Ventadour, Montbrun und Crozant.

Gerade der Hundertjährige Krieg veranlaßte die Bewohner des Limousin, neben Burgen weitere typische Befestigungsanlagen, Wehrkirchen oder Wehrklöster zu errichten. Diese bildeten meist den Zufluchtsort für die Dorfbewohner, oft hatten sie wie die Burgen gezinnte Türme und Wehrgänge. Besondere Beachtung finden hier die Wehranlagen von Compreignac, Saint-Angel und Glénic.

Ab dem 15. Jh. entwickelte sich ein neuer Burgtyp, für den Villemonteix oder Le Théret stehen. Nur noch teilweise war die Anlage zur Verteidigung konstruiert, der herrschaftliche Wohntrakt bildete schon den Übergang zur nichtmilitärischen Architektur. Ab dem 16. Jh. wurden die Schlösser dann zu komfortablen Residenzen umgebaut, prunkvolle Beispiele stehen in Rochechouart, Coussac-Bonneval, Pompadour und Sédières.

Hausbau im ländlichen Limousin

Vor allem auf dem Lande sind die traditionellen Häuser ihrer Umgebung, der Arbeit ihrer Bewohner und dem Klima angepaßt. Die heute zu sehenden Gebäude stammen größtenteils aus dem 19. Jh. Fast alle sind aus dem jeweils örtlichen Granit errichtet, lediglich im Südwesten der Corrèze wurde mit dem dortigen Sandstein gebaut. Im gebirgigen Zentrum des Limousin hielt man die Häuser niedrig. Wohnraum mit Kamin und großem Eichentisch, Stall und Scheune waren unter einem Dach vereint. Damit blieb die Wärme im Winter so gut es ging im Haus. Die ursprünglichen Strohdächer sieht man nur noch selten, heute werden meist Schieferziegel verwendet. Kleine Gemüsegärten lieferten in den armen Gegenden wichtige Nahrungsmittel, das Wasser kam aus dem eigenen Brunnen. Auch in der Xaintrie waren Wohnhaus, Stall und Scheune zusammengebaut, das Haus stand in der Regel geschützt am Hang. Verputzt wurde der Granit mit einer goldfarbigen Mörtelmischung. Hier an der Dordogne, wo jahrhundertelang der Holzhandel die Menschen ernährte, sind Holzfachwerk und Holzbalkone nicht selten. In der übrigen Corrèze herrschen zwei Haustypen vor: zum einen das mit runden Ziegeln gedeckte Haus aus blauem oder ockerfarbenem Granit der Hochplateaus, zum anderen das blockförmige, zweigeschossige Sandsteinhaus, wobei die Wohnräume über den Wirtschaftsräumen lagen. Ebenso zweigeschossig baute man in der nördlich gelegenen Haute-Marche. Dabei lag unter dem Dach zusätzlich noch der Getreidespeicher. In klimatisch milderen Gebieten ist in den Bauernhäusern des Limousin ein Trockenraum zu finden: Hier werden die Eßkastanien zum Dörren ausgelegt.

◁ *Coussac-Bonneval, Lithographie von J.-B. Tripon, 1837*

CREUSE

Landschaft und Geschichte

Die Landschaft der Creuse, benannt nach dem Fluß Creuse, liegt auf einer Aufwölbung kristallinen Gesteins, den westlichen Ausläufern des Zentralmassivs, die sich zwischen dem Pariser Becken im Norden und dem aquitanischen Becken im Südwesten hochschiebt. In fast konzentrischen Kreisen überlagern sich hier verschiedene Erdschichten, die stufenweise von Südosten nach Nordwesten an Höhe verlieren. Basville, La Courtine und Millevaches, die höchsten Ebenen, liegen auf etwa 700 m und mit einzelnen Kuppen jenseits der 800er-Marke. Die niedrigeren Plateaus überschreiten nicht die 500-m-Grenze. Die Hochebenen der Creuse sind zugleich Wasserscheide zwischen der Loire im Norden und der Garonne im Süden wie auch Klimagrenze, denn das Gebirge hält die warmen mediterranen Luftmassen ab. Der Boden auf dem Granitsockel ist karg, dabei in den tieferen Lagen fruchtbarer als in den höheren. Die Niederschlagsmengen werden zwischen 750 mm jährlich im Norden und Osten und 1200 mm im atlantisch beeinflußten Südwesten und Westen gemessen.

Vorgeschichte

Zentralfrankreich ist voller Spuren menschlicher Besiedlung aus prähistorischer Zeit, und auch auf dem Gebiet der heutigen Creuse waren schon in der Altsteinzeit Vorfahren des heutigen Menschen zu Hause. In dieser nie von den Gletschern der Eiszeit berührten Gegend folgten Homo erectus, Steinheimer, Neandertaler und schließlich der Cromagnonmensch in kleinen Gruppen den Herden ihrer Beutetiere. Zehn- oder Hunderttausende von Jahren vor unserer Zeitrechnung alte Funde sind in fast allen Museen der Region zu sehen: bearbeitete Feuersteine, Schaber, Pfeilspitzen und ähnliche Gebrauchsgegenstände für Jagd, Fischfang und die Verarbeitung der erbeuteten Tiere.

Schon aus der Jungsteinzeit stammen wesentlich geheimnisvollere und auch deutlich wuchtigere Relikte: die Dolmen und Menhire. Bei beiden ist die Bedeutung nicht klar, doch scheinen die Dolmen auch als Sammelbegräbnisstätte verwendet worden zu sein. Menhire, in der noch baumlosen Tundra nach der Eiszeit weithin zu sehen, spielten bei religiösen Zeremonien eine Rolle. In der Creuse sind heute noch etwa 40 dieser Steinmonumente zu finden,

Dolmen in der Creuse

die Hälfte davon in ausgezeichnetem Zustand. Der Volksmund brachte sie im Laufe der Zeit mit der Feenwelt in Verbindung und gab ihnen entsprechende Namen.

Vor etwa 5000 Jahren, in der beginnenden Kupfer- und Bronzezeit, wurden auch die Menschen in der heutigen Creuse seßhafter. Die damals das Land bedeckenden Laubwälder waren schon lange kein Lebensraum mehr für die großen Herdentiere der Steinzeit, denen man nachziehen mußte. Landwirtschaft und Viehzucht entwickelten sich. Mit dem Wert eines gerodeten und bebauten Gebietes kamen auch festere Gebietsansprüche auf, als das bei weiträumigen und schwer abgrenzbaren Jagdrevieren der Fall war. Größere Nahrungsmengen ließen auch größere Gruppen zu. Speere und Pfeile hatten Metallspitzen, die Bogen größere Reichweiten. Es kam nicht nur zu Streitereien, sondern auch zu ersten Kriegen. Hölzerne Befestigungen mußten die Dorfbewohner vor Angriffen schützen, ihre Überreste wurden an vielen Stellen in der Creuse gefunden. Aus dieser Zeit stammt auch das erste bekannte Kunstwerk der Region, eine Menhir-Statue. Der Stein mit den menschlichen Formen wurde in Pré-Saint-Julien gefunden und ist im Innenhof des Rathauses von Néoux ausgestellt.

Die Zeit der Völkerwanderung

Noch vor dem Beginn unserer Zeitrechnung waren es die Lemovices, ein gallisches Volk, das als zahlenmäßig bedeutende Gruppe in das Gebiet der heutigen Creuse einwanderte. Mit ihnen kamen auch andere Gallier aus der Region um Bourges und aus der Auvergne. Ihre Siedlungen waren meist befestigt, Landwirtschaft und Handel weit verbreitet und eigene Geldstücke im Umlauf. Dieses Bauernvolk stemmte sich auch gegen die Römer, wurde aber im Jahre 52 v. Chr. unterworfen. Der letzte Widerstand brach in einer Schlacht bei Uxellodunum, möglicherweise dem heutigen Issoudun-Letrieix, einem Ort zwischen Aubusson und Ahun.

Die Römer gründeten auf dem Gebiet der heutigen Creuse eine Reihe von Städten und trugen ihre Kultur drei Jahrhunderte hindurch in dieses Land.

Alemannen kündigten die Völkerwanderung an: 275/76 fielen sie in die Region ein und fanden kaum Widerstand. Auf ihrem überraschenden Kriegszug verwüsteten sie viele römische Siedlungen, wie Bretum (Bridiers) und Ivaonum (Evaux). Probus eroberte den Landstrich zwischen 276 und 282 für die Römer zurück.

Zwischen 360 und 380 wurde die Provinz Aquitanien mehrmals kurz hintereinander von germanischen Stämmen, wie Vandalen und Sueben, durchzogen. Ende des 4. Jh. waren es die Westgoten, die sich im Zentrum Frankreichs eine neue Heimat suchten, nachdem sie dem Druck der Hunnen aus dem Osten weichen mußten. Ab 419 war die Creuse vollständig unter westgotischer Herrschaft. Auch die nächsten Jahrhunderte brachten dem Landstrich der heutigen Creuse keine Ruhe. 507 schlugen die Franken die Westgoten bei Poitiers, und nach dem Tod ihres Königs Chlodwig im Jahre 511 litt auch die Creuse unter dem Streit der Merowinger: Bis 613 wechselten achtmal die Herrscher über die Region.

Die erste Invasion der Araber datiert um 714, erst 732 in der Schlacht bei Poitiers brachten die Franken unter Karl Martell den Vormarsch der Sarazenen zum Stehen. Im dazwischenliegenden Zeitraum durchstreiften arabische Truppen weite Gebiete der Creuse. Waifre, der Herzog von Aquitanien, befand sich von 760–68 im Krieg mit Pippin dem Kurzen, Karl Martells Sohn, und mußte sich diesem nach seiner Niederlage beugen. Nach dem Tod Karls des Großen wurde das Limousin, und damit die Creuse, von Aquitanien abgetrennt. Die Region unterstand zuerst Ludwig dem Frommen und ab 843 Karl dem Kahlen. Danach folgten massive Auseinandersetzungen zwischen Karolingern und Kapetingern.

In der Mitte des 10. Jh., als diese Streitigkeiten auf ihrem Höhepunkt angelangt waren, entstand die Grafschaft der Marche durch eine Teilung des damaligen Limousin und des Poitou. Vor der ersten Jahrtausendwende gehörte die Creuse zum ursprünglichen Limousin, teilte also dessen Schicksal und in größerem Rahmen das von Aquitanien. 1950 schloß sich der Kreis, als die Creuse zusammen mit der Haute-Vienne und der Corrèze wieder zum heutigen Limousin vereinigt wurde.

Karl II., der Kahle, Kupferstich, 16. Jh.

Die Grafschaft Marche

Die Ursprünge der Grafschaft Marche sorgen immer noch für Diskussionsstoff unter den Historikern. Wahrscheinlich hat Robert der Starke 862 erstmals die Marche als ein vom Limousin unabhängiges Gebiet etabliert. Die Geschichte der Grafen der Marche begann mit Boson dem Alten, Herrscher über Charroux, zwischen 955 und 958. Zu dieser Zeit bestand die Marche aus zwei Regionen: Die Basse-Marche lag um Le Dorat, entsprach also dem nördlichen Drittel der heutigen Haute-Vienne. Diese untere Marche war auch die Heimat der Marche-Grafen. Die obere, die Haute-Marche, gruppierte sich um die Städteachse Crozant – Guéret – Bourganeuf. Von den Grafen der Marche stammt übrigens auch Diana Spencer ab, als Lady Di, Frau des englischen Thronfolgers Charles, auch in der französischen Presse begehrte Titelbilddame.

Die Engländer

Die Geschichte der Marche war in den folgenden Jahrhunderten äußerst vielfältig. Zunächst unterstand die Grafschaft der Familie Boson. Die Familie Lusignan, Regenten über Jerusalem und Zypern, erhob erste Gebietsansprüche nach der Heirat von Hugo V. mit einer Tochter Bernhards I. von Charroux, als dieser 1040 starb. Aber erst als dessen Nachfolger Albert II. im Jahre 1091 starb, ging die Grafschaft an eine fremde Familie über. Roger von Montgomery, Herzog von Lancaster, hatte Almodis, die Tochter Alberts II., geheiratet und brachte die Marche nun unter die Hoheit der Normannenkönige von England. 1177 entdeckte ein Enkel von Almodis und Roger von Montgomery in sich die Berufung zum Kreuz: Für 15 000 Pfund, 20 Kampfrösser und 20 Maultiere verkaufte er die Grafschaft an Heinrich II. Plantagenêt, den König von England, verließ die Marche, um im Heiligen Land zu kämpfen und starb dort 1180. Von nun an waren die Grafen der Marche also die Plantagenêts, die Könige von England. Ihr Familienname geht übrigens auf die hier häufig anzutreffende Ginsterblüte zurück (lat. Planta genista), die Geoffroy, der Vater Heinrichs II., beim Reiten immer am Hut trug.

Nach Heinrich II. regierten seine Söhne Richard Löwenherz und Johann ohne Land. Letzterer war an einem französischen Bündnis interessiert und nahm im Jahre 1200 Isabelle von Angoulême, die eigentlich schon mit dem Marche-Grafen Hugo X. von Lusignan verlobt war, zur Frau – der Graf hatte zuvor diese Verbindung gebilligt. Isabelle war somit gleichzeitig Königin von England und Gräfin der Marche und wurde eine der starken Frauen dieser Zeit. Nach dem Tod von Johann ohne Land (1216) heiratete Isabelle dann ihren einstigen Verlobten Hugo X. von Lusignan, dem sie als Mitgift die Grafschaft der Marche übergab. Die Lusignan waren ab diesem Zeitpunkt zwischen ihrer Vasallentreue dem König von England und der dem König von Frankreich gegenüber hin- und hergerissen. Dieses Problem löste erst Ludwig IX., der künftige Heilige Ludwig. Er besiegte die Engländer und Lusignan bei Taillebourg. Hugo X. und Isabelle von Angoulême waren somit gezwungen, sich der französischen Krone zu unterstellen. 1260 vergrößerte sich die Marche um die Grafschaft des Hauses Aubusson, ein Gebiet,

Heinrich II. Plantagenêt

das den gesamten Südteil der heutigen Creuse umfaßt. Schon 34 Jahre lang waren beide Territorien zusammengeschlossen, als der letzte Graf von Aubusson dann seine Ländereien verkaufte. Hugo XIII. veräußerte 1303 verschiedene Ländereien an den französischen König, vier Jahre später wurde die gesamte Grafschaft der Krone unterstellt. Philipp der Schöne vererbte sie an seinen dritten Sohn, Karl, der 1322 als Karl IV. zum König gekrönt wurde.

Schon fünf Jahre später aber wurde die Marche weitergereicht: Ludwig I., Herzog der Bourbonen, erhielt die Grafschaft 1327 bei einem Ländertausch. Während des Hundertjährigen Krieges wurde die Marche verwüstet und zwar hauptsächlich von französischen Truppen, die unter englischer Fahne marschierten. 1527 ging die Marche wieder an die französische Krone über: Schon 1523 waren die Ländereien des Bourbonenherzogs Karl II. beschlagnahmt worden und wurden nach seinem Tod endgültig dem König unterstellt. Damit war die Selbständigkeit der Grafschaft verloren. Als Apanage ging sie nacheinander durch die verschiedensten Hände, eine sichere Einkommensquelle der Königsfamilie.

Die Religionskriege

Die zweite Hälfte des 16. Jh. stand unter dem Zeichen lange dauernder Religionskriege. Schon 1537 waren die Anhänger der reformierten Kirche in Aubusson sehr zahlreich, und ab 1560 hatte der Protestantismus Anhänger in der gesamten Creuse. 1565 zerstörten die Protestanten die Archive der Kirche von Aubusson. Der gesamtfranzösische Religionskrieg ruinierte die Marche aber erst nach 1569. Herzog Wolfgang, Prinz der Kurpfalz, kam den französischen Protestanten nach deren vernichtender Niederlage bei Jarnac zu Hilfe. Der Weg seiner und königlicher Truppen führte durch die Marche. Protestantische und katholische Lehnsherren sowie die Anhänger Heinrichs von Navarra kämpften mit und verschonten dabei kaum eine Stadt dieser Region. Die Not zwang 1592 Bauern aus der Umgebung von Crocq zu einer Revolte, die sich bald auf einen großen Teil der Marche und das ganze damalige Limousin ausbreitete. Vier Jahre hielten sich die aufständischen Croquants, bis sie 1596 besiegt wurden. Danach kehrte langsam wieder Frieden im Land ein.

Das 17. und 18. Jahrhundert

Zu Beginn des 17. Jh. erzwangen die Adeligen der Marche Schritt für Schritt den Abbau der Feudalmacht durch Kardinal Richelieu. Die Marche erlebte danach fast zwei ruhige Jahrhunderte. Kurz vor dem Ausbruch der Französischen Revolution Ende des 18. Jh. war die Grafschaft wie verwandelt. Der Adel verlor mehr und mehr den Gefallen an der Region, besaß nur noch ein Sechstel seiner früheren Ländereien und zog den Luxus in Versailles vor. Bourgeoisie und Amtsadel profitierten hiervon, der Klerus hielt seinen Einfluß unverändert aufrecht. Die breite Landbevölkerung besaß allerdings entweder gar keine Ländereien oder nicht genug, um die Familie davon ernähren zu können. Es gab für sie nur zwei Möglichkeiten: entweder für andere zu arbeiten oder auszuwandern.

Die Creuse nach der Revolution

Das Departement Creuse existiert in seiner heutigen Ausdehnung seit 1790. Damals wurden äußerst unterschiedliche Landstriche zu dieser Verwaltungseinheit zusammengefaßt. Außer der Ernennung zum Departement ging die Französische Revolution fast spurlos an der Region vorbei. Private Abrechnungen und Geschäftemacherei standen dabei meist über dem politischen Ziel. Nach einer kurzen und erfolglosen Agitation von Royalisten kehrte im 19. Jh. wieder der Alltag in der Creuse ein. Langsam kam es zur Modernisierung des Departements, so begann 1857 der Eisenbahnbau. Doch die Tendenz zur Auswanderung blieb bis zum heutigen Tag.

Die Bauarbeiter der Creuse

Schon fast sprichwörtlich sind die Auswanderer der Creuse, die in anderen Teilen Frankreichs als Saisonarbeiter ihren Lebensunterhalt verdienen. Im typischen Beispiel ist es der jüngere Sohn eines Bauern. Der Landbesitz wird an den ältesten Sohn vererbt und ist gerade groß genug, dessen Familie zu ernähren. Der jüngere Sohn braucht einen anderen Broterwerb und geht im Sommer als Bauarbeiter nach Paris. Im Winter kommt er wieder nach Hause zu seiner Frau, das Geld reicht zu einem kleinen Häuschen mit etwas Grund für Gemüsegarten und Geflügelstall.

Diese Saisonarbeiterbewegung begann im 18. Jh., im 19. Jh. waren es jährlich Zehntausende, die ins Sommerexil gingen. Sie erwarben sich als harte Arbeiter einen guten Ruf, und nicht nur in der Creuse singt man heute noch eine ganze Reihe von Liedern über ihre Lebensweise: Auch in Paris ist man sich bewußt, daß die Bauhandwerker aus der Creuse einen bedeutenden Anteil zum Aufbau der Landeshauptstadt beigetragen haben.

Im letzten Viertel des 19. Jh. stieg diese Bewegung bis auf fast 50 000 Saisonarbeiter jährlich, das entsprach bei einer Bevölkerung von maximal 286 000 Einwohnern (1886) und der großen Kinderzahl damals grob gerechnet jedem zweiten männlichen Bewohner im arbeitsfähigen Alter.

Wegen der Abwesenheit der Männer hat sich in der Creuse aber auch die gesellschaftliche Stellung der Frau, verglichen zum Beispiel mit der Haute-Vienne oder der Corrèze, deutlich verändert. Frauen spielen eine wichtige Rolle, vor allem die Großmütter, denen bei der Erziehung eine wichtige Aufgabe zukommt. Heiraten nämlich ein Mann und eine Frau, die beide keinen Erbanspruch auf den elterlichen Hof haben, so wohnen sie oftmals zeitlebens getrennt, jeder auf seinem angestammten Hof, und ein- oder seltener zweimal die Woche besucht der Mann seine Frau. Die Buben wachsen auf dem Hof des Mannes auf, die Mädchen auf dem Gut der Mutter. In beiden Fällen, besonders aber bei den Burschen, sind es dann die Großmütter, die bei der Erziehung und Aufsicht der Kinder die wichtigste Person sind.

Parallel zur Saisonarbeit setzte aber auch ein Trend ein, der letztendlich die Einwohnerzahl der Creuse bis heute mehr als halbierte: Die Auswanderer arbeiteten ganzjährig und holten ihre Familien in die Großstadt nach oder trafen als Junggesellen dort ihre zukünftigen Ehefrauen.

Der Bevölkerungsrückgang

Etwa 1820 kletterte die Einwohnerzahl der Creuse über eine Viertelmillion, 1886 war der Höchststand bei 286 000 Creusois erreicht. Jährlich wurden nun aber über 5000 Auswanderer gezählt, die ihre Heimat zumindest für Jahre oder Jahrzehnte, oft aber für immer verließen. Diese Entwicklung führte dazu, daß Ende des Ersten Weltkrieges, der auch unter den Bauern und Arbeitern der Creuse Opfer forderte, die Bevölkerungszahl wieder unter die Viertelmillion sank. Der Zweite Weltkrieg beschleunigte ebenfalls die weiterhin andauernde Entvölkerung und ließ die Zahl der Einwohner unter 200 000 sinken. Die Auswanderungsbewegung setzte sich bis in die heutige Zeit fort: Vor 20 Jahren gab es nur noch 150 000 Creusois, und in den 90er Jahren fiel die Bevölkerungszahl auf 130 000. Bei einer Größe von 5565 km^2 bedeutet das eine Bevölkerungsdichte von nur 23 Einwohnern pro km^2. Zum Vergleich: Der Schnitt Frankreichs liegt bei 102, der aller EG-Staaten bei 143 Einwohnern pro km^2.

Viele Creusois entdecken in jüngster Zeit allerdings nach einem Arbeitsleben in Paris, anderen Großstädten oder gar dem Ausland ihre ländlich-ruhige Heimat als Alterssitz, renovieren den Familienbesitz und verbringen den Lebensabend unter Jugendfreunden im Land der Vorfahren.

Ohne diesen Zuzug ehemaliger Einwohner wäre der Bevölkerungsrückgang in der Creuse derzeit noch extremer. Die jahrzehntelangen Auswanderungen betrafen nämlich immer die jungen Menschen. Deren Kinder, außerhalb der Creuse geboren, zieht es aber nicht mehr in dieses Gebiet. Zurück bleibt eine Gesellschaft, in der junge Familien und damit Kinder unterrepräsentiert sind: Die Sterberate ist fast doppelt so hoch wie die Geburtenrate. Während in ganz Frankreich jährlich im Schnitt pro 1000 Einwohner 14 Babies geboren werden und zehn Menschen sterben, sind es in der Creuse nur etwa neun Geburten, aber 17 Todesfälle. Zudem fehlt es bei dieser Bevölkerungsstruktur natürlich an Steuereinnahmen, auch sind die wenigen Menschen auf kleine Dörfer und Weiler verstreut. Die Folgen sind ein unterdurchschnittlich entwickeltes soziales Netz mit schlechter medizinischer Versorgung.

Landwirtschaft

Die arbeitende Bevölkerung der Creuse ist etwa viermal so häufig in der Landwirtschaft tätig wie der Durchschnitt Frankreichs. Jeder Dritte der etwas über 50 000 Creusois, die zum ›beruflich aktiven Teil‹ der Bevölkerung gerechnet werden, verdient sein Brot auf dem Bauernhof, in der Forstwirtschaft oder mit der Fischerei. Im gesamten Staat sind es nur 8%. Dafür liegen natürlich die Beschäftigungszahlen in der Industrie mit 23% und bei den Dienstleistungen mit 44% jeweils mehr als 10% unter dem Landesdurchschnitt.

Rinder in der Creuse

Viehzucht

Die Landwirte in der Creuse haben sich in den vergangenen Jahren auf Vieh spezialisiert, der Getreide- und Kartoffelanbau, Schwerpunkt des vorigen Jahrhunderts, ist heute bedeutungslos. Dabei steht die Rinderzucht – vor allem der robusten, rotbraunen Limousinrasse – mit 371 600 Tieren (im Jahre 1988) im Vordergrund und auch innerhalb des Limousin deutlich an erster

Stelle. Mit 208 800 Schafen im Jahr 1988 auf den von Hecken umgrenzten Weiden der Creuse wurde nicht einmal ein Viertel der Zahl des Nachbardepartements Haute-Vienne erreicht. Die 86 000 Schweine entsprechen der Anzahl in der Corrèze. Ihre frühere Bedeutung haben Pferde- und Eselzucht inzwischen fast ganz verloren, nur noch einige tausend Tiere stehen in den Ställen.

Voraussetzung für eine umfangreiche Viehzucht ist natürlich der Anbau des Futters. 40% der Ertragsflächen in der Creuse sind Weiden, auf weiteren 20% wird vor allem Viehfutter wie Mais oder Raps angebaut. Etwas über ein Viertel der Landschaft ist mit Wald bedeckt.

Der europaweite Trend zu immer weniger und immer größeren Höfen hat sich auch in der Creuse durchgesetzt. 50 ha gelten als Untergrenze für rentable Bauernhöfe. Kleinere Höfe nehmen in der Creuse jährlich ab, größere kommen hinzu. Dies führt dazu, daß zum einen viele landwirtschaftliche Anwesen leerstehen, zum anderen aber diejenigen Bauern, die den Mut zur Vergrößerung aufbrachten, mit meist hohen Schulden leben müssen. Hintergrund ist hier sicherlich die EG-Subventionspolitik der vergangenen 20 Jahre, die europaweit das Marktgefüge verändert und dann nicht mehr in den Griff bekommen hat.

Holz als neuer Erwerbszweig

Obwohl derzeit 25% der Creuse mit Wald bedeckt sind, ist die Holzwirtschaft durch ihren geringen Personalbedarf nicht geeignet, die Landflucht im gesamten Departement aufzuhalten. Sicher eröffnet sich hier jedoch ein neuer Erwerbszweig, vor allem im Süden der Creuse, da Frankreichs Forstwirtschaft das eigene Land nicht ausreichend mit Holz versorgen kann. Dominierend sind Laubbäume, die schnellwüchsigen Kiefern werden auf den sandigeren Böden gezogen. Die Waldflächen nehmen durch gezielte Wiederaufforstung in der Creuse seit Jahren ständig zu.

Schafe in der Creuse

Die Hauptstadt Guéret

Die Hauptstadt des Departements Creuse liegt auf dem Plateau von Grancher, das im Süden und Südwesten von den bis zu 685 m hohen Hügeln des Chabrière-Waldes begrenzt ist. In seinen Ursprüngen geht Guéret auf ein Kloster zurück, das um 700 von Lantarius, dem Herzog von Limoges, gegründet wurde. Dieses Kloster verschwindet im 9. Jh., und an seiner Stelle wird die Kirche von Guéret errichtet. 1406 ernennt Jacques II. de Bourbon Guéret zur freien Stadt, und von Bertrand d'Armagnac erhält sie 1434 das Recht, Befestigungsanlagen zu bauen. Schon im 16. Jh. wird Guéret als regionale Hauptstadt – damals der Marche – bezeichnet. Zu dieser Zeit leben etwa 2000 Menschen innerhalb ihrer Mauern. Sowohl Guéret als auch Aubusson beanspruchen 1790 den Titel der Hauptstadt des neugeschaffenen Departements Creuse, letztendlich geht dieser dann an Guéret. Heute hat Guéret 17 000 Einwohner (sie nennen sich Guérétois), 1975 waren es 14 800, 1945 etwa 10 000. Im direkten Umland von Guéret wohnen nochmals 13 000 Menschen.

Das Herz der Stadt ist der *Place Bonnyaud* (1, Farbabb. 18), südöstlich der Fußgängerzone. Um diesen herum befinden sich alle wichtigen Läden, Büros und Restaurants. Nur 200 Schritte südlich davon entfernt liegen der *Park* (2) und darin im ehemaligen *Hôtel de la Sénatorerie* (3) aus dem 17./18. Jh. das *Musée Municipal* (Farbabb. 20). In diesem schon im 19. Jh. gegründeten Museum findet man zu zahlreichen Themen mehr oder weniger bedeutende Ausstellungsstücke. Interessant sind vor allem natürlich die lokalen Besonderheiten. Einblicke in das Typische der Creuse und ihre Geschichte bieten die sehenswerten prähistorischen und galloromanischen Funde in den Kellergewölben oder die herrlichen Emailexponate aus der Zeit zwischen dem 12. und 15. Jh., einzelne Stücke datieren gar vor die Jahrtausendwende. Hier stellt das Museum vor allem die landestypischen Grubenschmelzarbeiten vor, bei denen die verschiedenen geschmolzenen Glaspulver nicht durch Metallstege (Zellenschmelz), sondern durch Vertiefungen in der Kupferunterlage am Ineinanderlaufen gehindert werden. Als wichtigster Künstler gilt Léonard Limosin (1505–1577), sein bekanntestes Werk: David und Goliath. Eine ganze Reihe von Reliquienschreinen der Ausstellung zählt zu den schönsten Frankreichs. Eigene Urlaubserinnerungen weckt vielleicht der Saal, in dem Werke von Malern der Creuse und Bilder dieser Landschaft ausgestellt sind. Armand Guillaumin (1841–1927), Meister der Schule von Crozant, Fernand Maillaud (1862–1948) oder Paul Leroy (1860–1942) sind einige der regionalen Größen. Wer nicht nach Aubusson kommt, der kann sich hier in Guéret einen Einblick in die Tradition der Wandteppichherstellung in der Creuse ab dem

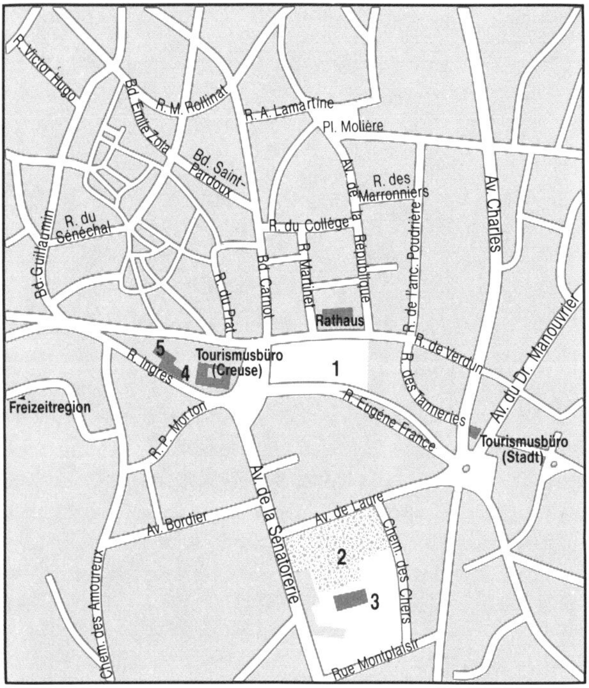

Guéret
1 Place Bonnyaud
2 Park
3 Hôtel de la Sénatorerie (Musée Municipal)
4 Hôtel des Moneyroux
5 Kapelle Saint-Sylvain

16. Jh. verschaffen; dazu hängt als Renommierstück ›Die Wolfsjagd‹ aus dem Jahre 1623 im Treppenaufgang des Museums. Mit dem Porzellanzentrum in Limoges ist die entsprechende Abteilung hier nicht vergleichbar, aber Sammlungen aus ganz Europa und eine Kollektion chinesischen Porzellans unterstreichen die Bedeutung dieses Handwerkszweigs für das Limousin.

Das *Hôtel des Moneyroux* (4, Abb. 1), Sitz des Generalrates der Creuse, liegt ebenfalls nur eine Gehminute vom Place Bonnyaud entfernt. Die Volksvertreter residieren in einem repräsentativen Bau, dessen rechter Flügel 1447 von Antoine Alard, dem Schatzmeister der Grafen der Marche, errichtet wurde. Dessen Nachfolger im Amt, Pierre Billon, ergänzte ab 1503 den linken Flügel. Zahlreiche Fenster mit steinernen Fensterkreuzen lockern die Fassade auf. Jede Fensterreihe wird von einer Dachgaube gekrönt, die liebevoll mit Zinnen und Blumen verziert ist. Die Sitzungsräume sind mit prunkvollen, modernen Wandteppichen aus Aubusson ausgestattet, die teilweise speziell hierfür angefertigt wurden und Bezug auf das Leben in der Creuse nehmen. In den Amtsstuben sind vielfach noch die Holzbalkendecken aus dem 15./16. Jh. erhalten.

Direkt an das Hôtel des Moneyroux schließt sich die *Kapelle Saint-Sylvain* (5) an. Hinter dem Generalratsgebäude verweist eine Schautafel auf die beim Parkplatzbau gefundenen Reste von Gebäuden aus dem 12./13. Jh.

Creuse-Rundreisen

Das Tourismusbüro des Departements, Creuse Expansion, hat Tagesrundreisen durch das Land bestens ausgeschildert. Die braunen Schilder mit weißer Schrift führen, meist auf Nebenstrecken, sicher zum Ziel. Deshalb wurden diese Rundreisen auch hier unverändert übernommen, auch wenn dadurch vielleicht unbedeutendere Sehenswürdigkeiten als in den beiden anderen Departements des Limousin mit ins Programm kommen. Will man die ausgeschilderte Route abkürzen, so empfiehlt sich eine der in verschiedenen Maßstäben aufgelegten Karten des Institut Géographique National (IGN) als Orientierungshilfe. Sie sind in den meisten Buchhandlungen zu bekommen.

Zwischen La Souterraine und Crozant
(Circuit des Vertes Vallées)

□ La Souterraine

Die Anfänge der 6000 Einwohner zählenden Stadt liegen 2 km östlich in einem Dorf namens Bridiers. Bei Ausgrabungen haben Archäologen festgestellt, daß es sich bei Bridiers um das antike Bretum handelt. Die Bedeutung dieser galloromanischen Stadt geht auf ihre Lage am Schnittpunkt zweier kaiserlichen Straßen zurück. Eine dieser Straßen verband Poitiers mit Ahun (Acitodunum), die andere führte von Limoges nach Châteauroux. In Bridiers fand man interessante Statuen und Grabsäulen aus der Römerzeit, die heute im Museum von Guéret zu sehen sind. Bretum wurde wahrscheinlich im Jahre 275 oder 276 von den Alemannen niedergebrannt und völlig zerstört. Jedenfalls stammen die jüngsten der dort gefundenen römischen Geldstücke aus diesen Jahren, und typische Brandspuren stützen den Schluß. Nach dieser Zeit war Bretum nicht mehr bewohnt. Erst wesentlich später wurde auf einer Anhöhe nicht weit des ehemaligen Bretum eine Burg errichtet: der Sitz der mächtigen Grafschaft Bridiers, an den noch ein Turm erinnert. La Souterraine wurde 992 erstmals als ›Sosteranea‹ erwähnt, später auch als ›Subteranea‹, und war damals nicht größer als ein Weiler. Der Name weist auf etwas Unterirdisches hin – eine Krypta. 1017 übergab Gérald de Crozant den Mönchen der Abtei Saint-Martial aus Limoges seine Villa ›La Souterraine‹. Diese Mönche errichteten dann dort auf der schon existierenden Krypta die *Kirche Notre-Dame.*

La Souterraine, Kirche Notre-Dame

Sie begannen ihren Bau 1017 und schlossen ihn um 1060 ab. Die Arbeiten waren mit Problemen behaftet, da der benachbarte Graf von Bridiers die Aktivitäten der Mönche aus Limoges an der Grenze zu seinen Ländereien kritisch verfolgte. Es kam zu Streitigkeiten, die bald soweit gingen, daß die Mönche Befestigungsanlagen errichteten, um sich gegen die Aggressionen des Grafen zu schützen.

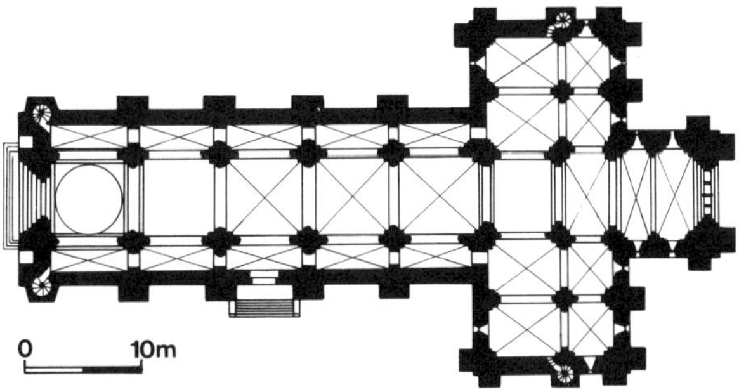

La Souterraine, Kirche Notre-Dame, Grundriß

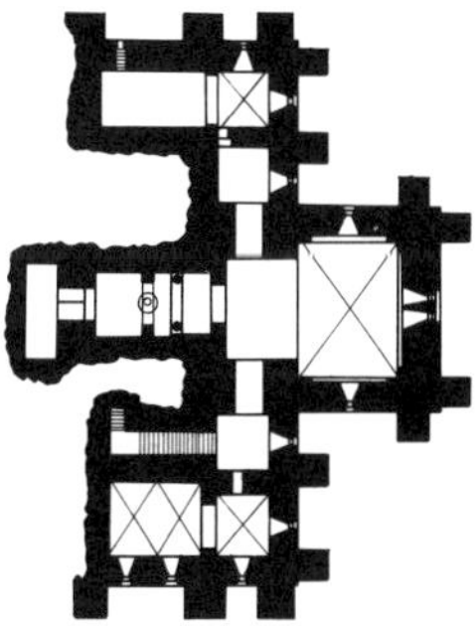

Krypta, Grundriß

Die Kirche, wie sie heute steht, stammt in ihren Anfängen aus dem Jahre 1120 und wurde dort errichtet, wo einst die Mönche ihr Gotteshaus angelegt hatten. Sie befand sich fast ein Jahrhundert lang im Bau. Begonnen wurde mit den westlichen Jochen: das erste und zweite sind romanisch, über dem ersten eine Pendentifkuppel (Abb. 4). In beiden Jochen sieht man die für das Limousin typischen Fenster, die durch Wülste und Ecksäulchen gerahmt werden, die Seitenschiffe sind kreuzgewölbt. 1170 begannen die Arbeiten am dritten und vierten Joch. Diese sind hier kreuzrippengewölbt, in den Knotenpunkten sieht man skulptierte Schlußsteine. Das Hauptschiff erhielt Fenster, die Kapitelle verzieren Pflanzenmotive, allerdings sind die Fenster der Seitenschiffe nicht mehr im Limousinstil. Im fünften Joch fallen die Perlen an den Rippen weg. Richard Löwenherz finanzierte dann Querschiff, Chor und Turm. In der gesamten schweren Granit-Architektur spiegelt sich somit die Evolution zum Gotischen wider. Über dem Südportal befindet sich eine Marienstatue mit Kind, die Notre-Dame de La Souterraine genannt wird und der auch die Kirche ihren Namen verdankt. Auf dem Konsolgesims und auf den Kapitellen entdeckt man ringsum an der gesamten Kirche innen und außen eine Vielzahl von Skulpturen (Abb. 2, 3). Der Kirchenchor ist gotisch, der steinerne Altar aus dem 12. Jh.

Rechts von der Vierung führt eine Treppe hinunter zur *Krypta* von La Souterraine. Zwei Kapellen flankieren den Zentralteil der Krypta, in der zwei beachtenswerte Statuen ausgestellt sind: eine ›schwarze‹ Jungfrau aus bläulichem Granit, die sich einst auf dem Kirchendach befand, und eine Statue des hl. Leonhard. Gegenüber dem Altar findet man die Erklärung für die Herkunft des Ortsnamens. Es gibt nämlich eine zweite Krypta romanischen

Aus der Geschichte der Kirche und der Stadt

Ums Geld geht es bei einem Zwist zwischen den Mönchen und den Einwohnern der Stadt im Jahre 1171. Die Kirche will Leibeigenensteuer einziehen, um den Bau des Gotteshauses zu finanzieren. Erst als Ludwig VII. eingreift, kehrt in La Souterraine vorübergehend wieder Ruhe ein. Allerdings nicht für lange: Sechs Jahre danach erobert der spätere Heinrich II. von England die Stadt. Der Schatz der Kirche verschwindet in seiner Kriegskasse. 1207 rückt Hugo IX. von Lusignan mit seinen Truppen an, reißt die Mauern der Kirche nieder und entzieht La Souterraine der englischen Besetzung. Die ab 1226 wiederaufgerichteten Mauern bewähren sich im Jahre 1356: Engländer scheitern bei einem Versuch, La Souterraine aufs neue einzunehmen. Vier Jahre später erhalten die Engländer dann La Souterraine doch; der Vertrag von Brétigny schließt auch diese Stadt mit ein. 1382 geht sie dann wieder an den König von Frankreich über. Zu Beginn des 15. Jh. erhält die Kirche noch mehr Festungscharakter. Eine dritte Reihe von Befestigungsanlagen wird errichtet und mit Burggraben und Palisaden vervollständigt. Trotzdem verschonen die Religionskriege die Stadt im 16. Jh. nicht. Erst 1569 endet der bewegte Teil ihrer Geschichte.

Stils, die um einen galloromanischen Brunnen herum gebaut ist. Dahinter gar eine dritte Konstruktion, die unter die Erdoberfläche führt: eine galloromanische Grabstelle.

Nahe der Kirche steht der *Tor-Turm Saint-Jean,* der in seiner langen Geschichte seit dem Bau im 14. Jh. auch schon Lavaud-Tor und Notre-Dame-Tor genannt wurde. Sein ursprünglicher Name Breith-Tor stammt von der antiken Nachbarstadt Bretum, dem heutigen Bridiers. Der Turm diente bis 1860 als Gefängnis. Einen schönen Blick auf ihn hat man aus der Rue de Bessereix. Dort befindet sich auch noch ein Bürgerhaus aus der Zeit des 13.–15. Jh., das kürzlich teilweise renoviert wurde. Ebenfalls aus dieser Zeit stammt das zweite Stadttor von La Souterraine, das etwas niedrigere Tor Puycharraud. Auf dem Friedhof steht noch eine Totenlaterne aus dem 13. Jh.

□ Saint-Germain-Beaupré

Das Feudalschloß Saint-Germain-Beaupré (Farbabb. 10, Abb. 6) wurde ab 1182 von der Familie Foucauld auf den Ruinen einer kleinen Hügelburg – gebaut aus Steinmauern und Palisaden – errichtet. Es spiegelt sich in einer Reihe von Fischweihern und Wassergräben, die in dem herrlichen Park um das Château liegen und – einzigartig für Frankreich – immer mit Wasser gefüllt sind.

Von den bewegten Zeiten der Marche blieb auch Saint-Germain-Beaupré nicht verschont. Im Hundertjährigen Krieg wurde das Schloß von den Engländern stark beschädigt. Karl VI. ließ es 1407–09 wieder herrichten, aus Dankbarkeit für die treuen Dienste Marc Foucaulds. Nach einem Umbau 1533 wurde Saint-Germain-Beaupré auch im 16. Jh. stark in Mitleidenschaft gezogen und während der Religionskriege 1580 und 1590 von den Katholiken zerstört. Die Familie Foucauld hatte zu den Anführern der Protestanten gehört und mußte das Schloß Ende des Jahrhunderts fast wieder neu aufbauen. Nachdem die Anlage ab 1768 mehrfach den Besitzer gewechselt hatte, wurde sie 1860 noch einmal grundlegend restauriert.

Seit 1969 ist Saint-Germain-Beaupré in privaten Händen der Familie Cambessédès, alle Innenräume des Château sind bewohnt. So dient das Schlafgemach der ›Grande Mademoiselle‹ Gräfin von Montpensier, die sich dort 1666 aufgehalten hat, auch heute als Schlafzimmer. In den zu besichtigenden Räumen, die wohnlich eingerichtet sind, gefällt u. a. eine Holzwandmalerei aus dem 15. Jh.

Vor allem wegen des Schloßparks und der bestens erhaltenen Bausubstanz ist Saint-Germain-Beaupré eines der besuchenswertesten Schlösser der Creuse. Im Sommer finden hier, vor allem am Wochenende, die Freiluftschauspiele ›Son et Lumières‹ statt.

□ Crozant

Das Schloß von Crozant war wohl eine der herausragendsten Befestigungsanlagen der Creuse. Obwohl der Komplex in den Religionskriegen nach der Eroberung durch die Katholiken 1588 schrittweise zerstört wurde und ab dem Beginn des 17. Jh. der Bevölkerung als Steinbruch diente, läßt sich noch heute die mächtige Position und strategische Bedeutung dieses Feudalschlosses in der Vergangenheit nachempfinden. Am imposantesten wirken die Turmruinen (Abb. 7) von den Flüssen Creuse und Sédelle aus, die hier bei ihrem Zusammenfluß den langgezogenen Berggrat, auf dem das Château steht, einschließen. Beide Gewässer sind durch Europas ältesten Staudamm (Barrage d'Eguzon, 1925), der einige Kilometer flußabwärts liegt, im Vergleich zu früheren Jahrhunderten stark angeschwollen.

Der Name des Schlosses, und damit auch des Ortes Crozant, hat denselben gallischen Ursprung wie der des gesamten Departements Creuse: ›Croso‹ bedeutete Vertiefung oder Mulde und ist heute noch im französischen ›creux‹ lebendig. Nicht nur der gallische Namensursprung, auch Ausgrabungen belegen, daß Crozant schon immer Menschen angezogen hat: Bis in die vorgeschichtliche Zeit gehen die reichlichen Funde zurück. Eine erste Festungsanlage errichtete der Westgotenkönig Alarich I. wohl um die Wende zum 5. Jh. Zu Beginn der Selbständigkeit der Marche Ende des 10. Jh. unter Boson I. galt die Festung von Crozant als Eckpfeiler der Haute-Marche. Im 12. Jh. wurden die Mauern des Schlosses auf ihren maximalen Umfang von 1 km erweitert, in den folgenden Jahrhunderten verschiedene Türme und Gebäude errichtet. Crozant war vielfach Mittelpunkt von Streitigkeiten. Hinter seinen Schutzwehren fanden Truppen bis zu 10 000 Mann Platz. Steile Abhänge ringsum und ein nur 80 m breiter Zugang zu der Landzunge boten gute Voraussetzungen für die Verteidiger. Zudem war über einen Turm die Wasserversorgung aus der Creuse gesichert. Seine größte Bewährungsprobe bestand das Château 1357, als Guy Foucauld es gegen das Heer des ›schwarzen Prinzen‹ verteidigte. Erst als die Katholiken 1588 die Befestigungen Crozants zur schmalen Landseite hin dem Erdboden gleichmachten, begann das Ende einer der wichtigsten Befestigungsanlagen der Grafschaft Marche. Die Ruinen wurden 1640 an die Familie Foucauld aus dem benachbarten Saint-Germain-Beaupré verkauft und sind auch heute noch in Privatbesitz.

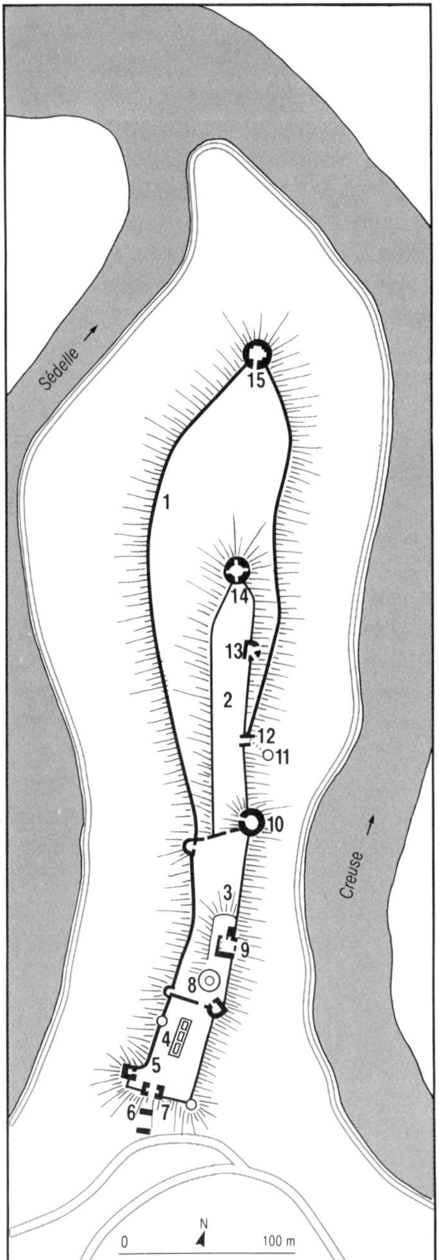

Ruinen des Schlosses von Crozant ▷

Château de Crozant, Grundriß
1 Äußere Schutzwallmauer, von der heute kaum noch etwas zu sehen ist.
2 3. Innenhof, auch Waffenplatz genannt, 140 m lang und 16–18 m breit.
3 2. Innenhof, in dem sich die herrschaftliche Wohnung und die Wirtschaftsgebäude befanden.
4 1. Innenhof, 54 m lang und etwa 25 m breit.
5 Befestigungsanlage aus dem 15. Jh.
6 40 m lange und 8 m hohe Brücke, von der es keine Überreste mehr gibt.
7 Zugbrücke.
8 Zisterne, heute zugeschüttet.
9 Viereckiger Wachturm aus dem 15. Jh., einst herrschaftlicher Wohnsitz. Die Türrahmen und die Rauchfänge der Kamine stammen ebenfalls aus dieser Zeit.
10 Der ›große Turm‹ (magnam turren), zwischen 1217 und 1245 im Auftrag von Isabelle d'Angoulême errichtet, besitzt einen Außendurchmesser von 12 m und umgibt ein kreisförmiges Verlies.
11 Wasserturm, der seit dem Bau der Stauanlage nicht mehr zugänglich ist.
12 Pfad, der zum Wasserturm führt.
13 Turm über einer Krypta, die wahrscheinlich einst eine Kapelle war.
14 Tour du Renard (Fuchsturm) aus dem 13. Jh. mit einem äußeren Durchmesser von 10 m, schließt einen achteckigen, kreuzgewölbten Raum ein.
15 Tour Collin aus dem 13. Jh. mit einem Außendurchmesser von 10 m. Er umgibt einen annähernd quadratischen Raum, der von hohen und engen Schießscharten erhellt wird.

Das Landgut **Les Places** 1 km südwestlich von Crozant gehörte ebenso der Familie Foucauld. Heute stehen nur noch Ruinen des Gebäudes aus dem 16. Jh. Fast unbeschädigt sind allerdings die zwei Türme, die den Eingang bildeten. Ebenfalls noch in gutem Zustand ist die Kapelle von Les Places, die seit dem 18. Jh. als Wallfahrtsort gilt.

□ Fresselines

Dieses reizvolle Dorf am Zusammenfluß der großen und kleinen Creuse war und ist Anziehungspunkt für Künstler und Kunsthandwerker, einige haben dort in weinberankten Häusern sogar ihren ständigen Wohnsitz. Die Ateliers und Ausstellungsräume sind für einen Besuch nur zu empfehlen, wobei die Künstlerszene im Sommerhalbjahr deutlich lebendiger ist. Der bekannteste Name ist derzeit Gaston Thiery und sein Atelier La Grange.

Die Landschaft um Fresselines – der Name geht auf das lateinische ›fraxinus‹ (Esche) zurück – hat als vielleicht berühmtesten Maler Claude Monet zu etwa 20 Bildern inspiriert. Diese Werke aus dem Jahre 1889, wie ›Les Eaux Semblantes‹, ›Le Barrage de Vervit‹, ›Le Ravin de la Petite Creuse‹ u. a., sind heute vor allem in amerikanischen Museen ausgestellt und werden teilweise auf Millionensummen geschätzt.

Eine Arbeit von Auguste Rodin ist an der *Kirche Saint-Julien de Brioude zu sehen: die Reliefplatte ›Der Dichter und seine Muse‹*, auf der der in Fresselines geborene Poet Maurice Rollinat (1846–1903) dargestellt ist. Er hat die letzten 20 Jahre seines Lebens hier verbracht.

Fresselines, Relief von A. Rodin

Im Inneren der ins 12. Jh. zurückdatierenden Kirche befinden sich einige Statuen, darunter die des Schutzheiligen Julien de Brioude, eines Soldaten aus der Zeit des römischen Reiches, aus dem 16. Jh. Zwei weitere, die der Jungfrau Maria und Johannes' des Täufers, sind 200 Jahre jünger. Von den drei Kapellen der Kirche ist eine besonders reichhaltig ausgestattet: die Nordkapelle, verziert mit eleganten Holztäfelungen aus dem 18. Jh.

Nicht nur zu Zeiten eines Claude Monet war die Landschaft um Fresselines ideal für Spaziergänge. Auch heute führen viele Wege zu den schönsten Stellen der Gegend, wie zum Schloß Puyguillon (15. Jh.) auf der rechten Flußseite der kleinen Creuse oder zur Gedenkstätte des Malers Claude Monet.

□ Villard

Auch in dieser kleinen Ansiedlung datiert das Gotteshaus bis ins 12. Jh. zurück. Eine Besonderheit bietet das Langhaus: Es ist bis auf das Chorhaupt, das im 15. Jh. von einem Kreuzrippengewölbe bedeckt war, getäfelt. Die Fresken im Südteil der Kirche stammen aus dem 14. Jh. und zeigen ein Ungeheuer, einen Vogel und einen Mann. Inschriften von Grabsteinen verraten, daß hier im 17. Jh. Priester begraben wurden.

□ La Celle-Dunoise

Direkt an den steil abfallenden Ufern der Creuse gelegen, gilt dieser pittoreske Ort als Paradies für Angler. Zentraler Punkt von La Celle-Dunoise ist die *Wehrkirche Saint-Pierre.* Sie wurde größtenteils im 13. Jh. auf den Fundamenten einer Kapelle aus dem 12. Jh. erbaut und dann im 14. Jh. befestigt. Sehenswert sind vor allem die bemalte Apsis und das Nordportal. Westlich der Südtür steht an der Außenmauer ein Stein aus galloromanischer Zeit. Er wird ›Stein der Toten‹ genannt: Einem alten Brauch zufolge stellt man dort erst einmal die Särge ab, ehe sie dann zur Bestattung getragen werden.

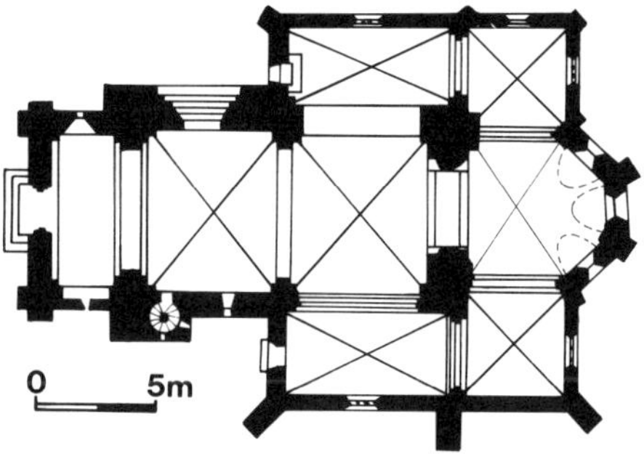

La Celle-Dunoise, Wehrkirche Saint-Pierre, Grundriß

Von der mittelalterlichen Burg des Ortes ist heute nichts mehr zu sehen. Einen schönen Ausblick hat man von der alten Brücke aus dem 14. Jh. Auch für das Weinland Frankreich sicher nicht alltäglich ist das weinberankte Gasthaus an ihrer Südseite.

□ Le-Bourg-d'Hem

Diese kleine Ortschaft liegt malerisch über dem Tal der Creuse. Von verschiedenen Aussichtspunkten hat man einen schönen Blick, so in den Morgen- und Mittagsstunden vom Kirchplatz: Auf der einen Seite das Gotteshaus aus dem 12. Jh., auf der anderen das idyllische Tal der Creuse.

In Gedenken an Pierre Bourdan steht hier eine Stele mit seiner Büste. Unter dem Pseudonym Pierre Mailland lenkte und koordinierte der Journalist 1940–44 über verschlüsselte Botschaften auf BBC-Radio die Aktionen der Résistance.

□ Anzème

Hier wird die Landschaft wilder: Anzème ist vor allem bekannt für die Schluchten der Creuse und den Wasserfall von Mouline. Auch der Péchadoire-See ist einen Abstecher wert.

Am Kirchplatz des charmanten Städtchens befindet sich ein Kreuz aus dem 14. Jh. Es markiert die Stelle, an der ein erstes Gotteshaus gestanden hat, das dann im 13. Jh. durch die jetzige Kirche ersetzt wurde. Sehenswert ist hier ein mehrere Meter hoher und breiter, kunstvoll aus Holz geschnitzter Altar. Er stammt aus dem 17. Jh. und wurde erst kürzlich zusammen mit der übrigen Kirche und dem Glockenturm restauriert.

Über die Creuse führt eine Spitzbogenbrücke, von den Einheimischen Teufelsbrücke genannt.

□ Saint-Vaury

Das ist eine moderne Creuser Ortschaft südlich der imposanten Bergkuppe *Puy des Trois-Cornes,* selten auch Puy de Bernage genannt. Auf dem 635 m hohen Gipfel wohnte der hl. Valéric (537–620) in einer Einsiedelei, und das Gebiet wird heute noch als Garten des Heiligen bezeichnet. Von dort oben hat man einen herrlichen Rundblick über diesen nordöstlichen Teil des Departements. An Valéric erinnert am Fuße des Berges ein altes Kreuz aus Granit sowie ein Heilbrunnen, dessen Wasser besonders bei Kinderkrankheiten heilend wirken soll. Der Ortsname wird ebenfalls auf den Eremiten zurückgeführt. Ganz in der Nähe laden Weiher zum Baden oder Fischen ein.

Im Dorf Saint-Vaury gibt es zwei Sehenswürdigkeiten. Zum einen besitzt die *Wehrkirche* (11./12. Jh.) hinter dem Altar ein großes Relief aus dem 15. Jh. Aus weißem Stein gehauen stellt es den Leidensweg Christi dar. Die andere Besonderheit sieht man am Dach der aus dem 11. Jh. stammenden *Kapelle Saint-Michel* im Süden der Ortschaft: Ihr Glockenturm ist noch mit Schindeln aus Kastanienholz gedeckt.

□ Bussière-Dunoise

Nördlich des Puy des Trois-Cornes liegt dieses touristisch orientierte 1200-Einwohner-Dorf am Ufer eines 10 ha großen Sees. Die Kirche dort wurde im 12./13. Jh. errichtet. Das Hauptschiff endet in einer halbkreisförmigen Apsis, die wie auch der Eingang zum Kirchenchor noch aus der Zeit des Baubeginns stammt. Das Bauwerk ist vor allem wegen seiner behauenen Kapitelle beachtenswert, die einen Jongleur und einen Löwen darstellen.

□ Saint-Sulpice-le-Dunois

Dieser Ort liegt am Rande des *Chabannes-Waldes*, der sich hier 550 m über dem Meeresspiegel auf über 150 ha ausdehnt. Saint-Sulpice-le-Dunois ist das größte von einer Reihe bezaubernder Dörfer dieser Gegend, zu der das in einem Kastanienwald verborgene Les Verrines gehört oder Mas-Saint-Jean, in dessen kleiner Kapelle aus dem 11. Jh. – beschützt von der riesigen Krone einer uralten Linde – einst Jeanne d'Arc gebetet haben soll. Die befestigte Kirche von Saint-Sulpice-le-Dunois wurde im 12. Jh. errichtet, zu ihr gehört ein eindrucksvoller, 20 m hoher quadratischer Glocken- und Wachturm. Auch das Nordportal ist noch aus der Bauzeit erhalten.

□ Dun-le-Palestel

Dun-le-Palestel litt sehr unter den Religionskriegen und den Rivalitäten zwischen den Grafen von Châteauroux und der Familie Foucauld de Saint-Germain-Beaupré, den Führern der Protestanten und Gouverneuren der Marche. Von den historischen Baudenkmälern ist so gut wie nichts mehr zu sehen.

Wenige Meter östlich von Rathaus und Post sind unter mächtigen Kastanien und Linden noch Spuren des ehemaligen Burggrabens erkennbar. Das Schloß selbst – um 1207 von Roger le Palestel bewohnt – stand bis zum Jahre 1792.

Nur noch das Portal ist von der alten, 1908 zerstörten Kirche aus dem 13. Jh. übrig. Es bildet heute den Eingang zum Hospiz, gleich bei der Kirche Notre-Dame de la Reconnaissance. Diese Kirche ist historisch uninteressant, beherbergt aber eine Christusstatue aus dem 11. Jh.

Ohne sichtbare Bindung zur eigenen Vergangenheit fiel es den Einwohnern auch nicht schwer, erst 1952 den Ortsnamen umzuändern. Seit dem 12. Jh. war der Ort nach der Adelsfamilie Palesteau und dem gallischen Wort ›dunum‹ für eine befestigte Erhebung Dun-le-Palleteau genannt worden. Vor dieser Zeit hieß er schlicht Dun.

Noch gut erhalten sind in der näheren Umgebung die Kirchen in *Sagnat* und – 4 km entfernt – in *Maison Feyne,* beide aus dem 11. Jh.

□ Naillat

Die Kirche von Naillat ist einschiffig und endet in einem platten Chorhaupt. Das Langhaus stammt aus dem 13. Jh., ein Kreuzrippengewölbe hat das ursprüngliche spitzbogig gebrochene Tonnengewölbe ersetzt. Zu Beginn des 15. Jh. wurde im Chorhaupt ein Fenster mit senkrechtem Stock eingelassen. Das Gebälk des Glockenturms ist in sich verdreht.

Von der hochgelegenen Ortschaft eröffnet sich ein herrlicher Blick auf den Chabannes-Wald und die Berge der Marche. Nahe des Ortes steht seit Jahrtausenden der Menhir Berce.

□ Noth

In diesem kleinen Dorf ist vor allem die gut restaurierte Kirche aus dem 13. Jh. einen Besuch wert. Der Glockenturm wurde im 14. Jh. befestigt, der Chor im 15. Jh. erbaut. An diesem sind zwei Türmchen durch einen Rundgang miteinander verbunden. Am Sims befinden sich hübsche skulptierte Konsolen. Vor dem Südportal steht ein sehr altes Kreuz mit einer naiv ausgearbeiteten Christusfigur. – In der Nähe von Noth liegt am 40 ha großen Cazine-See das Château de la Fôt.

Zwischen Boussac und Chambon-sur-Voueize
(Circuit des Vieilles Pierres)

□ Boussac

Die Region um Boussac ist geographisch und historisch nicht der ehemaligen Marche, sondern vielmehr schon dem nördlicher gelegenen Berry zuzuordnen. So wird diese Gegend oft die ›Stufe zur Marche‹ genannt. Aus der Ortsbezeichnung ›Bocacium‹ um die Jahrtausendwende wird der Name auf das lateinische ›boscus‹, also Wäldchen, zurückgeführt.

Obwohl im Städtchen noch einige Häuser mit Fassaden aus dem 16. Jh. zu sehen sind, zieht das über der Stadt auf einem Gebirgsvorsprung hoch über der kleinen Creuse thronende *Schloß* die Aufmerksamkeit auf sich (Abb. 5). Von der Brücke über dem Flüßchen ist es imponierend anzusehen.

Die Geschichte des Schlosses ist ab 1187 über fast vier Jahrhunderte mit der der Familie de Brosse, den Vizegrafen und Lehnsherren von Boussac, verbunden. Markanteste Persönlichkeit dieser Dynastie war sicher Jean de Brosse (1375–1433), der als Feldmarschall von Boussac 1429 in das von Engländern belagerte Orléans einbricht, um Jeanne d'Arc zu Hilfe zu kommen. Das Ende der Herrschaft über Boussac bahnt sich für die Familie an, als René de Brosse 1525 bei einem Komplott gegen Friedrich I. den Tod findet und der König als Strafe für den Verrat sämtliche Besitztümer des Verstorbenen konfisziert. Dessen Sohn, Jean de Brosse IV., kommt jedoch noch einmal an sein Erbe. Friedrich I. fordert dafür von ihm die Heirat mit Anne de Pisseleu, der Geliebten des Königs. Allerdings gewährt er Jean de Brosse IV. nur eine Nacht mit ihr: die Hochzeitsnacht. So bleiben Nachkommen aus, und mit dem Tod von Anne de Pisseleu 1580 geht Boussac wieder an die Krone über.

Seit 1965 ist die Familie Blondeau Eigentümer und Bewohner des Schlosses und hat es vor allem innen wundervoll – vielleicht zum schönsten Museum der Region – hergerichtet (Farbabb. 17, 19). Eine Vielzahl vollständig möblierter historischer Räume aus dem 15.–18. Jh. kann ganzjährig täglich besichtigt werden, die meisten Räume, wie die 20 m lange und 5 m hohe Wachstube, sind mit wertvollen Wandteppichen aus dieser Zeit ausgestattet. In einigen Zimmern wohnte 1840 und 1870 die Schriftstellerin George Sand, die auch ihren 1840 geschriebenen Roman ›Jeanne‹ im Schloß von Boussac spielen läßt. George Sand, langjährige Lebensgefährtin von Frédéric Chopin, entdeckte übrigens auf Boussac die Wandteppichserie ›Die Dame und das Einhorn‹, die wohl wertvollsten Gobelins aus der Creuse. Sie sind heute in Cluny zu sehen, nachdem sie 1882 für 25 000 Goldfranc nach Paris verkauft wurden, um mit dem Geld den Marktplatz in Boussac bauen zu können. Ein weiterer namhafter Gast war Prinz Zizim, Sohn eines Sultans des Osmanischen Reiches, der angeblich im 15. Jh. in einem nun nach ihm benannten Saal residierte (s. Bourganeuf).

Château de Boussac, Lithographie von J.-B. Tripon, 1837

Die Errichtung des Schlosses geht auf die Jahre 1120–25 zurück. Nach dem Hundertjährigen Krieg und im 15./16. Jh. wurde es grundlegend restauriert, wobei sich Maréchal Jean I. de Brosse, Begleiter von Jeanne d'Arc, stark engagierte. Nach Zerstörungen während der Französischen Revolution gehörte das Château 1837–1965 der Stadt Boussac und wurde als Verwaltungssitz verwendet. Die sinkenden Einwohnerzahlen in der Creuse machten aber viele Behörden überflüssig, und so ging die Anlage an Privatbesitzer über.

Jedes Jahr von Juni bis September stellt der Künstler Gaston Thiery seine Gemälde in der Eingangshalle des Schlosses aus. Thiery, der seine Werkstatt in Fresselines hat, liefert auch zahlreiche Motive für die moderne Wandteppichweberei.

□ Boussac-Bourg

Zwei kleine Kirchen, die direkt nebeneinander stehen, sind das Bemerkenswerte an dem kleinen Ort Boussac-Bourg, der 2 km nordöstlich von Boussac liegt. *Notre-Dame,* die ältere der beiden Kirchen, südlicher stehend, wurde im 11. Jh. erbaut. Sie besitzt nur noch ein Joch und eine halbkreisförmige Apsis. Der trennende Gurtbogen ruht auf Wandsäulen, die mit Kapitellen verziert sind. Ein quadratischer Glockenturm erhebt sich über dem Gewölbe. Bedeutende Wandmalereien aus dem 12. Jh. verzieren das Innere von Notre-Dame. Ihre Motive sind Christi Geburt, die Taufe Jesu und Szenen aus dem Ritterleben.

Auch die andere Kirche, *Saint-Martin,* wurde in dieser Zeit, und zwar von den Hospitalitern errichtet, doch nur die beiden Kapellen, die das Querschiff bilden, stammen noch aus dieser Epoche. Das tonnengewölbte Kirchenschiff hat im Westen ein Portal aus dem 14. Jh. Chor und Apsis werden von drei rundbogigen Fenstern erhellt, die wie der gesamte Altarraum mit einer Holzverkleidung versehen sind.

□ Lavaufranche

Streng und sachlich spiegelt die Komturei den Ordnungssinn des Tempelritterordens wider, der Lavaufranche 1180 gegründet hat. Der viereckige Wachturm stammt noch aus jener Zeit. Lange waren die Templer in Lavaufranche, dann Hospitaliter, ab dem 14. Jh. Mitglieder des Malteserordens. Diese errichteten das übrige Ensemble der noch heute vorhandenen Gebäude etwa im 15. Jh. Mit dem Übergang ins 19. Jh. wurde Lavaufranche nur noch landwirtschaftlich genutzt. Erst 1977 gab der Bauernhof, wie so viele andere in der Creuse, auf.

Interessant sind erst kürzlich entdeckte Fresken aus dem 13. Jh., die unter dem Verputz der Kapelle verborgen waren. Wandmalereien aus dem 15. Jh. sind in der Gruft von Lavaufranche zu sehen. Im Sommer finden hier ab und zu auch Theateraufführungen und andere kulturelle Veranstaltungen statt.

□ Von Soumans nach Viersat

In **Soumans,** einem netten Marktflecken, wurde die Kirche aus dem 12. Jh. im 18. Jh. vollständig restauriert. – Auf der Weiterfahrt gelangt man zum Dorf **Bellefaye.** Das Langhaus des Gotteshauses ist noch aus dem 13. Jh. erhalten, eine Gottesstatue aus Kalkstein wurde im 15. Jh. gefertigt. – In **Nouhant** steht mit Saint-Martin eine Kirche aus dem 12. Jh. Unproportional schmal wirkt der halbkreisförmige Altarraum gegenüber dem breiten Schiff. Die Kapelle links des Chors mit ihrem Kreuzrippengewölbe stammt aus dem 15. Jh. Ein Steinkreuz am Kirchplatz ist ebenfalls in diese Periode zu datieren. – Auch in der Kirche von **Viersat** wirkt der Chor mit seinem platten Schluß aus dem 12. Jh. wesentlich gedrungener als das Schiff. Am Ortseingang lenkt ein weinberanktes Schloß aus dem 17. Jh. in einem wunderbar gepflegten Park die Blicke auf sich.

□ Evaux-les-Bains

Die 2000-Einwohner-Stadt war durch ihre *Thermen* schon vor zwei Jahrtausenden ein Begriff. Ihr Name leitet sich vom gallischen Wassergott Ivaos ab. Die Römer machten daraus Ivaonum und bauten 40 v. Chr. die ersten Thermen. Mehr als 30 Quellen waren in der Antike bekannt und in Brunnen gefaßt. Ihre Temperaturen lagen zwischen 14° und 61° Celsius. Mit der ersten Invasionswelle um 275 n. Chr. wurden die Bäder dann zerstört und lange Zeit nicht mehr beachtet. Erst im 18. Jh. lernte man die Heilwirkung des natürlich heißen Wassers wieder schätzen. Kurz vor der Revolution gab es drei Badehäuser; 1831 gründeten Bürger des Ortes die Badeanstalten von Evaux, die auch heute noch existieren. Die Neubauten aus den Jahren 1831–58 und Renovierungen im Jahre 1900 löschten alle bis dahin vorhandenen letzten Spuren der galloromanischen Thermen. Einige der schönsten Relikte sind im Museum von Guéret ausgestellt. Heute werden drei der leicht radioaktiven Quellen genutzt und vor allem gegen Rheumaleiden und in der Gynäkologie angewendet: Der Puits de César (Cäsarquelle) hat eine Temperatur von 59° Celsius, der Puits du Rocher (Felsenquelle) ist noch ein Grad heißer, und 42° Celsius hat das Wasser des Puits de Sainte-Marie (Marienquelle).

Nach der Zerstörung des galloromanischen Ivaonum lebte Evaux ab dem 6. Jh. wieder auf. Gleichzeitig entwickelte sich ein Kult um den 513 gestorbenen Eremiten Marien. Auf den Fundamenten seines Grabes entstand im 9. Jh. ein Kloster, später die *Abtei Saint-Pierre-et-Saint-Paul* (Abb. 10). Auch wenn es der Stadt selbst nicht an Charme fehlt, so steht doch diese Abtei mit ihrem parkartigen Klostergarten im Blickpunkt. Zwischen dem 11. und 13. Jh. wurden die meisten Gebäude errichtet, doch auch danach wurde fast immer irgendwo renoviert. Einzigartig in der Creuse ist der Glockenturm (Abb. 9), erbaut im 13. Jh. auf karolingischen Fundamenten.

Wenige Kilometer nordwestlich von Evaux liegen zwei Ausflugsziele: Zum einen die ehemalige *Goldgräberstadt Châtelet,* in der bis 1953 geschürft wurde, zum anderen die *Schluchten der Tardes,* nicht nur für Angelfreunde ein herrlich ruhiges Plätzchen Natur.

□ Chambon-sur-Voueize

Am Zusammenfluß von Voueize und Tardes hat sich Chambon um eine alte Abtei herum entwickelt. Einst schützten drei Burgen den Zugang zu dieser Stadt, die im Mittelalter von wesentlich größerer Bedeutung war. Hiervon ist heute nicht mehr viel zu sehen.

Wunderbar intakt ist jedoch die **Abtei Sainte-Valérie,** eine der größten romanischen Stils im Limousin. Ihre Entstehung verdankt sie den Mönchen von Saint-Martial aus Limoges, die in Chambon eine Benediktinerpriorei gründeten und für den Bau sogar die Voueize umleiteten. Aus Limoges wurden 965 die Reliquien der hl. Valérie überführt, und Chambon erhielt den Status einer Abtei. Aus dem Jahr 1129 ist überliefert, daß 30 Mönche im Kloster lebten, 1761 schrumpfte ihre Zahl auf sechs. Dazwischen lagen Zeiten, in denen Chambon furchtbar litt. 1446 besetzte Xaintrailles, Gefährte von Jeanne d'Arc, mit seinen Truppen die Stadt, die gegen Karl VII. Partei ergriffen hatte. 1574 plünderten die Protestanten die Kirche und alle dazugehörenden Gebäude. Ein Jahr später war es ein Raubzug der Katholiken, der die Kloster-

Chambon-sur-Voueize, Abteikirche Sainte-Valérie, Grundriß
1 *›Bürgerturm‹*
2 *Portal*
3 *Grabstein des F. Tournier*
4 *Fresko, 14. Jh.*
5 *›Archivturm‹*
6 *Chorgestühl*
7 *Chor mit Chorumgang*
8 *Chorkapellen*
9 *südl. Querschiffkapelle*
10 *Schatzkammer mit Büstenreliquiar der hl. Valérie*

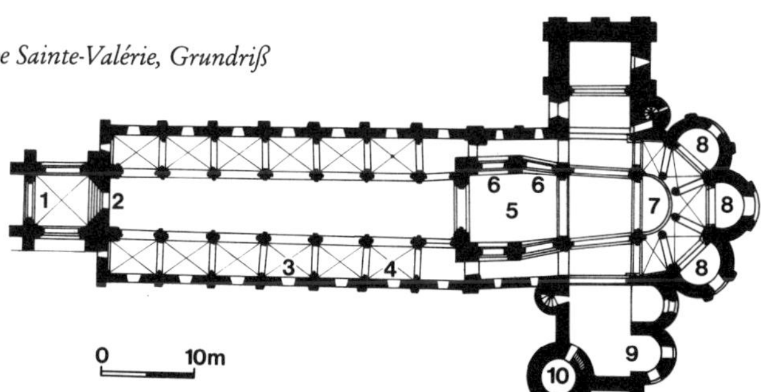

anlagen verwüstet zurückließ. 1585 wurde Chambon Garnisonsstadt und von den Soldaten weiter ausgebeutet. Nur die Abtei selbst, bis auf das neunte Joch des Langhauses (13. Jh.) nach Vor- und Fundamentarbeiten im 11. hauptsächlich im 12. Jh. errichtet, überstand all dies ohne größere Schäden.

Sie präsentiert sich mit zwei mächtigen viereckigen Türmen: Der *›Bürgerturm‹* aus dem 13. Jh. überragt im Westen den für das Limousin typischen Portalvorbau; der *›Archivturm‹* über dem seinetwegen breiteren ersten und zweiten Joch vor der Vierung diente als Aufbewahrungsort für Urkunden, Bücher und Manuskripte des Klosters.

Im Inneren der Abtei eröffnen sich dem Besucher die Dimensionen des Bauwerks: Die Kirche Sainte-Valérie ist 87 m lang, am Querschiff 38 m breit und 15 m hoch. Das Gewölbe des Mittelschiffs ruht auf Pfeilern mit je vier Vorlagen, und die Deckenkonstruktion des Hauptschiffs ist aus verputztem Holz. Den Chorumgang umgeben – erhellt von für das Limousin typischen Fenstern – drei Chorkapellen (Abb. 8), zwei weitere liegen in den Querschiffarmen.

Das *Chorgestühl* in den beiden Jochen, die sich an die Vierung anschließen, ist ebenso wie das Geländer in Vierung und Altarraum aus 50 Jahre im Wasser abgelagertem Eichenholz geschnitzt – ein Kunstwerk von François Tournier aus dem 17. Jh. Der in Aubusson geborene Schnitzer starb kurz vor Vollendung seines Werks bei der Arbeit in der Kirche und wurde auch dort begraben: Sein Grabstein ist in der südlichen Seitenschiffwand im vierten Joch zu sehen. Die Französische Revolution überstand das Chorgestühl nur durch die List der Mönche, die es schwarz anstrichen, so daß es die ungebildeten Soldaten für Stein hielten und nicht zum Lagerfeuer verwendeten. Lesepult und Altar aus Vulkangestein kamen im 18. Jh. in die Kirche.

Das Büstenreliquiar der hl. Valérie befindet sich in der Schatzkammer, die nur bei einer Führung – im Sommer in englischer oder französischer Sprache – betreten werden kann. Es wurde im 15. Jh. aus vergoldetem Silber gefertigt und mit wertvollen Steinen verziert, fünf Emailwappen bilden den Halsschmuck.

Aus dem 12. Jh. stammt das kleine Emailtöpfchen in der Schatzkammer. Sehenswert ist auch eine Reihe von Altarbildern, die bis ins 15. Jh. zurückdatieren und in der südlichen Querschiffkapelle eingeschlossen sind. Sie zeigen David und Goliath, die Enthauptung Valéries und mit einem Gemälde aus der Schule von Rubens den Tod Mariens. Verblüffend an einer Pietà aus dem 15. Jh. ist die Darstellung der Herzwunde Christi auf der rechten Körperseite – man wird dem im Limousin noch häufiger begegnen.

Diesen Kunstwerken kann die nördliche Querschiffkapelle nichts Gleichwertiges entgegensetzen. Ihr Barockaltar zeigt auf italienischen Gemälden oben die hl. Valérie, rechts den hl. Martial und links Petrus mit dem Schlüssel. Über dem nördlichen Querschiffarm bot eine Empore beim Gottesdienst Platz für Kranke; der ebenfalls auf dieser Höhe um die Vierung auf der Chorseite zu erkennende Gang stellt den Zugang zu den Archivräumen dar.

Ein bemerkenswert gut erhaltenes Fresko ist im südlichen Seitenschiff auf Höhe des sechsten Joches zu sehen. Es zeigt den hl. Georg, wurde Anfang des 14. Jh. geschaffen und letztmals 1494, also vor einem halben Jahrtausend, restauriert. Daneben der verschlossene Eingang zu einem weiteren Grab.

□ Von Saint-Loup nach Jarnages

Das Örtchen **Saint-Loup** ist um eine Kirche aus dem 12. Jh. gruppiert. Nicht alltäglich für die damalige Bauweise ist die fünfseitige Apsis. Bemerkenswert ist eine Holzstatue aus dem 13. Jh.

Aus einer alten Kapelle entstand im 14. Jh. die *Kirche Saint-Martin* in **Gouzon.** Noch von der ehemaligen Kapelle stammt ein Weihwasserbecken aus Granit (13. Jh.). Original erhalten sind auch die sehenswerten Portale im Westen und Süden mit ihren Dekorationen und eine Steinstatue der Jungfrau Maria mit dem Kind aus dem 14. Jh. Im 17. Jh. wurden die Holzstatuen im Altarraum geschnitzt: Sie stellen die Evangelisten dar. Aus neuerer Zeit stammen der halbkreisförmige Altarraum und die Nordkapelle.

Die Gründung der Stadt **Jarnages** reicht bis in galloromanische Zeiten zurück. Ein Oppidum von über 3 ha bei Châteauvieux sowie mehrere Dolmen und Menhire bei Ménardeix kann man bei einer Wanderung um den Ort besichtigen. Jarnages hatte im Mittelalter größere Bedeutung: Der Herzog der Marche, Bertrand d'Armagnac, ließ sie 1434 befestigen. 1591 nahm Heinrich IV. mit seinen protestantischen Truppen die Stadt ein.

In den Religionskriegen wurde die Kirche der Stadt, *Saint-Michel,* zur Wehrkirche umgebaut. Sie war im 12. Jh. errichtet und im 15. Jh. erstmals umgestaltet worden. Das romanische Bauwerk besteht aus einem einjochigen Hauptschiff und Seitenschiffen, einem Querschiff mit Kapellen und einem zweijochigen Chor mit geradem Haupt. Überwölbt wird der Bau von einem Tonnengewölbe, allerdings erhielt die Vierung, über der sich der Glockenturm erhebt, im 16. Jh. ein Kreuzrippengewölbe.

□ Von Blaudeix nach Saint-Silvain-Sous-Toulx

Blaudeix war eine ehemalige Komturei der Templer, die nach Auflösung des Ordens an die Malteser überging. Nur noch Ruinen eines Turms sind heute von den Bauwerken übrig.

Ein herrlicher Holzaltar (18. Jh.) ist in der Kirche von **Ladapeyre** aus dem 13. Jh. zu bewundern. Schmuckstück des Ortes ist aber das von einem Wassergraben umgebene Château de la Dauge. Man erreicht den aus dem 15. Jh. erhaltenen und mit Wein berankten Eingangswachturm des Schlosses über die ehemalige Zugbrücke. Er kann als typisches Beispiel für den Baustil dieser Region gelten, und er hat ihn auch so gut wie nur wenige andere bewahrt.

Die Kirche von **Saint-Silvain-Sous-Toulx** markiert mit ihren Rundbogenfenstern und dem Spitzbogenportal auch den stilistischen Übergang vom 12. ins 13. Jh. Der Chor ist vom Kirchenschiff durch ein altes Eisengitter abgetrennt.

□ Toulx-Sainte-Croix

Die Spuren in Toulx-Sainte-Croix lassen sich für den Besucher auch heute noch weit in die Vergangenheit zurückverfolgen. So gehört die *Kirche Saint-Martial* aus dem 11. Jh. zu den ältesten noch vorhandenen Bauwerken der Creuse, sie könnte die erste Kirche der ehemaligen Diözese von Limoges überhaupt sein. Das Dorf selbst hat seinen Vorgänger in einer galloromanischen Siedlung, die von Engländern unter Karl VI. zerstört wurde und deren Überreste – wie die eines Schwimmbads und einer Kapelle – beim Friedhof zu sehen sind. Namensgebend war das schon vorher existierende, von einem dreifachen Mauerring umgebene gal-

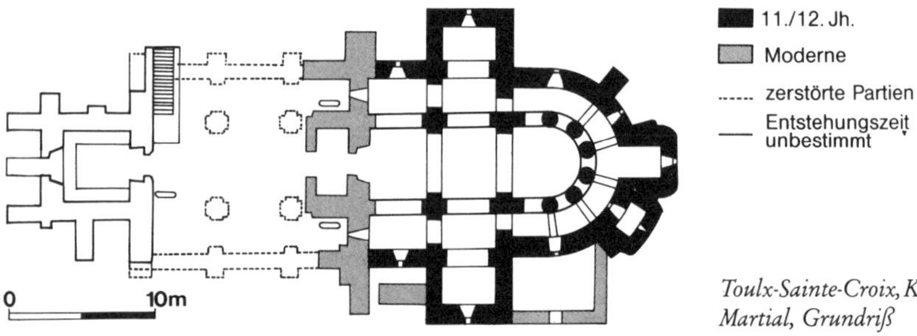

Toulx-Sainte-Croix, Kirche Saint-Martial, Grundriß

lische Oppidum. Es lag 655 m hoch, also auf einer Anhöhe, lateinisch ›tullum‹ oder gallisch ›tullos‹. Funde aus dieser Zeit sind im Museum der Dorfkirche und im Museum von Guéret ausgestellt.

Der noch vor der Zeit der Kreuzzüge erbauten Kirche fehlt seit Anfang des 16. Jh. ein großer Teil des Langhauses. Dadurch entsteht fast der Eindruck, als handele es sich bei den erhaltenen Bauteilen um zwei voneinander getrennte Bauwerke: Auf der einen Seite der Kirchenchor und das Querschiff, die die heutige Kirche bilden, gegenüber dann der Glockenturm mit seiner Holzspitze. Hier ist das Dorfmuseum mit einigen Graburnen, Kalkstein-Sarkophagen und einer Grabplatte aus der Merowingerzeit eingerichtet. Zwischen den beiden Kirchenteilen stehen drei Löwen aus Granit, deren Bedeutung und Herkunft aber unklar ist.

Vor allem bei gutem Wetter lohnt sich der Weg zum wenige hundert Meter von der Kirche entfernten Aussichtsturm, der einen faszinierenden Rundblick ermöglicht. Bei klarem Himmel sind sogar die Türme von Bourges, der Puy de Dôme und der Puy des Trois-Cornes zu erkennen.

□ Les Pierres-Jaumâtres

Auf der mit Farn und Heidekraut bewachsenen Anhöhe des 595 m hohen Mont Barlot balancieren diese schweren Granitblöcke in verwegenen Stellungen aufeinander. »Ce sont les menhirs, les dolmens, les cromlechs des anciens Gaulois« schreibt George Sand über die geheimnisvollen Felsen. Zumindest der Name der Steine scheint in seiner Herkunft geklärt, wenn auch heute kaum mehr druidische Arbeiten, sondern natürliche Vorgänge für die Entstehung verantwortlich gemacht werden. Der erste Namensabschnitt, ›Jaum‹, zeigt Verwandtschaft mit dem germanischen ›Galm‹, was nichts weiter bedeutet als eben

Les Pierres-Jaumâtres

Stein. Die ›mâtres‹ haben sich in der lokalen Mundart aus den römischen ›matres‹ entwickelt, aber dabei die Bedeutung verändert: sie wurden zu Feen. Jaumâtres hat also in etwa die Bedeutung von ›Feensteine‹. Von dieser märchenhaften Stelle bietet sich ein schönes Panorama in Richtung Boussac und darüber hinaus.

Im Tal der kleinen Creuse (Circuit Petite Creuse)

Bevor die kleine Creuse bei Fresselines in die große Creuse mündet, schlängelt sie sich zwischen felsigen und bewaldeten Anhöhen durch ein anmutiges Tal. Das Flußbett ist recht abwechslungsreich, mal ist der Wasserlauf ruhig, mal sorgen Granitfelsen für Stromschnellen. Eine Besonderheit in diesem Tal sind die zahlreichen Mühlen entlang der kleinen Creuse. Zwar stehen einige nur als Ruinen, viele jedoch arbeiten noch und stellen Mehl her. Darunter spielen vier eine ganz besondere Rolle. Auf die Initiative einiger Einheimischer hin haben sich Jugendliche aus der ganzen Welt zusammengefunden, um die Mühlen von Piot, Chéniers, Malval und Téněze herzurichten. Diese romantischen Flecken sind heute Treffpunkt für junge Leute aus allen Kontinenten.

(Die Orte Fresselines und Boussac erreicht man auch auf den beiden ersten Rundreisen, dort sind auch die Ortsbeschreibungen nachzulesen.)

□ Bonnat

Sehenswert in Bonnat ist die seltsam anmutende *Wehrkirche Saint-Sylvain* aus dem 13. Jh. Kurios sind vor allem die – erst nachträglich angebrachten – vorkragenden Befestigungen über dem Chor im Osten. Zwei Türme und ein sie verbindender Wehrgang erinnern mit ihren Zinnen eher an eine grazile Burg als an ein Gotteshaus.

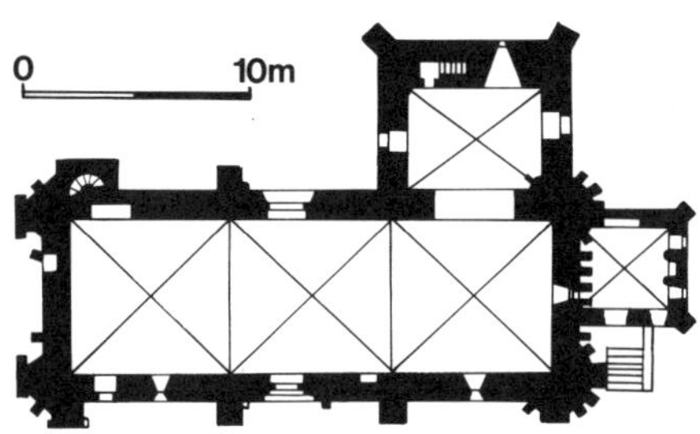

Bonnat, Wehrkirche Saint-Sylvain, Grundriß

In Bonnat gibt es drei, allerdings nicht besonders attraktive Schlösser. Das *Château de Grandsagne* aus dem 16. Jh. im Südwesten des Ortes ist wuchtig und im klassischen Stil gebaut, dabei aber von harmonischen Proportionen. Zum Schloß führt eine Lindenallee durch den weitläufigen Park. Versteckt im Grünen liegt am Dorfrand das *Château Beauvais* (15. Jh.); das *Château Mornay* aus dem 15./16. Jh. wurde von der Gemeinde erworben, um darin ein Jugendzentrum einzurichten. Bei Ausgrabungen konnten reiche Funde aus einer galloromanischen Ansiedlung in Bonnat gemacht werden, die man heute im Museum von Guéret aufbewahrt. – Auf der Weiterfahrt führt die Rundreise durch *Roches,* dessen Kirche ins 12. Jh. datiert und später zur Wehrkirche umgestaltet wurde.

□ Châtelus-Malvaleix

Der Name Châtelus-Malvaleix deutet darauf hin, daß hier einst ein Schlößchen stand und die Familie Malval die Lehensherrschaft über dieses Dorf hatte. 1372 wird der Ort auch ›Castrum lucii‹, also Lichtschloß, genannt. Die Kirche am Friedhof von Châtelus stammt aus dem 13. Jh., man erkennt an ihr noch deutlich Reste ehemaliger Verteidigungsanlagen. In der rechten Kapelle, die im 15. Jh. hinzugefügt wurde, ist ein prächtiges Altarrelief aus Alabaster zu sehen, allerdings sind die Farben dieses englischen Kunstwerks über die Jahrhunderte etwas verblaßt. Es zeigt Szenen der Leidensgeschichte Christi, wobei die dargestellten Personen nach der Mode des 15. Jh., der Entstehungsepoche, gekleidet sind.

□ Clugnat

Am Zusammenfluß der kleinen Creuse mit Verraux liegt Clugnat, ehemals ein Grenzort zwischen der Marche und dem Berry. Dementsprechend befinden sich auf dem Gemeindegebiet gleich vier Burgen, ehemalige Grenzfestungen: Batisse, La Boissale, Rouziers und Le Moneyroux. Für den Naturliebhaber ist das Verraux-Tal eine Idylle, und der Kunstfreund findet in der Dorfkirche aus dem 12.–15. Jh. Interessantes: Links im Chor befindet sich ein schönes Gemälde, gefertigt 1744 in Aubusson, das die Anbetung des Jesuskindes durch die Schafhirten darstellt. Die Wandmalereien datieren ins 15./16. Jh.

□ Die Abtei Prébenoit

1967 entdeckte man inmitten dichter Vegetation westlich von Bétête Überreste der ehemaligen und längst vergessenen Abtei Prébenoit. Diese war 1140 durch die Lehnsherren von Malval gegründet worden, unterstand ab 1164 als eine von fünf auf dem Gebiet der heutigen Creuse den Zisterziensern und wurde erst nach über 600 Jahren während der Revolution von den letzten Mönchen verlassen. In dieser langen Zeit ihrer Aktivitäten zeigten sich die bis zu 60 Mönche der Abtei wesentlich für die Entwicklung der Region, vor allem im Bereich Landwirtschaft und Viehzucht, aber auch in der Bildung verantwortlich. Einen Einbruch im Klosterleben gab es 1590, als Hugenotten die Mönche verjagten, die Abtei ausplünderten und niederbrannten. Obwohl das Kloster im 17. Jh. wieder aufgebaut wurde, das Hauptgebäude stammt aus dem Jahre 1621, erreichte es nicht mehr die frühere Bedeutung.

Derzeit wird die Abtei als Jugendherberge und -zentrum genutzt, nachdem sie auf recht eigenartige Weise restauriert worden war. Sommer um Sommer trafen sich dort junge Fachleute aus Frankreich und dem Ausland, um ehrenamtlich die Ruinen freizulegen, Mauern hochzuziehen und das Dach wieder aufzurichten. Von den ursprünglichen Bauwerken sind die Ruinen einer Kapelle mit einem runden Verteidigungsturm noch am besten erhalten. Dahinter stößt man in Richtung Fluß auf die Reste einer Befestigungsanlage.

□ Von Genouillac bis Mortroux

Auf dem weiteren Weg der Rundreise kommt man durch **Genouillac,** wo die Wehrkirche aus dem 13. Jh. einige interessante Statuen beherbergt. – In **Moutier-Malcard** stammt die Kirche mit dem originellen Holzportalvorbau aus dem 12. Jh., das Steinkreuz davor ist 300 Jahre jünger. – 1 km westlich von Moutier-Malcard entfernt befindet sich mitten im Grünen ein einsamer Turm, **Bois-Lamy.** Er ist der einzige Überrest eines ehemaligen Feudalschlosses aus dem 15. Jh. Guy de Blanchefort, ein Neffe von Pierre d'Aubusson und später einer der Führer des Malteserordens, wurde dort im 16. Jh. geboren.

Mortroux war über Jahrhunderte hinweg für seine Töpferwaren bekannt. Die Kirche des Ortes hat ihre Ursprünge im 12. Jh., vor allem die romanischen, rechteckigen Pfeiler weisen darauf hin.

Wie archäologische Spuren belegen, ist die Umgebung von **La Forêt-du-Temple,** etwas nördlich von Mortroux und außerhalb der ausgeschilderten Rundreise, schon seit der Altsteinzeit bewohnt. Im Jahre 1185 war der Ort unter dem Namen ›Domus fratrum de templo forest‹ bekannt, gehörte also zu einer der näheren Komtureien des Templerordens.

□ Malval

Obwohl Malval heute nur etwa 50 Einwohner zählt und diesbezüglich als eine der kleinsten Gemeinden Frankreichs gilt, war es eine der Hochburgen in der Geschichte der Marche. Die *Festung* von Malval gehörte vor etwa 1000 Jahren zu jenem militärischen Gürtel, der an der Grenze der Marche zum Berry angelegt war. Aber auch schon lange vorher gab es dort eine Burganlage. Besitzer war die Familie Malval, Alliierte der Familie de Brosse. Die Burg ist heute nur noch eine fast versteckte Ruine, allerdings liegt sie recht romantisch an einem Bächlein: Hinter Buschwerk erscheinen zuerst die alte Zugbrücke und dann zwei Türme.

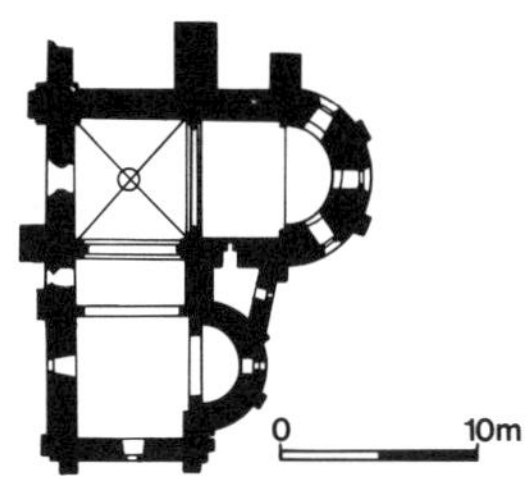

Malval, Wehrkirche Sainte-Valérie, Grundriß

Entsprechend ihrer mittelalterlichen Bedeutung ist die *Wehrkirche Sainte-Valérie* ein wuchtiges romanisches Bauwerk, auch wenn nicht mehr alle Teile des im 11. Jh. errichteten Gebäudes erhalten sind. Sainte-Valérie war einst Teil einer Priorei, die der Abtei von Chambon-sur-Voueize unterstand. Im Inneren finden sich einige Grabsteine, ein Grab aus dem 16. Jh. und reichlich Simse, Säulchen und verzierte Kapitelle.

Aus dem 12. Jh. stammt die Kirche von **Chéniers.** Sie erfuhr jedoch im Laufe der Jahrhunderte etliche Veränderungen, was sich deutlich im Hauptschiff zeigt. Ein Weihwasserbecken aus Granit ist aus der Romanik erhalten, die Glocke wurde im 15. Jh. gegossen.

Kirche und ehemaliges Schloß von Aubusson, Lithographie von J.-B. Tripon, 1837

Haute-Marche und Combrailles
(Circuit Haute-Marche et Combrailles)

□ Aubusson

Aubusson – das bedeutet seit 600 Jahren in erster Linie Wandteppichweberei. Flämische Handwerker brachten diese Kunst im 14. Jh. an die Creuse, als sie aufgrund der englischen Blockade ihrer Heimat in Frankreich Wolle suchen mußten, und Schafe gab es schon damals in diesem Landstrich reichlich. Die älteste noch bekannte Tapisserie, La Tenture de l'Apocalypse, wurde 1377–81 gefertigt. Sinn der Wandteppiche war zuerst, dem Volk in Kirchen anschauliche Darstellungen der biblischen Geschichten zu liefern, später kamen dann andere Themen und Motive hinzu, wie Könige, Ritter und Helden, aber auch die Natur. Heute arbeiten in der 6200-Einwohner-Stadt Aubusson 300 Personen in 22 Webereien. Diese sind das Zentrum des wirtschaftlichen Lebens der Region, in ihnen werden nicht nur Teppiche neu gefertigt, sondern auch alte kunstgerecht restauriert. Aubusson ist zudem Heimat der 1884 gegründeten Staatlichen Schule für dekorative Künste, in der Teppichweber ausgebildet werden, und des *Museums für Tapisserie* (9).

Gerade dieses Museum, in dem natürlich auch wertvolle alte Stücke präsentiert werden, dokumentiert die lebendige Weiterentwicklung der Wandteppichherstellung in der Gegenwart im Hinblick auf Stil und Technik. So entdeckten Maler wie Dalí, Picasso oder Max Ernst, um nur die bekanntesten zu nennen, die Teppichweberei als Ausdrucksmittel. Von diesen Künstlern inspirierte Gobelins sind im Museum oder in den zahlreichen Galerien von Aubusson zu sehen. Als Nukleus dieses Wandels zur kreativen Moderne gilt ab etwa 1937 Jean Lurçat, zu dessen Ehren das Tapisseriemuseum auch Kunst- und Kulturzentrum Jean Lurçat genannt wird. Für Interessierte bietet sich übrigens über die Galerien auch die Möglichkeit, Werkstätten zu besichtigen oder gar an Lehrgängen teilzunehmen.

Aubusson liegt inmitten grüner Hügel und von fünf Tälern umgeben auf einem Gebirgsvorsprung, der über das Tal der Creuse an deren Zusammenfluß mit der Bauze dominiert und wahrscheinlich schon von Galliern und Römern wegen seiner strategischen Lage zumindest zeitweise genutzt wurde. Ein erstes Schloß errichtete eine germanische Familie dort im 9. Jh. Mit Ranulphe wird 884 erstmals ein Graf von Aubusson erwähnt, er ist der Bruder des Bischofs von Limoges, Turpion. Über diese Verbindung schließt sich die Grafschaft von

Die Rivalität zwischen Aubusson und Felletin

In beiden Städten befindet sich im 16./17. Jh. die Gobelinherstellung im Aufschwung, gesunde Konkurrenz führt zu qualitativ höchstwertigen Produkten, die ihren Herstellern ein gutes Einkommen sichern. Mit Ludwig XIV. ändert sich jedoch einiges. 1685 hebt er das Edikt von Nantes auf, was besonders die Protestanten in Aubusson trifft. Viele von ihnen fürchten um ihr Leben und flüchten vor den Dragonern, die sie zum Katholizismus drängen sollen, illegal ins Ausland, vor allem nach Deutschland, wo sie sich als Hugenotten niederlassen. Wegen ihrer Arbeitskraft sind sie oft so willkommen, daß sie mit jahrelanger Steuerfreiheit, Grundstücken und anderen Annehmlichkeiten geworben werden. Damit gehen Aubusson nicht nur zahlenmäßig Arbeitskräfte verloren – die Einwohnerzahl sinkt von 4000 auf etwa die Hälfte –, sondern auch viele der Besten, da, wie meistens, gerade die Nicht-Mitläufer neue Akzente setzen.

Felletin hätte von dieser Entwicklung profitieren können, doch hier machen die Teppichweber einen entscheidenden Fehler. Nachdem die Nachfrage seitens des könglichen Hofs stagniert – Ludwig XIV. hat wegen seiner vielen Kriege Finanzprobleme –, versucht man in Felletin den Preis zu senken und verwendet billigere, aber qualitativ minderwertige Farben. Damit vergeben die Teppichweber in Felletin nicht nur einen möglichen Leistungsvorsprung, ihre Gobelins sinken im Ansehen sogar hinter die von Aubusson zurück. Da in dieser Branche der gute Ruf viel zum Preis beiträgt, täuschen die Teppichweber aus Felletin zu Beginn des 18. Jh. immer häufiger vor, ihre Stücke wären in Aubusson hergestellt worden. Als 1736 ein königliches Edikt vereidigte Kontrolleure aus Aubusson bevollmächtigt, die Produktion in Felletin zu überprüfen, bedeutet diese Erniedrigung schließlich den Ruin für Felletin. Bis 1758 verliert die Stadt zwei Drittel ihrer Bevölkerung. Aubusson bleibt deutlicher Sieger dieser Rivalität, auch wenn es insgesamt ein Jahrhundert dauert, bis hier wieder der Einwohnerstand den vor der Hugenottenauswanderung erreicht.

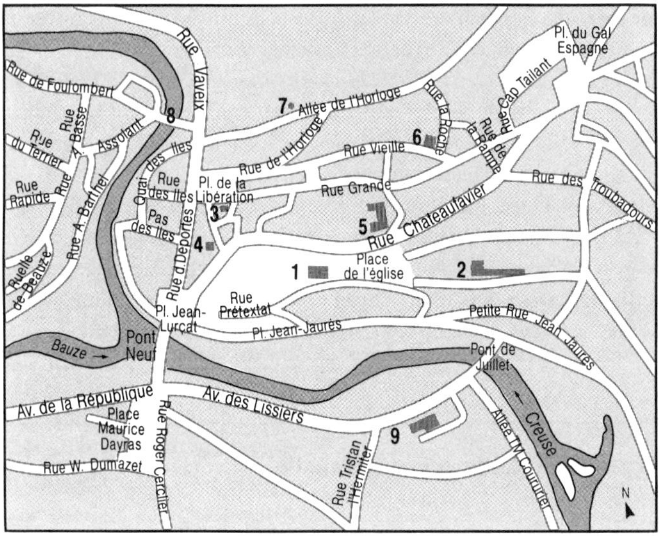

Aubusson
1 Kirche Sainte-Croix
2 Ruine des Schlosses von Aubusson
3 Maison Vallenet und Brunnen
4 Maison Mage
5 Rathaus
6 Maison Corneille (Maison du Vieux Tapissier)
7 Tour de l'Horloge
8 Pont de la Terrade
9 Museum für Tapisserie (Kunst- und Kulturzentrum Jean Lurçat)

Aubusson dem Limousin an und bleibt mit diesem fast vier Jahrhunderte verbunden. Im 12./13. Jh. entwickelt sich ein prunkvolles Hofleben, vor allem für Minnesänger wird Aubusson zum Anziehungspunkt. Thema vieler Lieder: Schönheit und Charme von Marguerite, der Gattin des Grafen Reinaud VI.

1260 kauft Hugo X. von Lusignan, Graf der Marche, die Grafschaft Aubusson. Zwei Jahre später befreit er sie durch eine Urkunde von jeglicher Leibeigenschaft, natürlich gegen eine entsprechende Abgabe. Nach wiederum etwa vier Jahrhunderten geht 1686 die Grafschaft von Aubusson an François d'Aubusson, also direkt zurück an die Familie. In deren Besitz bleibt sie bis 1789.

Rätsel wirft noch der Ursprung des Stadtnamens auf. Heute scheint das galloromanische ›Albius acum‹, also Besitz des Albius, am wahrscheinlichsten, doch im Laufe der Jahrhunderte wurde der Name in vielen Variationen gebraucht. Unter anderem war um 1440 die gängige Schreibweise Aubuisson, und ein ›buisson‹, ein Strauch, ziert auch das Stadtwappen.

Zusammen mit dem ehemals quadratischen Wachturm des Schlosses der Grafen von Aubusson gilt die *Kirche Sainte-Croix* (1) als das weithin sichtbare Wahrzeichen der Stadt. Die dreischiffige Kirche wurde nach einer Reliquie benannt: einem Stück Holz, das angeblich vom Kreuze Christi stammt. Der Originalgrundriß von Sainte-Croix im 13. Jh. ähnelte dem der Grabeskirche in Jerusalem, Erweiterungen aus dem 17./18. Jh. lassen dies jedoch nicht mehr erkennen. Noch in der ursprünglichen Form präsentiert sich das Portal aus dem 13. Jh. Dorthin datiert auch die Johanneskapelle zurück, die, wie ein Großteil der Kirche, im 16. Jh. restauriert wurde. Sehenswert sind auch einige Fenster von 1874/75 – auf einem ist die Vision Kaiser Konstantins dargestellt – und der Wandteppich ›Die Rückkehr des Tobias‹ aus dem 18. Jh. Die Deckenmalereien sind im 19. Jh. entstanden.

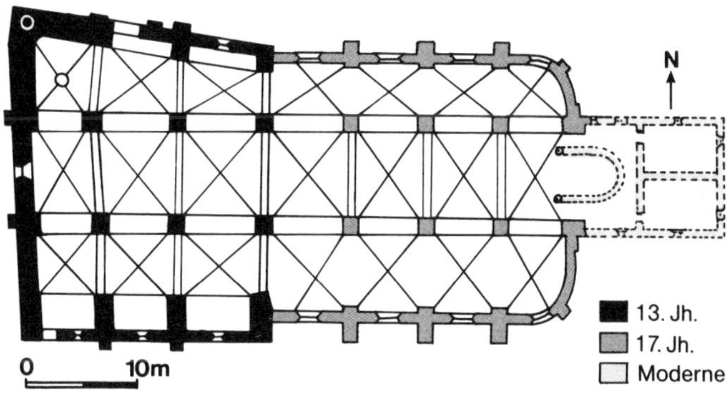

Aubusson, Kirche Sainte-Croix, Grundriß

Von der Kirche aus kann man in östlicher Richtung zur knapp 300 m entfernten *Ruine des Schlosses von Aubusson* (2) hochsteigen. Dieses Feudalschloß, erbaut im 11./12. Jh., ließ Richelieu 1632 schleifen. Hierbei fand man übrigens im Burggraben galloromanische Münzen, die bisher einzigen Zeugen für eine Besiedlung schon zu dieser Zeit.

Zentrum von Aubusson sind inmitten schmaler Gäßchen die parallel verlaufenden *Rue Grande* und *Rue Vieille.* Erstere ist die Hauptverkehrsstraße, in der sich viele Geschäfte befinden. Sie wird von alten Häusern gesäumt, besonderes Augenmerk verdient das mit einem Türmchen und eleganten Fenstern ausgestattete *Maison Vallenet* (3) aus dem 16. Jh. Es ist leicht am westlichen Straßenende zu finden: Vor ihm steht ein *Brunnen* aus dem Jahre 1718. Dahinter das *Maison Mage* (4), Wohnhaus der Konsuln im 15. Jh. Auch das *Rathaus* (5) befindet sich in dieser Straße, in den Sommermonaten Veranstaltungsort von Gobelin-Verkaufsausstellungen. Vollständig restauriert und als historische Fußgängerzone ausgebaut ist die Rue Vieille. Dort ist direkt neben dem Fremdenverkehrsamt an der Ecke zur Rue de la Roche das *Maison Corneille* (6, Abb. 11) aus dem 15./16. Jh. Hauptanziehungspunkt. In diesem, auch Maison du Vieux Tapissier – Haus des alten Teppichwebers – genannten und mit Wetterfahnen verzierten Gebäude sieht man während der Öffnungszeiten im Sommer nicht nur Tapisserien, sondern auch einen alten Webstuhl, der an vergangene Tage erinnert.

Einige Gehminuten von der Innenstadt liegt am Hang der *Tour de l'Horloge* (7), ein Turm aus dem 16. Jh. Heute zeigt er weithin sichtbar die Uhrzeit an. Zurück in die Stadt lohnt sich ein Umweg über die Brücke *Pont de la Terrade* (8) und entlang der alten Häuserfront am Ufer.

□ Saint-Médard

Am höchsten Punkt dieses Dorfes liegt die im 11. Jh. errichtete Kirche. Bemerkenswert die halbkreisförmige Apsis. Die Befestigungsanlagen wurden im 14. Jh. angebaut. Im Innern ein Steinaltar mit integrierten galloromanischen Säulen und eine Reihe schöner Holzstatuen. – Auch Saint-Médard selbst hat einige nette Eckchen, so ein hübsches Haus im Renaissancestil, und bietet vom Kirchplatz eine weitreichende Aussicht.

Auf der Weiterfahrt kommt man durch **Haute-Fage.** Hinter einer hohen Mauer verbirgt sich das Schloß aus dem 14. Jh.; es ist allerdings in Privatbesitz und derzeit nicht zu besichtigen.

□ Issoudun

Auf keltischen Ursprung geht dieser Ortsname zurück, er bedeutet ›befestigte Anhöhe‹. Ältestes Gebäude ist auch hier die Kirche aus dem 12. Jh., im Innern drei Holzstatuen. Die der Notre-Dame-du-Sacre-Coeur wurde im 13. Jh. geschnitzt. Auf dem Kirchplatz ziehen rechts drei Sarkophage die Aufmerksamkeit auf sich: ein galloromanischer aus grobem Backstein und zwei aus Granit.

Nicht weit von Issoudun-Letrieix liegt der Weiler Sauvignat, wo Überreste einer alten Mühle zu finden sind.

□ Chénérailles

Im 560 m hoch gelegenen Chénérailles ist nicht mehr viel interessante Bausubstanz zu finden. Zu viele Eroberungen und Plünderungen mußte die Stadt, einst Wohnsitz der Grafen der Marche, über sich ergehen lassen. Schon im Hundertjährigen Krieg größtenteils zerstört, wurde sie zwischen 1430 und 1440 auf Anweisungen von Jacques d'Armagnac neu aufgebaut. Ein Feuer machte 1455 diese Arbeit weitgehend wieder zunichte. 1573 plünderten Schweizer Regimenter Chénérailles, 1592 fielen die Protestanten ein und besetzten die Stadt.

Als einziges wichtiges Monument blieb die *Kirche Saint-Barthélemy* aus der zweiten Hälfte des 13. Jh. erhalten. In ihrem Innern, an der Südwand, ist ein sehr schöner Reliefgrabstein, aus einem Kalksteinblock gehauen, zu sehen. Er stammt aus der Zeit um 1360 und soll an Barthélemy de la Place erinnern. 27 Figuren in drei übereinanderliegenden Registern zeigen die Kreuzigung Christi, die Jungfrau Maria mit dem Kind und die Grablegung. Die Holzarbeiten am Chorgestühl sind das Werk von Jean Pavillon, einem Schnitzer aus Guéret; sie datieren ins 17. Jh.

Ganz anders erlebte das wenige Kilometer westlich liegende **Château de Villemonteix** (Umschlagvorderseite, Farbabb. 22) die Jahrhunderte. Die kriegerischen Ereignisse liefen an Villemonteix vorbei, und so präsentiert sich das Renaissanceschloß fast noch so wie im 15. Jh. Es wurde einst als Wachschloß für die Straße nach Paris errichtet. Qualität und Homogenität der Bausubstanz

Chénérailles, Relief, um 1360

lassen das Prädikat ›schönstes Schloß im Süden der Creuse‹ für diesen mit privaten Mitteln renovierten – aus einem bis 1982 als Bauernhof genutzten – Baukomplex gerechtfertigt scheinen. Lediglich die Fenster im Erdgeschoß, zum Beispiel in der Küche, kamen in späteren Zeiten hinzu, und im 18. Jh. wurde ein Teil der nun überflüssigen Wehrmauern entfernt. Einen zusammenfassenden Charakter hat der vorkragende Wehrgang unter dem Dachgeschoß, der die verschiedenen Türme des Schlosses miteinander verbindet.

Villemonteix ist heute mit viel Leben erfüllt. Nicht nur alle Stockwerke, die mit Antiquitäten und Wandteppichen hauptsächlich aus dem 18. Jh. möbliert sind und der original aus dem 15. Jh. erhaltene Dachstuhl stehen dem Besucher von Ostern bis Ende Oktober zur Besichtigung offen. Auch die Stallungen dienen als Ausstellungsräume, und im Sommer finden in Villemonteix immer wieder Konzerte statt.

□ Von Peyrat-la-Nonière nach Mainsat

Auf der Strecke nach Peyrat kommt man zuerst am **Château d'Etang-Sanne** vorbei, südlich von Peyrat findet man dann den befestigten **Bauernhof von Chiroux** aus dem 12./13. Jh. – Die romanische Kirche von **Peyrat-la-Nonière** stammt aus dem 12. Jh. Spuren der englischen Besatzung während des Hundertjährigen Krieges zeigt der Place de la Bascule, so einen sitzenden Löwen aus Granit. – Das **Château de Mazeau** stammt aus dem 16. Jh. – 3 km östlich liegt die **Abtei von Bonlieu,** die vor allem wegen ihrer herrlichen Lage einen Abstecher wert ist. Sie wurde um 1120 von Géraud de Salis gegründet, 1141 eingeweiht und 1162 dem Zisterzienserorden angeschlossen. Vom einstigen Bauwerk sind nur noch die Ruinen der Apsis erhalten, sie liegen allerdings auf Privatgrund und können daher nicht besichtigt werden.

Die Region zwischen Peyrat und Mainsat ist reich an galloromanischen Spuren. So **Saint-Priest-d'Evaux,** wo man eine Nekropole fand. – Auch bei **Lavalette** liegt ein galloromanischer Friedhof.

Mainsat selbst wurde um das Château des Portes der Familie La Roche-Aymon herum erbaut. So wie sich die private und nicht zu besichtigende Schloßanlage als Ortszentrum heute präsentiert, stammt sie zum größten Teil aus dem 15. Jh. und steht auf den Fundamenten einer galloromanischen Villa.

□ Auzances

Schon in der Jungsteinzeit war dieses Stückchen Land auf einer 545 m hohen Erhebung bewohnt, und zahlreiche archäologische Funde belegen auch die strategische Bedeutung in der galloromanischen Ära. Auzances wurde 1357 von den Engländern eingenommen und zerstört. Ludwig II., Herzog der Bourbonen, ließ die Stadt und das Schloß 1396 wieder aufbauen. Das Château zerfiel vor zwei Jahrhunderten und wurde 1830 abgetragen. Oberhalb des Flüßchens Noisette sind davon noch ein paar Spuren zu erkennen.

Die ansehnlich renovierte *Kirche Saint-Jacques* existierte schon 1163 und gilt als von den Zisterziensern beeinflußt. Der größte Teil des Langhauses stammt noch aus dieser Zeit, aus dem 13. Jh. ist das mit skulptierten Kapitellen verzierte Portal. Die anderen Teile wurden im 15. Jh. verändert. Zur zeitgenössischen Kunst zählen die zahlreichen religiösen Wandgemälde,

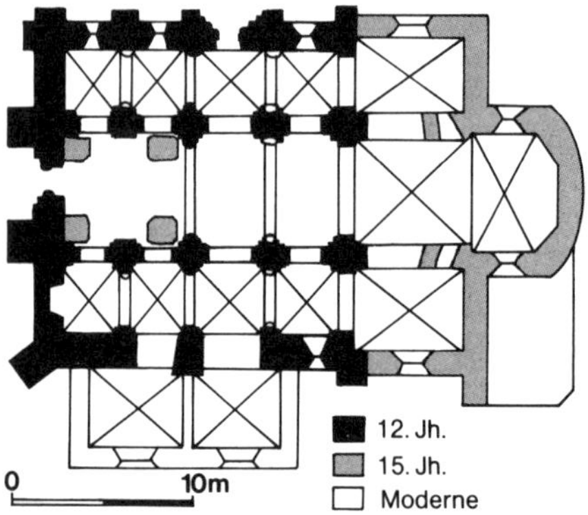

Auzances, Kirche Saint-Jacques, Grundriß

die Nicolas Grechny 1965 anbrachte. Links hinter dem Altar befindet sich eine Pietà aus dem 16. Jh. Das Gemälde über dem Westeingang wurde lange Zeit dem Maler Daniel de Volterra (1509–1566) zugeschrieben, ist aber eine Kopie, die Papst Innozenz X. dem Pfarrer Jacques Brouse schenkte. – Drei Gehminuten nördlich der Kirche steht die *Kapelle Sainte-Marguerite* aus dem 17. Jh., die heute als Heimatmuseum dient und vor allem interessante Stücke aus galloromanischer Zeit präsentiert.

□ Von Rougnat nach Mautes

Zwei Dutzend Gemälde des italienischen Künstlers Jean Dominique Lombardi aus dem Jahre 1750 sind Schmuckstücke der Kirche von **Rougnat.** Sie wurden 1961 restauriert. Die Kirche selbst stammt aus dem 12./13. Jh. mit einem Taufbecken aus dem 15. und prunkenden barokken Holztäfelungen aus dem 18. Jh. im Altarraum der Haupt- und Seitenschiffkapellen.

2 km östlich von Rougnat führt die Rundreise am **Château Bodeau** vorbei, einer noch guterhaltenen Burganlage aus dem 15. Jh. – In **Dontreix** lohnt sich weniger der Besuch der unscheinbaren Kirche aus dem 12. Jh., als vielmehr ein Spaziergang durch den südöstlich gelegenen Wald von Drouille. Dort findet man eine ganze Anzahl von Megalithen, die einst keltischen und christlichen Kulten gedient haben. Die bekanntesten dieser Steinbrocken werden ›Rochers de Saint-Julien‹ genannt.

Auch in **Les Mars** sind die galloromanischen Zeitzeugen zahlreich. So fand sich erst jüngst eine ›Schatztruhe‹ mit 57 Sesterzen. Die Kirche dieses Ortes datiert ins 13. Jh. zurück. Sehenswert, aber als Privatbesitz innen nicht zu besichtigen, die bestens hergerichteten Schlösser von Montgourd und Cherdon. – Einen herrlichen Blick über die Hügellandschaft der Auvergne hat man von einer hübschen alten Kapelle oberhalb des Ortes **Le Châtelard.** Mit seinen 21 Einwohnern gilt das Dorf als kleinstes der Creuse.

Lioux-les-Monges besitzt eine Kirche aus dem 12. Jh., deren Portal auf beiden Seiten Arkaden flankieren. Nahe des Ortes liegt Montel-au-Temple, eine ehemalige Komturei des Templerordens, die nach dessen Unterdrückung 1312 vom Malteserorden übernommen wurde. Der

Menhir de Combaud liegt auf der Weiterfahrt rechts der Strecke. – Ein interessanter viereckiger Turm steht als einziges Überbleibsel einer einst imposanten Burg aus dem 11. Jh. in 721 m Höhe über der Ortschaft **Sermur.** Dieser Turm diente 1797 dem Physiker Delambre bei der Berechnung des Meridians zwischen Dünkirchen und Barcelona und bietet eine hervorragende Aussicht. Sermur war im 13./14. Jh. zentraler Ort der Region und sogar Hauptstadt von Teilen der Auvergne. Heute erinnert daran gar nichts mehr, im Gegenteil, viele der äußerst kleinen Häuser mit nur einem Zimmer pro Stockwerk erwecken nicht den Eindruck von Wohngebäuden. – In **Mautes** wurde die romanische Kirche aus dem 12. Jh. stilgerecht restauriert; vor dem einfachen Gotteshaus findet man einige galloromanische Steine.

□ Mas du Clos

Ein Abstecher von der ausgeschilderten Rundreise sollte hier auf die Hauptstraße zwischen Aubusson und La Villetelle führen. In dem kleinen Dörfchen Le Puids zeigen zwei unscheinbare blaue Pappwegweiser den kurzen Weg nach Mas du Clos. Dort, gleich hinter einem kleinen Schloß, öffnet sich eine für die Creuse plötzlich ganz andere Welt. Eine private Autorennstrecke liegt in der verträumten Landschaft, erbaut von der Ferrari-begeisterten Familie Bardinon. Diese Piste nutzen zum einen Automobilfirmen, auch deutsche, für Testfahrten, zum anderen ist Mas du Clos aber *der* Treffpunkt für Ferrarifanatiker. Eine Ferrariausstellung ist für jedermann zugänglich, die im Wert nicht mehr schätzbare Sammlung von etwa zwei Dutzend Ferrari-Rennwagen aller Epochen steht allerdings in einem schwer gesicherten, fensterlosen Granitgebäude und ist nur bei besonderen Anlässen zugänglich. An Sommernachmittagen, am besten an Wochenenden, bekommen Automobilsportfreunde aber etliche von Besuchern gefahrene schnittige Wagen zu sehen, oft auch Oldtimer.

Auzances,
Kirche Saint-Jacques,
Pietà, 16. Jh.

☐ Von Lupersat nach Bellegarde-en-Marche

In **Lupersat** ist die romanische Kirche Saint-Oradour (11./12. Jh.) schön restauriert, vielleicht zählt ihr Altarrraum sogar zu den schönsten der Creuse. Vielfältig verziert sind die Kapitelle der Pfeilervorlagen im Langhaus. Ein achteckiges Zwiebeldach krönt den Kirchturm. 3 km nordwestlich des Dorfes liegt in romantischer Lage über der Tardes ein mittelalterliches Landhaus, ›La Chezotte‹.

Mit schöner Sicht auf die Tardes steht in **Saint-Sylvain-Bellegarde** eine zwar aus dem 13. Jh. stammende, aber im 17. Jh. im gotischen Stil komplett restaurierte Kirche. Einige Statuen und ein vergoldeter, aus Holz geschnitzter Altar aus dem 17./18. Jh. sind die Sehenswürdigkeiten.

Bellegarde-en-Marche, entstanden im 13. Jh. um eine Festung, war einst die Hauptstadt der Region Franc-Alleu. Zu dieser Zeit war Bellegarde völlig von Befestigungsanlagen umgeben, davon ist heute nur noch der Tour de l'Horloge erhalten, die übrigen wurden zwischen 1800 und 1824 abgebaut. Ende des 16. Jh. entwickelte sich Bellegarde zu einem wichtigen Zentrum für die Wandteppichweberei. Für einige Jahrzehnte ist die Stadt auch ernstzunehmender Konkurrent für Aubusson und Felletin. Ab etwa 1630 kann sie aber nicht mehr mithalten und 1732 entzieht ihr der König gar das Recht auf diese Industrie, wodurch die Stadt in die Bedeutungslosigkeit zurückfällt.

Die Herkunft ihres Ortsnamens feiern die heute noch 400 Einwohner von Bellegarde jährlich mit einem großen Festakt. Nach der Legende mangelte es den Bürgern im Hundertjährigen Krieg gegen die Belagerungstruppen der Engländer an guten Waffen. Also banden sie Ziegenhörner auf Stangen, um sie als Lanzen zu verwenden. Die Angreifer spotteten »Oh, la Belle Garde« und gaben damit der Ansiedlung ihren Namen.

Gebäude aus der Zeit des Mittelalters findet man in der Rue central, aber vielleicht ist ein Spaziergang zur Kapelle Notre-Dame oberhalb Bellegardes erholsamer: Von dort hat man einen weiten Panoramablick auf die Berge Puy de Dôme und Puy de Sancy im Osten.

☐ Von Champagnat nach Saint-Maixant

Ehe man von Bellegarde kommend **Champagnat** erreicht – hier empfiehlt es sich, statt der ausgeschilderten Rundreise den direkten Weg zu nehmen –, passiert man das *Château de Peyrudette* aus dem 15. Jh. Es steht zur Besichtigung offen, und ein Aufenthalt lohnt sich, nicht nur weil drei weitere Schlösser in und bei Champagnat für die Öffentlichkeit unzugänglich sind.

Im Ort selbst steht eine ehemalige Wehrkirche aus dem 13. Jh. Noch heute drohen Pechnasen aus den Türmchen über ihrem Portal. Etwas nördlich von Champagnat liegt die *Kapelle La Croix-au-Bost.* In dieser ehemaligen Hospitaliterkirche sind Fresken aus dem 13. Jh. zu sehen. Rechts und links vom Altar zeigen sie Petrus und Johannes, an den Seitenwänden der Kapelle Matthias, Jakobus, Judas und einen weiteren, nicht mehr zu identifizierenden Heiligen.

Durch **La Chaussade** verlief einst die römische Verbindungsstraße zwischen Clermont-Ferrand und Limoges. In der Umgebung von La Chaussade stehen einige bemerkenswerte Schlösser, die jedoch in Privatbesitz sind und nicht besichtigt werden können.

Saint-Maixant hat eine Kirche aus dem 12. Jh. und eine Burg aus dem späten 14. Jh. mit zwei mächtigen runden und einem viereckigen Wehrturm als Attraktion. Sie ist seit einigen

Saint-Maixant, Burg, 14. Jh.

Jahren für die Öffentlichkeit zugänglich und ein typisches Beispiel für den militärisch ausgerichteten architektonischen Stil dieser Zeit in der Marche. Das gesamte Ensemble wurde 1860 grundlegend renoviert.

Die Herrscherfamilie von Saint-Maixant entstammte dem einflußreichen Geschlecht Roche-Aymon und galt als besonders königstreu. Über Philibert de Saint-Maixant berichten die Geschichtsschreiber eine Reihe von Grausamkeiten, die ihm den Namen ›grand diable‹ einbrachten. Auch soll der ›Große Teufel‹ Hauspersonal beauftragt haben, seine Ehefrau zu ersticken, um die sehr religiöse Françoise d'Aubusson, die er gegen deren Willen aus dem Kloster geholt hatte, heiraten zu können.

Im Süden der Creuse (Circuit des Pins et Bruyères)

□ Felletin

In Felletin steht die Wiege der Wandteppichweberei der Marche. Die Gründung von Felletin datiert zurück ins 3. Jh., und im Mittelalter war es ein bedeutendes Gemeinwesen. Schon ab dem 14. Jh. arbeiteten die Bürger in den ersten Webereien, somit früher als in den benachbarten Orten Aubusson oder Bellegarde. Der Wohlstand der Stadt fand im 16. Jh. seinen Höhepunkt. Nach einer Volkszählung lebten im Jahre 1601 über 800 Arbeiter von der Teppichherstellung, danach ging es mit Felletin jedoch stetig bergab. Die Vorrangstellung in seinem Gewerbe mußte das heute 3200 Einwohner zählende Städtchen mit der Wende zum 18. Jh. an Aubusson abtreten. Allerdings gab es bis zur Gegenwart noch Handwerker, die dem einstigen Ruf Felletins alle Ehre machten. Einen alten Wandteppich aus Felletin erkennt man übrigens an seinem braunen Rand – im Gegensatz beispielsweise zu einer Tapisserie aus Aubusson: dort färbt man den Saum blau.

Ein Spaziergang durch Felletin führt an vielen Stellen zurück in die glanzvollen Jahrhunderte, alte Häuser mit schönen Fenstern prägen das Ortsbild. Mönche der Abtei von Chambon gründeten 1122 die *Kirche Moutier,* die der hl. Valérie gewidmet ist. 1451 zerstört, wurde sie alsbald wieder aufgebaut. Das Langhaus besteht aus vier Gewölbejochen, von denen drei in eine Kapelle übergehen, einem Querschiff mit Nebenapsiden, einem Chor und einem schönen und originellen Glockenturm. Dieser viereckige Turm ist mit Spitzbogen ausgestattet und in drei Stockwerke unterteilt. Die beiden oberen sind mit Statuen dekoriert, die verschiedene Apostel darstellen. Eine Balustrade krönt den Glockenturm. Ungewöhnlich für ein Gotteshaus in der Marche sind das gotische Portal und im Innern die mit abwechslungsreichen und ausdrucksvollen Figuren verzierten Konsolen hoch unter dem Gewölbeansatz. Sehenswert auch die Altaraufsätze aus vergoldetem Holz in Haupt- (17. Jh.) und Querschiff (18. Jh.).

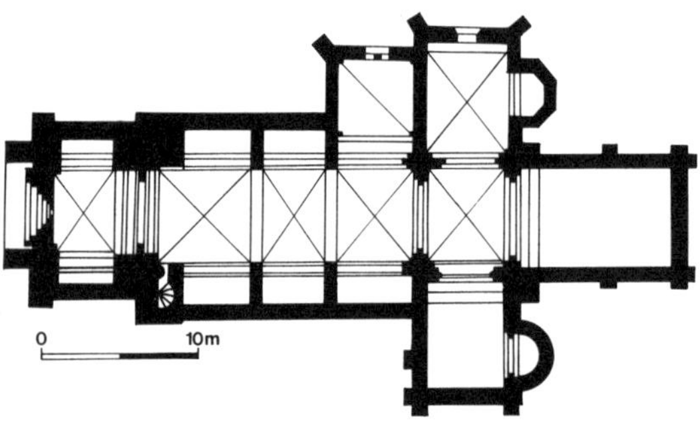

Felletin, Kirche Moutier, Grundriß

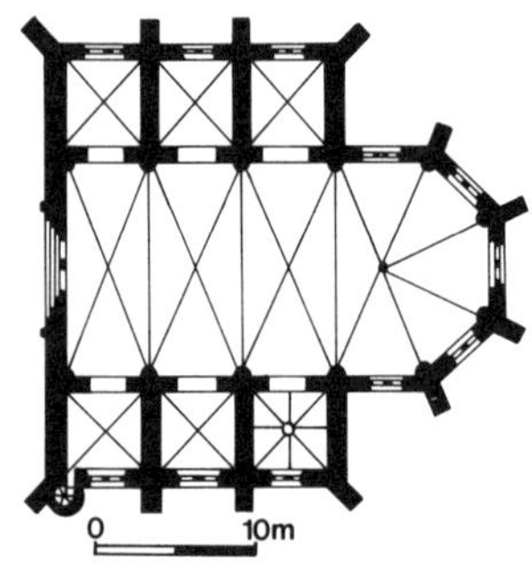

Kirche Notre-Dame-du-Château, Grundriß

Die zweite Kirche in Felletin, *Notre-Dame-du-Château,* ließ Pierre de Bourbon 1487 erbauen. Auch hier zeigt sich dem Besucher eine für die Creuse nicht alltägliche Bauweise. Der Architekt, der für die Pläne verantwortlich war, stammte nämlich aus dem Languedoc im Süden Frankreichs. Notre-Dame-du-Château hat ein auffallend breites Langhaus, und jedes der drei Joche schließt im Norden und Süden mit einer Kapelle ab. Die Außenmauern umringen Strebepfeiler. Auch hier ist der Glockenturm viereckig, er ragt aus der südöstlichen Kapelle auf.

In Notre-Dame-du-Château finden zeitweilig Ausstellungen, vor allem der Wandteppiche, statt. Ansonsten ist die Kirche meist geschlossen, den Schlüssel für eine Besichtigung kann man im Rathaus gegenüber erhalten.

Bei der Stadttour durch Felletin lohnt sich auch der Abstecher in die Rue des Ecoles. Dort findet man eine hübsche Kapelle aus dem 15. Jh.

□ Gioux

Auf der Weiterfahrt nach Süden fährt man über landschaftlich reizvolle Wege, immer wieder stehen fast schloßähnliche Gutshöfe in der weiten Landschaft. Auf jeden Fall lohnt es sich, die Hauptstraße zu verlassen und den braunen Rundreiseschildern nach Gioux und Feniers zu folgen. In Gioux erinnert ein großer Granittisch, der wie ein Pilz vor der Kirche steht, an die Zeiten, als hier die Bauern ihren Zehnten abzählen mußten. Später boten hier Landarbeiter ihre Arbeitskraft an. Die Kirche selbst datiert aus dem 12. Jh. und wurde im 15. und 17. Jh. restauriert. Es handelt sich um einen einschiffigen, dreijochigen Bau mit geradem Chorschluß.

Die Strecke nach Feniers ist geprägt von lichten Wäldern und bei Radfahrern sehr beliebt. Ihren tiefsten Punkt erreicht sie an einer romanischen Brücke, davor und danach warten lange Gefällestrecken, die ihre höchsten Punkte auf 854 und 920 m erreichen. Von dort entschädigt der Blick auf die Berge der Auvergne für die Strapazen.

□ La Courtine

Zu Beginn dieses Jahrhunderts errichtete Frankreich im Norden des Ortes einen Militärübungsplatz, dessen 6000 ha noch heute die Umgebung beherrschen. Nach dem Zweiten Weltkrieg hat das Militärgelände an Bedeutung verloren, La Courtine wirkt heute fast etwas verlassen. Auch hier führt die Kirche weit in die Vergangenheit zurück, allerdings stammt nur noch das Portal aus dem 13. Jh. Ein Abt namens Michon ließ die Dorfkirche Mitte des 18. Jh. aus eigenen Mitteln neu aufbauen.

□ Saint-Oradoux-de-Chirouze

Als typisch für diese Gegend am Rande des waldreichen und rauhen Plateau de Millevaches kann die westlich außerhalb des Dorfes gelegene Kirche von Saint-Oradoux-de-Chirouze gelten. Sie datiert zurück ins 12. Jh. Die Einfachheit der Architektur wird nur durch das Westportal durchbrochen. Der Glockenturm mit zwei mächtigen Glocken ist in die Westfassade integriert.

Einer der größten natürlichen Seen der Creuse liegt ganz in der Nähe. Der Gebirgssee Méouze wird im Westen vom Puy de Guet (831 m) und im Süden vom Puy de Chirouze (872 m) begrenzt: ein idealer Platz für Angel-, Bade- und Campingfreunde.

□ Crocq

Die Besiedlung der Region um Crocq geht bis in die Jungsteinzeit zurück. Im nahen Urbe-Wald zeugt noch ein Dolmen von der steinzeitlichen Besiedlung. Auch der Stadtname hat seine Wurzeln weit in der Vergangenheit: Das vorkeltische Wort ›Car‹ für Stein beschrieb die Lage auf dem 770 m hohen felsigen Bergvorsprung, von dem ein weiter Blick über das Tardes-Tal möglich ist. Im Mittelalter gewinnt Crocq aus seiner strategischen Lage heraus an Bedeutung. 1190 läßt Robert, Kronprinz der Auvergne, eine Burg erbauen. Weitere Befestigungsanlagen kommen im 13./14. Jh. hinzu. 1357 nehmen englische Truppen Crocq ein, am Ende des Hundertjährigen Krieges liegen Stadt und Burg in Schutt und Asche. So sind die grün bewachsenen Türme von Crocq die einzigen Relikte des ehemals stolzen *Château Fort*, die Ruinen aber

Die Crocquants

Um 1575 ist Crocq als Freigrafschaft im Besitz von Henri de La Tour d'Auvergne, dem Grafen von Turenne. Dieser wird zu einem der Führer der Protestanten in Frankreich. Damit entwickelt sich Crocq zum Zentrum der Protestanten für die Marche, das Limousin und die Auvergne. 1592 kommt es zu einem Bauernaufstand: Die Crocquants wehren sich verzweifelt gegen die wirtschaftliche Misere im Land, gegen die hohen Steuern und die Unsicherheit ihrer Existenz. Mehrere tausend Menschen schließen sich der Bewegung an, die in den folgenden Jahren das gesamte Zentrum Frankreichs erfaßt. Doch von den Idealen der ursprünglichen Crocquants entfernt sich der Bauernkampf immer mehr. Zum Schluß bleiben gesetzlose Haufen von Straßenräubern; der einstmals geballte und mächtige Aufstand wird zerrieben und bis auf den letzten Mann blutig niedergeschlagen.

auch heute noch den Fußweg auf den Berg wert. Um die Stadt und die Stadtmauern wieder aufzubauen, werden die Bewohner von Crocq 1426 für acht Jahre von Steuerabgaben befreit, 1444 sind die Arbeiten beendet.

In Crocq zieht zuerst die Kapelle *Notre-Dame-de-la-Visitation* die Aufmerksamkeit auf sich. Sie steht in der Nähe des Rathauses, hat ihre Ursprünge im 12. Jh., wurde aber im 15. Jh. vollständig erneuert und 1991 bestens renoviert. Der Glockenturm ist in das Giebeldach eingebunden, ein weiterer Aufsatz ist auf der Ostseite zu sehen und war einst Totenlaterne. Die Statuen im Innern der Kapelle, das Chorgestühl und der Holzaltar wurden ebenfalls neu überarbeitet.

Vor der Kirche von Crocq – einem strengen Bau aus dem 19. Jh. oben bei den Turmruinen – stößt man auf eine exakte Reproduktion des Dolmen aus dem Urbe-Wald.

Das Gotteshaus selbst beherbergt eine künstlerische Kostbarkeit: ein außergewöhnliches *Triptychon* von fast 5 m Breite aus dem Jahre 1440, das links vom Eingang angebracht ist. Auf sieben bemalten Holztafeln sind Episoden aus dem Leben des hl. Eloi, oder Eligius, des Patrons der Goldschmiede und Gründers der Abtei Solignac in der Haute-Vienne, dargestellt und werden durch Reime in gotischen Buchstaben ergänzt. Auf dem ersten Bild verkündet ein Adler Elois Mutter die Geburt ihres Sohnes, die zweite Tafel zeigt die Geburt, die dritte stellt König Chlothar II. dar, der dem Goldschmied Eloi einen Goldbarren übergibt: Er soll daraus einen Sattel anfertigen. Im vierten Bild das Resultat: Dank seines Geschicks gelang es Eloi nicht nur einen Sattel, sondern deren zwei herzustellen (Umschlagklappe vorn). Auf der fünften Holztafel verbindet Eloi die Leprakranken, die sechste zeigt seine Weihe zum Bischof von Noyon (im Jahre 640), und die letzte Darstellung schildert die Beerdigung des Heiligen.

□ Moutier-Rozeille

Auf der Pilgerstraße nach Santiago de Compostela liegt dieses Dorf über der Rozeille nur wenige Kilometer südlich von Aubusson. Zentrum ist die romanische *Kirche Saint-Martin-de-Tours* aus dem 11. Jh., die auf dem Gelände eines ehemaligen Klosters steht. Allerdings sind nur noch die halbkreisförmige Apsis, die südliche Seitenkapelle mit einem Fenster im Limousinstil sowie die Vierungspfeiler und Gurtbogen original erhalten. Die Verbindungsarkaden an den Vierungspfeilern deuten auf ehemalige Seitenschiffe hin. Einen eindeutigen Hinweis auf die Bestimmung der Klosterkirche gibt das Westportal aus dem 16. Jh., auf dem eine Jakobsmuschel zu sehen ist.

Während der Religionskriege wurde das an Saint-Yrieix-la-Perche in der Haute-Vienne gebundene Kloster 1575 von Protestanten niedergebrannt und im Jahr darauf komplett zerstört. Ersten Aufbauversuchen folgte 1610 eine Plünderung. Die heutigen Anlagen entstanden überwiegend um 1684 und wurden zur Jahrhundertwende restauriert. Das Langhaus hat drei Joche, die 1900 erneut ein Kreuzgratgewölbe erhielten. Das Chorgewölbe stammt aus dem 17. Jh. Die Kapitelle sind besonders schön bearbeitet: Sie stellen Tiere, Figuren und verschiedenes Blattwerk dar. Noch im 16. Jh. wurde die Westfassade angebaut, im 17. Jh. der viereckige Glockenturm. Hauptsächlich aus dieser Zeit stammen auch die Gemälde.

Um den Lac de Vassivière (Circuit des Lacs)

Diese Rundreise geht über die Grenzen der Creuse hinaus in die Haute-Vienne. Dort wird man die üblichen braunen Schilder der Rundreise vermissen, der Weg ist jedoch, entlang des Seeufers, nicht zu verfehlen.

□ Lac de Vassivière

Der 1000 ha große See ist seit 1952 künstlich aufgestaut und befindet sich etwa je zur Hälfte in der Creuse und der Haute-Vienne. Als Zuflüssse dienen nur kleine Wasserläufe der näheren Umgebung. Die Hauptsperre liegt bei Aufelle am nördlichen Abschnitt des Westufers, ihre Staumauer ist 30 m hoch und 220 m lang. Von dort leitet ein unterirdischer Kanal mit 17 m^2 Querschnittfläche das Wasser zu den 5,8 km entfernten Turbinen des Elektrizitätswerks von Peyrat-le-Château in der Haute-Vienne. Ein Gefälle von 253 m auf dieser Strecke sorgt für enormen Druck und entsprechende Energieausbeute. Natürlich hat der gesamte Komplex gewaltige ökologische Veränderungen mit sich gebracht, doch Priorität in dieser ersten ländlichen Urlaubsregion Frankreichs hat der Tourismus mit seinen vielen Freizeitaktivitäten, vielleicht verständlich, wenn man bedenkt, daß Planung und Bau des Sees schon einige Jahrzehnte zurückliegen und Wirtschaftsförderung in dieser Region dringendst nötig war und ist. So bietet der See mit seinen 45 km Ufer und seiner Umgegend alles was das Herz des sportlichen Urlaubers begehrt.

Direkt südlich an den Lac de Vassivière anschließend liegt der *Forêt de la Feuillade,* einer der schönsten Wälder des Limousin, in dem der Botaniker auch exotische Tannenarten findet.

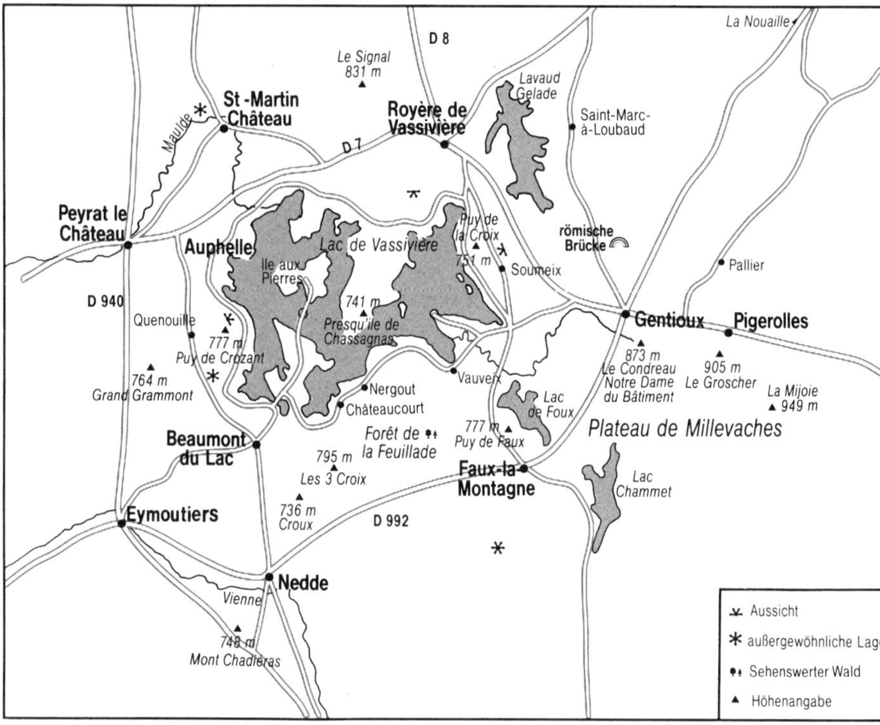

Das Seengebiet der Creuse

Er hat eine Ausdehnung von 500 ha und ist am günstigsten von dem Örtchen Vauveix zu erreichen.

Mitten im Lac de Vassivière ragt die Insel *Ile aux Pierres* aus dem Wasser, auf der Skulpturen aus Granit und Holz eine ständige Kunstausstellung bilden.

□ Faux-la-Montagne

Am Ufer des gleichnamigen 360-ha-Sees liegt dieses 400 Einwohner zählende Dorf, das vor allem bei Anglern hoch im Kurs steht. Zu den Sehenswürdigkeiten zählen die Kirche aus dem 12. Jh., eine ehemalige Kapelle der Tempelritter, die Ruinen des alten Schlosses und die Dolmen von Landoras mit ihren immensen Ausmaßen.

Auf der Weiterfahrt zeigt die Landschaft deutlich, daß man sich hier noch in den nördlichen Bereichen des Millevaches-Plateaus befindet. Diese Region wird in ihren geographischen und biologischen Besonderheiten im Kapitel ›Corrèze‹ besprochen.

□ Gentioux

In dieser ›Stadt der Steinmetze‹ – der Bekannteste ist Jean Cacaud (1827–1900), zwei seiner Werke sind am nördlichen Ortsausgang auf dem Friedhof zu sehen – waren die Tempelritter ab dem 12. Jh. mit einer Komturei vertreten, die später an den Malteserorden überging. Die Kirche Saint-Martial in Gentioux stammt ebenfalls aus dem 12. Jh., allerdings wurde sie 1357 von den Engländern in Brand gesteckt, 1425 jedoch neu aufgebaut. 1850 ersetzte der jetzige Kirchturm die Glockenmauer, deren Konstruktion jedoch noch über der Westseite zu erkennen ist. Zwei schöne Reliefs aus dem Jahre 1555 befinden sich links vom Altar: an der Ostwand eine Darstellung der Jungfrau Maria mit Kind, an der Nordwand das Wappen eines Mitglieds der Familie d'Aubusson.

Einen herrlichen Blick über die gesamte bewaldete Bergregion hat man vom 873 m hoch gelegenen Standort der Granitstatue Notre-Dame-du-Bâtiment, die als Schutzpatronin der Zimmerleute der Creuse an diese erinnern soll. Man erreicht sie vom Ort aus über einen kurzen Fußweg.

Wenige Kilometer östlich liegt **Pallier.** Auch in diesem Dorf gab es einst eine Komturei des Templerordens, die später von den Maltesern übernommen wurde. Die Kapelle ist fast vollständig aus dem 12. Jh. erhalten, lediglich die Glockenwand wurde im 15./16. Jh. restauriert.

Fährt man die kleine Straße, die nach Pallier führt, weiter, so erreicht man in Richtung La Nouaille das herrliche *Tal des Taurion* unmittelbar nach seinem Quellgebiet, ein kleines Naturparadies für Wanderer und Radfahrer. 4 km nördlich von Gentioux, kurz nach dem Örtchen Senoueix, sind die Reste einer *römischen Brücke* über den Taurion zu sehen: Etwa mannshoch spannt sich ein mehrere Meter weiter Bogen aus grob behauenen Granitsteinen über das knietiefe klare Gewässer. Dem Bild dieser Brücke wird man auf seiner Reise durch die Creuse des öfteren begegnen. Mit zwei Mountain-Bike-Radlern im Flußbett wirbt es für den typischen Urlaub hier: Natur, Wasser und Freizeitsport vor kulturellem Hintergrund.

□ La Nouaille

Außerhalb der ausgeschilderten Rundreise liegt La Nouaille, doch da dessen Kirche, Saint-Pierre-et-Saint-Paul, eines der interessantesten Bauwerke dieser Gegend ist, lohnt sich der kurze Abstecher nach Osten. Die Gründung der Kirche geht ins 12. Jh. zurück, drei Joche stammen noch aus dieser Zeit, allerdings brachte das 15. Jh. wesentliche Veränderungen mit sich. Der holzschindelgedeckte Turm entstand als Campanile erst im 16. Jh. Ein Gemälde des Neoklassizisten Jean Murat (1807–1883) ist im Chor zu sehen.

Auf der Fahrt nach Saint-Marc-à-Loubaud kommt man etwa 2 km vor der Stadt an Dolmen vorbei, wie so oft in der Creuse, Pierre Fades genannt. 400 ha hat der bei Saint-Marc-à-Loubaud liegende *Lac de Lavaud-Gelade,* ebenfalls Zentrum erholungssuchender Urlauber.

Saint-Marc-à-Loubaud ist wie *Royère-de-Vassivière* kulturell weniger wichtig, aber Einkaufsstädtchen für die Sommergäste. Wer trotzdem an der Kirche in Royère aus dem 11.–13. Jh. vorbeikommt, sieht zumindest einen nicht alltäglichen Eingang, denn im 14. Jh. wurde vor dem ursprünglichen Portal der Kirchturm errichtet, dessen Untergeschoß nur einen von der Nordseite zu betretenden Vorraum für den Eingang bildet.

Um Bourganeuf (Circuit des Chevaliers)

□ Bourganeuf

Die Gründung einer Komturei des Hospitalordens stand 1195 am Anfang der Geschichte von Bourganeuf, das in einer exponierten Lage über die Täler des Taurion im Norden und der Mourne und des Verger im Süden und Westen herrscht. Von 1227–1750 galt die Stadt als Hauptsitz des Ordens, der dann nach Lyon verlegt wurde.

Auch heute noch hat die bestens restaurierte *Komturei* eine zentrale Bedeutung, unter anderem als Rathaus, in dem ein außergewöhnlicher Wandteppich (18. Jh.) aus Aubusson ausgestellt ist. Wie in allen entsprechenden Bauwerken, so zeigt sich auch in der Komturei von Bourganeuf schon in der Architektur die Strenge der Hospitaliter. Der Grundriß ist rechteckig, das Zentralgebäude wird rechts von einer Kirche und links vom 1428–30 errichteten Lastic-Turm, benannt nach seinem Baumeister Jean de Lastic, umrahmt. Zutritt zum Innenhof hat man durch das heutige Rathaus; etwas abseits steht der *Zizim-Turm,* erbaut 1483–86 von Guy de Blanchefort und benannt nach einem für diese Gegend kuriosen Bewohner.

Zizim, oder mit richtigem Namen Djem Sultan, war ein Sohn Mohammeds II., des Eroberers von Konstantinopel und allmächtigen Herrschers des ottomanischen Reiches. Im damaligen Türkenreich regelte kein Gesetz die Thronfolge, und so kam es nach dem Tod Mohammeds II. im Jahre 1481 zum Kampf um die Nachfolge zwischen seinen beiden Söhnen Bajazet und Djem Sultan. Bajazet ging als Sieger aus diesen Erbstreitigkeiten hervor, und Djem Sultan mußte das Land verlassen. 1482 beantragte er in Rhodos Asyl. Die Christen auf dieser Insel gerieten dadurch in Verlegenheit, denn sie wußten nicht, ob sie den Bruder des imperialistischen Türkensultans als Gast, Gefangenen oder als Geisel ansehen sollten. Nun war auch in Rhodos der Hospitalorden recht mächtig, und über diese Verbindung ließ sein Mitglied Pierre d'Aubusson Zizim nach Frankreich kommen. Auf verschiedenen Schlössern der Marche war der Muselmane von 1482–86 in

Bourganeuf, Zizim-Turm

vornehmer, aber auch zwangsweiser Verwahrung. Anfangs lebte er in Monteil-au-Vicomte, Morterolles, Bois-Lamy und wahrscheinlich auch Boussac. Nach der Fertigstellung des Turms in der Komturei von Bourganeuf hielt er sich dort bis 1489 auf. In diesem Jahr wurde er Papst Innozenz VIII. übergeben, der für einen geplanten Türkenfeldzug ein Faustpfand brauchte, aber bereits zwei Monate später starb. 1495 starb dann auch Zizim in Rom, vermutlich durch Gift.

Wie schon in den anderen Schlössern richtete sich Zizim auch in seinem Turm in Bourganeuf mit orientalischer Pracht ein – unter anderem mit einem türkischen Bad. Die strenge Marche-Stadt erlebte so für wenige Jahre einen Abglanz der Märchen aus Tausendundeiner Nacht, selbstverständlich fehlte auch der Harem nicht. Heute imponieren im Zizim-Turm die wuchtigen Eichenbalken, zudem sind im Keller verschiedene lokale Funde aus galloromanischer Zeit, vor allem Urnen, ausgestellt, und im ersten Stock findet man Dokumente über die Résistance. Erinnerungen an Djem Sultan sind in diesem Heimatmuseum nicht mehr zu sehen.

Wie die Hospizkomturei stammt auch die *Kirche Saint-Jean* aus der Zeit Ende des 12. Jh., Haupt- und Seitenschiffe sowie die Kapellen wurden im 15. Jh. erbaut. An die Kirche grenzen zwei Häuser des Ordens, die einen direkten Zugang auf die Empore ermöglichen. Alten Berichten zufolge muß die Kirche im 16./17. Jh. reich mit kostbaren Schätzen und Reliquien ausgestattet gewesen sein. Heute sind das Westportal aus dem 15. Jh. und die 1984 restaurierte Orgel die einzigen Sehenswürdigkeiten in einem ansonsten für die Creuse ungewohnt heruntergekommenen Gotteshaus.

Bei einem Bummel durch Bourganeuf sollte man auch die Rue des Ecoles aufsuchen. Hier steht die Kapelle der blauen Büßer, erbaut zwischen 1623 und 1661, restauriert um 1806. Bourganeuf ist stolz auf zwei wichtige Staatsmänner, die diese Stadt im 19. Jh. hervorgebracht hat: Zum einen Emile de Girardin (1806–1881), Begründer des modernen Journalismus in Frankreich, zum anderen Martin Nadaud (1815–1898), an den ein Denkmal am Rathausplatz erinnert.

Ende des 11. Jh. entstehen zwei Orden, deren Ziele ursprünglich stark auf Jerusalem und das Heilige Land ausgerichtet sind: 1070 wird der Orden der Hospitaliter gegründet, vor allem um den christlichen Pilgern im vorderen Orient Verpflegung und Unterkunft zu sichern, 1099 ist das Geburtsjahr des Templerordens, der mit militärischer Stärke für eine sichere Pilgerreise der Europäer auf ihrem langen Weg sorgt. Die Mitglieder des Hospitalordens tragen schwarze Mäntel mit einem weißen Kreuz, die Templer weiße Mäntel mit rotem Kreuz. Beide Orden wachsen rasch und gewinnen kontinuierlich an militärischer, finanzieller und politischer Macht. Nach etwa einem Jahrhundert ihrer Existenz besitzen die Orden weiträumige Ländereien im Heiligen Land und im gesamten Mittelmeerraum sowie enorme Reichtümer. Vor allem die Tempelritter steigern ihren Einfluß im 13. Jh. derart, daß Philipp der Schöne sie mit der Wende zum 14. Jh. als Gefahr für seine Stellung als König von Frankreich sieht. So greift er zu dem für Kirche und Staat in dieser Zeit probaten Mittel, um einen Gegenspieler auszuschalten: Philipp klagt die Templer der Ketzerei an. Ein Spiel mit hohem Einsatz, das sich auch von 1310–14 hinzieht, ehe es schließlich Erfolg hat. Daß es Erfolg hat, ist wenig verwunderlich, gibt es doch für Kläger und Richter bei einer Verurteilung mit dem enormen Vermögen des Templerordens eine dringend nötige Aufbesserung der eigenen finanziellen Situation. So werden hunderte Templer hingerichtet, der König kassiert das Barvermögen des Ordens, die Kirche bekommt die territorialen Besitzungen, die zu einem Großteil an die Hospitaliter übergehen. Für die Hospitaliter, die schon seit 1227 in Bourganeuf ihren Hauptsitz haben, kommen so auf dem Gebiet der heutigen Creuse zu den bisherigen fünf eigenen Komtureien noch weitere fünf des Templerordens, wodurch die wichtige Stellung dieser Region für den Orden auf Jahrhunderte gefestigt ist. Der Hospitalorden teilt seinen Einflußbereich in acht Provinzen, wobei die zehn Komtureien in der heutigen Creuse als ›Auvergne‹ bezeichnet werden, was jedoch nicht dem heutigen Gebiet dieses Namens entspricht. Nach der intriganten Zerschlagung des Templerordens übernehmen die Hospitaliter deren bisherige Aufgabe der militärischen Sicherung mit. Bis ins 16. Jh. tragen sie zur Eingrenzung der ottomanischen Vorstöße in den Mittelmeerraum bei und stärken damit auch ihre Bastionen auf Rhodos, Malta und Zypern.

Zu den Großmeistern des Ordens gehören vier aus der Provinz ›Auvergne‹: Jean de Lastic (1427–1454), Jacques de Milly (1445–1461), Pierre d'Aubusson (1475–1503) und Guy de Blanchefort (1483–1513), dessen Neffe. Besonders Pierre d'Aubusson läßt viele Kirchen in dem Landstrich zwischen Bourganeuf und Aubusson, wo seine Familie riesige Besitztümer hat, restaurieren. Die Komtureien der Hospitaliter in der Creuse bestehen vor allem aus einem befestigten Wirtschaftsgebäude, einer Kapelle und landwirtschaftlichen Flächen, die von Bauern bestellt werden. Meist haben die Ordensbrüder genug zu tun, um ihren Unterhalt zu bestreiten und die Reisenden und Pilger zu bewirten. Überschüsse gehen an die Ordenskasse oder werden für wohltätige Zwecke verwendet, dabei müssen die einzelnen Komtureien regelmäßige Überprüfungen durch Abgesandte des Ordens über sich ergehen lassen.

□ Mansat-la-Courrière

Leider nicht mehr in der Creuse, sondern im Louvre in Paris steht heute eine Statue, die hier in Mansat-la-Courrière unter zahlreichen Überresten galloromanischer Zeit entdeckt wurde: der Apollo von La Courrière. Doch zu sehen gibt es in Mansat-la-Courrière trotzdem noch einiges. So ist das kleine Schloß, auch wenn die Türme nicht mehr ihre volle Höhe besitzen, ein Musterbeispiel für die Militärarchitektur der Creuse im 15. Jh., und die Kirche, zum Großteil aus dem 12. Jh., kann mit ihrem Ostteil und der fünfeckigen Apsis noch wesentlich ältere Teile vorweisen.

□ Soubrebost

Krypta und Voraltar der Kirche sind noch aus romanischer Zeit erhalten, der übrige Teil wurde im 16. Jh. neu aufgebaut. Die *Krypta* in Soubrebost ist auf jeden Fall einen Besuch wert. In ihr befindet sich ein großer *Steinaltar,* dessen Vorderseite ein Relief schmückt. Das Zentrum

Pierre d'Aubusson (Ordensgroßmeister 1475–1503) ▷

PRO

der Komposition bildet eine Beisetzungsszene aus dem 12. Jh. Von beiden Seiten umgeben sie drei kleine Heiligenfiguren, die wiederum von Blendarkaden eingerahmt werden.

Außerdem sieht man in der Kirche links vom Altar eine herrliche, aus einem Stück Holz geschnitzte Statue der Jungfrau mit dem Kind. Sie ist mit gepressten Kupferplättchen bedeckt und stammt aus dem 13. Jh. Wenn die Kirche, wie häufig, verschlossen ist, kann man sich den Schlüssel im Haus westlich neben der Kirche geben lassen.

Ganz in der Nähe von Soubrebost gibt es mit dem *Pierre aux Neuf Gradins* ein archäologisches Mysterium zu bestaunen. Der ›Stein mit neun Stufen‹ liegt als höchster auf einer Anhäufung von Felsen und weist seinem Namen entsprechende Bearbeitungen aus vorgeschichtlicher Zeit auf. Zudem sind zwei unterschiedlich große, mit einem kleinen Tunnel verbundene Aushöhlungen vorhanden. Wahrscheinlich dienten sie, wie andere Becken in den umliegenden Felsen, als Opferbecken für druidische Kultrituale.

□ Le Monteil-au-Vicomte

Nur noch ein baufälliger, dichtbewachsener Wachturm steht als Rest der Burganlagen dieses Ortes. Hinter den Mauern des im 12.–14. Jh. errichteten Schlosses wurde 1423 Pierre d'Aubusson geboren, und 1483 weilte der Türkenprinz Zizim in seiner Rolle als Gast-Gefangener hier. Pierre d'Aubusson war auch an der Erweiterung der Kirche Saint-Pierre de Vérone in Le Monteil-au-Vicomte beteiligt. So ließ er die Nordkapelle an den im 13. Jh. begonnenen Bau anbringen. An den Schlußsteinen der beiden Gewölbefelder prangt sein Wappen und das Kreuz des Rhodos-Ordens, dem Pierre d'Aubusson angehörte. Auffällig ist in dieser Kirche auch das immense Weihwasserbecken aus Granit und das von Säulen umrahmte Westportal. – Die weitere Fahrt der Rundreise führt durch eine lange, schattige Waldstrecke, bis Saint-Martin-Château erreicht ist.

□ Saint-Martin-Château

Im Ort gibt es eine Kirche aus dem 12. Jh., die im 15. und 17. Jh. umgestaltet wurde. Ihr Campanile weist eine Besonderheit auf: Von außen ist er viereckig, innen rund. Eine Reihe von Statuen aus dem 14./15. Jh. ist im Innern, ein Grab an der südlichen Außenmauer der Kirche zu sehen.

Für einen bequemen Spaziergang kann man sich den *Wasserfall von Jarrauds* als Ziel heraussuchen. 1 km vom nördlichen Ortsende geht der Weg das Flüßchen Maulde entlang, vorbei an einer restaurierten Mühle und über die Mühlbachbrücke. Nach 10 Min. steht man am Fuße des etwa 14 m hohen Wasserfalls. Am Beginn des Wanderweges sind übrigens noch 100 m einer alten Römerstraße zu sehen.

□ Von Saint-Moreil nach Saint-Pierre-Cherignat

Die Kirche von **Saint-Moreil** wurde im späten 12. Jh. erstmals errichtet, im Hundertjährigen Krieg aber völlig zerstört. Nach dem Originalbauplan baute man sie im 15. Jh. wieder auf. Den Chor trennt ein Gurtbogen, der auf Wandsäulen ruht, vom Hauptschiff. Die zwei Kapellen im Nord- und Südteil der Kirche wurden bei der Restaurierung neu hinzugefügt. Die

Glockenwand überragt die Westfassade mit ihren drei Arkaden und dem dreieckigen Giebel. Typisch für das Limousin besitzt das Portal kleine Kapitelle und prismatische Fundamente; es wird von zwei Masken verziert. Eine enge Fensternische erhellt das Chorhaupt.

Einen herrlichen Blick über die Region dieser Rundreise hat man von dem kleinen Örtchen **Auriat** aus. Dessen einfache Kirche mit geradem Chorhaupt und Glockenwand wurde vor nicht allzulanger Zeit restauriert. Ältester Originalbestandteil ist das Westportal aus dem frühen 16. Jh.

Auf der Fahrt nach **Saint-Martin-Sainte-Catherine** kommt man zwischen Sauviat und Le Theil an einem beeindruckenden Dolmen vorbei, der auf der rechten Straßenseite auf freiem Feld liegt. Fresken aus dem 16. Jh. verzieren Chor und Chorgewölbe der im 12. Jh. erbauten und vier Jahrhunderte später restaurierten Kirche Saint-Martin im Ort selbst. Die Malereien stellen Gott, die Apostel und musizierende Engel dar.

Das getäfelte erste Gewölbejoch ist die Besonderheit in der Kirche des Dorfes **Saint-Pierre-Cherignat.** – Auf dem Rückweg nach Bourganeuf führt die Route noch einmal ins Taurion-Tal, wo sich der aufgestaute Fluß am Grand-Bois-Bergrücken vorbeischlängelt.

Im Westen der Creuse (Circuit des Eaux Vives)

□ Bénévent l'Abbaye

Die Geschichte von Bénévent l'Abbaye (1000 Einwohner) ist eng mit der des dortigen Augustinerklosters als Station auf dem Pilgerweg nach Santiago de Compostela verbunden. Humbert – auch Aubert oder Umbert –, ein Domherr aus Limoges, gründete die Priorei 1028. Ihr verdankt das Städtchen sogar seinen Namen. Hierzu kam es, als das Kloster 1080 Reliquien des Apostels Bartholomäus aus dem italienischen Ort Benevent übernahm. Nach dem italienischen Benevent wurde dann auch das Kloster und 1105 schließlich die gesamte Stadt benannt.

Prunkstück von Bénévent ist mit Sicherheit die *Kirche Saint-Barthélemy* (Farbabb. 25). Das Kloster verfügte über beachtliches Kapital, und so wurde dieses großräumige Gotteshaus um 1150 in einem Bauabschnitt errichtet. 1458 zur Abtei ernannt, erfolgten 1678 und 1875 grundlegende Restaurierungen. Ebenfalls 1875 wurde der achteckige Turm über der 20 m hohen

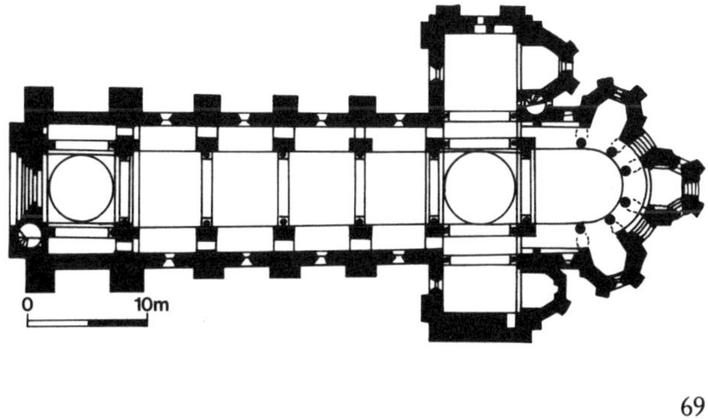

Bénévent l'Abbaye, Kirche Saint-Barthélemy, Grundriß

Kirche Saint-Barthélemy, Portal

Vierung von Paul Abadie neu errichtet. Dieser Architekt war auch für den Bau von Sacré-Coeur de Montmartre in Paris verantwortlich.

Saint-Barthélemy hat ein romanisches, fünfjochiges Langhaus und ein Querschiff mit zwei fünfseitigen Kapellen. Der Tambour des Vierungsturms (Abb. 13) ist von Fenstern durchbrochen. Ein weiterer, viereckiger Turm überragt die Pendentifkuppel vor dem Westportal, darunter eine sehenswerte Holzschnitzerei aus dem 17. Jh. von Gabriel Brunyer aus Bellac, die ehemals den Altar der Kapelle in Mortemart bildete. Den Altar umgeben hohe Arkaden, deren Säulen reich verzierte Kapitelle haben (Abb. 14). Dahinter der Chorumgang, an den sich drei fünfseitige Kapellen anschließen. In der Kirche sind auch zwei Gräber zu sehen, eines davon – links in der Marienkapelle – ist seit dem 13. Jh. die letzte Ruhestätte von Aubert, dem Gründer des Klosters. Typisch für die Bauweise des Limousin sind die aufwendigen Verzierungen und Kapitelle des Säulenportals. Heute wird die Abtei hauptsächlich als Rathaus und Schule genutzt.

Um Bénévent lassen sich schöne Spaziergänge unternehmen. Auf jeden Fall sollte man den die Ortschaft überragenden *Puy de Goth* (541 m, auch Gaud geschrieben) besteigen. Von dort oben reicht der Blick über die Hügellandschaft der Creuse bis zu den Monts de Blond in der Haute-Vienne im Westen und zu den Monts Dômes in der Auvergne im Südosten. Auf dem Weg nach Grand-Bourg liegt rechts der Strecke ein Dolmen.

□ Le Grand-Bourg

Am Ufer der Gartempe errichtete der Abt Géraud aus dem nördlich benachbarten Salagnac im 13. Jh. die *Kirche von Le Grand-Bourg*, die nach Restaurierungsarbeiten im 16. (Kapellenanbau) und 17. Jh. (Turmbau) bis in die heutige Zeit viel von ihrer ursprünglichen Bausubstanz erhalten hat. Bei einem Rundgang um das Gotteshaus fällt der kunstvolle Nordeingang mit den verzierten Kapitellen auf. Auf dem kleinen Platz hinter dem Chor befindet sich ein Brunnen galloromanischen Ursprungs. Im Innern der Kirche entdeckt man im nördlichen Querschiff das Grab des 1277 gestorbenen Gründerabtes Géraud. Das Kreuzreliquiar des Kirchenheiligen Léobon, ebenfalls aus dem 13. Jh., ist im südlichen Querschiff ausgestellt. Der Chor beherbergt links am Abschluß ein Hochrelief aus Granit (12. Jh.), das die Jungfrau Maria, die andere Namenspatronin der Kirche, mit dem Kind auf dem Schoß darstellt. Das Kunstwerk zeigt Verwandtschaft mit der Mariendarstellung in La Souterraine.

□ Chamborand

Ein viereckiger Wachturm, 1070 von Arnould de Chamborand, Herzog von Flandern errichtet, ist der einzige Rest des ehemaligen Schlosses und Indiz dafür, daß sich hier die Familie Chamborand bereits 1012 niedergelassen hat. Mehr ist vom Schloß, in seiner letzten Form im 15. Jh. ausgebaut, nicht vorhanden. Trotzdem hat die Familie bis in dieses Jahrhundert von sich reden gemacht: 1767 gründete sie ein eigenes Regiment, das noch bis zum Ersten Weltkrieg als Régiment de Chamborand Teil der französischen Armee war.

□ Fursac

Nach einem lohnenswerten Umweg der ausgeschilderten Reiseroute durch das Gartempe-Tal erreicht man dieses Städtchen, das – obwohl längst zusammengewachsen – eigentlich streng in Saint-Pierre-de-Fursac und Saint-Etienne-de-Fursac am rechten und linken Ufer der Gartempe getrennt werden müßte. Die beiden Orte entstanden 1090 ursprünglich aus einer Ansiedlung, als zwei Lehnsherren an der durch den Fluß gebildeten Grenze ihres Gebietes je eine Pfarrgemeinde gründeten. Der Vertrag von Brétigny vertiefte den Schnitt 1360: Die Grenze zwischen englischen und französischen Besitzungen verlief zwischen den beiden Fursac. Im 18. Jh. ging der Lokalpatriotismus gar soweit, daß rechts und links der Gartempe unterschiedliche Gewichts- und Maßeinheiten in Gebrauch waren. Mit der Revolution erhielten beide Fursac eigene Gemeinderechte. So gibt es natürlich auch zwei Kirchen in Fursac. *Saint-Etienne* hat seine Wurzeln im 15. Jh. und steht auf den Grundfesten einer Wehrkirche aus dem 11. Jh., die niederbrannte. Vor *Saint-Pierre* erinnert ein galloromanischer Stein an die kulturell reiche Vergangenheit der Region. Diese Kirche datiert ins 13. Jh. zurück, wurde aber im 16. Jh. erweitert. Aus bemaltem Holz ist ein Verkündigungsengel (15. Jh.), zusammen mit einer Marienstatue aus Stein (14. Jh.) die wichtigste Sehenswürdigkeit von Saint-Pierre.

Zur Gemeinde Saint-Etienne-de-Fursac gehört das 3 km südlich gelegene *Paulhac.* Hier steht nur noch die Kirche von den ehemaligen Gebäuden der Komturei ›Saint-Jean de Jerusalem‹ des Templerordens. Sie wurde kontinuierlich vom 12.–15. Jh. erbaut und erweitert, war seit 1312 dann im Besitz der Hospitaliter. Noch gut erhalten ist ein hölzerner Altar (14. Jh.).

□ Marsac und Arrênnes

Ein ruhiger Ort für ausgedehnte Spaziergänge an der Ardour ist Marsac. Das Kirchlein stammt aus dem 13. Jh., restauriert wurde in großen Zügen im 15. Jh. Chor und Kapellen kamen im 19. Jh. neu hinzu. – Arrênnes besitzt mit dem Château de Sazeirat ein Herrschaftshaus aus dem 15. Jh. Aus dieser Zeit scheint auf den ersten Blick auch die Kirche zu stammen, jedoch wurde der Bau in unserem Jahrhundert errichtet.

□ Saint-Goussaud

Die Gegend von Saint-Goussaud ist seit vorgeschichtlicher Zeit bewohnt; schon die Gallier hatten hier ein Oppidum errichtet. Eine blühende Stadt entwickelte sich unter römischer Herrschaft: Praetorium. Sie lag an der Stelle, an der sich die von Limoges aus dem Südwesten kommende Römerstraße gabelte. Die Hauptrouten gingen nach Norden und Osten, kleinere Wege nach Nordosten und Süden. Praetorium liegt etwa 1 km südwestlich von Saint-Goussaud im Wald auf dem Gipfel des 687 m hohen Puy de Jouer, dessen Name sich von Jovis, also Jupiter, ableitet. Noch gut zu erkennen ist nach einem Fußweg von 500 m das antike Theater, während der Tempel nur durch das Hinweisschild als solcher deutlich wird. Die meisten beweglichen Gegenstände, die bei den Ausgrabungen 1902–20 zutage kamen, wie solche des täglichen Gebrauchs, aber auch Statuen und Säulen, werden heute andernorts aufbewahrt. Mit dem Niedergang des römischen Reiches wurde auch Praetorium verlassen. Im 7. Jh. siedelte hier der Eremit und Schäfer Gonsaldus, oder Goussaud, bis er 680 starb. Seine Einsiedelei wurde zu einer Kultstätte für den Schutz der Haustiere. Auf dem Grab errichtete man im 12. Jh. eine Kirche zu Ehren von Saint-Goussaud. Den Heiligen, mit einem Rind zu seinen Füßen, zeigt eine Holzstatue im Innern. Die vielen in das Tierbildnis gestochenen Nadeln erinnern an Voodoozauber und zeigen, daß auch heute noch intensiv um den Beistand des hl. Gonsaldus gebetet wird.

Am nördlichen Ortseingang steht die Totenlaterne von Saint-Goussaud, ebenfalls aus dem 12. Jh. Von diesen Türmchen gibt es insgesamt fünf in der Creuse, sie sollen über die Toten wachen. Die obere Nische enthielt eine Kerze, die jede Nacht angezündet wurde.

□ Châtelus-le-Marcheix und Mourioux

Über den aufgestauten Taurion – ein renommiertes Anglerparadies – bietet sich vor **Châtelus-le-Marcheix** ein wunderschönes Panorama. Auch die Geschichte dieses Städtchens reicht bis in die galloromanische Zeit zurück. Gegenüber dem Pfarrhaus steht ein Kreuz, dessen Sockel ein Merkur gewidmeter Altar bildet. Der älteste noch erhaltene Bauteil der Dorfkirche, das Gewölbe, datiert ins 13. Jh. zurück. Vieles wurde zerstört, als 1591 die Protestanten Châtelus, damals von strategischer Bedeutung, einnahmen.

Am Flüßchen Ardour liegt **Mourioux,** schon in vorgeschichtlicher Zeit von Menschen bewohnt. Zeuge dafür ist ein Dolmen-Hain, Four des Fades genannt, also Feen-Ofen, 500 m südwestlich der Kirche im Wald versteckt und über einen ausgeschilderten Fußweg zu erreichen. Die Kirche des Ortes wurde im 13. Jh. erbaut und im 14. Jh. befestigt. Sie besitzt ein Kruzifix aus der Auvergne (11. Jh.) und eine wunderschöne Pietà aus dem 18. Jh., die vor wenigen Jahren in den Werkstätten des Louvre restauriert wurde.

Am südöstlichen Ortsausgang von Mourioux steht mit dem Fontaine de Saint-Rémi ein auch über die nähere Umgebung hinaus bekannter Wallfahrtsbrunnen aus dem 9. Jh., dessen Wasser angeblich heilende Wirkung besitzt.

Im Zentrum der Creuse (Circuit de la Creuse Romane)

Bei der Streckenführung dieser Rundreise wird schon deutlich, daß hier nicht das schnelle Erreichen der wichtigsten Sehenswürdigkeiten im Vordergrund steht, sondern der Weg so ausgewählt ist, daß er als solcher schon die Fahrt wert ist. Hauptstraßen werden bewußt vermieden, meist fährt man auf besseren Landwirtschaftswegen durch diesen Zentralteil der Creuse.

□ Das Kloster Moutier-d'Ahun

Noch vor der Jahrtausendwende beginnt die Geschichte von Moutier-d'Ahun, als 997 Boson, Graf der Marche, den Mönchen der Abtei von Uzerche hier eine Kirche stiftet. Im 12. Jh. bauen Benediktiner die Kirche zu einem Kloster aus; die reichlich vorhandenen romanischen Abschnitte der Abtei stammen noch aus dieser Zeit (Farbabb. 4). Den Hundertjährigen Krieg übersteht Moutier-d'Ahun noch mit relativ geringen Schäden. Ab 1489 werden erstmals in größerem Umfang Ausbesserungsarbeiten unternommen, und das gotische Portal entsteht in dieser Periode (Abb. 15). Bleibende Spuren hinterlassen die Religionskriege. 1569 plündern die Truppen des Herzogs Wolfgang, Prinz der Kurpfalz, das Kloster, 1591 greift Foucauld von Saint-Germain-Beaupré an und steckt die Gebäude in Brand. Hierbei stürzt das Langhaus ein, es wird nicht wieder aufgebaut. Heute ist der Platz zwischen Portal und Chor mit Vierungsturm bepflanzt und bildet einen kleinen Park (Farbabb. 2). Über zwei Jahrzehnte nach der Zerstörung bleibt das Kloster verlassen, 1610 kehren die Mönche zurück, zwanzig Jahre später wird die Abtei Cluny angeschlossen. Das ganze 17. Jh. ist von Wiederaufbaumaßnahmen geprägt.

Simon Bauer fertigt die weltweit bekannten *Eichenholzschnitzereien des Chors* ab 1673 (Abb. 16, 17). Er arbeitet mit seinen Gehilfen bis 1679/80, wie die Jahreszahlen im Chorgestühl belegen. Das Chorgitter, so die über dem Eingang festgehaltene Jahreszahl, entstand 1681. Diese einmaligen Schnitzereien gliedern sich in vier Hauptarbeitsabschnitte. Zum einen den Altar mit seinen gedrehten Säulen, dann die Seitentäfelungen, zum dritten das Chorgestühl mit beidseitig zwei Etagen. Hier sind jeweils fünf Sitzplätze unten und acht oben eingearbeitet, die unteren mit Tiermotiven, die oberen mit Gesichtern, wobei sich Simon Bauer in der ersten Miserikordie der linken oberen Reihe selbst verewigt hat (Abb. 18). Als vierter Abschnitt gilt dann das Chorgitter. Auffällig sind auch ein Lesepult und das große Kreuz, beide ebenfalls aus Eichenholz. Während der Revolution ein Jahrhundert danach werden die Schnitzereien unter Verputz versteckt, um sie vor Plünderungen zu schützen. Der Abt Malapert (1904–1963), Pfarrer in Ahun, macht es sich zu seinem Lebenswerk, Altarbild und Chorgestühl wieder in ihren Originalzustand zurückzuversetzen.

Für das Klosterleben in Moutier-d'Ahun selbst kam das Ende schon 1794. Der letzte Abt starb, nachdem er zwei Jahre vorher zu einer lebenslänglichen Gefängnisstrafe verurteilt worden war. Einige Erinnerungen aus diesen Zeitspannen bewahrt die ehemalige Westkapelle aus dem 15. Jh., die in ein kleines Museum umgestaltet wurde. Zu den Exponaten gehört auch eine Seltenheit: das kleine, aus einem Stück Buchsbaum geschnitzte Kreuz. – Lohnenswert auch ein Spaziergang über die Creuse-Brücke (Abb. 19). Von der anderen Flußseite bietet sich ein schöner Gesamteindruck der Klosteranlage.

□ Ahun

Zu galloromanischer Zeit war die Stadt an der Creuse, unter dem Namen Acitodunum, wichtigste Ansiedlung auf dem Gebiet des heutigen Departements. Hier schnitten sich bedeutende Römerstraßen, und zwei Brücken führten über den Fluß. Die eine lag in der Nähe des heutigen Moutier d'Ahun, die andere bei Pontsebrot. Relikte aus dieser Zeit sind vor allem im Museum von Guéret ausgestellt. 407 starb in Ahun der hl. Sylvain den Märtyrertod. An dieser Stelle

Ahun, Kirche Saint-Sylvain, Krypta

entstand auf einem ehemaligen Merkurtempel im 10. Jh. eine Krypta, auf der im 12. Jh. die *Kirche Saint-Sylvain* errichtet wurde, das Schiff und der achteckige Glockenturm wurden im 18. Jh. neu aufgebaut.

Von Bedeutung sind im Innern die Holzschnitzereien, erstellt um 1689 von Jean Pavillon, einem Künstler aus Guéret, die fein verziert und mit wuchtigen Säulen die gesamte Apsis füllen. An die Arbeiten aus dem benachbarten Moutier d'Ahun erinnern insbesondere die Schnitzereien, die Saint-Gilles und Saint-Sylvain darstellen. Ein in Granit gehauenes Taufbecken aus dem 12. Jh. und, links unterhalb des Portalvorbaus, eine Pietà aus buntem Kalkstein aus dem 15. Jh. vervollständigen das Inventar.

Der Zugang zur *Krypta* ist über eine außerhalb der Kirche liegende Treppe von Norden möglich. Die Krypta liegt unter dem Chor und der südlichen Seitenkapelle und setzt sich aus zwei Sälen zusammen. Der erste ist durch zwei Reihen von je drei freistehenden Säulen in drei Schiffe unterteilt. Die das Gewölbe tragenden sechs Säulen sind jeweils aus einem Stein gefertigt. Die präromanische Krypta beherbergt ein altes Reliquiengrab, das einst von der oberen Kirche aus durch eine rechteckige Öffnung zu sehen war. Am Eingang zur Krypta befinden sich Sarkophage aus der Merowingerzeit. – In der Stadt Ahun kann man noch Überreste einer Befestigungsanlage und einige mittelalterliche Brunnen sehen.

□ Chamberaud

Noch vor dem Ort liegt das Château de Massenon, 1482 auf einer Anhöhe in der Nähe einer galloromanischen Villa errichtet. Chamberaud war einst Komturei des Malteserordens, danach wurde deren Kapelle zur Pfarrkirche. Sie stammt aus dem späten 13. Jh. und besitzt ein Schiff aus vier Jochen, wovon das letzte den platt abschließenden Chor bildet. Die Kirchenfenster sind aus dem 16. Jh., der Holzaltar war über 300 Jahre in Verwendung. Derzeit ist das Gebäude wegen Einsturzgefahr der Decke geschlossen.

Erst seit kurzem und deshalb nicht in die ausgeschilderte Rundreise aufgenommen ist das Örtchen **Masgot** als Village de la Pierre bekannt für Steinskulpturen. 1990 wurde nämlich das ehemalige Wohnhaus von François Michaud (1810–1890) restauriert, seine Steinfiguren sind dort und im Dorf verteilt zu sehen.

□ Ars und Saint-Michel-de-Veisse

Ars hat eine Kirche aus dem 12.–14. Jh., drei Joche stammen aus der ersten Bauperiode, das vierte und der Chor mit einem allerdings modernen Fenster aus dem zweiten Bauabschnitt. Im Sommer ist das Gotteshaus mit seinen Gemäldeausstellungen Ziel für kunstinteressierte Urlauber.

Schon außerhalb des Ortes, bei La Borne, liegt der eigentliche Anziehungspunkt von **Saint-Michel-de-Veisse,** die *Chapelle de la Borne,* der Jungfrau Maria geweiht. Charles d'Aubusson, Herrscher von La Borne, und der Abt von Chambon, François de Viersat, ließen sie 1524 erbauen. Ihre Wappen sind über dem Nordportal in Stein gehauen. Grund für den Kapellenbau war ein Gelübde von Charles d'Aubusson: Nachdem er mit seinem Pferd in einen Sumpf gestürzt war, soll er auf wunderbare Weise durch die Erscheinung der Jungfrau Maria gerettet worden sein. Als Dank ließ er dann die Kapelle bauen. Diese Legende wird auf dem Kirchenfenster rechts verbildlicht; ein Wandteppich aus Aubusson (18. Jh.) stellt die Szene ebenfalls dar. Zu den Meisterwerken des 16. Jh. zählt ein Kirchenfenster oberhalb des Altars, das den Stammbaum Jesses wiedergibt. Unten steht Jesse, und aus seiner Brust entspringt ein Baum. Jeder Ast dieses Baumes entspricht einem Vorfahren Marias, die mit dem Jesuskind ganz oben thront. – Die Kapelle Notre-Dame ist an Pfingstmontagen Wallfahrtsziel; im Sommer finden hier ab und zu Konzerte statt.

□ Von Saint-Sulpice-les-Champs bis Lepinas

Zu Ehren des Arztes Dr. Eugene Jamot (1879–1937), der die Schlafkrankheit in Afrika erfolgreich bekämpfte, steht auf dem Dorfplatz von **Saint-Sulpice-les-Champs,** seinem Geburtsort, ein Denkmal. – Im 3 km entfernten **Saint-Georges-la-Pouge** ziehen eine Löwenfigur aus Granit und ein altes Friedhofskreuz auf dem Kirchenvorplatz die Blicke auf sich. Der Bau der Kirche begann mit dem Chor im 12. Jh., im 13. Jh. kamen das Langhaus sowie die zwei Kapellen hinzu. Dem Namenspatron Georg ist eine Statue im Innern der Kirche gewidmet.

Auf der Weiterfahrt nach **La Chapelle-Saint-Martial** sieht man am Straßenrand den Dolmen von Pierre-Levée. Das Städtchen selbst liegt nahe eines 48-ha-Sees, der zu den schönstgelegenen in der Creuse zählt. Auch hier datiert die Kirche ins 12. Jh. zurück, noch aus Originalbaumaterial dieser Zeit sind die viereckigen Wandpfeiler am Eingang zum Chor. Ein weiteres Jahrtausend führt ein steinerner Löwe vor der Nordwand der Kirche zurück, er wurde zu galloromanischer Zeit gefertigt.

Etwas östlich der ausgezeichneten Route liegt **Sous-Parsat.** Dorthin lohnt sich der Abstecher erst seit 1991: Der Maler Gabriel Chabrat schuf in der Dorfkirche ein Kunstwerk, das schnell in den Mittelpunkt des touristischen Interesses rückte. Die gesamten Innenwände bedeckt ein sakrales Gemälde in schrillen Farben. Mit expressiven, abstrahierten Figuren werden die Genesis (in der Apsis) und wesentliche Episoden aus Altem (hauptsächlich links) und Neuem Testament (vorwiegend an den Wänden rechts) erzählt. Auch die Kirchenfenster sind ein Bestandteil dieses Werks und wurden 1990 vom selben Künstler gestaltet. Gabriel Chabrat hat einige Meter neben der Kirche sein Atelier.

□ Maissonnisses und Sardent

Templer und später Malteser prägten die Geschichte von **Maissonnisses,** das sich um eine Komturei entwickelte. Allerdings war der Ort schon wesentlich früher bewohnt. Bei Ausgrabungsarbeiten unter der Kirche (13. Jh.), dem letzten Überbleibsel der Komturei, stieß man auf eine wesentlich ältere Krypta und eine unterirdische Kapelle. Der dort gefundene Steinsarg mit einem Skelett stammt aus dem 6. oder 7. Jh., das Grab ist links vom Kircheneingang zu sehen.

In der kleinen Ortschaft **Sardent** gibt es mit der Eglise Saint-Martin eine Kirche aus dem 12./13. Jh. Eine Statue des Namensheiligen und Reliquien werden ebenfalls bis in diese Zeit zurückdatiert. Auf dem Kirchplatz ein Denkmal zu Ehren von Dr. Vincent (1880–1935), als

Pontarion, Schloß, 13./14. Jh.

›Arzt der Armen‹ gewürdigt. Sardent stand 1959 im Blickpunkt der französischen Öffentlichkeit, als Claude Chabrol hier seinen Film ›Le Beau Serge‹ (Die Enttäuschten) drehte.

□ Von Pontarion nach Vallières

In **Pontarion,** dem Städtchen bei der Brücke über den Taurion, steht ein elegantes und sehr schön restauriertes Schloß (Farbabb. 23). Es wurde im 13./14. Jh. im Auftrag der Familie von Aubusson errichtet. Heute ist es in Privatbesitz und nicht zur Besichtigung geöffnet. Saint-Blaise, die Kirche von Pontarion, stammt aus dem 13. Jh. Ihre Schmuckstückchen sind das verzierte Westportal und die zahlreichen Grabplatten im Boden. Diese sind häufig mit Hammer und Winkeldreieck versehen, ein Indiz dafür, daß hier Steinmetze und Schreiner begraben liegen.

2 km von den Taurion-Schluchten und unweit der beiden Dolmen von Meymanat, liegt das Dorf **Chavanat.** Die alte Kirche aus dem 13. Jh. wurde vollständig restauriert, aus der Bauzeit blieb noch das Portal mit seinen Säulchen und Kapitellen. Ebenfalls aus der Entstehungszeit der Kirche ist der überraschend prunkvoll geschnitzte, hölzerne Altar. Aus dem 16. Jh. stammt die Statue der hl. Anna mit der Familie Marias.

Nur einen hölzernen Turm über dem Hauptschiff hat das Gotteshaus in **Banize,** das im späten 14. Jh. ein älteres Gebäude ersetzte. Im Innern unter den Figuren auch eine Pietà aus Holz (16. Jh.) und eine anmutige Marienstatue.

Die Ortschaft **Vallières** existierte schon zu galloromanischer Zeit – wie auch etliche Menhire unterstreichen – als Gemeinwesen, im 6. Jh. gab es dort eine Münzwerkstatt. Saint-Martin-de-Tours, die Kirche aus dem 13. Jh., und fast das gesamte Dorf brannten 1716 nieder. Am Kirchplatz steht eine Büste von Pierre d'Aubusson.

Die Stadt Aubusson selbst, durch die die Strecke jetzt führt, ist schon in der Rundreise ›Haute-Marche und Combrailles‹ besprochen worden. Nach dieser Teppichwebermetropole geht der Weg nach Norden, entlang dem malerischen Tal der noch jungen Creuse, das eigentlich allein schon diesen Abschnitt bereisenswert macht.

□ Von Blessac nach Saint-Martial-le-Mont

Rainaud IV., Graf von Aubusson, ließ in **Blessac** 1120 ein Kloster für seine Tochter bauen. Die ursprünglichen Gebäude verschwanden größtenteils bei einer gründlichen Restaurierung im 17. Jh., so daß davon nicht mehr sehr viel zu sehen ist. Heute ist das Kloster von Blessac in privaten Händen. 1 km vor dem Ort, in Sagnat-Soubrenas, steht der Dolmen Pierre-Fade. – In **Alleyrat** sind noch der Chor mit einer dreiseitigen Apsis und die Krypta einer ehemaligen Kirche aus dem 12. Jh. zu sehen. – Aus dieser Zeit ist auch der Baubeginn der Kirche in **La Rochette** überliefert.

Einen Panoramablick auf das Creuse-Tal bietet der Kirchplatz von **Saint-Martial-le-Mont,** auf dem eine Säule aus galloromanischer Zeit aufgestellt ist. Das befestigte Gotteshaus datiert ins 13. Jh. zurück. Auf dem weiteren Weg nach Ahun kommt man links der Straße am Pierre de Mesures vorbei, einem Stein aus galloromanischer Zeit, dessen beide Gruben als Maßeinheit bei Handelsgeschäften dienten.

Um Guéret (Circuit des Pierres et Chemins Verts)

Ausgangspunkt dieser Rundreise ist Guéret. In der Departementshauptstadt beginnt auch die Beschilderung der Tour. Direkt am Freizeitsee, dem Plan d'eau de Courtille, führt die Rundreise im Südwesten aus der Stadt und in den Chabrière-Wald. Von da geht es zuerst über den *Maupuy,* den 685 m hohen Berg mit dem Sendemast, der ein schönes Panorama bietet. Die dort aufgestapelten Pierres Civières sind eine Ansammlung von meist einheimischen Granitsteinen, die eigentlich zum Verkauf für Grabmale angeboten werden, aber auch interessante Objekte für Mineralogen darstellen.

□ Von Saint-Léger-le-Guéretois nach Montaigut-le-Blanc

Saint-Léger-le-Guéretois hat eine Kirche aus dem 13. Jh., die im 16. Jh. im Westteil einen Glockenturm erhielt. Wie bei vielen der einfacheren Kirchen der Region, so in den Nachbarorten **Saint-Sylvain-Montaigut** und **Gartempe,** auch hier ein Chor mit geradem Schluß. Die Statue des hl. Léger im Innern stammt aus dem 18. Jh.

Das Château von **Montaigut-le-Blanc,** 300 m südlich des Ortsausgangs, präsentierte sich bis vor wenigen Jahren noch als eine von Pflanzen bedeckte Ruine, deren weiterer Verfall absehbar schien. Nach Übergang in Privatbesitz sind jetzt jedoch Renovierungsarbeiten im Gange; der Zentralteil des Schlosses, der Donjon mit seinen vier runden Ecktürmen, ist schon zur Besichtigung geöffnet. Dieser Burgteil stammt noch aus den Phasen des Baubeginns um 1350, Erweiterungen waren ab 1415 erfolgt, zerstört wurde die Anlage während der Revolution. Zu sehen sind im Erdgeschoß eine Eingangshalle, im ersten Stock Wachsaal und Küche, im zweiten Herrenzimmer und Oratorium und weitere Räume auf der dritten Etage, alle mit imponierend großen Kaminen. Höhepunkt der Schloßbesichtigung ist, zumindest bei guten Wetterbedingungen, der herrliche Blick von der Dachterrasse auf den Puy des Trois-Cornes im Norden und das umliegende Land. Von dort oben entdeckt man auch am deutlichsten die Reste des ehemaligen Burggrabens.

□ Von Saint-Victor nach Sainte-Feyre

Die Straße von Saint-Victor nach La Chapelle-Taillefert führt durch das Tal der Gartempe, das in diesem Abschnitt Vallée Sauvage genannt wird. Nun, ›wild‹ ist vielleicht übertrieben, doch die Gegend südlich des Chabrière-Waldes ist ein herrlicher Fleck Natur. In den Orten gibt es nicht viel Besonderes zu sehen. So sind von der Kirche in **Saint-Victor** nur noch Teile des Westportals aus dem Jahre 1321, der übrige Bau wurde im 18. Jh. erneuert. – **La Chapelle-Taillefert** besitzt heute nur noch eine gut hergerichtete Kirche aus dem 19. Jh. Einst gab es hier ein Schloß, eine Priorei und ein Krankenhaus. – Auch **Peyrabout,** auf 600 m Höhe gelegen, mit gutem Blick auf die Täler im Nordosten, bietet wesentlich mehr landschaftliche als kulturelle Reize.

In **Sainte-Feyre** wurde die Kirche im 13. Jh. erbaut und im 14. Jh. befestigt. Östlich der Hauptstraße steht in zweiter Gebäudereihe eine kleine, dem hl. Hubertus geweihte Kapelle. Sie wurde erst vor kurzem restauriert und dient immer wieder als Ausstellungsraum. Diese Kapelle gehörte früher zum Schloß von Sainte-Feyre, das zwar auf das 15. Jh. zurückgeht, bis auf die Wachstube aber im 18. Jh. völlig neu errichtet wurde.

□ Puy de Gaudy

Nur wenige Kilometer südlich von Guéret und etwas östlich der ausgeschilderten Rundreise erhebt sich der Puy de Gaudy über den 1000 ha großen Chabrière-Wald, einem der schönsten Waldgebiete Mittelfrankreichs, in dem unzählige Gesteinsformationen sagenumwobene Namen tragen. Diese 651 m hohe Bergkuppe war seit Urzeiten bewohnt und wurde schon vor 6000 Jahren befestigt. In die Jungsteinzeit datieren die ältesten Funde zurück, dann bauten die Gallier vor der Zeitenwende eine Siedlung, deren 1 km lange Einfriedung mit einer besonderen Technik erstellt wurde. Die gallische Steinmauer ist insgesamt etwa 2 m breit und bestand zuerst aus zwei parallel verlaufenden Mauern. In den Zwischenraum schütteten die Konstrukteure Steine, Baumstümpfe, Reisigbündel und Abfälle und steckten das Ganze in Brand. Dadurch wurden die in den Steinen vorhandenen Erze kurzzeitig verflüssigt, die Felsbrocken miteinander verbacken und die Mauer zu einem festen Bollwerk. – Aus dem Mittelalter sind Kapellenruinen und Überreste eines Friedhofs mit etlichen Steinsärgen zu sehen.

□ La Saunière

1 km südlich von La Saunière wird das *Château du Théret* z. Z. von der Besitzerfamilie de Reynal de Saint-Michel etappenweise originalgetreu restauriert und ist vielleicht auf dem besten Weg, eines der schönsten und schönstgelegenen Schlösser der Creuse zu werden. Théret ist von einer Grabenanlage umgeben und spiegelt sich in einem kleinen See. Wuchtig wirkt der viereckige Wachturm, elegant die runden Türme, als einzige noch aus dem 14. Jh., an den Ecken der Bauten, einladend der Vorbau.

Um die Wende zum 14. Jh. gehörte das Château der Familie Chapelle-Taillefert. Pierre de la Chapelle-Taillefert war als Rechtswissenschaftler Lehrer von Bertrand de Got, dem späteren Papst Klemens V., und spielte – selbst Bischof und dann Kardinal – eine wesentliche Rolle in der Beziehung zwischen Rom und König Philipp dem Schönen. Ein Teil der Renovierungsarbeiten ist bereits abgeschlossen, in den entsprechenden Flügeln sind auch Ausstellungen zu besichtigen. Trödelmärkte und ähnliche Aktivitäten sorgen immer für Leben auf dem Schloßhof. Théret gilt als erstes Schloß Frankreichs, das nicht unter Militäraspekt errichtet wurde. Die Maschikulis, Schloßgräben und ähnliches hatten als schmückendes Beiwerk keine wirkliche Funktion. Zu Beginn unseres Jahrhunderts sollte Théret im Stil des Bayernkönigs Ludwig II. umgestaltet werden, dieses Vorhaben wurde aber abgebrochen. Pläne und Bauansätze hierzu sieht man im Erdgeschoß. Im zweiten Stock gibt es noch die 500 Jahre alten Fensterläden und Kamine, die Etage ist rechts und links der Wendeltreppe um eine Stufenhöhe versetzt. Etliche Zimmer sind mit Antiquitäten eingerichtet, so ein Schlafzimmer im Stil Ludwig XIV. und ein Gästezimmer mit direktem Blick in die Schloßkapelle im Südostturm.

□ Von Saint-Yrieix-les-Bois nach Pionnat

Der Ortsname **Saint-Yrieix-les-Bois** geht zurück auf den Abt Aredius (gest. 591), der hier ein Kloster gründete. Auf den Grundmauern wurde im 12. Jh. die heute noch existierende Kirche errichtet, allerdings ist nur noch das Westportal aus dieser Zeit erhalten, das Langhausgewölbe stammt aus dem 14. Jh., die übrigen Gebäudeteile sind später erneuert worden.

Bei **Busseau-sur-Creuse** zieht die Metallkonstruktion einer Eisenbahnbrücke die Blicke auf sich. Erbaut 1864, erinnert sie in ihrer Technik an den Pariser Eiffelturm, und tatsächlich entstand dieser Viadukt auch unter Gustave Eiffels Anleitung.

Pionnat hat ebenfalls Verbindungen zur Landeshauptstadt, es ist Geburtsort des Architekten Villedo, der in Paris ein ganzes Stadtviertel errichtete. In der Tradition der Bauhandwerker aus der Creuse war Villedo als armer Schreiner losgezogen und hatte sich ganz nach oben gearbeitet. Die Kirche von Pionnat, Saint-Martin-de-Tours, stammt aus dem 13. Jh. und ist vor allem

1 GUÉRET Hôtel des Moneyroux ▷

2, 3 LA SOUTERRAINE Kirche Notre-Dame, skulptierte Köpfe schmücken die Gesimse an den Außenmauern und über dem Westportal

4 LA SOUTERRAINE Kirche Notre-Dame, Gewölbe ▷

5 BOUSSAC Schloß

7 CROZANT Turmruinen ▷

6 SAINT-GERMAIN-BEAUPRÉ

CROZANT
Ruines du Châtea

8 CHAMBON-SUR-VOUEIZE Abteikirche Sainte-Valérie, Chorkapellen

9 EVAUX-LES-BAINS Turm der Abteikirche Saint-Pierre-et-Saint-Paul

Syndicat d'Initiative
GE ÉLECTRIQUE
NOME
OMOTELEC
i

11 AUBUSSON Maison Corneille

12 Hecken und Buschwerk gliedern die Weiden in der Creuse ▷

◁ 10 EVAUX-LES-BAINS Abteikirche Saint-Pierre-et-Saint-Paul

13 BÉNÉVENT L'ABBAYE Kirche Saint-Barthélemy, Chor und Vierungsturm

14 BÉNÉVENT L'ABBAYE Kirche Saint-Barthélemy, Blick zum Chor ▷

16, 17 MOUTIER-D'AHUN Abtei, Eichenholzschnitzereien
◁ 15 MOUTIER-D'AHUN Abtei, gotisches Portal
18 MOUTIER-D'AHUN Abtei, Eichenholzschnitzereien, Portrait des Schnitzers Simon Bauer

wegen ihrer Reliquien aus dieser Zeit sehenswert. Prunkstück ist ein Schrein aus Emaille, der allerdings an das Museum in Guéret ausgeliehen ist, doch auch das Armreliquiar des Saint-Eutrope (15. Jh.) und der den geraden Chorschluß vollständig ausfüllende Altar aus dem 18. Jh. – er erinnert an Moutier d'Ahun – sind beachtenswert. Reliefs verzieren die Seiten des Tabernakels.

Auf der Fahrt nach Pionnat gibt es Relikte aus vorgeschichtlicher Besiedlung zu sehen, so bei Châteauvieux ein Oppidum aus der Eisenzeit und in Menardeix einen Dolmen und einen Menhir.

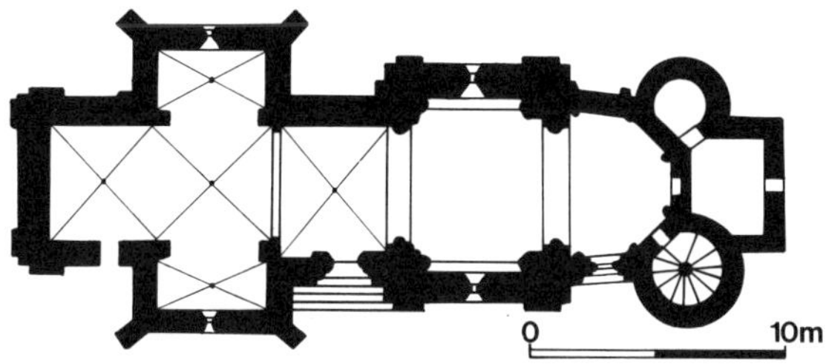

Glénic, Kirche, Grundriß

□ Ajain und Glénic

Eine gut erhaltene Wehrkirche aus dem 13. Jh. steht in **Ajain** nördlich der Hauptstraße. Die Mauern der Eglise de l'Assomption trugen in 10 m Höhe einen Rundgang, der heute allerdings zugemauert ist. Abwechselnd mit Blattwerk und Fratzen verziert sind die Maschikulis. Sehenswert auch der Kapitellkranz am Westportal. Einen guten Eindruck von der wuchtigen Kirche bekommt man von dem Garten, in den die Tür in der Südkapelle führt. Bei Ajain gibt es noch einen galloromanischen Friedhof, auf dem die Archäologen reichlich fündig waren.

Hoch über der Creuse auf einem Hügel liegt das Dorf **Glénic.** Seine *Kirche* datiert ins 9. Jh. zurück, wurde ein halbes Jahrtausend später befestigt und im 15. Jh. vergrößert. In der Kirche sind Wandmalereien aus dem 14./15. Jh. zu sehen, die erst vor kurzem restauriert wurden und die Versuchung Adams darstellen. In einer Nische über dem Portal aus dem 12. Jh. findet sich eine Steinstatue der Jungfrau Maria mit dem Kind auf dem Schoß.

◁ 19 MOUTIER-D'AHUN Mittelalterliche Brücke über der Creuse

CORRÈZE

Landschaft und Geschichte

Als nordwestliches Vorgebirge des Zentralmassivs tritt die Corrèze, benannt nach dem gleichnamigen Flüßchen, zwischen dem aquitanischen Becken und dem Loire-Tal hervor. Die Corrèze bildet die Südwestflanke des Limousin und teilt sich geographisch in Gebirge, Hochebenen und das Briver Becken. Primäres kristallines Gestein wie Gneis, Granit, Porphyr oder Glimmerschiefer des alten herzynischen Plateaus hat hier seine Homogenität bewahrt und den großen Erdverschiebungen im Tertiär und Quartär standgehalten. Hin und wieder stoßen Mineralogen auf kleine Steinkohlebecken, wie beispielsweise im Südwesten bei Lapleau oder Argentat, deren Abbau sich aber nicht lohnt. Erst jüngere Spaltungen und Brüche sind für die Abstufung des Reliefs verantwortlich. Der höchste Landesteil ist im Nordwesten das Millevaches-Plateau mit bis zu 978 m. Fast markanter im Relief sind die Hochebenen im Südosten, die bis 600 m aufsteigen, und die im Westen, die bei 450 m liegen und von einzelnen Kuppen von bis zu 731 m überragt werden. Zahlreiche Flüsse erodieren tiefe Schluchten, Stufen überwinden sie in eindrucksvollen Wasserfällen. Die periphere Bodensenkung des fruchtbaren Briver Beckens im Südwesten sammelt das Wasser von Vézère, Corrèze und Loyre hinter der Kante der Hochplateaus. Bis zu 377 m hohe Sandsteinformationen ragen über die Tiefebene und rahmen sie ein. Die Öffnung der Corrèze nach Westen ist verantwortlich für das atlantische Klima, die ozeanischen Tiefausläufer stoßen im Gebirge der Corrèze auf ihr erstes Hindernis. Dort sind Niederschlagsmengen bis zu 1700 mm keine Seltenheit, das gesamte Departement kommt auf etwa 1000 mm, die Hochebenen sind allerdings besonders im Sommer oft langen Trockenperioden ausgesetzt. Extrem schwankend für eine ozeanische Klimazone sind die Temperaturen: In den Gebirgen kann bei 110 Frosttagen der Schnee bis zu vier Monaten liegen, das Briver Becken auf 120 m Höhe hat dagegen fast mediterrane Bedingungen, so daß hier sogar Palmen gedeihen.

Vorgeschichte

Der südliche Teil des heutigen Limousin ist seit Urzeiten von Menschen bewohnt. Die Täler der Dordogne und der Vézère sind vielleicht sogar die Wiege des modernen Menschen in Europa. Die für die Wissenschaft interessanteste Entdeckung in der Corrèze machten 1908 in La Chapelle-aux-Saints Amédée und Jean Bouyssonie. Aus einer kleinen Grotte bargen sie das Skelett eines etwa 1,55 m großen und bei seinem Tod etwa 50jährigen Neandertalers, der mit einer großen Menge von Grabbeigaben bestattet worden war, und vor dessen letzter Ruhestätte sich insgesamt 2300 verschiedene Werkzeuge aus Basalt, Quarz und Feuerstein fanden. Die ebenfalls vorhandenen Knochen von Murmel- und Rentieren, Steinböcken und Wölfen lassen auf eine kalte Klimaperiode schließen, allerdings waren auch Knochen eines Nashorns unter den Funden. Aus den Tälern breitete sich der Mensch in der Jungsteinzeit über den gesamten Landstrich aus.

Die ersten Völker

Die erste historisch bekannte Bevölkerung im unteren Limousin waren die Ligurer, ein Ackerbau betreibendes Volk, das vor etwa 3000 Jahren lebte und aus Norditalien in das südliche Frankreich einwanderte. Die Ligurer begannen das Land zu roden, verwendeten Bronze- und Eisenwerkzeuge und machten sich die Kraft der Haustiere Pferd und Rind zur Bodenbearbeitung zunutze. Im 6. Jh. vor der Zeitwende breiteten sich die Kelten in ganz Frankreich aus. Als kriegerisches Volk herrschten sie bald über die Bauernkulturen, vermischten sich dann mit ihnen, und so entstanden neue Volksstämme, auf dem Gebiet des Limousin waren es die Lemovices. Diese lebten in strohgedeckten Steinhütten in kleinen Ansiedlungen, hielten Schafe und Pferde und bauten auf ihren in die ausgedehnten Wälder gerodeten Äckern Roggen und Gerste an. Manche dieser Dörfer waren von Verteidigungsanlagen umgeben, deren Spuren man im südlichen Limousin noch in Monceix bei Chamberet und am Puy du Tour bei Argentat sieht. Funde beweisen, daß damals schon Münzen im Umlauf waren.

Die Zeit der Römer

Unter der Herrschaft des Augustus wurde das Land der Lemovices an die Provinz Aquitanien angeschlossen, die Romanisierung ging allerdings recht zögernd voran, da es an Verbindungswegen mangelte. Erst 200 Jahre nach der Eroberung wurde Aquitanien wirklich römisch, und auch die wichtigsten Funde auf dem Gebiet der heutigen Corrèze stammen aus dieser Zeit: Les Cars auf dem Millevaches-Plateau und Boin in der Nähe von Saint-Eloy-les-Tuileries. Spuren römischer Ansiedlungen finden sich aber auch über die ganze Region verteilt.

Noch während die Römer Schwierigkeiten hatten, ihre Lebensgewohnheiten in dieser Region zu etablieren, begann die Christianisierung. Nach dem hl. Martial, der zwischen der Loire und den Pyrenäen als erster das Evangelium verkündete und der in Limoges starb, waren es später der hl. Martin von Spanien, der hl. Leonhard und der hl. Pardoux, die als Missionare im Bereich der Corrèze umherzogen. Über Jahrhunderte galt das gesamte Limousin als das Land der Eremiten, die Weisheit in der Einsamkeit und im Gebet suchten. Das Volk schätzte diese Einsiedler sehr und widmete ihnen Kapellen oder Grotten.

Das Mittelalter

Die germanische Völkerwanderung traf die Corrèze mit voller Wucht. So zerstörten Vandalen und Sueben Tintignac und brannten es nieder. Die gallische Bevölkerung dieses Ortes siedelte komplett nach Tulle, damals Tutella, über. Bedrängt von den Hunnen folgte 406 ein zweiter Ansturm dieser Völker: Die Bewohner der Corrèze versteckten sich in den Felshöhlen, die hier recht zahlreich sind. Von 419, dem Beginn der Westgotenherrschaft, bis gegen Ende des ersten Jahrtausends trennte die Corrèze eigentlich nichts von der Entwicklung des übrigen Limousin. Um das Jahr 1000 war die heutige Corrèze in vier Grafschaften unterteilt. Der westlichste Teil gehörte zur Grafschaft von Limoges, der Süden bildete mit einigen heute zu Nachbardepartements gehörenden Gebieten die Grafschaft von Turenne, der Nordosten unterstand den Grafen von Ventadour, und der mittlere Norden wurde zur Grafschaft von Comborn zusammengefaßt. Damit ist die Corrèze und der südliche Teil der Haute-Vienne in etwa dem historischen Limousin gleichzusetzen. Die Herrschenden errichteten sich herrliche Burgen mit uneinnehmbaren Befestigungsanlagen. In Erinnerung an diese Zeit nahm das Departement Corrèze 1971 auch die Wappensymbole dieser vier Grafschaften in ihr heutiges Wappen auf.

Nach einer Predigt von Papst Urban II. in Uzerche (1095) zogen im folgenden Jahr die Ritter der Corrèze mit Wilhelm von Aquitanien zum Kreuzzug ins Heilige Land. Obwohl einige von ihnen ruhmreich für das Christentum stritten, allen voran Raimond von Turenne in der Schlacht um Jerusalem am 15. Juli 1099, bedeuteten die Kreuzzüge doch eine Wende für die Ritterschaft. Viele kamen verarmt in die Heimat zurück oder verwendeten ihr verbliebenes Kapital nach der Rückkehr zum Bau von Klöstern, Kirchen oder Krankenhäusern. Die Städte gewannen an Macht und viele erhielten ihren Freibrief: Ussel, Egletons und Treignac im 13. Jh., dann Neuvic und Meymac im 14. Jh., Corrèze und Turenne folgten im nächsten Zeitabschnitt, und Tulle sowie Uzerche wurden im 16. Jh. freie Städte.

Kunst im Mittelalter

Das 12. Jh. kann als die Entwicklungsperiode der romanischen Architektur gelten, nachdem schon das 11. Jh. einen ersten Bauschub gebracht hatte. Der Granitboden im Limousin bot geeignetes Material für widerstandsfähige und trotzdem elegante Gebäude. Die Gewölbe der Kirchen sind aus Stein, das Hauptschiff ist von einem Tonnengewölbe überdeckt, die Seitenschiffe von Kreuzgewölben. Typisch sind auch die Glockentürme mit einem viereckigen Grundriß, einer achteckigen zweiten Etage und einem runden obersten Bauabschnitt. Neben den Prachtbauten entstanden allerdings in der Corrèze auch viele bescheidene Kirchen. Gerade dort findet man wertvolle Emailarbeiten – nicht nur aus dem Zentrum dieser Handwerkskunst, Limoges, sondern auch aus Orten wie Turenne und Gimel.

Die Troubadoure

Das Mittelalter des 12.–14. Jh. brachte für die Troubadoure eine Blüte, Zeichen für die Pracht und Größe jener Zeit. Diese aristokratischen Minnesänger hatten ihren Ursprung in Ventadour. Ussel und Turenne folgten bald nach, ehe die Bewegung auf das gesamte Departement übergriff. Unter den etwa 40 bekannten Troubadouren, die alle in der Sprache des Limousin sangen, gelten Ebles II, Guillaume IX. von Aquitanien und der herausragende Bernard de Ventadour als die renommiertesten. Einen Namen machten sich auch die vier Troubadoure von Ussel, die Brüder Gui, Ebles und Pierre und deren Cousin Elias, Enkel von Ebles II. Selbst gespielt und gesungen haben die Troubadoure übrigens nur bei besonderen Anlässen, häufiger trugen ihre Jongleure als Interpreten die Werke vor.

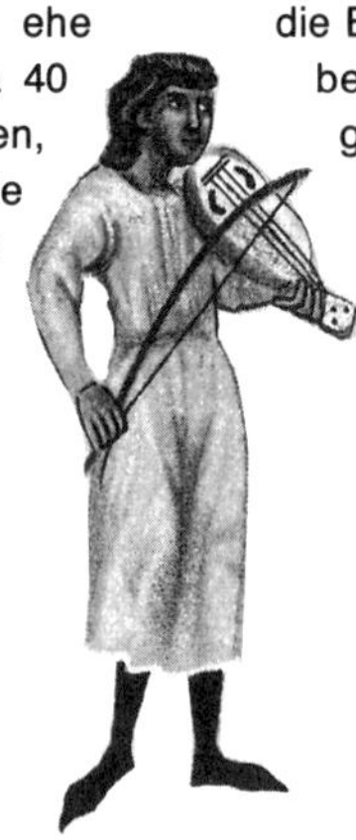

Der Hundertjährige Krieg und die Religionskriege

Nachdem die ersten Jahre des Hundertjährigen Krieges im gesamten Limousin ziemlich ruhig verlaufen waren, brachte Heinrich von Lancester 1346 den Krieg in die Corrèze. Tulle war sein Hauptangriffsziel und konnte sich mit veralteten Kriegsmethoden der modernen Streitmacht auch nicht widersetzen: Heinrich von Lancester nahm die Stadt ein und wollte sie mit 400 Soldaten halten, während das übrige Heer weiterzog. Diese Besatzung war aber zu schwach, schon zwei Wochen später wurden die Engländer wieder aus Tulle vertrieben. Für die Stadt waren dies harte Jahre, 1348 begann die Pest auch in der Corrèze zu wüten und forderte allein in Tulle über 1000 Menschenleben. Heinrich von Lancester kehrte 1352 in die Corrèze zurück, diesmal nahm er Uzerche ein. Drei Jahre später führte Eduard, der ›schwarze Prinz‹, die Engländer bei einem Kriegszug durch die Grafschaft Turenne, aber erst 1360 wurde das Gebiet der heutigen Corrèze durch den Vertrag von Brétigny englisches Territorium. Karl V. begann mit der Rückeroberung des Limousin 1370 und brachte das Land fünf Jahre später wieder unter französische Herrschaft. 1452 erhielt das Limousin in etwa seine heutige Gliederung: Marche (heute die Creuse und der nördliche Teil der Haute-Vienne), Haut-

Limousin (das obere Limousin, heute die südliche Haute-Vienne) und Bas-Limousin (das untere Limousin, heute die Corrèze).

Die Reformation hielt im Jahre 1540 in der Corrèze ihren Einzug. Die ersten kalvinistischen Kirchen standen bald darauf in den Städten Argentat, Beaulieu und Treignac. In den ländlichen Gegenden blieb die Bevölkerung jedoch ihrem traditionellem Glauben und ihrem Heiligenkult treu. Die Corrèze wurde erst ab 1569 in die Religionskriege hineingezogen. Ruhe hatte das Land wieder nach 24 Jahren, als Heinrich IV. im Jahre 1593 den Thron eines verwüsteten, der Anarchie verfallenen Königreichs bestieg.

Heinrich IV. von Navarra (1553–1610)

Die Renaissance

Während die Nachbarn im Limousin in der Renaissance ihre Handwerkskünste aufleben ließen, blieb die Corrèze von großen Bewegungen unberührt und eine arme, ländlich orientierte Region. Höhere Schulen entwickelten sich ab dem 17. Jh., vor allem unter der Obhut der wiedererstarkten katholischen Kirche, in Tulle, Brive und Treignac. Auch auf baulichem Sektor war der Einfluß der Renaissance auf die Corrèze gering. Nach dem romanischen Bauboom im kirchlichen Bereich wurde hier bis ins 16. Jh. mit gotischen Elementen restauriert oder erweitert, später bei Bedarf meist originalgetreu rekonstruiert. Der Stil der Renaissance findet sich auf dem Gebiet der Corrèze nur in einigen Schlössern und Stadtwohnungen, das schönste Beispiel dieser Bauepoche ist vielleicht das Schloß von Sédières. Nach dem Übergang der Grafschaft Limousin an die französische Krone 1607 gewann der König in allen Bereichen immer mehr Macht. Die Auflehnung der Bevölkerung mußte Heinrich IV. mit Truppen bekämpfen: Turenne und Uzerche wurden eingenommen, Uzerche ging 1619 allerdings wieder verloren. Nach einer Pestepidemie 1631, in der einzelne Städte wie Tulle bis zu einem Drittel ihrer Bewohner verloren hatten, gelang es Ludwig XIII. ein Jahr später erst durch seine persönliche Anwesenheit in der Corrèze, eine erneute Auflehnung im Adel, der seinen Einfluß gegenüber den Intendanten des Königs schwinden sah, einzudämmen. 1662 wurde das Limousin in sechs Bezirke unterteilt, die Corrèze in die Gebiete von Tulle und von Brive. Die Regentschaft Ludwigs XIV. brachte für die Corrèze ein von Hunger und Not geprägtes Vierteljahrhundert, die militärischen Ausgaben des Sonnenkönigs zogen immense Teuerungen nach sich, die Quote der Auswanderer in der Corrèze stieg rapide an.

Das 18. Jahrhundert

Unter Ludwig XV. und Ludwig XVI. erfuhr die Zentralisierung erneuten Aufschwung. 1738 kaufte Ludwig XV. die Grafschaft Turenne auf, auch die Stadt Turenne verlor ihre Unabhängigkeit. Das 18. Jh. sah eine Reihe fähiger Intendanten des Königs, die die Corrèze aus ihrer Isolation holten. Der Ausbau des Straßennetzes erleichterte den Handel und Hilfe in Notzeiten. Wichtigstes Projekt war die königliche Straße von Clermont nach Bordeaux, die in der Corrèze durch Ussel, Tulle und Brive führte. In der Verwaltungsreform im Januar 1790 wurde dann die heutige Corrèze als eines von 83 Departements Frankreichs und eines von dreien der Region Limousin gegründet. Die ehemaligen vier Grafschaften waren in etwa durch die neuen vier Bezirke Tulle, Brive, Uzerche und Ussel repräsentiert, Tulle wurde zudem Hauptstadt des Departements. Die Stadt war in den nächsten Jahren Zentrum zahlreicher Aufstände und Gewalttätigkeiten zwischen Konservativen und Revolutionären, Großgrundbesitzern und Bauern, Aristokraten und Patrioten, die ab April 1792 im ›Krieg der Kappen‹ (die verfeindeten Lager trugen weiße bzw. rote Kappen) gipfelten. Ausgangspunkt war ein Streit zwischen den Priestern, die ebenfalls in zwei Lager gespalten waren. 1793 wurde die Kathedrale von Tulle verwüstet und zahlreiche Bilder, Statuen und Altäre zerstört. Bis Juli 1794 regierte der

Terror in der Corrèze: Zwölf Hinrichtungen wurden gezählt, davon zwei konservativer Priester in Tulle und fünf in Meymac, das als ›Hauptstadt des Terrors‹ mit 120 Verhaftungen einen unrühmlichen Ruf bekam. Erst nach dem Tode Robespierres und dem Ende der Revolution normalisierten sich auch in der Corrèze die Zustände wieder.

Daß die Corrèze trotz allem in diesen Jahren einen wirtschaftlichen Aufschwung verzeichnete, lag vor allem an der Waffenindustrie in Tulle, die für den Krieg der Franzosen gegen Österreich und Preußen auf Hochtouren gebracht wurde. Zudem brachte die Revolution einen neuen Bauernstand: Ehemals staatliches oder von Emigranten herrenlos zurückgelassenes Land ging in den Privatbesitz der Bauern über. Diese waren unabhängig, wenngleich auch nur Eigentümer relativ kleiner Höfe.

Das 19. und 20. Jahrhundert

Wie die gesamte Region Limousin, so paßte sich auch die Corrèze allen staatlichen Entwicklungen dieser ersten Zeitspanne politisch teilnahmslos an. Der Landstrich blieb arm, obwohl Straßenbau und Wirtschaftsförderung einigen Fortschritt brachten. Im Ersten Weltkrieg wurde die Corrèze für viele Flüchtlinge aus Frankreich und Belgien zur neuen Heimat. Der Zweite Weltkrieg traf das Departement wesentlich härter, die Corrèze entwickelte sich nach dem Waffenstillstand von 1940 zum Zentrum der Widerstandskämpfer. Schrecklich die Ereignisse vom 7. und 9. Juni 1944 in Tulle: Maquisards, also im Untergrund kämpfende Partisanen, nahmen am 7. Juni 1944 etwa 70–80 Besatzungssoldaten gefangen. Die Soldaten wurden von den Freischärlern niedergemetzelt. Zwei Tage später kamen wieder Truppen nach Tulle und fanden 64 Leichen vor, die übrigen Soldaten blieben vermißt. Zur Sühne für die Tötung der Gefangenen suchten nun die Soldaten unter den Männern in der Stadt die Ortsfremden und Verdächtigen aus. Am Spätnachmittag des 9. Juni 1944 wurden 99 als Widerstandskämpfer erhängt, größtenteils an Straßenlampen, Balkonen und Bäumen, weitere wurden deportiert. In diesem Zusammenhang ist auch das am 9./10. Juni 1944 in Oradour-sur-Glane in der Haute-Vienne Geschehene zu sehen (s. dort). Ein tragisches Kapitel der Kriegsgeschichte also, das 1951 durch einen Schauprozeß nochmals starkes öffentliches Interesse fand.

Die Corrèze heute

Als ländliches Departement blieb die Corrèze in ihrer Entwicklung hinter den Ballungszentren des Landes zurück. Nicht so extrem wie in der Creuse, aber dennoch recht deutlich ist der Bevölkerungsrückgang im vergangenen Jahrhundert. Wurden 1891 noch 328 000 Einwohner gezählt, so sank die Zahl nach diesem Höchststand auf etwa 238 000 zu Beginn der 90er Jahre dieses Jahrhunderts, 41 Einwohner leben heute im Schnitt auf jedem der 5856 km² der Corrèze. Mit Brive (50 000 Einwohner, dazu etwa 12 000 in Vororten), Tulle (20 000) und Ussel (12 000) sind die drei Städte genannt, in denen über ein Drittel der Bevölkerung des Departements lebt, kein anderer Ort hat mehr als 5000 Einwohner. Altersstruktur der Bevölkerung sowie Geburten- und Sterberate lassen ein weiteres Sinken der Einwohnerzahlen erwarten.

Landwirtschaft

Vor wenigen Jahrzehnten galt die Landwirtschaft noch als die Einkommensquelle schlechthin. 1962 waren 44% der Bevölkerung im Agrarsektor tätig, zu Beginn dieses Jahrzehnts schrumpfte dieser Anteil auf nicht einmal mehr 15%. Besonders dramatisch reduzierte sich die Zahl der Bauernhöfe in den 60er Jahren, als jährlich bis zu 700 Höfe aufgegeben wurden, das waren täglich zwei Gehöfte. Flächenmäßig ist die Landwirtschaft weiterhin in der Corrèze stark vertreten, die Modernisierung zwang jedoch zu Großbetrieben. Führend ist dabei nach riesigen Neupflanzungen, hauptsächlich Kiefern und Tannen, die Forstwirtschaft, die Hälfte des Landes ist nun mit Wald bedeckt. Von den übrigen landwirtschaftlichen Nutzflächen sind 80% Weiden für die 265 000 Rinder und 177 000 Schafe, die 1988 neben 86 000 Schweinen gezählt wurden. Im Briver Becken gedeihen auf den kalkhaltigen, teilweise sandigen Böden auch Obstbäume, Wein und Tabak. Beaulieu ist Zentrum für Johannis-, Him- und Erdbeeranbau, um Objat hat sich der Gemüseanbau zu einer regelrechten Agrarindustrie entwickelt.

Die Bauernhöfe

Erbaut sind die Häuser aus dem für das Limousin typischen Material: aus hartem Granit, der fast nie verputzt wird. Waren die Gebäude früher meist mit Stroh gedeckt, so sind jetzt Schieferziegel üblich. An den Türen ließ der Hausherr meist das Baujahr und seine Initialen eingravieren. Bauernhöfe in der Corrèze sind meist klein, oft bestehen sie nur aus ein oder zwei Gebäuden. Über den Ställen befindet sich ein Speicher, zur Backstube kommt ein Trockenraum für Kastanien. Im Wohnhaus konzentriert sich alles auf die Stube, den einzig beheizten Raum. Zentrum ist der große offene Kamin, oft so groß, daß in ihm beidseitig Bänke Platz finden. Hier wird auch gekocht, und die Küchenutensilien hängen direkt am Kamin.

Die Sprache des Limousin

Die Sprachgrenze, die Frankreich in zwei Hauptsprachgebiete trennt – mit nördlichem und südlichem Altfranzösisch – verläuft im nördlichen Teil des Limousin. Die eigenständige Sprache des Limousin, die sich aus dem Lateinischen entwickelte, gilt als eine von vier Sprachfamilien des Okzitanischen, also des Südfranzösischen, das immerhin von 3 Mio. Franzosen gesprochen wird. Doch auch dieses ›Limousin‹ hat wieder regionale Besonderheiten, in der Corrèze herrscht einheitlich das ›Bas-Limousin‹ vor. Heute spricht das ›Limousin‹ jedoch nur noch eine Minderheit, die Mehrheit redet Französisch und versteht die Sprache der Vorfahren vielleicht gerade noch. Bis zum 16. Jh. war ›Bas-Limousin‹ jedoch Amtssprache der Corrèze, und auch alle Dokumente wurden so ausgefertigt. Nur durch staatlichen Druck, der im 19. Jh. Französisch als Sprache in der Schule vorschrieb, setzte sich das nördliche Altfranzösisch durch. Seit etwa 1950 wird auch in Familien fast nur noch Französisch gesprochen.

Ein Bauernhof in der Corrèze

Die Hauptstadt Tulle

Tulle, die 18 000-Einwohner-Hauptstadt des Departements Corrèze, liegt im Tal des Flusses Corrèze und erstreckt sich entlang des Wasserlaufs auf über 3 km. Wie in Rom beherrschen auch in Tulle sieben Hügel das Stadtbild.

Die Geschichte von Tulle ist mit der seiner Abtei über Jahrhunderte hinweg eng verbunden. Die Abtei Saint-Martin wird im 7. Jh. gegründet. 846 verwüsten die Normannen diese Ansiedlung, jedoch helfen vor allem die Lehnsherren von Turenne, das Kloster schnell wieder aufzubauen. Im 10. Jh. finden Mönche von Cluny hier eine neue Heimat, Saint-Martin hat zu dieser Zeit große Besitztümer und eine Reihe von Prioreien. 1103 beginnt der Abt Guillaume de Carbonnières mit einer grundlegenden Restaurierung von Abtei und Kirche, die zwei Jahrhunderte andauert. Noch im 12. Jh. entstehen der Portalvorbau, die erste Etage des Kirchturms und das Langhaus. Dieser Bauabschnitt zeigt durch seine lange Dauer deutlich den Übergang vom romanischen zum gotischen Stil, so ist das Gewölbe des Mittelschiffs schon mit Spitzbogen errichtet. Der Kirchturm wird im 13./14 Jh. vollendet. 1317 ernennt Papst Johannes XXII. einen Teil des Bas-Limousin zur Diözese, Tulle wird Bischofssitz und die Abtei erhält den Rang einer Kathedrale. Arnaud de Saint-Astier geht als erster Bischof von Tulle in die Geschichte ein.

Die Kathedrale Notre-Dame (1) ist heute ein verstümmeltes Bauwerk, denn 1796 stürzte die Vierungskuppel ein und riß Querschiff, Chor, Apsis und deren vier Kapellen mit sich zu Boden. Das letzte Gewölbejoch des Langhauses wurde ebenfalls stark in Mitleidenschaft gezogen, jedoch wieder restauriert als 1805 vor der ehemaligen Vierung eine Mauer eingezogen wurde, um so das Kirchenschiff abzuschließen und wieder Gottesdienste abhalten zu können.

Als charakteristisch für die sakrale Architektur des Limousin ist das *Westportal* anzusehen: Es ist ein Säulenportal, dessen innerer Bogen fächerförmig gestaltet ist. Stolz der Kathedrale ist jedoch der 75 m hohe *Vorhallenturm.* Von einem Spitzbogengewölbe nach unten hin abge-

Tulle, historische Stadtansicht

schlossen, ziehen sich drei Stockwerke mit gotischen Fenstern und Fensterkreuz, verziert mit kleinen Säulen, empor. Über den vier Glocken eine achteckige Turmspitze, die noch aus dem 14. Jh. erhalten ist. Allein diese Granitspitze mißt 27 m. Reich dekoriert präsentiert sich die Nordfassade des Turms. Im Giebelfeld des Fensters der zweiten Etage befindet sich eine Madonna mit Kind, eingerahmt von zwei Engeln. Aus den beiden Steinrahmen, die dieses Fenster umgeben, blicken Statuen auf den Betrachter herab. Auf der linken Seite die des hl. Martin de Tours, des Schutzpatrons der Abtei, und auf der rechten Seite die des Abts Guillaume de Carbonnières, des Erbauers der Abtei.

Aus dem 16. Jh. stammt die *Holzstatue Johannes' des Täufers* zwischen nördlichem Seitenschiff und Hauptschiff gleich nach dem Eingang. Der Heilige ist in einen goldenen Mantel gehüllt und trägt auf seiner Brust ein Agnus Dei. Johannes dem Täufer kommt in Tulle seit

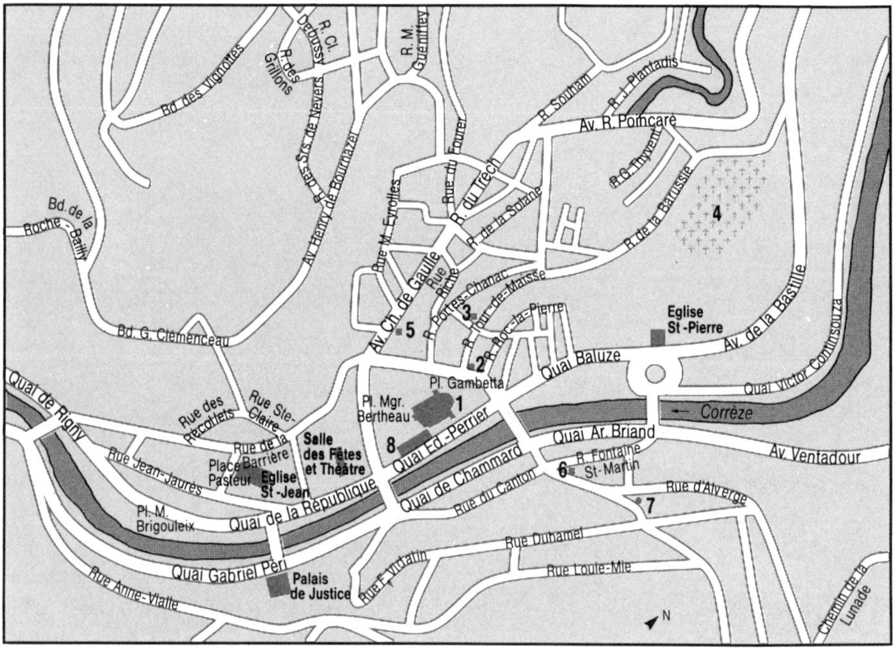

Tulle 1 Kathedrale Notre-Dame und Kreuzgang der Abtei 2 Maison de Loyac 3 Haus des Kunsthandwerks 4 Saint-Clair-Kapelle und Friedhof 5 Maison Corne 6 Maison des Seilhac 7 Tour d'Alverge 8 Résistance- und Deportationsmuseum

1348 eine besondere Bedeutung zu, denn auf ein Gelübde hin blieb die Stadt nach 1000 Pesttoten von einer weiteren Ausbreitung der Seuche verschont, seither feiern die Einwohner Tulles im Juni das Fest des hl. Johannes, ›la Lunade‹ genannt. Es findet am Abend des 23. Juni statt, an dem nach einer Wallfahrt vor der Kathedrale ein großes Johanni-Feuer entzündet wird. Im Chor der Kathedrale prangt seit 1979 ein großes Kirchenfenster des Straßburger Glasermeisters Jean-Jacques Cruber. Schönste Stücke der Schatzkammer sind ein Reliquienschrein aus dem 13. Jh., eine kleine Statue aus dem 14. und eine Monstranz aus dem 17. Jh.

Die ehemaligen Klostergebäude und die Reste des 1796 teilweise mit eingestürzten Kreuzgangs sind heute als Museum ausgebaut. Der Eingang zum Kreuzgang findet sich rechts des Portalvorbaus der Kathedrale. Dieser Kreuzgang ist im übrigen der einzige im gesamten Departement Corrèze. Intakt sind heute noch Ost- und Westgalerie (Abb. 20) mit den Zwillingsarkaden und Kreuzrippengewölbe. Die *westliche Galerie* besteht aus vier gut erhaltenen Arkaden, die östliche aus sechs. Diese letztgenannte hat auch den Beinamen ›galerie des anges‹, also Engelsgalerie. Eines der Kapitelle dort ist noch aus romanischer Zeit und stellt die Bestrafung der Wollust dar. An diese *östliche Galerie* schließt sich der *Kapitelsaal* an. Die Einheimischen nennen ihn ›la petite merveille‹, das kleine Wunder von Tulle. Das Gewölbe ruht auf viereckigen, von Vorlagen eingerahmten Pfeilern. An den Wänden Fragmente von Malereien aus dem 14. Jh.: rechts das Abendmahl und links der Einzug Jesu in Jerusalem. Des weiteren sind Gewölbemalereien mit Szenen aus dem Neuen Testament und Portraits verschiedener Heiliger zu sehen, sie wurden im 18. Jh. restauriert.

Sind schon im Kreuzgang verschiedene Steinrelikte und Kaminkacheln aus dem 16.–18. Jh. ausgestellt, so zeigt das *Museum* im westlichen Teil der Galerie in öfters wechselnden Ausstellungen vor allem lokale Gegenstände zur Geschichte Tulles. Im ersten Stock werden Möbel, Handwerksarbeiten wie die örtlich bedeutende Spitzenkunst und sakrale Kunstgegenstände gezeigt; Waffen aus der hiesigen Manufaktur sind das Thema im zweiten Stock.

Nur wenige Schritte nördlich von Kathedrale und Museum, am Place Gambetta, steht das schönste bürgerliche Bauwerk Tulles, das *Maison de Loyac* (2). Erbaut im späten 15. und frühen 16. Jh., fällt es einem beim Verlassen der Kirche besonders wegen seiner abwechslungsreichen Fassadenarchitektur und der vielfältigen Ornamente gleich ins Auge. Säulen umrahmen Fenster und Türen, Motive aus der Tier- und Pflanzenwelt schmücken die Zargen.

Links an diesem Haus vorbei geht es in das frühere ›Herz‹ der Stadt, L'Enclos, ein vollständig von Stadtmauern umgebenes Viertel. Enge Gassen, viele Treppen und alte Häuser bestimmen das Bild. Allein 80 Stufen muß man gleich in der Rue Escalier de la Tour-de-Maisse erklimmen, dafür kann man sich in der Rue des Portes-Chanac im *Haus des Kunsthandwerks* (3) oder beim Anblick der interessanten Fassaden in der Rue Riche etwas erholen.

Fast alle Sträßchen sind einen Abstecher wert, auf jeden Fall sollte man über die Rue de la Barussie zum Puy *Saint-Clair* hochsteigen. Dort befindet sich die gleichnamige, gut restaurierte *Kapelle* (4) aus dem 17. Jh. und ein *Friedhof*, zudem bietet sich ein herrlich freier Blick über ganz Tulle und das Corrèze-Tal.

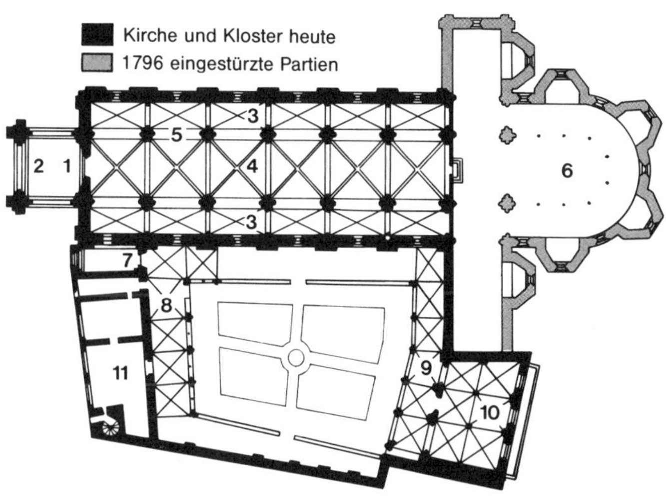

Tulle, Kathedrale Notre-Dame und Kreuzgang der Abtei, Grundriß
1 Westportal
2 Vorhallenturm
3 Seitenschiff
4 Mittelschiff
5 Holzstatue Johannes' d. Täufers
6 ehem. Chor
7 Eingang zum Kreuzgang
8 westl. Galerie
9 östl. Galerie
10 Kapitelsaal
11 Museum

Tulle, Tour d'Alverge

Freunde der Renaissancebaukunst können den Rückweg durch die Avenue Charles-de-Gaulle wählen, in der es eine schöne Fassade aus dieser Epoche zu sehen gibt – das *Maison Corne* (5).

Will man sich noch etwas Zeit zur Besichtigung von Tulle nehmen, so bietet sich das Stadtviertel de l'Alverge am linken Ufer der Corrèze an. In der Rue d'Alverge steht das *Maison des Seilhac* (6) aus dem 16. Jh. und der *Tour d'Alverge* (7), das Schmuckstück dieses Viertels, mit einem angrenzenden Fachwerkhaus mit Holzbalkonen.

Die unheilvolle örtliche Geschichte im Zweiten Weltkrieg ist Thema des *Résistance- und Deportationsmuseums* (8) im zweiten Stock des Hauses Nr. 2 am Quai Edmond-Perrier. Dabei ist ein Raum speziell den Ereignissen in Tulle gewidmet, ein zweiter dem gesamten Departement und ein dritter der Deportation.

Corrèze-Rundreisen

Anders als in der Creuse sind in der Corrèze keine touristischen Rundreisen durch das Departement auf den Straßen ausgeschildert. Verschiedenste Publikationen der Tourismusbehörden empfehlen ›Circuits‹. Diese sind hier in etwa berücksichtigt, da sie alleine schon durch geographische und historische Gegebenheiten oder die Straßenführung vorgegeben sind. Bei den Fahrten durch die Corrèze ist auch die IGN-Touristikkarte des Departements, auf der alle Sehenswürdigkeiten eingezeichnet sind, ein empfehlenswerter Helfer. Eine eventuell interessante Variante der Reise durch die Corrèze bietet der ›Bus nature‹, der auf etwa 30 Strecken sowohl für den Fremdenverkehr bedeutende Orte anfährt als auch die Möglichkeit bietet, zu Sehenswürdigkeiten auf dem Lande zu kommen.

Von Tulle nach Egletons

□ Der Altar von Naves

7 km nördlich von Tulle, kurz vor Seilhac, liegt das moderne 2000-Einwohner-Städtchen Naves, bekannt durch einen herrlichen Altar in seiner Kirche, der die gesamte Apsis ausfüllt. Die Kirche selbst stammt aus dem 14. Jh. und wurde im 19. Jh. erweitert. Glockenmauer und Wehrturm kamen bereits im 15. Jh. hinzu. Betritt man die Kirche, so sieht man zur Linken im zweiten Joch eine Wandmalerei aus dem 15. Jh., die Mariä Verkündigung darstellt. Das erste Joch wird von einem Litre funéraire umrahmt.

Blickfang ist jedoch der imposante Altar mit einer Höhe von 14 und einer Breite von 12 m. Das Kunstwerk ist aus Nußbaum, das vor der Bearbeitung mehrere Jahrzehnte im Wasser gelagert wurde, daher stammt seine dunkle Prägung. Es wurde im Jahre 1650 begonnen und 1704 vollendet. Mit einem Schalter links vom Altar kann man es beleuchten und dann auch erst richtig erkennen. Der Altar ist üppig verziert mit Voluten, Blattwerk, Säulchen und aufwendig gestalteten Kapitellen und läßt sich in drei Abschnitte gliedern. Auf unterster Ebene stellen zehn geschnitzte Platten von rechts nach links Szenen aus dem Leben des hl. Petrus dar: die Bekehrung des Centurio Cornelius, Petrus beim Gang über das Wasser, der wundervolle Fischfang, Petrus heilt einen Gelähmten, Petrus im Kerker, die Befreiung des Petrus, die erste Predigt von Petrus in Jerusalem, die Auferweckung der Witwe Dorcas, Jesus besänftigt den Sturm, die Taufe des Centurio Cornelius. Das Tabernakel wird unten rechts von einer Darstel-

lung des Abendmahls und links von einer der Fußwaschung geschmückt. Seitlich des Tabernakels befinden sich zwei weitere Platten, die die Anbetung des Jesuskindes durch die Weisen (rechts) und durch die Schafhirten (links) darstellen. Das Zentrum des Werks bildet die Leinwand mit der Kreuzigungsszene. Auf gleicher Höhe schließen sich links und rechts und an den Schmalseiten vier überlebensgroße Statuen an, die von gedrehten Säulen mit korinthischen Kapitellen flankiert werden. Von rechts nach links: der hl. Paulus mit einem Schwert in der Rechten, Johannes der Täufer im Schafsfell, ein Kreuz in der Hand, der hl. Hieronymus und Apostel Petrus mit dem Schlüssel als Attribut. Den oberen Abschluß bildet im reichverzierten Giebel eine Darstellung der Himmelfahrt Christi.

Naves, Kirche, Detail des Altars

□ Laguenne

Südlich von Tulle liegt der Vorort Laguenne, der eine romanische Kirche aus dem 12. Jh. besitzt. Besucht wird das Gotteshaus wegen zweier Marienstatuen. Vor allem die Madonna mit Kind aus dem 14. Jh. wird in der Region sehr verehrt. Ebenfalls interessant: das Maison de la Soudre rechts vom Kircheneingang. Dieses Pfarrhaus gehörte einst Kardinal Sudre (gest. 1373), dem Erzbischof von Marseille und späteren Kardinal und Bischof von Ostia.

□ Gimel-les-Cascades

Die *Trois-Cascades-Wasserfälle* am Ortsrand von Gimel-les-Cascades gehören zu den bekanntesten Naturerscheinungen der Corrèze. Die Montane, ein sonst kleiner, ruhiger Fluß, stürzt hier in drei Kaskaden über insgesamt 143 m in die Tiefe. Die enge, durch Felsen vorgegebene Schlucht und die ursprüngliche Vegetation am Rande des Wasserlaufs vervollkommnen das Naturereignis, vor allem wenn am Spätnachmittag die Sonne auf das Wasser scheint. Ein Wanderweg entlang der Wasserfälle erlaubt einen Überblick: Le Grand Saut, der oberste Fall, überwindet 45 m, La Redole, der kleinste Abschnitt, liegt mit 27 m in der Mitte. 60 m schießt das Wasser schließlich durch den Queue-de-Cheval hinab in den Gouffre de l'Inferno, den Höllen-

DieTrois-Cascades-Wasserfälle, Lithographie von J.-B. Tripon, 1837 ▷

rachen am Fuße der Kaskaden. Der Legende nach stand dort einst ein Dorf, das vom Wasser überflutet worden ist. Noch heute sollen bisweilen die Kirchenglocken dieses sagenumwobenen Ortes zu hören sein.

In Gimel-les-Cascades selbst steht die gotische *Kirche Saint-Pardoux* aus dem Jahre 1486. Einige der tragenden Säulen sind allerdings romanischen Stils und stammen aus der 1450 zerstörten alten Kirche im damaligen Château Roche-Haute. Auch das Schloß ist heute nur noch eine Ruine. Saint-Pardoux präsentiert sich mit einer Glockenmauer, die in ihrem oberen Teil von vier rundbogigen Fensternischen unterbrochen wird, in denen die Glocken hängen. Im Innenraum der Kirche ist die westliche Seitenkapelle interessant. Im Knotenpunkt der Gewölberippen hängt ein Schlußstein mit den Wappen von Gimel und Saint-Jal. Kanzel und Hauptaltar sind aus dem 18. Jh., die Pietà aus dem 12. Jh.

Wichtigste Reliquie von Saint-Pardoux war der *Schrein des Saint-Etienne,* des hl. Stephanus. Dieser Schrein, im Wert auf 5 Mio. Franc geschätzt, wurde zusammen mit dem übrigen Kirchenschatz in der Nacht auf den 23. Juli 1991 geraubt (Bis Redaktionsschluß dieses Buches war der Diebstahl nicht aufgeklärt.). Der 20 cm hohe Emailschrein wurde im 12. Jh. gefertigt, hat die Gestalt eines Hauses und zeigt eine große Anzahl biblischer Szenen. Auf der Vorderseite sieht man links eine Predigt des Heiligen vor feindlich gesinnten Juden, die sich die Ohren zuhalten, sowie rechts seine Gefangennahme durch Saulus, den späteren Paulus. Auf dem Dach die Steinigungsszene des hl. Stephanus. Die Rückseite des Schreins zieren vier Apostel, darunter Andreas mit dem Kreuz und Petrus mit seinen Schlüsseln, die von Arkaden eingerahmt werden. Die Rückseite des Daches stellt in Medaillons drei Engel mit ausgebreiteten Flügeln dar, die Schriftrollen und Bücher in den Händen halten. Die Vorderseite reflektiert also das irdische Leben, die Rückseite des Schreins das himmlische Leben des Saint-Etienne.

Weitere Reliquien der Kirche waren eine Monstranz aus Messing (13. Jh.) und ein Reliquienkästchen des hl. Dumine aus dem 15. Jh.

□ Saint-Priest-de-Gimel

Kurz vor dem Ort führt die Straße am Ruffaud-See vorbei, im Sommer ein idyllischer Badeplatz und bis ans Ufer von Wald umgeben. In Saint-Priest-de-Gimel ist ein Spaziergang durch den Park um das Schloß empfehlenswert. Das Gebäude selbst ist in Privatbesitz und nicht zu besichtigen, doch allein schon die Fassade aus dem 18. Jh. ist sehenswert. Im Schloß von Saint-Priest wohnten im 19. Jh. Alexis und Léon Valon, landesweit bedeutende Persönlichkeiten der royalistischen Partei.

□ Clergoux

Eingerahmt von einem halben Dutzend Seen liegt das 400-Einwohner-Örtchen Clergoux. Gegründet 1025 von Robert de Clergoux, besitzt Clergoux eine Kirche aus dem 12. Jh., die von einer Glockenwand mit drei Glockennischen überragt wird. Jünger sind die Seitenkapellen, eine davon läßt sich nach einer Inschrift ins Jahr 1609 datieren. Schmuckstück des Gotteshauses ist ein Prozessionskreuz aus dem 14. Jh., das meistens in der Sakristei aufbewahrt wird.

Ursprünglich war die Kirche im romanischen Stil errichtet worden, die beiden Stützen des Triumphbogens sind noch Zeugen dieser Bauepoche. Im 14. Jh. wurde dann die Apsis durch ein gerades Chorhaupt ersetzt und mit einem Fenster ausgestattet. Gleichzeitig wurde in die Nordwand des Mittelschiffs eine Seitentür geschlagen. Ein Jahrhundert später fügte man das Portal an der westlichen Giebelseite hinzu, das von zwei Wappenschildern umrahmt wird.

□ Château de Sédières

Einige Kilometer nordöstlich von Clergoux, inmitten eines riesigen Waldgebietes traumhaft gelegen, findet man das Château de Sédières (Abb. 21). Viele Raffinessen und Feinheiten der Baukunst des 16. Jh. sind in dieses Renaissanceschloß eingebracht. Alljährlich im Juli und August blüht hier das kulturelle Leben auf: Eine völkerkundliche Sammlung über das Leben in der Corrèze ist mit dem gesamten Schloß täglich zu besichtigen, und ebenso stehen Konzerte, Gemäldeausstellungen oder Kinderfeste jeden Tag auf dem Programm.

Das Schloß wurde mit deutlichem Festungscharakter Ende des 14. und in den ersten Jahren des 15. Jh. von Jean Botier errichtet. Im 16. Jh. wandelten es Dominique de Sédières und später ihr Sohn Pierre – Mitglieder einer der zu dieser Zeit einflußreichsten Familien im Bas-Limousin – in ein Lustschloß im Renaissancestil um: Fenster wurden eingezogen, Türmchen und Erker angebaut, die Innenräume grundlegend umgewandelt, aus den Wassergräben wurden Terrassen, Mauern und Zugbrücke verschwanden. Insgesamt vier Jahrhunderte blieb das Schloß im Besitz der direkten Erben, ab 1647, nach der Heirat einer Tochter der Sédières, war die Familie Lentilhac Eigentümer. 1965 kaufte das Departement Corrèze das Château de Sédières und restaurierte es umfassend.

Die Besichtigung beginnt man am besten mit einem Spaziergang um das Schloß herum, denn die unterschiedlichen Fassaden demonstrieren recht anschaulich die Entwicklung des Gebäudes. So stehen zum Beispiel die Gußöffnungen, die die Hauptfassade krönen und die ursprüngliche Verteidigungsfunktion unterstreichen, im lauten Kontrast zu dem feinen Dekor der großen Fenster und den eleganten Erkern. Aufgebaut ist die gesamte Anlage aus einem Schlößchen am Eingang, durch das man auch in den Schloßhof gelangt, einem Corps de logis und einem hohen Viereckstturm, in dem sich das große Treppenhaus befindet. Das Erdgeschoß des Schlosses besteht aus einer großen Wachstube mit herabhängenden, rosettenverzierten Schlußsteinen. In dem 4 m breiten Kamin erkennt man links gut die übliche Nische zum Brotbacken. Der Aufgang zu den oberen Stockwerken erfolgt über eine monumentale Treppe. Diese Etagen bestehen aus anmutigen Zimmern mit behauenen Kaminen, von denen einer in der ehemaligen Bibliothek im ersten Stock unter anderem zwei Malteserkreuze zeigt sowie Bildnisse der Heiligen Eloi (links) und Jakobus (rechts), was unterstreicht, daß Sédières auf dem Pilgerweg nach Santiago de Compostela lag. – Von der Terrasse bietet sich ein wunderbarer Blick auf die umliegenden Seen und den zum Herrschaftsbesitz gehörenden Wald. Empfehlenswert ist auch ein Abstecher zum See La Prade, von dem aus das Château vortrefflich zu sehen ist.

□ Von Champagnac-la-Noaille nach La Chapelle-Spinasse

Mit seinen 250 Einwohnern könnte **Champagnac-la-Noaille** die für die Corrèze charakteristische Ortschaft schlechthin darstellen. Die Kirche aus dem 11./12. Jh. ist romanisch und wird von einer Glockenwand mit Zwillingsfenstern überragt. Zu Hauptschiff und Chor wurden im 15. Jh. drei Seitenkapellen hinzugefügt, mächtige Schlußsteine zieren deren Gewölbe. Seit einigen Jahren kommt das Licht durch moderne Fensterscheiben in die Kirche. – Bei der Durchfahrt von **Le Jardin** verwundert es, daß die Kirche außerhalb des Dorfes in einer noch recht unberührten, herrlichen Landschaft steht. Der Grund hierfür war eine Epidemie. Die überlebende Bevölkerung gründete einen neuen Ort und riß später die alten Häuser um die Kirche herum ab.

Kurz vor **La Chapelle-Spinasse** liegt das Château de Mortegoutte, erbaut 1550 von der Familie Braquilanges. Auch heute ist es, zusammen mit einer dazugehörigen Kapelle und einem Bauernhof, in deren Besitz. La Chapelle-Spinasse selbst besitzt eine *Kirche,* die ebenfalls auf die Familie Braquilanges hinweist: In einem Schlußstein sind ihre Wappen eingemeißelt. Das Gotteshaus weist insgesamt deutlich romanische Stilmerkmale auf, das Gewölbe ist jedoch gotisch. Das gotische und für das Limousin typische, fünffach abgetreppte Gewändeportal ist besetzt mit Rosetten und skulptierten Köpfen. Leider beschädigt ist die zweite Besonderheit, eine in Stein gemeißelte Figurengruppe (15. Jh.), die die mystische Heirat der hl. Katharina darstellt. Zwei Kapellen stiftete die Familie Roger, aus der die Päpste Klemens VI. (1342–1352) und Gregor XI. (1370–1378) hervorgingen. Diese beiden Päpste, Onkel und Neffe, wurden in der unmittelbaren Nachbarschaft geboren, im Château von **Maumont.** Dort war deren Vater bzw. Großvater, Guillaume Roger, als Lehnsherr Besitzer großer Ländereien.

Das Schloß liegt in einem Park, der heute nur über den Hof eines Bauernhofes zu betreten ist. Ältester Bauabschnitt ist das Corps de logis aus dem 15. Jh., es wird flankiert von einem Wachturm mit Rundgang und Luginsland. Der Südflügel stammt aus unserem Jahrhundert und wurde 1904 fertiggestellt. Einen Gesamteindruck erhält man von diesem Schloß von der Straße nach Rosier d'Egletons im Südwesten.

□ Egletons

Egletons, das heute ca. 4600 Einwohner beherbergt, existierte schon zu galloromanischer Zeit. Die Ortsbezeichnung entwickelte sich vom okzitanischen ›eiguitou‹, Sümpfe, was auf die damals schützenden, weil gefährlichen Feuchtgebiete um die Ansiedlung hinweist. Den Freibrief erhielt Egletons 1270 von Ebels VI. de Ventadour. Die damalige Altstadt war der heute höher gelegene Stadtteil um Kirche und Rathaus.

Sehenswert an der Kirche aus dem 12. Jh. sind die modernen Fenster von Lesage und Claude Blanchet aus dem Jahre 1957, ein gelungener Kontrast zu den mittelalterlichen Pechnasen im Glockenturm. – Folgt man der Geschäftsstraße Rue François Moneger nördlich der Kirche zum Place du Marchadial, so kommt man zur Chapelle des Pénitents. In dieser historischen Büßerkapelle finden in den Sommermonaten regelmäßig Gemäldeausstellungen statt. – Wer den Stadtbummel etwas ausdehnen möchte, kann sich die Reste der Wallanlagen (12. Jh.) und den Samson Terrassant le Lion, eine Plastik aus dem 15. Jh. südlich der Kirche ansehen.

Bernard de Ventadour,
aus einer Handschrift des 13./14. Jh.

□ Château de Ventadour

200 m über der Schlucht der Luzège ragt auf einem Felsvorsprung die Ruine des Schlosses von Ventadour in den Himmel. Diese dominierende Lage, bestens von Süden von der D 991 zu erkennen, versinnbildlicht nicht nur die Macht der Feudalherrscher in ihrer Zeit, sondern steht auch für die Pracht des höfischen Lebens, das vor allem mit dem Troubadour Bernard de Ventadour in Verbindung gebracht wird.

Dieser, als Sohn eines Leibeigenen und einer Bäckerin 1125 auf Ventadour geboren, erklärt seiner Gräfin, Alaiz von Montpellier, zwei Jahrzehnte später singend seine glühende Liebe, als deren Mann, Ebles III., auf Kreuzzug ist. Natürlich muß Bernard nach der Rückkehr des Grafen 1150 Ventadour verlassen und darf seine Geliebte nie wiedersehen. Als anerkannter Troubadour zieht er an den Hof der Elionore von Aquitanien, die kurz zuvor den englischen König Heinrich II. Plantagenêt geheiratet hatte. Der ›ewig Liebende‹ richtet von nun an seine höfische Poesie an die feurige Elionore. Unter seinem Einfluß werden aber auch die alten bretonischen Sagen in Erinnerung gerufen und wie die Heldentaten des Königs Artus neu geschrieben.

Als Urheber des Minnesangs gelten schon zu Beginn des 12. Jh. Ebles II, Vater von Ebles III., und sein Freund Guillaume, Graf von Poitou.

Das Schloß der Ventadour erbaut Ebles I. ab 1059, nachdem er zum Markgrafen von Ventadour ernannt worden ist. Er errichtet zuerst die Wallanlage, den runden Turm, das Herrschaftsgebäude und die Sankt-Georgs-Kapelle. Wegen seiner idealen Lage und der für das

Mittelalter vorbildlichen militärischen Architektur bleibt Ventadour uneinnehmbar: Die entschlossenen Belagerungen durch Heinrich II. Plantagenêt (1182) und seinen Sohn und Thronfolger Richard Löwenherz (1198) wehrt Ventadour ohne große Verluste ab. Zwischen 1250 und 1350 wird ein neuer Donjon errichtet und der Zugang zum Schloß umgebaut. Zwischen 1379 und 1390 erlebt das Schloß eine wirre Zeit. Die Routiers, eine Bande von Straßenräubern, versetzen das Land in Angst und Schrecken. Unter ihrem Anführer Geoffroy Tête Noire fällt ihnen auch Ventadour in die Hände. Alain und Pierre Roux übernehmen später von ihrem Cousin die Führungsrolle bei den Räubern, können aber nicht verhindern, daß mit Bernard und Robert de Ventadour 1390 wieder Vertreter der Grafenfamilie über Schloß und Besitz regieren. 1450 entsteht ein neues Wohnhaus, eleganter und komfortabler als das bisherige, die fein verzierten Fenster und geschmackvollen Kamine erkennt man noch heute in den Mauerresten. 1472 geht das Schloß durch eine Heirat an die Familie Lévis. Damit ist der Niedergang des Hofes eingeleitet, denn für die neuen Besitzer, die Karriere am königlichen Hof in Paris machen, ist Ventadour nur noch einer von mehreren Wohnsitzen und wird mehr und mehr vernachlässigt. Das unwiderrufliche Ende für Ventadour kommt 1793, als ein Teil der Renaissancegebäude zerstört wird und drei Jahre später ein Hufschmied aus Egletons das Schloß kauft. Die Ruinen dienen nun für ein Jahrhundert als Steinbruch. Noch einmal, 1895–1988, kommt Ventadour in alten Familienbesitz: Die Familie Lévis-Mirepois, Vettern der Lévis-Ventadour, übernimmt die Überreste und organisiert 1965–72 mit dem Archäologen Robert Joudoux aufschlußreiche Ausgrabungen.

Heute, Ventadour ist im Besitz der öffentlichen Hand, betritt man das Schloß am besten über die Hinterpforte. Durch einen Gang gelangt man in die ›Mausefalle‹, wie die Wachstube mit ihrem teilweise noch intakten Kreuzrippengewölbe genannt wird. Der Ausgang der Wachstube führt direkt ins Herz der Burg: Schutzwehr, runder Turm, die Grundmauern der Sankt-Georgs-Kapelle, die Ruinen des Herrschaftsgebäudes und der viereckige Turm sind zu besichtigen.

□ Darnets

Eine massige, rustikale *Kirche* aus dem 12. Jh. weckt im 350-Einwohner-Ort Darnets das Interesse des Besuchers. Das romanische Bauwerk hat im 16. Jh. einige Veränderungen erfahren. Heute bestimmen die Glockenwand und der tiefe Portalvorbau das Aussehen. Der Chor ist romanisch, die Fenster jedoch gotisch, wie auch das Gewölbe des Kirchenschiffs. Beim Ausbau im 16. Jh. kamen Seitenkapellen hinzu. Die Innenwände sind mit einem dreifachen Litre funéraire dekoriert. Diese schwarzen Farbstreifen wurden nach dem Tod eines Mitglieds der Herrscherfamilie als Zeichen der Trauer an die Mauer gemalt, ergänzt durch die Wappen des Verstorbenen. Litre funéraire sind in der Corrèze häufiger anzutreffen, das in Darnets gilt als das bedeutendste und erinnert an die Bestattung des Herzogs von Montmorency 1645. Den obersten Streifen ziert das Wappen Frankreichs, in der Mitte sind die des Hauses Ventadour und unten die der Familie Soudeilles zu sehen.

Darnets, Kirche

□ Château du Lieuteret

Das heutige Gebäude wurde 1645 an der Stelle eines Schlosses errichtet, das bei einem Brand zerstört worden war. Dominierend in der einfachen und strengen Architektur zeigt sich das Haupthaus, flankiert von zwei Vorbauten. Einziges Relikt vom ursprünglichen Gebäudekomplex ist die Kapelle aus dem 15. Jh.

Die Geschichte der derzeitigen Schloßanlage geht auf die Revolten unter Ludwig XIII. zurück. Annet de Soudeilles, Besitzer von Lieuteret, war ein Freund und Vertrauter des Herzogs Heinrich II. von Montmorency, der zusammen mit Gaston d'Orléans 1632 eine Verschwörung anführte. Der Herzog wurde jedoch verhaftet und in Toulouse geköpft. 1645 ließ Annet de Soudeilles den Leichnam von Toulouse nach Moulins überführen, wo die Witwe des Hingerichteten in der Zwischenzeit ein Mausoleum hatte errichten lassen. Der Leichenzug hielt auf seinem Weg nach Moulins in Lieuteret. Um ihre Dankbarkeit für den gegenüber ihrem Mann stets treuen Annet de Soudeilles auszudrücken, ließ ihm die Witwe des Verstorbenen ein neues Schloß errichten: das Château du Lieuteret.

□ Soudeilles

Auch in Soudeilles brannte das Schloß ab, übrig blieb nach dem Unglück von 1640 nur die Kirche, einst ein nachträglicher Zusatzbau zum Schloß. Nennenswert ist vor allem das Grab aus dem 14. Jh., das sich in der südlichen Seitenkapelle befindet. Die liegende Steinfigur des berühmten Troubadours Ebles II. wird von kleinen Engeln und von vor einem Meßbuch knienden Mönchen umrahmt. Am Kopf- und Fußende der Figur befinden sich zwei Steinplatten. Die am Fußende zeigt den hl. Martin, der seinen Mantel mit dem Bettler teilt, die Platte am Kopfende stellt die Kreuzigungsszene dar. Ebles II. ist noch einmal in der Kirche vertreten, und zwar auf dem Türriegel, auf dem sein Kopf dargestellt ist. Des weiteren ist in der von einer Glockenwand überragten Kirche eine Pietà aus dem 14. Jh. sehenswert, sowie die Apsis, deren Kapitelle reich skulptiert sind. So sieht man links auf einem Kapitell den hl. Michael beim Kampf mit dem Drachen.

□ Montaignac und Eyrein

Auf der Rückfahrt über die N 89 nach Tulle bieten sich zwei Stationen für einen kurzen Aufenthalt an. Zum einen das Schloß von **Montaignac** (auch ohne ›i‹ geschrieben), das 1879 im Renaissancestil vom Marquis de Montagnac erbaut wurde. Heute ist es im Besitz der Gemeinde, die es als Kulturzentrum nutzt und während der Sommermonate dort Kunst und Handwerk aus der Region ausstellt. – In **Eyrein,** über einen kleinen Abstecher von Gare d'Eyrein zu erreichen, lohnt sich ein Blick in die Kirche: Der vergoldete Altaraufsatz aus Holz wurde im 18. Jh. gefertigt.

Brive und das Yssandonnais

□ Brive

Vézère und Corrèze fließen in einem langgezogenen Becken zusammen, in dessen Zentrum, nur noch 120 m über dem Meeresspiegel, die 55 000-Einwohner-Stadt Brive liegt. Es ist eine moderne, lebenslustige und aktive Stadt, 1990 als ›sportlichste Stadt Frankreichs‹ ausgezeichnet, und genießt mildes ozeanisches Klima.

Schon zu vorgeschichtlicher Zeit war dieser Ort bewohnt. Zuerst entstand ein kleines gallisches Dorf, dann eine galloromanische Siedlung: Briva Curretia, benannt nach der Brücke über die Corrèze und bekannt als Handelszentrum vor allem für Ton- und Keramikwaren. Martin l'Espagnol christianisierte Brive 407, allerdings richteten ihn die Bewohner hin, weil er alle heidnischen Altäre zerstörte. Sein Grab außerhalb der Stadt wurde Ende des Jahrhunderts Fundament einer Kirche und Keimzelle einer neuen Siedlung. Die Domherren von Saint-Augustin begannen dann 1180 mit dem Bau der Kirche Saint-Martin, die bis heute das Herz der Stadt bildet. Ende des 12. Jh. versagten die Bürger ihren Lehnsherren, dem Grafen von Turenne und dem Baron von Malemort, das Lehnsrecht und erhielten von Elionore von Aquitanien den Freibrief, den König Ludwig VIII. im Jahre 1225 bestätigte. Eine erste Stadtmauer entstand um die Kirche etwa im Umkreis von 100 m. Von der ist zwar nichts mehr übrig, ihr Verlauf aber am konzentrischen Charakter der kleinen Gäßchen nachzuvollziehen. 1430 wurde eine neue Mauer, 1600 m lang, 3,60 m hoch, 1,50 m dick und mit sieben großen Tortürmen, die Stadtgrenze und machte aus Brive-la-Gaillarde, also Brive die Beherzte, wie der vollständige Name lautet, eine befestigte Stadt. Diese Einfriedung verschwand zwar allmählich – meist wurden die Steine zum Hausbau verwendet –, ist heute aber in ihrem Verlauf ebenfalls noch gut zu erkennen: Die großen, 1736 angelegten Boulevards mit ihren mächtigen Platanen führen hier kreisförmig um die Innenstadt.

Hélie de Malemort, Propst von Saint-Augustin, initiierte 1180 den Bau der *Stiftskirche Saint-Martin* (1), die in den folgenden Jahrhunderten immer wieder verändert wurde. Vom ursprünglichen Mauerwerk stehen noch das Querschiff, die achteckige Pendentifkuppel und ein Teil des Chorhaupts. Die romanischen Gewölbefelder des Langhauses stürzten bereits im 14. Jh. ein, die Pröpste dieser Epoche, Guy de Ventadour und Bertrand de Cosnac, ließen es neu errichten. Im 18. Jh. wurde der Chor auf das Niveau des erneuerten Langhauses erhöht, im 19. Jh. entstand der neoromanische, 60 m hohe Kirchturm. Um die Empore der großen Orgel, ein Instrument aus dem zweiten Kaiserreich, zu stützen, errichtete man bis 1877 noch den Portalvorbau. Ins Kirchenschiff gelangt man über eine achtstufige Treppe. Das gotische, fensterlose Hauptschiff besteht aus sechs Jochen. Sein Kreuzrippengewölbe ist mit 18,70 m genauso hoch wie das der Nebenschiffe, deren Fenster für Licht sorgen, und wird von einfachen zylindrischen

Brive, historische Stadtansicht

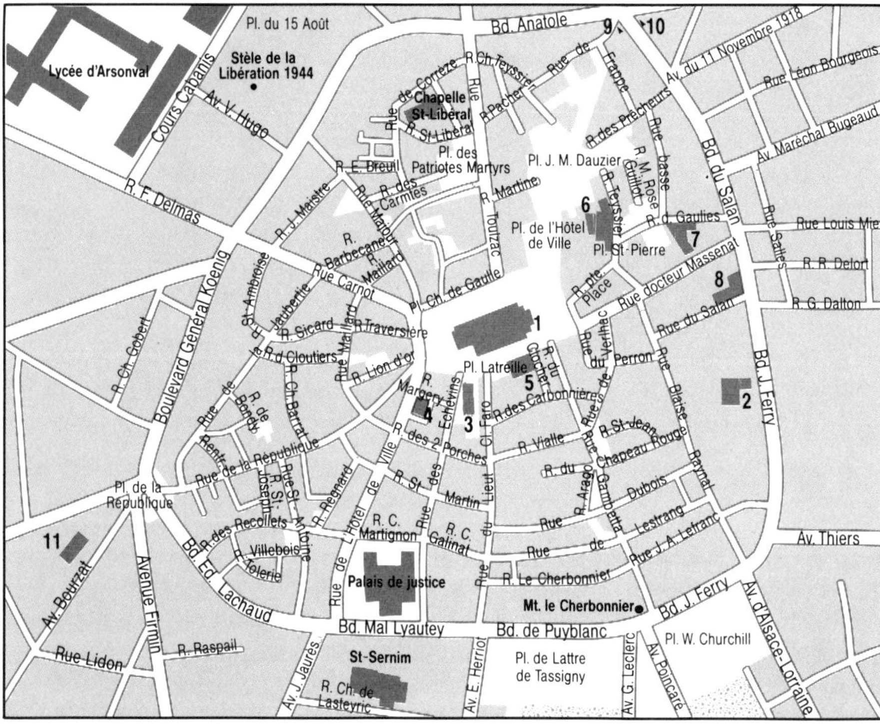

Brive 1 Stiftskirche Saint-Martin 2 Hôtel de Labenche (Museum) 3 Tour des Echevins 4 Pfarrhaus von Saint-Martin 5 Maison de Tours Saint-Martin 6 Rathaus 7 Maison Cavaignac 8 Musikhochschule 9 Stadttheater 10 Platz des 14. Juli 11 Edmond-Michelet-Museum

Säulen getragen, die direkt bis zum Gewölbe heranreichen. Die zentrale Kuppel ruht auf dreieckigen Pendentifs und vier Gurtbogen, vier große runde Säulen stützen sie. Insgesamt fünf Kapellen befinden sich am Chorende und an den Querschiffarmen. Die Kapitelle im Chor sind von der romanischen Kunst der Auvergne beeinflußt: Flechtwerk, Geier und Adler, Szenen aus dem Alten und Neuen Testament verzieren den Stein. Aus dem Inventar der Kirche ist ein Kunstwerk besonders erwähnenswert: das große Taufbecken aus dem 12. Jh., verziert mit schrägverlaufenden Hohlkehlen. Es steht im nördlichen Seitenschiff und erstaunt durch seine 1,80 m Durchmesser. Krypta und Kirchenschatz befinden sich unter dem Kirchenboden.

Eine Reihe von Bauwerken in Brive – typischerweise aus Sandstein mit Schieferdächern – stammt aus dem Mittelalter und ist einen Stadtrundgang wert. 1540 errichtete der Lehnsherr Jean II. de Calvimont das *Hôtel de Labenche* (2), heute ein Museum, im Toulouser Renaissancestil. Der Name des Gebäudes leitet sich vom örtlichen Dialekt her: La benche war das

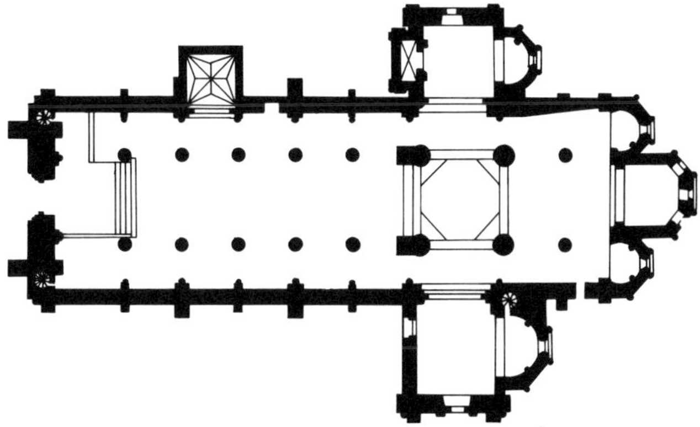

Brive, Stiftskirche Saint-Martin, Grundriß

kleine Bänklein, auf dem Wäsche gewaschen wurde. Aus einem Stein gehauene Büsten, Fenster mit Fensterkreuzen und verzierte Dachfenster heben die Fassade hervor. Über der Tür ein Giebeldach, griechischem Baustil nachempfunden. Die beiden großen Räume des Gebäudes besitzen je einen Kamin, der im ersten Stock wird von einem Fries bekrönt, auf dem antike Kämpfer dargestellt sind. Seit 1989 werden hier neben allgemeinen Museumsthemen vor allem zeitgenössische und regionale Kunstwerke ausgestellt.

Als Schmuckstück der Renaissance kann der *Tour des Echevins* (3) gelten. Kunstvolle Säulen und allerlei Skulpturen kennzeichnen diesen Turm. Das Emblem François' I., ein Salamander, ist hier als Türklopfer aus Schmiedeeisen zu sehen.

Gleich um die Ecke, hinter einem Rundbogen in der Nachbarstraße, liegt das *Pfarrhaus von Saint-Martin* (4). Ehemals war es das Stadthaus, in dem bis zur Französischen Revolution die Konsuln tagten. Nach einer Brandstiftung 1577 wude es nur teilweise wieder aufgebaut.

Auf dem Place Latreille, neben der Stiftskirche Saint-Martin, befindet sich das *Maison de Tours Saint-Martin* (5) mit einem achteckigen Turm und einem Ecktürmchen mit Helmdach. Dieser Platz war das geistige und kommerzielle Zentrum des alten Brive.

Das *Rathaus* (6) der Stadt hat ebenfalls eine bedeutende Geschichte hinter sich. Es war seit 1619 Lehrstuhl der christlichen Doktrinäre, entwickelte sich im 17./18. Jh. kontinuierlich weiter, wurde vergrößert und verschönert. So ist die Fassade zur Rue Pierre-et-Marie-Curie mit eleganten Balkons ausgestattet. Der Eingang in der Rue Teyssier, früher Haupteingang, ist mit einer sehenswerten Kolonnade verziert, über der Tür ein dreieckiges Giebelfeld. Eine Erinnerung an vergangene Straßenbauweise beherbergt der Hof hinter dieser Tür: Kieselsteine aus der Corrèze als Bodenbelag. Ein ganzes Jahrtausend, bis ins 19. Jh., pflasterten die Bewohner von Brive so die Straßen und Höfe ihrer Stadt.

Das Maison Cavaignac (7), im Stil Louis XIII. erbaut, die *Musikhochschule* (8) in einem ehemaligen Kloster, das *Stadttheater* (9) mit seiner Rokokofassade und ein halbes Dutzend Herrschaftshäuser (16.–18. Jh.) in der großen, renovierten und gemütlich-sauberen Fußgängerzone prägen zwar nicht das Stadtbild, sind aber die Gebäude, die im Gedächtnis bleiben.

Nördlich außerhalb des lebhaften Stadtkerns liegt der *Platz des 14. Juli* (10), die große Esplanade. 1734 leiteten die Briver hier die Corrèze um und legten das Land trocken, um den dort traditionell abgehaltenen Markt nicht vom Niedrigwasser des Flusses abhängig zu machen. Heute findet in der dortigen Markthalle jeden November eine Buchmesse statt, die nationales Ansehen genießt.

Südwestlich außerhalb der Boulevards lohnt das *Edmond-Michelet-Museum* (11) einen Besuch. Benannt nach diesem – nach Dachau deportiertem – Widerstandskämpfer (1899–1970), widmet es sich seinem Leben und dem Wirken der Résistance allgemein. Dem Museum ist eine Forschungsabteilung angeschlossen.

□ Die Vororte von Brive

Mit 6200 Einwohnern ist **Malemort-sur-Corrèze** heute eine Vorstadt von Brive. Vom Schloß der Barone von Malemort sind heute nur ein paar Mauerreste des ehemaligen Wachturms übrig. Noch bestens erhalten ist demgegenüber die Kirche Saint-Xantin am Ufer der Corrèze. Das Hauptschiff aus dem 13. Jh. ist wie die Fassade gotisch, die fünfseitige Apsis und die beiden Seitenkapellen gehören zu einem romanischen Querschiff. Über dessen Südarm ragt ein wuchtiger, quadratischer Glockenturm empor. Eines der Kapitelle im Innenraum stellt Mariä Verkündigung dar.

In **Saint-Sernin-de-Larche** steht eine romanische Kirche aus dem 12. Jh., und auch in **Lissac-sur-Couze** stammt das Gotteshaus aus dieser Zeit. Es wird von einer Glockenwand und zwei Kapellen aus dem 14. Jh. ergänzt. – Nahe dieser Kirche befindet sich ein Feudalschloß mit zwei Türmen. Der runde Wehrturm datiert ins 13. und der quadratische ins 15. Jh.

□ Donzenac

Das Briver Umland und das Yssandonnais nordwestlich von Brive gehören zum Briver Becken und sind charakterisiert durch den roten Sandstein, der hier eine unübersichtliche Hügellandschaft bildet. Vereinzelte Bergkuppen ermöglichen einen reizvollen Blick auf die nähere Umgebung. Neben den landschaftlichen Reizen bietet das Briver Land und das Yssandonnais aber auch zahlreiche geschichtsträchtige Dörfer, Kirchen und Burgen.

10 km nördlich von Brive liegt Donzenac, ein Ort, der schon zu galloromanischer Zeit bewohnt war. Besonders im Hundertjährigen Krieg trat er des öfteren aus seiner ansonsten ruhigen Rolle in der Geschichte hervor. Durch die strategisch günstige Lage war Donzenac immer wieder Mittelpunkt von Kämpfen zwischen den Mitstreitern Englands und jenen des französischen Königs. Der Bau einer Straße im 18. Jh. – der heutigen alten Nationalstraße – brachte der Stadt Glück, sie lebte neu auf, und auch die ansonsten für das Limousin typische Auswanderungswelle hielt sich hier in Grenzen: Heute leben immerhin 2000 Einwohner in der Stadt. Nachteilig wirkte sich dies auf die alte Bausubstanz der Kirche Saint-Martin aus. Im 19. Jh. war genügend Geld vorhanden, um sie vollständig zu renovieren, nur noch der Glockenturm ist aus dem 14. Jh. Allerdings besitzt sie Reliquiare aus dem 13./14. Jh. – Die Büßerkapelle nahe dem Friedhof wurde erst kürzlich rundum restauriert, noch aus dem 17. Jh. stammt der Altar aus vergoldetem Holz.

Allassac, Lesepult mit Adler in der Kirche

□ Allassac

Auch Allassac fand entgegen dem Trend der Region erst mit der Industrialisierung seinen Aufschwung. 3600 Einwohner haben ihr Einkommen vor allem durch die Schieferbrüche und Betriebe der Lebensmittelindustrie. An die Vergangenheit der Stadt erinnert der *Cäsar-Turm,* ganz aus schwarzem Schiefer und Überbleibsel der Verteidigungsanlage aus dem 11./12. Jh. Der wuchtige Turm ist 30 m hoch, mißt 10 m im Durchmesser und hat über seine gesamte Höhe 2 m dicke Mauern.

Festungscharakter hat auch die gotische Kirche mit dem langen Namen *Eglise de la Décollation-de-Saint-Jean-Baptiste.* Sie ist in schwarzem Schiefer und rotem Sandstein erbaut. Von Süden her betritt man die Kirche durch ein Portal im Limousinstil. Es war einst von feinen zylindrischen Archivolten eingefaßt, ein Rest davon ist noch auf der rechten Eingangsseite erhalten. Im Innern zieht der Altaraufsatz aus dem 17. Jh. den ersten Blick auf sich, aber auch eine Pietà, ein Lesepult mit einem Adler darüber und die Kanzel aus dem Jahre 1681 sind bemerkenswerte Kunstwerke.

□ Comborn

Dem 370-Einwohner-Ort sieht man kaum an, daß er Wiege so bedeutender Familien wie der Comborn, der Ventadour und der zweiten Dynastie der Turenne war und damit auch Heimat vieler Troubadoure des Limousin. Die Burg steht nur noch als Ruine auf einem Felsen über der Vézère, von drei Seiten vom Fluß umgeben. Errichtet wurde sie von den Comborn, deren Name immer wieder in Verbindung mit Morden und Massakern genannt wird, die sich aber später – um sich von den Sünden freizukaufen – oft als Gönner oder Gründer von Abteien zeigten. Im 15. Jh. starb ihre Linie aus, 1558 kam das Schloß an die Pompadour, brannte aber noch in demselben Jahrhundert ab. 1649 kaufte die Familie Lasteyrie die Ruine, richtete sie aber nicht her, sondern erbaute 1735 davor ein Kastell, durch das man heute zum Spähturm aus dem 15. Jh. und den verbliebenen Mauerresten gelangt. Die Lasteyrie gehören noch heute zu Frankreichs erster Gesellschaft, Giscard d'Estaings Schwester hat in diese Familie eingeheiratet.

Comborn, Kastell vor der Burgruine

□ Le Saillant und Objat

Auf der Weiterfahrt nach Le Saillant führt die Straße über den *Schluchten der Vézère* entlang, den Gorges du Saillant, die nicht nur für Kanufahrer ein Erlebnis darstellen, und zu denen sich ein Abstecher hinunter ans Ufer lohnt. Das Dorf **Le Saillant** liegt an der Vézère, über die eine mittelalterliche Brücke aus Schiefer führt. Moderne Kirchenfenster, geschaffen von Chagall, geben der 1979 renovierten Kapelle des Ortes einen besonderen Effekt.

Hauptanziehungspunkt ist jedoch das vom Wasser der Vézère umgebene *Château Le Saillant.* Es gehört nunmehr seit über 600 Jahren der Familie Lasteyrie, die es 1378 dem letzten Erben der Familie Comborn abkaufte und im 15. Jh. grundlegend restaurierte. Im Sommer findet hier alljährlich ein auch über den Ort hinaus beachtetes Musikfestival statt. – Den alten Orts-

1 CHÂTEAU DE VAL im Stausee von Bort ▷

2 MOUTIER-D'AHUN Überreste der Klosteranlage

4 MOUTIER-D'AHUN Romanischer Teil der Klosteranlage ▷

3 AUBAZINE Blick auf Stadt und Abteikirche

5 ARGENTAT Flußschifferhäuser am Südufer der Dordogne

6 SÉGUR-LE-CHÂTEAU Malerisches Dorf an der Auvézère

7 COLLONGES-LA-ROUGE Kirche Saint-Pierre

8 CUREMONTE Château Saint-Hilaire und Château de Plas ▷

10 SAINT-GERMAIN-BEAUPRÉ

◁ 9 TOURS DE MERLE

11 UZERCHE an der Vézère ▷

17 CHÂTEAU DE BOUSSAC Salon vert

18 GUÉRET Place Bonnyaud

19 CHÂTEAU DE BOUSSAC Küche

20 GUÉRET Musée Municipal

21 LIMOGES Blick auf Pont Saint-Etienne und die Kathedrale ▷

22 CHÂTEAU DE VILLEMONTEIX

23 PONTARION Schloß

24 CHÂTEAU DE MONTBRUN ▷

25 BÉNÉVENT L'ABBAYE Kirche Saint-Barthélemy

27 SAINT-YRIEIX-LA-PERCHE Stiftskirche ▷

26 BEAULIEU-SUR-DORDOGNE Abteikirche Saint-Pierre, Südansicht

28 Typisch für das Limousin: Weite Wiesenlandschaften

29 MASSIV DER MONÉDIÈRES

30, 31 Grün in allen Varianten

32 Immer wieder anzutreffen im Limousin: Bauern im Rentenalter ▷

teil auf der anderen Seite des Flusses chrakterisieren bestens erhaltene Häuser aus schwarzem Schiefer.

Im Tal der Loyre liegt **Objat,** Zentrum einer fruchtbaren Landwirtschaftsregion. Angebaut werden verschiedene Obstsorten und Hülsenfrüchte, bekannt ist Objat vor allem wegen der Erbsen. Die 3200-Einwohner-Stadt gruppiert sich um eine Kirche aus dem 15. Jh.

□ Saint-Bonnet-la-Rivière und Juillac

Kern des kleinen Dorfes **Saint-Bonnet-la-Rivière** im Mayne-Tal ist die kreisförmige romanische Kirche aus dem 11. Jh. Die Rotunde hat einen Durchmesser von 18,60 m, der Chorumgang wird von zehn Arkaden umsäumt. Am Westteil der Kirche überragt der Kirchturm einen Vorbau, den man durch eine rundbogige romanische Tür betritt. Die Pietà im Kircheninnern datiert ins 15. Jh.

Galloromanischen Ursprungs ist **Juillac,** eine 1200-Einwohner-Gemeinde, die im Mittelalter lokale Bedeutung hatte und heute als Touristenzentrum gilt. Die Kirche wurde im 17. Jh. restauriert. Sie ist kreuzrippengewölbt, hat einen Glockenturm mit Satteldach, im Innern eine Pietà aus dem 15. Jh. sowie einen Altaraufsatz im Renaissancestil.

□ Saint-Robert

Auf der Fahrt nach Südwesten kommt man durch Segonzac, wo ein Blick auf die Fresken der Kirche lohnt. Direkt an der Grenze der Corrèze zur Dordogne liegt dann Saint-Robert, ein lebendiger Ort mit knapp 400 Einwohnern, der ebenfalls zu den 118 Dörfern Frankreichs zählt, die sich mit dem Prädikat der schönsten Ortschaften des Landes schmücken dürfen. Schon seit 1930 jedoch gilt Saint-Robert mit seinem gesamten charmanten Stadtbild, den stillen Gäßchen, Türmchen und Schieferdächern als denkmalgeschütztes Monument.

Die *Kirche* ist romanisch und eine Stiftung der Grafen von Comborn aus dem Jahr 1080. Leider wurde das Langhaus während der Religionskriege zerstört. Der Grundriß von Saint-Robert ähnelt dem vieler Wallfahrtskirchen. Sie hat einen von Arkaden umsäumten Chorumgang, an den sich drei Kapellen anschließen. Neben dem Kirchturm und einem kleineren, mehrseitigen Türmchen besitzt das Gotteshaus auch einen Verteidigungsturm. Die Christusstatue im Innern ist aus Holz und ebenso im 13. Jh. gefertigt wie die Statue des Kirchenheiligen Saint-Robert; aus dem 15. Jh. stammt das schmiedeeiserne Kreuz.

Einen schönen Blick auf das Yssandonnais hat man von der Esplanade hinter der Kirche. Man sieht, daß hier die Einwohner von der Landwirtschaft leben: Walnußbäume und Obstplantagen bestimmen das Bild, soweit das Auge reicht.

□ Ayen, Yssandon, Saint-Viance und Varetz

In **Ayen,** ebenfalls inmitten einer landwirtschaftlich orientierten Gegend mit Tabak- und Maisanbau, besitzt die Kirche an den Außenmauern sehenswerte Grabnischen aus dem 12. Jh., das Eingangsportal aus kunstvoll bearbeitetem Schmiedeeisen ist aus dem 17. Jh. – Auf dem Berg **Yssandon** bewohnten einst die Kelten ein Oppidum. Später stand hier eine Burg, von der jedoch nur noch Mauerreste zu sehen sind. – Eine der schönsten Emailarbeiten aus dem 13. Jh. ist Anziehungspunkt in **Saint-Viance.** Ein gotischer Reliquienschrein aus Grubenschmelz wird ins 13. Jh. datiert und ist in der romanischen Kirche des Ortes zu bewundern. – **Varetz** wird von einem Luxushotel allerersten Ranges beherrscht. Auf einem Hügel erheb sich das ehemalige Schloß Castel Novel aus dem 15. Jh.

Zwischen Tulle und Brive

□ Aubazine

Nukleus dieses heute knapp 700 Einwohner zählenden Ortes inmitten einer etwa 400 m hohen bewaldeten Hügellandschaft ist eine Jahr für Jahr von zahlreichen Touristen und Pilgern aufgesuchte Zisterzienserabtei (Farbabb. 3), gegründet vom hl. Etienne, der auch hier begraben liegt. Etienne, 1085 in der Nähe von Bassignac-le-Haut geboren, gründete 1125 zusammen mit den Eremiten Pierre und Bertrand eine Einsiedelei. 1156 begannen sie mit großen Baumaßnahmen, Etienne selbst starb zwar 1159, doch das Kloster wurde weitergebaut und 1176 fertiggestellt, die Kirche folgte. Etienne gründete übrigens zudem 1142 ein Frauenkloster in der nahegelegenen Coiroux-Schlucht.

Auffällig an der *Abteikirche* in Aubazine ist ihr langes Querschiff, an dessen beiden Armen sich im Osten drei Kapellen befinden. Vor dem Querschiff die fünfseitige Apsis, ihrerseits ohne jede Seitenkapelle oder Chorumgang, erhellt von drei Rundbogenfenstern. Über der Vierung eine Pendentifkuppel, die von einem achteckigen Kirchturm überragt wird. Von den ursprünglich neun Gewölbefeldern des Mittelschiffs stehen seit 1757 nur noch drei, wie das Querschiff werden sie von einer spitzbogig gebrochenen Tonne überwölbt (Abb. 22). Die Seitenschiffe hingegen überspannt ein Kreuzgewölbe. Entsprechend der Strenge des Zisterzienserordens sind die Kapitelle nicht skulptiert, eine Ausnahme bilden die Kapitelle am Eingang zum Querschiff. Ähnliches gilt für die Fensternischen, nur die der Apsis weisen einige Verfeinerungen auf.

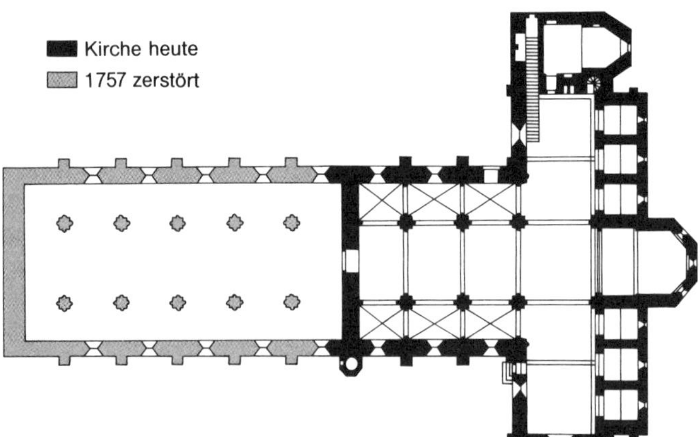

Aubazine, Abteikirche, Grundriß

Wichtigstes Inventar der Abteikirche ist das *Grab des hl. Etienne* (Abb. 23) im südlichen Querschiffarm. Es stammt aus dem 13. Jh. und ist in der Form eines Reliquienschreins gestaltet. Alle vier Seiten des Schreins werden von Arkaden gesäumt. Darüber das Gesims und ein reliefiertes Giebeldach. Auf dem Hochrelief an der Nordschräge ist Maria mit dem Kind im Arm dargestellt, die den hl. Etienne und andere Geistliche empfängt. An der Südschräge erkennt man Maria mit einem Gefolge von Toten, die aus ihren Särgen heraustreten (Abb. 24). Die Giebel des Schreins sind mit Blattwerk dekoriert. Mit Ausnahme der Figur des Jesuskindes ist das Grab recht gut erhalten. An dieser Figur jedoch kratzen die Pilger herum, um etwas Steinpulver zu erhalten. Mit diesem, in Wasser aufgelöst, hoffen sie, Fieber und andere leichtere Krankheiten heilen zu können. Die Mannigfaltigkeit der Verzierung und die Feinheit der Figurengestaltung machen das Grab des hl. Etienne zu einem der wichtigsten gotischen Kunstwerke aus dem 13. Jh.

Weiterhin befindet sich in der ersten Kapelle des Querschiffs, im nördlichen Teil, eine Pietà aus Stein aus dem 15. Jh. Der Chor beherbergt ein Gestühl aus dem 18. Jh. und darüber zwei Reliefs: Das rechte stellt den hl. Etienne bei der Übergabe einer Charta an die Äbte des Ordens dar, das linke zeigt den Heiligen, wie er dem hl. Bernhard das Klostergewand überreicht. Eine Seltenheit ist der Schrank im nördlichen Querschiff. Er ist aus Eichenholz und datiert ins 12. Jh. zurück.

Aubazine, Blick in den Klostergarten und auf das Küchengebäude

Die Gebäude des alten *Klosters* schließen sich an den Nordteil der Kirche an und umrahmen einen Garten. Sehenswert sind im Osten des Hofes der Kapitelsaal, die Kapitelle der Säulen, die ein Kreuzgewölbe tragen, die einer Kapelle ähnelnde Sakristei und das kreuzgewölbte Skriptorium. Vom Schlafsaal und dem Refektorium sind nur noch die Seitenwände erhalten, der Kreuzgang wurde völlig zerstört. Einen Blick sollte man auch in die Küche im Nordosteck der Anlage werfen, in der ein ausladender Kamin zu sehen ist. Zentrum des Gartens ist ein Brunnen aus Granit, der den Mönchen als Waschgelegenheit diente. Nordöstlich der Gebäude beginnt ein 1,5 km langer Kanal, der das Wasser aus der Coiroux-Schlucht an den Fischteich und die Mühle heranführte. Noch heute wird das Becken an der Straße von den Ortsbewohnern zum Wäschewaschen verwendet.

Heute ist im Kloster von Aubazine eine katholische Schule untergebracht. Bewirtschaftet wird es von Schwestern des orientalischen Theophinerordens, die in eigenen Häusern in der Nähe wohnen.

Einen weiträumigen Blick über Aubazine und sein Umland bietet der 524 m hohe Puy de Pauliac. Einst war die Bergkuppe Sitz eines gallischen Oppidums, dessen Reste im Schatten eines Eichenwaldes noch einen Eindruck von der Befestigungsanlage geben. Auch ein Dolmen erinnert an die vorgeschichtliche Zeit.

□ Die Coiroux-Schlucht

In der Coiroux-Schlucht befinden sich die Ruinen des vom hl. Etienne etablierten Frauenklosters aus dem Jahre 1142. Nur die Wandflächen einer Kapelle aus dem 13. Jh. mit Resten von Wandmalereien sind heute noch zu sehen. Seit einigen Jahren bringen Ausgrabungen aber mehr und mehr Überreste des ehemaligen Klosters zutage. Ganz in der Nähe hat auch der von den Mönchen aus Aubazine erbaute Kanal seinen Ursprung.

Mit einer tragischen Sage verbunden ist der von hier am besten sichtbare Saut de la Bergère, ein riesiger Felsvorsprung über der Schlucht, oben am Puy de Pauliac. Von diesem soll sich einst eine Schäferin gestürzt haben, um der Entehrung zu entgehen. Daher auch der Name ›Saut de la Bergère‹ (Sprung der Schäferin).

□ Cornil

Einst ein stark befestigter Ort an einer wichtigen Verbindungsstraße zwischen dem Norden und Süden der Corrèze. Doch von ehemals zwei Burgen steht nur noch der Wachturm der einen in einer felsigen Böschung steil über der Corrèze. Von ihm aus ergibt sich jedoch ein herrliches Panorama über den Fluß. Die andere Burg wurde während der Religionskriege dem Erdboden gleichgemacht.

Am noch erhaltenen Wachturm die *Kirche von Cornil.* Sie datiert aus dem 12. Jh. und besteht aus Hauptschiff, Querschiff und einem fünfseitigen Chor, der von drei Fenstern erhellt wird. Eine Pendentifkuppel und darüber ein Kirchturm mit quadratischem Grundriß überragen die Vierung. Rundbogige Fensternischen an allen vier Seiten zieren diesen Turm. – Vom Dorf aus führt ein steiler Weg hinunter zum Ufer der Corrèze und zum Pont de Cornil.

□ Sainte-Fortunade

Eines der Meisterwerke der Goldschmiedekunst des Limousin macht die erst kürzlich restaurierte einfache romanische *Kirche Saint-Martial* besuchenswert: das Kopfreliquiar der hl. Fortunade. Es wurde im 15. Jh. aus foliierter Bronze und Messing gefertigt und ist vor allem wegen seiner künstlerischen Anmut so beachtenswert. Der Legende nach wurde die Kirche an dieser Stelle erbaut, weil hier plötzlich eine Quelle zu sprudeln begann, als man die Reliquien der hl. Fortunade vorbeitrug.

Des weiteren besitzt die Kirche in der Nordkapelle eine Pietà aus Stein, ebenfalls aus dem 15. Jh. Das Kapitell der linken Säule am Chorbogen stellt den Kirchenheiligen Martial dar, der von Petrus den Bischofsstab empfängt und einen seiner Jünger wieder zum Leben erweckt. Über dem tonnengewölbten Chor ragt ein Glockenturm mit quadratischem Grundriß auf.

Gleich neben der Kirche steht ein Schloß, dessen dreistöckiges Herrschaftsgebäude von Ecktürmchen flankiert und einem Wehrgang gekrönt wird. Dieser verbindet einen großen runden Turm mit einem viereckigen. In dem schön renovierten Château ist heute die Stadtverwaltung untergebracht.

□ Saint-Chamant

Auf der Fahrt nach Saint-Chamant führt in Forgès eine Seitenstraße nach Westen in ein herrliches Tal, das vom Talgrund bis auf die Höhen von Eichen bewaldet ist, und zu den *Wasserfällen von Murel.* Die Valeine stürzt dort recht malerisch zwischen Wald und Felsen insgesamt 300 m zu Tal, um sich mit der Souvigne zu vereinigen (Abb. 27).

In Saint-Chamant ist ein Wachturm aus dem 14. Jh. der einzige Rest eines Feudalschlosses aus dieser Zeit.

Die *Dorfkirche* von Saint-Chamant ist romanischen Stils, wurde im 15. Jh. bewehrt und mit einem Graben umgeben. Erster Blickfang ist der befestigte Glockenturm, an dessen Südseite eine Sonnenuhr zumindest die heiteren Stunden anzeigt. Aus dem 12. Jh. stammt das Portal, sein 1925 freigelegtes und restauriertes Tympanon stellt die Auferstehung Christi dar: Oben in der Mitte sieht man Christus als frontale Figur, zu beiden Seiten einen Engel. Darunter reihen sich die Jungfrau Maria und die zwölf Apostel. Auch einige Kapitelle des Portals sind mit biblischen Szenen verziert: links das Abwiegen der Seelen beim Jüngsten Gericht und rechts der von Teufeln geplagte Geizige. Auf weiteren Kapitellen sind Vögel und Monster dargestellt.

□ Albussac und Roche-de-Vic

Die neu renovierte romanische Kirche von **Albussac** wird von einem wuchtigen Portalvorbau mit Glockenturm abgeschlossen. Arkaden und Säulen verzieren den Chor aus dem 11. Jh. In die Deckplatte eines Kapitells zwischen Schiff und Chor sind Inschriften eingraviert.

Von Albussac führen nochmals Wanderwege zu den Kaskaden der Valeine im Osten, im Westen liegt der **Roche-de-Vic,** eine 536 m hohe felsige Bergkuppe mit einem der schönsten Ausblicke auf die Corrèze. Auf seinem Gipfel lag einst ein gallisches Oppidum. Eingefriedet war die Siedlung in einem Durchmesser von 115 m mit Mauerwerk und Felsen, umgeben von Gräben, die heute von Heidekraut und Farn überwachsen sind. Der Legende nach warf der Ritter Roland sein Schwert Durandal vom Gipfel des Roche-de-Vic bis nach Rocamadour. Seit 1880 ist der Roche-de-Vic vor allem am 15. August Marienwallfahrtsort. Eine Kapelle auf dem Berggipfel wird von einer Marienstatue gekrönt.

Um Collonges und Turenne

□ Die Grotten von Saint-Antoine und Lamouroux

100 m vor dem südlichen Ortsausgang von Brive in Richtung Souillac und Cahors an der alten Nationalstraße 20 führt hinter einem Eisengittertor eine Platanenallee zu den **Grotten von Saint-Antoine.** In diese Höhlen hatte sich 1226 der hl. Antonius von Padua mit seinen Glaubensbrüdern vom Franziskanerorden zurückgezogen. Schon im 14. Jh. galt der Ort zumindest für die Franziskaner als heilige Stätte, 1874 wurden die Grotten dann wiedereröffnet, und noch heute gelten sie als einer der wichtigsten Wallfahrtsorte Frankreichs. Jährlich, vor allem am 13. Juni, dem Todestag des Heiligen, kommen Tausende von Gläubigen. Kurz vor dem Eingang zu den Grotten bietet sich ein umfassender Blick auf Brive.

Nicht weit entfernt, etwa 4 km südlich, links der Hauptstraße und nach einer Eisenbahnbrücke von ersten Blicken durch dichte Eichenwälder geschützt, liegen in einem Sandsteinfelsen die **Höhlen von Lamouroux** (Abb. 25). Sie waren schon zu vorgeschichtlicher Zeit bewohnt und dienten in den Religionskriegen als Unterschlupf für die Bevölkerung der Gegend. Heute ist der Rundweg über Holztreppen und -leitern durch zahlreiche natürliche und von Menschen erweiterte Höhlen und Felsnischen verwahrlost und nicht ungefährlich.

□ Noailles

Nur etwas über 500 Einwohner zählt Noailles; man erreicht es auf kürzestem Weg, wenn man die Seitenstraße zu den Lamouroux-Grotten gleich weiterfährt. Kirche und Schloß wirken eigentlich zu üppig für dieses Dorf. Doch Noailles kann in seiner Geschichte auf eine der größten Aristokratenfamilien Frankreichs zurückblicken. Das *Schloß* ist nämlich die Wiege der Herzöge von Noailles, die sich mit dem ersten Kreuzzug einen Namen machten und aus deren Geschlecht viele Marschälle, vor allem General de Noailles, Schwager von La Fayette, sowie Botschafter, Bischöfe und Schriftsteller hervorgegangen sind. Das Schloß besteht heute aus einem von mächtigen Türmen umrahmten Corps de logis. Im 14. Jh. erbaut, ging es 1789 teilweise in Flammen auf und wurde Anfang des 19. Jh. von Alexis de Noailles restauriert. Kunstvoll sind die Fenster der Fassade, über denen reich verzierte Giebel aufragen. Sie tragen Medaillons mit dem Familienwappen der Noailles. Erwähnenswert sind auch die Lukarnen aus dem 16. Jh., die allerdings den Nachbarschlössern Jugeals und La Fage entnommen wurden.

Etwas älter als das Schloß ist die *Kirche Sainte-Catherine,* die im 12./13. Jh. errichtet wurde. Grundlegende Renovierungsarbeiten erfolgten im 15./16. Jh., so erhielt das Langhaus auch ein Kreuzrippengewölbe. Noch vollständig erhalten ist aber beispielsweise die fünfseitige romanische Apsis. Blatt- und figürliche Kapitelle verzieren die Blendarkaden des Chors. Natürlich erinnern verschiedene Grabplatten an Mitglieder der Familie Noailles, aber auch einen mit Emailarbeiten verzierten Reliquienschrein aus dem 12. Jh. beherbergt die Kirche. Er ist zusammen mit einer emailverzierten Tabernakeltür links vom Eingang ausgestellt. Die Reliquien der hl. Eutrope und der hl. Eustelle sind rechts und oben auf dem Altar in der nördlichen Seitenkapelle zu sehen.

□ Die Tropfsteinhöhle von La Fage

3 km südlich von Noailles liegt die Tropfsteinhöhle von La Fage (Abb. 26). Ein großartiges Naturschauspiel bieten ihre Galerien und Säle, die Wälder von Stalaktiten und Stalagmiten, die Wasserbecken, Felsen und Steinsäulen. In 25 m Tiefe und bei 8°–10° Celsius sind zwei langgestreckte Galerien zu begehen. Links des Einstiegs überwiegen die Farben und Schattierungen: Eisenoxid, Manganoxid und reiner Kalk bringen Rot, Schwarz, Grau und Weiß hervor. Rechts erstaunen Tausende von Stalaktiten, die aus der Decke wachsen.

Bewohnt ist die Höhle von Fledermausvölkern. Bis zu 10 500 Tiere und elf Arten wurden pro Überwinterung gezählt, mit 26,5 Jahren war auch das bislang weltweit älteste Weibchen dabei. Am Ende der Höhle kommt man an einer Ausgrabungsstätte vorbei, Gebeine von über 100 Tierarten wurden aus dieser 600 000 Jahre alten Schicht geborgen.

□ Jugeals-Nazareth

Raimond I. de Turenne war vom ersten Kreuzzug mit einer Begeisterung für Wohltätigkeiten heimgekehrt, und so gründete er hier, zwischen Brive und Turenne, ein Krankenhaus für Leprapatienten, gab ihm den ans Heilige Land erinnernden Namen Nazareth und unterstellte es dem Templerorden, an den noch eine Kapellenruine erinnert. Heute sieht man in Nazareth, das mit Jugeals eine Gemeinde von 500 Einwohnern bildet, noch eine Reihe schöner, mit Türmchen und Fensternischen verzierter Häuser aus dem 15./16. Jh.

□ Turenne

Mit 700 Einwohnern ist Turenne heute ein kleiner Ort, seine Glanzzeiten als Mittelpunkt einer bedeutenden Grafschaft liegen weit zurück. Schon 473 belagerte der Westgotenkönig Euric Turenne, damals lag eine hölzerne Verteidigungsstellung noch am anderen Tourmente-Ufer, auf dem Gipfel des heute Vieux Turenne genannten Berges. 767 eroberte Pippin der Kurze dann das damalige Fort de Turenne. Er gründete eine Frankengarnison, die, mit vielen Privilegien ausgestattet, schnell zu einer blühenden Stadt heranwuchs. Die heute von weitem sichtbare Festung entstand ab dem 11. Jh. und besteht seit der Französischen Revolution nur noch aus zwei Türmen und der dazwischenliegenden Esplanade. Um diese Burg war im Laufe der Zeit die Grafschaft

Turenne, Tour de César

Turenne, Zeichnung von U. Hallmeyer, 1991

Turenne durch Ankauf, Erbschaft und Erbschleicherei gewachsen, schließlich umfaßte sie ein Drittel des gesamten Limousin, einen Teil des Périgord und des Quercy. Im 15. Jh. zählten 111 Gemeinden mit 1200 Dörfern und Weilern zum Herrschaftsgebiet, darunter sieben befestigte Städte, und insgesamt 100 000 Einwohner. Turenne war autonom, also auch von Steuerabgaben an den König befreit, hatte eigenes Geld und war somit eigentlich ein eigener Staat im Staate. Tonangebend waren in Turenne nacheinander die Dynastien der Comborn, der Comminges, der Beaufort und schließlich der La Tour d'Auvergne, die mit Henri während der Kriege unter Ludwig XIV. den Namen Turenne besonders in den Vordergrund rückten. 1738 kam dann das Ende der Grafschaft, der letzten unabhängigen Frankreichs: Charles Godefroy de Turenne verkaufte sie wegen seiner Schulden für 4,2 Mio. Gulden an Ludwig XV. Somit mußten die Bewohner von Turenne von diesem Zeitpunkt an dem König direkt Steuern entrichten. Diese lagen zehnmal über den bisherigen Steuern und hatten den Ruin der Bevölkerung zur Folge.

Das Jahr 1738 bedeutete auch für das *Schloß von Turenne* den Niedergang. Bis auf den Tour de l'Horloge und den Tour de César, die einst das Herrschaftsgebäude flankierten, wurde vieles niedergerissen, der Rest dann 1789. Der gesamte Felsvorsprung, auf dem heute ein Garten angelegt ist, war früher bebaut.

Der Eingang zu der Anlage führt durch die alte *Kapellenruine Saint-Martial* (1) aus dem 12./13. Jh., deren Gewölbe völlig zerstört wurde. Der achteckige *Tour de l'Horloge* (2), auch Tour du Trésor, aus dem 13. Jh. war einst der Wachturm, zu besichtigen ist heute das museal eingerichtete Erdgeschoß. In dieser ehemaligen Wachstube dominiert ein monströser Kamin. Die großzügigen Fenster ersetzten erst in jüngster Zeit die ehemaligen Schießscharten. Früher befanden sich über der Wachstube der Münzraum und das 1792 vernichtete Archiv, damals erreichbar nur über einen Geheimgang.

Überquert man die Gärten, so gelangt man zum *Tour de César* (3), einem trutzigen, runden Turm aus dem 11. Jh., dessen Mauern bis zu 2,5 m dick sind. Vom Gewölberaum führt eine direkt in die Außenmauer eingelassene Wendeltreppe in das Obergeschoß, wo sich der Aufenthaltsraum der Wächter befand. Ganz oben bietet sich über die Zinnen hinweg ein herrliches Panorama mit dem Dordogne-Tal im Süden und den Bergen des Cantal im Osten.

Der Weg vom Schloß in die Altstadt von Turenne führt an der 1664 erbauten *Kapuzinerkapelle* (4) vorbei, in der regelmäßig Ausstellungen und Konzerte stattfinden. Links daneben ein *befestigtes Tor* (5), das zu einer der drei Einfriedungen gehört, die das Schloß umgeben. Gleich links neben dem Tor das *Haus des Seneschalls* (6) mit einem eleganten Turm. Kurz

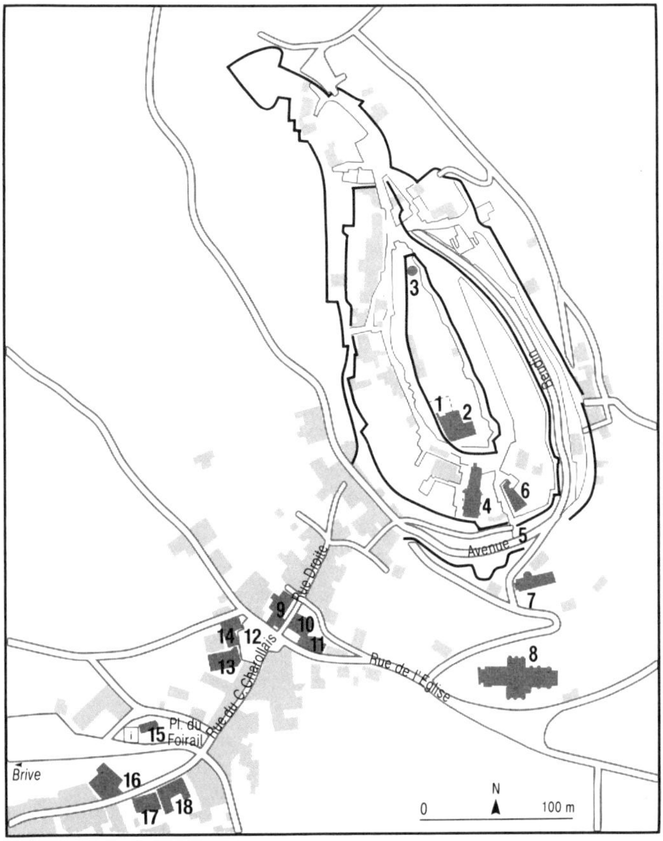

Turenne
1 Kapellenruine Saint-Martial
2 Tour de l'Horloge (Tour du Trésor)
3 Tour de César
4 Kapuzinerkapelle
5 befestigtes Tor
6 Haus des Seneschalls
7 Maison Tournadour (ehem. Salzlagerhaus)
8 Kirche
9 Hôtel de Carbonnières
10 Maison Crozant
11 Maison du Chapitre
12 Place de la Halle
13 Maison des Dames de Montgalvy
14 Maison Vachon
15 Place du Foirail
16 Hôtel Sclaffer
17 Maison Girbe
18 Hôtel de Cosnac

vor der Kirche von Turenne liegt das *Maison Tournadour* (7), einst das Salzlagerhaus der Stadt.

Die *Kirche* (8) hatte eine relativ lange Bauzeit, von 1593–1668. Man betritt sie durch ein Rundbogenportal und eine Vorhalle, über der sich ein wuchtiger Glockenturm erhebt. Im Innern ist u. a. der im 17. Jh. aus Holz geschnitzte und teilweise vergoldete Altaraufsatz des Hauptaltars sehenswert, auf dem die Kreuzigung Christi dargestellt ist. Auch das Chorgestühl aus dem 18. Jh. und die Altäre im Querschiff verdienen Beachtung.

Auf zahlreiche alte Wohnhäuser trifft man auf dem Weg in die untere Stadt, insbesondere in der Rue du Commandant-Charolles und am Ausgang der Rue Droite, wo das *Hôtel de Carbonnières* (9), das *Maison Crozant* (10) und das *Maison du Chapitre* (11) – mit Renaissanceportal im Flamboyant-Stil – stehen. Auf dem *Place de la Halle* (12) befinden sich das *Maison des Dames de Montgalvy* (13) und das *Maison Vachon* (14), Haus des Konsuls von Turenne im 16./17. Jh. Von der anderen Seite der Hauptstraße, vom *Place du Foirail* (15), bietet sich ein schöner Blick auf die Festungstürme von Turenne. Doch auch der Platz selbst hat einige Sehenswürdigkeiten, so das *Hôtel Sclaffer* (16) mit italienischer Terrasse aus dem 17. Jh., ein Haus mit Verkaufsladen aus dem 15. Jh., das *Maison Girbe* (17) und das *Hôtel de Cosnac* (18), ehemals Treffpunkt der Jagdgesellschaften der ältesten Familien der Grafschaft.

□ Saillac

Das 150-Einwohner-Örtchen Saillac ist wegen seiner romanischen *Wehrkirche* ein beliebtes Touristenziel. Das Portal der Kirche ist durch eine Vorhalle abgeschirmt, deren Seitenwände Blendarkaden zieren. Über dem Portal ein prächtiges Tympanon aus behauenem Stein (12. Jh.), das die Anbetung der Heiligen Drei Könige darstellt. Der Türpfeiler setzt sich aus vier gedrehten Säulen zusammen und zeigt eine Jagdszene. Die ursprüngliche Apsis der Kirche existiert nicht mehr, heute dient das letzte vorhandene Joch als Chor, über diesem eine achteckige Kuppel.

□ Meyssac

Wie Collonges-la-Rouge ist auch der alte Stadtkern von Meyssac zum großen Teil aus rotem Sandstein erbaut. Allerdings erreicht der 1100-Einwohner-Ort bei weitem nicht das Flair seiner nur ein Drittel so großen, vom Tourismus geprägten Nachbargemeinde.

Die Kirche Saint-Vincent ist spätgotischen Flamboyant-Stils, das Hauptschiff mit Seitenkapellen wird durch eine fünfseitige Apsis verlängert. Der Vorhallenturm ist befestigt und wird von einem kleinen Campanile flankiert. Typischer Limousinstil ist das Westportal aus Kalkstein. Seine Kapitelle sind mit Blattwerk und Tierkörpern verziert.

In der Altstadt von Meyssac sieht man um die Kornhalle gleich nördlich der Kirche etliche alte Häuser mit Wänden aus Fachwerk im Obergeschoß. Ein Turm mit einem schönen gotischen Tor steht gleich neben dem Rathaus westlich der Kirche. Die rote Erde dieser Gegend und ihre Verarbeitung stehen ganz im Mittelpunkt einer Töpferei auf der Route de Marcillac-la-Croze, die Führungen für Besucher veranstaltet.

□ Collonges-la-Rouge

Keine 400 Einwohner zählt Collonges-la-Rouge, aber es gehört zu den wenigen Dörfern, die auf der Liste der schönsten Orte Frankreichs stehen, und erst kürzlich wurde es sogar als das schönste Dorf Frankreichs ausgezeichnet.

Die Entstehung des aus rotem Sandstein aufgebauten Dorfes geht ins Jahr 785 zurück, als dort Mönche der Abtei Charroux im Poitou eine Priorei gründen. Von der ersten Kirche (11. Jh.) sind heute noch Tympanon und Glockenturm zu sehen. Collonges-la-Rouge erhält im späten 13. Jh. den Freibrief, die Bewohner befestigen daraufhin ihre Stadt, die sich kontinuierlich entwickelt. Richter, Staatsanwälte und Gerichtsvollzieher – viele kommen aus dem benachbarten Turenne – lassen sich hier nieder und errichten herrliche Häuser. Im 16. Jh. ist Collonges Wohn- und Aufenthaltsort für die Offiziere der Grafschaft Turenne, Kastelle werden gebaut. Die Landflucht im 19. Jh. beendet aber die Blütezeit von Collonges, die Stadt verliert ihre Einwohner, wird fast zur Geisterstadt. Erst seit zwei, drei Dekaden lebt Collonges von neuem auf: Reger

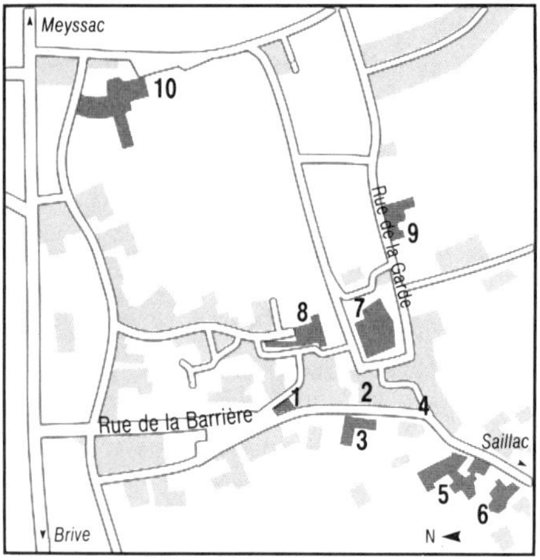

Collonges-la-Rouge
1 Maison de la Sirène
2 Porte du Prieuré
3 Palais Ramade de Friac
4 Porte plate
5 Relais de Saint-Jacques-de-Compostelle
6 Château de Benge
7 Kirche Saint-Pierre
8 Büßerkapelle
9 Castel de Vassinhac
10 Castel de Maussac

Tourismus bevölkert nun, zumindest bis 19 Uhr, die vorher fast vergessene Stadt. Wie überall im Limousin werden die kulturell interessanten Bauten renoviert und locken weitere Besucher an, Ateliers und Cafés vervollständigen das bunte Bild.

Beim Spaziergang vom alten Bahnhof die Rue de la Barrière entlang Richtung Süden trifft man zuerst auf das *Maison de la Sirène* (1), ein mit einer kleinen Meerjungfrau rechts am Portal verziertes Haus aus dem 15./16. Jh. Unter dem Dach aus Sedimentgestein wohnte einst der Maler Raphael Gasperi aus Brive. Etwas weiter befindet sich die *Porte du Prieuré* (2), ein Spitzbogentor, das einst in das Benediktinerkloster führte, das während der Französischen Revolution zerstört wurde. Am *Palais Ramade de Friac* (3) mit den zwei Rundtürmchen führt der Weg als nächstes vorbei. Links davon die *Porte plate* (4), ein ebenfalls zur Kirche führendes Stadttor. Seinen Namen bekam es, nachdem die umrahmenden Türmchen abgetragen wurden, wodurch das Tor recht platt aussah. Nach ein paar Schritten sieht man das *Relais de Saint-Jacques-de-Compostelle* (5), ehemals Zwischenstation für Pilger auf ihrem langen Weg. Nicht weit davon das *Château de Benge* (6), ein Herrschaftshaus mit hübschen Rundtürmchen. Im inneren Teil der Befestigungsanlage, den man zum Beispiel durch die Porte plate erreicht, hatten einst Kirche, Klostergebäude, Kreuzgang und etliche weitere Häuser Platz.

Die *Kirche Saint-Pierre* (7, Farbabb. 7) wurde im 11. Jh. errichtet, größtenteils im 16. Jh. aber verändert: Die Religionskriege ließen es ratsam erscheinen, das Gotteshaus gut zu befestigen. Im Wachturm ist ein Raum für die Verteidiger vorgesehen, ein Verbindungsgang führt vom Turm in die Kirche. Um den Hugenotten keinen Anreiz für einen Angriff zu geben, wurde damals das Tympanon entfernt. Der ungewöhnliche Grundriß der Kirche zeigt zwei Schiffe mit geradem Abschluß und ungleicher Länge. Um das südliche gruppieren sich vier gotische Kapellen. Entstanden sind beide Schiffe fast ein halbes Jahrtausend nacheinander. Ursprünglich, im 11. Jh., war Saint-Pierre einschiffig mit einem getäfelten romanischen Gewölbe. Im

Collonges-la-Rouge, Kirche Saint-Pierre, Tympanon

12. Jh. ergänzten die Mönche über der Vierung eine Kuppel und darüber den Glockenturm. Im 13. Jh. wurde der Chor errichtet, erst im späten 15. Jh. kam das zweite Schiff mit seinem Kreuzrippengewölbe hinzu. Aus dem 12. Jh. stammt das Portal mit den beiden Dreipaßbogen.

Das in den Jahren vor 1140 gefertigte *Tympanon* steht mit seinem weißen Stein im Kontrast zu dem roten Sandstein, aus dem die übrige Kirche erbaut ist. Es wird von Rankenornamenten umsäumt, in die Engels- und Löwenköpfe integriert sind. Diese Gestaltung eines Tympanon ist für die romanische Kunst außergewöhnlich. Das Tympanon selbst zeigt im oberen Register die Himmelfahrt Christi, im unteren wird die Jungfrau Maria von Aposteln umrahmt, an ihrer Seite Petrus und Paulus.

In derselben Epoche wurde auch der romanische Glockenturm im Limousinstil errichtet, er gilt als einer der ältesten der Region, die Blendgiebel aufweisen. Die beiden unteren Stockwerke haben einen quadratischen Grundriß und werden von Strebebogen und -pfeilern gestützt. Durchbrochen ist dieser Abschnitt des Turms auf jeder Seite von zwei rundbogigen Fensternischen, die auf Säulen mit skulptierten Kapitellen stehen. Darüber wird der Kirchturm für zwei weitere Etagen achteckig. Die Spitze, früher ebenfalls aus rotem Sandstein, ist mit einem Helmdach aus Schiefer gekrönt.

Auf dem Platz vor der Kirche Saint-Pierre steht ein zweites Gotteshaus, die kleine *Büßerkapelle* (8) aus dem 15. Jh. Östlich der Kirche, in der Rue de la Garde, das vielleicht imposanteste und eleganteste Bauwerk von Collonges, das *Castel de Vassinhac* (9). Die Familie Vassinhac gehörte zu den Lehnsherren von Collonges-la-Rouge und Gouverneuren der Grafschaft von Turenne. Sie richtete ihren Herrschaftssitz im 15./16. Jh. ein. Türme, Türmchen mit Helmdach, ein Rundgang und Schießscharten zeugen davon, daß das Gebäude auch zur Verteidigung konzipiert war. Interessant auf der leider nicht zugänglichen Südseite sind die gotische Tür und die Fenster mit Fensterkreuzen.

Ein weiteres Castel, das *Castel de Maussac* (10), liegt noch etwas weiter östlich von Collonges. Es hat ein überdachtes Portal und einen Rechteckturm mit Burgwarte.

□ Noailhac

Auch die *Kirche Saint-Pierre-ès-Liens* in Noailhac wurde in zwei unterschiedlichen Zeitabschnitten erbaut. Romanisch ist der Chor mit seinen altertümlichen Kapitellmotiven auf der linken Seite, auf denen Eva Adam den Apfel reicht oder Daniel in der Löwengrube steht. Gotisch sind die drei Gewölbejoche des Langhauses aus dem 15. Jh., das von zwei Kapellen flankiert wird und dessen Schlußsteine das Wappen der Familie von Noailles tragen.

Ganz in der Nähe von Noailhac befindet sich, ebenfalls aus rotem Sandstein gebaut, das *Château de Lacoste.* Das quadratische Corps de logis wird von runden Türmen aus dem 13. Jh. flankiert; im 15. Jh. kam ein viereckiger Turm hinzu, in dem eine Wendeltreppe nach oben führt. Den Zugang verschließt eine skulptierte Tür im Flamboyant-Stil. Vom 15. Jh.–1912 gehörte das Schloß der Familie de La Meschaussée, heute ist es im Besitz des Malers Vigreyos, der lange mit Picasso zusammengearbeitet hat und seine Werke in einer Kunstgalerie in Collonges-la-Rouge ausstellt.

□ Cosnac

Auf der Fahrt nach Cosnac öffnet sich ein weiter Blick nach Norden und Westen, eine Ergänzung zur Süd-Ost-Aussicht dieser Rundreise, die von den Türmen in Turenne aus möglich war. Seit 1000 Jahren ist die Familie de Cosnac in Besitz des örtlichen Schlosses, das sie im 18. Jh. von Grund auf renovierte und grundlegend veränderte. Heute befindet sich der Bau allerdings in schlechtem Zustand. Der rechte Seitenflügel des Schlosses ist gleichzeitig die aus rotem Sandstein errichtete Dorfkirche, der Schlußstein über dem Portal trägt die Jahreszahl 1121.

Berühmtestes Mitglied der an geachteten Geistlichen reichen Familie war Erzbischof Daniel de Cosnac, der sich als Seelsorger Henriettes von England einen Namen machte und auch die Trauung Ludwigs XIV. mit Maria Theresia von Österreich vollzog.

Beaulieu und Umgebung

□ Beaulieu-sur-Dordogne

Weinreben und Obstbäume bestimmen das Bild im Dordogne-Tal hier im Bas-Limousin und machen den Namen Beaulieu, der sich aus ›bellus locus‹ (schöner Ort) herleitet, verständlich. Der Ursprung der Stadt am rechten Flußufer geht auf ein Kloster zurück. In der Zeit zwischen 856 und 859 gründet Raoul de Turenne, Erzbischof von Bourges und Primat von Aquitanien, hier eine Abtei des Benediktinerordens, nachdem schon 840 mit den Planungen hierfür begonnen worden war. Die Normannenkriege übersteht das Stift unversehrt, ganz im Gegensatz zu anderen Klöstern im Limousin wie in Limoges, Solignac, Uzerche oder Tulle. Mitte des 10. Jh. erreicht Beaulieu seine Blütezeit in bezug auf Macht und Reichtum, ist reich mit Reliquien ausgestattet, die Besitztümer erstrecken sich auf über ein Drittel des Bas-Limousin

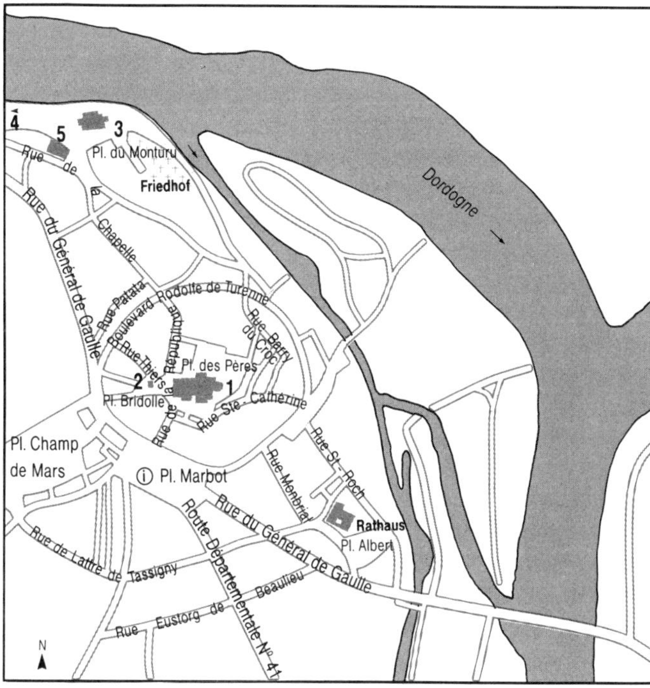

Beaulieu-sur-Dordogne
1 Abteikirche Saint-Pierre
2 Maison d'Adam et Eve
3 Büßerkapelle
4 Clarissen-Haus
5 Jugendherberge

und in den Norden des Quercy. Zum intellektuellen Zentrum wird das Kloster unter dem Abt Géraud II. (1097–1130). Im 12. Jh. fällt Beaulieu dann unter die weltliche Herrschaft der Grafen von Turenne. Zu diesem Zeitpunkt bekommt die Stadt eine eigene kommunale Verwaltung, nachdem sie seit dem 9. Jh. langsam im Schutz der Abtei herangewachsen war. Eine Stadtmauer wird errichtet, Türme und befestigte Tore schützen das Gemeinwesen, und zwei Brücken über die Dordogne erleichtern Handelsreisen. 1356 fällt Beaulieu in die Hände des ›schwarzen Prinzen‹, 1360 wird es nach dem Frieden von Brétigny mit dem gesamten Limousin an die Engländer abgetreten, was die Bewohner als besonders bedrückend empfinden. 1361 leisten die Konsuln der Stadt einen Eid, in dem sie dem König von Frankreich ihre Loyalität aussprechen. Dies belohnt der König 1369 mit dem Titel einer Vogtei für Beaulieu. Das Kloster spielt zu dieser Zeit nur noch eine untergeordnete Rolle. Doch der jahrhundertelange Machtkampf zwischen Kirche und weltlichen Herrschern zieht sich weiter durch die Geschichte Beaulieus. 1569 nimmt der Admiral von Coligny die Stadt ein, plündert sie und verwüstet Kirche, Kreuzgänge, Reliquiare und das Archiv des Klosters. 1574 ziehen die Calvinisten ein und halten sich bis 1586, die Mönche fliehen 5 km südlich nach Astaillac. Noch einige Male ist Beaulieu Quartier für Truppen, und erst 1623 wird es wieder friedlich in der Stadt. Mit Rückendeckung der Herrscher von Turenne gewinnen die Geistlichen wieder an Ansehen, sehr zum Unwillen der

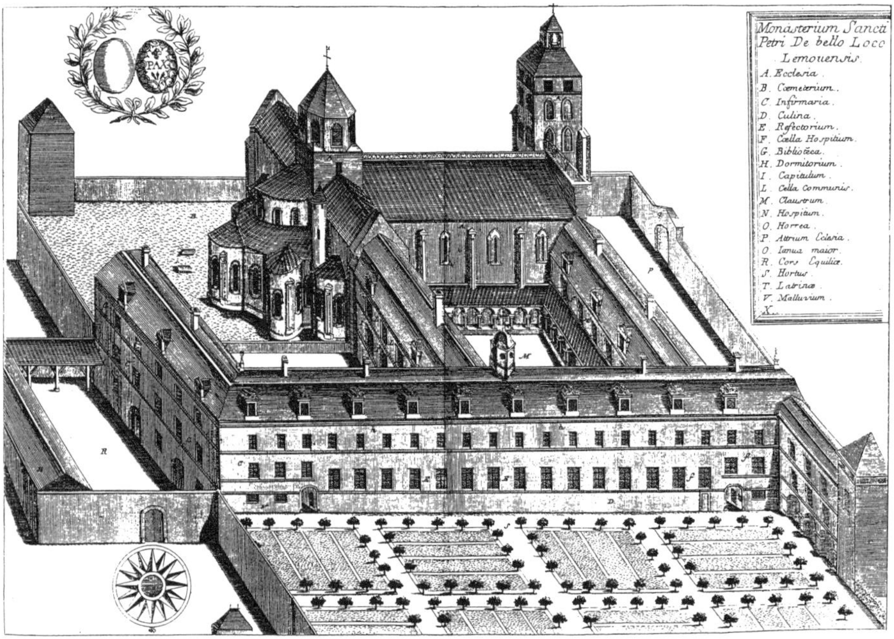

Beaulieu-sur-Dordogne,
Abtei Saint-Pierre

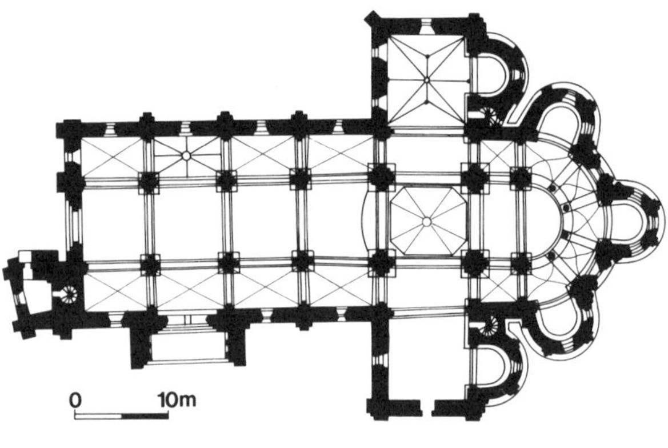

Beaulieu-sur-Dordogne,
Abteikirche Saint-Pierre,
Grundriß

königlichen Stadthalter. Eine Reform 1657 beendet diese Zwistigkeiten, sechs Jahre später frischen Benediktiner von Saint-Maur die geschwundene Klosterpopulation wieder auf: 1683–99 werden die gesamten Anlagen neu aufgebaut, 1717 vergrößert. Mit der Französischen Revolution kommt allerdings das Ende der Abtei, die letzten sechs Mönche müssen das Kloster verlassen, der Besitz geht an den Staat über, eine ganze Reihe von Gebäuden verfällt und wird zum Steinbruch für die Bevölkerung.

Es waren Mönche aus Solignac, die im 9. Jh. in Beaulieu eine Ordensgemeinschaft bildeten. Ende des 11. Jh. schlossen sich die Geistlichen dem Orden von Cluny an. Von den folgenden zahlreichen Bauaktivitäten ist einzig die *Abteikirche Saint-Pierre* (1, Farbabb. 26) noch zu sehen, lokal bedingt und ungewöhnlich für das Limousin, wo sonst Granit als Baumaterial dominiert, aus Sandstein gebaut. Sie wurde Anfang des 12. Jh. nach dem Vorbild großer Pilgerklöster errichtet. Bis 1125 standen Chor, Querschiff und das anschließende Joch des Langhauses; in den nächsten zehn Jahren vollendete man die weiteren drei Joche und das Südportal, in dem wohl die Berühmtheit von Beaulieu begründet liegt. Erst nach der nächsten Jahrhundertwende entstand die Westfassade und im 14. Jh. der Glockenturm, der 1556 nochmals erhöht wurde.

Der Grundriß der Abteikirche hat die Form des lateinischen Kreuzes, Hauptschiff und Querschiff sind tonnengewölbt, die Seitenschiffe tragen ein Kreuzgratgewölbe. Über der Vierung ragt ein quadratischer Turm empor, der oben oktogonal und mit einem spitzen Dach abschließt, die Querschiffe schließen mit zwei Kapellen ab. Der Chor besteht aus einem Tonnengewölbe und einer Apsis, der drei Kapellen radial angefügt sind. Diese Apsis wird von oben durch fünf rundbogige Fensternischen erhellt. Originell sind die Emporen über den Seitenschiffen, dem Chor und der Apsis: Einst war hier Platz für die Pilger. Verzierungen sind in der gesamten Kirche rar, die Kapitelle größtenteils schlicht gehalten. Lediglich die Sockel sind in der südlichen Querschiffkapelle und im Chor mit Blattwerk oder knienden Personen geschmückt. Drei steinere Türstürze fallen in dieser Umgebung besonders auf. Der im ersten

Beaulieu-sur-Dordogne, Abteikirche Saint-Pierre, Detail des Portalmittelpfeilers

Joch an der Nordwand des Schiffs über einer vermauerten Tür stellt Daniel zwischen den Löwen dar. Der zweite Sturz ist etwas versteckter plaziert, er befindet sich im Osten des nördlichen Querschiffs über der Tür, die zu den Emporen im Nordflügel der Kirche führt, und zeigt ein Löwenpaar an einem Baum. Der dritte Sturz, an der Ostseite des südlichen Querschiffs, zeigt nochmals Daniel in der Löwengrube. Aus vergoldetem Holz sind zwei schöne Altaraufsätze in Kapellen der Apsis und des südlichen Querschiffs von Saint-Pierre. Sie wurden von Pierre Estrade, einem Bildhauer aus Souillac, im 17. Jh. gefertigt. Schreiner aus Rouergue schufen 1626 die Altarschranken. Wertvollste Stücke des Kirchenschatzes im nördlichen Querschiff sind eine romanische Madonna mit Kind (12. Jh.) aus mit Silber beschlagenem Holz und ein emaillierter Reliquienschrein im Stil des Limousin aus dem 13. Jh.

Ein Meisterwerk romanischer Skulptur ist das um 1125 entstandene Südportal (Abb. 28). Das *Tympanon* ist dem Letzten Gericht gewidmet: im Zentrum Christus als Richter, zu beiden Seiten die Verkündigungsengel und die Apostel. Darüber, etwas aus der Mitte nach links verschoben, zwei weitere Engel mit dem Kreuz Christi (Abb. 29), im unteren Teil die Menge der wieder zum Leben Erweckten. Zu Füßen Jesu, in den beiden Streifen des Türsturzes, sind die Kräfte des Bösen zu sehen, das siebenköpfige Ungeheuer aus der Apokalypse, ein Bär und verschiedene Monster. Den Mittelpfeiler des Portals bilden vier Figuren, bei denen es sich um Propheten handeln könnte. Rechts und links der Türen sind Petrus und Paulus skulptiert. Die Seiten des Portalvorbaus dekorieren Szenen aus der Versuchung Christi und eine Darstellung Daniels unter den Löwen.

Bei einem Stadtbummel bemerkt man gleich in der Nähe der Kirche, gegenüber dem Westportal, ein schmuckes Renaissancehaus, das *Maison d'Adam et Eve* (2). Die Fassade ist mit Skulpturen verziert, die Etappen der Frankreichreise Catherine von Medicis im Jahre 1564 erzählen. Am oberen Hafen, direkt am Dordogne-Ufer neben der Anlegestelle der schweren Flachkähne, die *Büßerkapelle* (3). Dieser romanische Sakralbau besitzt einen Turmgiebel, in den fünf nebeneinander liegende Rundbogenfenster eingelassen sind. Etwas weiter flußaufwärts das *Clarissen-Haus* (4), ein Wohnhaus der Flußschiffer, dessen erhöhter Wohntrakt mit einem Holzbalkon ausgestattet ist. In Vierecktürmen die Taubenschläge.

□ Von Sioniac nach La Chapelle-aux-Saints

In **Sioniac** lohnt die Kirche einen Besuch. Ihr Portal stammt aus dem 15. Jh., und am Gewölbe läßt sich der Übergang vom romanischen zum gotischen Stil erkennen. – Vom ehemaligen Schloß **Queyssac-les-Vignes** ist nur noch der Turm übrig. Er erhebt sich auf einem Bergvorsprung über den Tälern der Sourdoire, Tourmente und Dordogne. Das Schloß wurde 1860 endgültig zerstört, nachdem es schon 1545 im Renaissancestil auf den Grundmauern einer Burganlage der Familie von Turenne aus der Zeit vor dem 13. Jh. wieder aufgebaut worden war. Heute ist der Schloßturm in ein Hotel mit Restaurant integriert und ragt über dessen im Schatten von Eichen, Kastanien und Linden liegenden Wirtsgarten auf. Von seiner Aussichtsterrasse sieht man die typische Landnutzung des Umlandes: Erdbeerbeete und Weinberge, Nuß- und Obstbaumplantagen und immer wieder die Eichenwälder, in denen auch der Trüffel so gut gedeiht.

Am westlichen Ortseingang von **La Chapelle-aux-Saints** fanden die Brüder Jean und Amédée Bouyssonie 1908 in einer kleinen Höhle ein gut erhaltenes Neandertalerskelett, das auf ein Alter von 70 000–100 000 Jahre geschätzt wird und damit als ältestes Frankreichs gilt. Zudem ist dieser Neandertaler der älteste Fund eines Menschen in Frankreich, der mit Grabbeigaben bestattet wurde. Schautafeln vor der Kapelle und am Fundort beim Friedhof informieren über den Neandertaler allgemein und speziell über die Geschichte der Ausgrabungen in diesem Ort.

□ Curemonte

Dieses malerische Dorf, das ebenfalls zu den ›schönsten Dörfern Frankreichs‹ gehört, liegt auf einem Felsgrat unterhalb des Puy de Mont-Antin. Seine Geschichte reicht wie die von Beaulieu bis ins 9. Jh. zurück. Auch hier war es Raoul de Turenne, der 860 den Grundstein legte. Ab dem 11. Jh. gewann Curemonte unter dem Einfluß der Grafen von Vicomte mehr und mehr an Ansehen.

Entlang der Grande Rue, die man bei einer Stadtbesichtigung am besten bergab von West nach Ost entlanggeht, reihen sich die in Sandstein gebauten Adelshäuser aus dem 16./17. Jh. Beginnend am Place du Château trifft man zuerst auf die Schlösser Saint-Hilaire und Plas (Farbabb. 8), beide von einer Befestigungsmauer mit zwei Ecktürmen umgeben.

Saint-Hilaire besteht aus einem großen, reckteckigen Herrschaftsgebäude, das von einem runden und zwei quadratischen Türmen überragt wird. Der eckige Turm im Südwestteil der Befestigungsmauer ist der älteste Bauabschnitt des Schlosses (14. Jh.), die übrigen Gebäude entstanden im 15. Jh.

Charakteristisch für das dahinterliegende *Château de Plas* sind seine runden Türme. Die Familie Plas gehörte vom 14. Jh. an zu den Lehnsherren von Curemonte und errichtete ihr eigenes Schloß im 16. Jh. 1693 übernahm sie auch Saint-Hilaire und hatte bis 1825 beide Schlösser in ihrem Besitz.

Curemonte hat eigentlich drei Kirchen, alle romanisch und erbaut im 11./12. Jh. Saint-Hilaire-la-Combe und Saint-Genest befinden sich jedoch außerhalb des Ortes. Die Kirche in Curemonte selbst ist mit ihrer Glockenwand zwar in den wesentlichen Grundzügen noch aus dem 12. Jh., die Veränderungen des 15. Jh. sind aber nicht zu übersehen. Im Innern dominieren die Altaraufsätze, der des Hauptaltars mit dem Tabernakel ist vergoldet und aus dem Jahre 1672. Die Altaraufsätze der Kapellen sind aus dem 17. (Nordkapelle) und 19. Jh. (Südkapelle).

Während der Urlaubsmonate im Sommer finden immer wieder Fotoausstellungen in dieser Kirche statt. – In der Nähe befindet sich die Markthalle, in ihr ein reliefiertes Kreuz aus dem 16. Jh., auf dem Szenen aus dem Leben Jesu und seine Kreuzigung dargestellt sind.

Unterhalb des Kirchplatzes folgt das im 15. Jh. erbaute und mit steinernen Fensterkreuzen verzierte Château de La Johannie. Im Stil ähnelt es dem Schloß Saint-Hilaire. – Auf dem ganzen Weg begleiten einen die meist von Türmchen flankierten Herrschaftshäuser mit ihren typischen Wendeltreppen und den Familienwappen, die stolz die Fassaden verzieren: Zeugen des Reichtums in Curemonte bis zum 17. Jh.

Auf der Weiterfahrt kommt man am **Puy d'Arnac** vorbei, einer der im Limousin seltenen Kalksteinbergkuppen, bis das Granitplateau im Norden und Osten ansteigt. Vom gleichnamigen Dorf am Fuße des Puy d'Arnac führt ein Weg zum höchsten Punkt der Bergkuppe und der dortigen romanischen Kirche.

Argentat und die Xaintrie

□ Die Xaintrie

Dort wo die Dordogne im südlicheren Teil der Corrèze von der Departementsgrenze zum Cantal nach Nordwesten zurückweicht, öffnet sich die Xaintrie. Der Name des Landstrichs geht auf Sainte-Trie zurück, eine der zahlreichen Heiligen der Region. Auch die Xaintrie wird noch von den westlichen Ausläufern des Zentralmassivs erreicht: Mit 707 m ist der Puy de Bassin höchster Punkt, beim Austritt der Dordogne aus der Corrèze fällt das Land

Die erste Brücke in Argentat aus dem Jahr 1829

bis auf 400 m Höhe ab. Dieses Gefälle nutzt eine Reihe von Flüssen, die ihr Wasser zur Dordogne leiten. Aus den Flanken des Puy de Bassin kommt im Norden die Glane, im Süden begrenzt die Cère die Xaintrie und etwa in der Mitte fließen Bedaine und Maronne. Diese teilen das Gebiet in die schwarze Xaintrie im Südwesten um den zentralen Ort Mercoeur und in die weiße Xaintrie im Nordosten um Servières-le-Château, wobei beide Teile der Xaintrie für den Reisenden herrliche Sehenswürdigkeiten im Bereich Natur und Kultur bereithalten.

□ Argentat

Einst mit drei Hafenanlagen die wichtigste Hafenstadt an der Dordogne, Umschlagplatz und Ausgangspunkt unzähliger Holztransporte den Fluß hinab, hat sich Argentat – der Name entwickelte sich aus Argentoratum – den Charme des 16./17. Jh. vor allem in seiner *Häuserfront am Dordogne-Ufer* erhalten (Farbabb. 5). Aber auch in der 3300-Einwohner-Stadt selbst schmücken sich noch viele Gebäude mit romantischen Türmchen oder Helmdächern.

Brachte die Flußschiffahrt den Reichtum in die Stadt, so waren es die Weinberge auf den Hügeln rund um Argentat, die den Wohlstand für einige Zeit in dieser Region hielten, bis Bordeaux immer mehr an Ansehen gewann. Ab 1775 entwickelte sich für einige Jahrzehnte auch der Kohlebergbau als wichtige Einkommensquelle. Bis zu 20 Boote wöchentlich fuhren mit Kohle beladen von Argentat flußabwärts. Heute ist dies alles Vergangenheit, und Argentat versucht, vor allem durch den Tourismus Geld zu verdienen und die jungen Einwohner in der Heimat zu halten.

Am besten beginnt man den Rundgang auf der linken Flußseite, die heute leicht über eine Brücke zu erreichen ist. Bis zum Jahre 1829, als die erste Brücke für den Kohletransport von Ufer zu Ufer freigegeben wurde, war allerdings die Flußüberquerung nur mit der Fähre möglich, für die an Kähne gewöhnten Flußschiffer keine Besonderheit. Von der linken Flußseite aus bietet sich dann ein erster Eindruck der Stadt: Die alten, meist vollständig restaurierten Wohnhäuser, teils als Cafés genutzt, liegen über der Dordogne; der Quai erinnert an die Jahrhunderte, in denen hier die Holzboote anlegten. Diesen gepflasterten Quai kann man entlangspazieren, unter der Brücke hindurch auch noch ein Stück flußabwärts.

Über ein paar Stufen gelangt man in die Altstadt: Terrassenartig angelegte Gärten und reizvolle Gäßchen werden von Bürgerhäusern aus dem 16.–18. Jh. eingerahmt. Aus der Zeit davor ist nicht mehr sehr viel erhalten, vor allem weil Argentat während der Religionskriege als Hugenottenbastion von François de Laborie ausgeplündert und verwüstet worden war. Schon der ›schwarze Prinz‹ hatte Jahrhunderte davor mit seinen Soldaten die Stadt stark beschädigt. Die romanische Kirche der Priorei aus dem Jahre 1075 und die Stadtmauer aus dem 10. Jh. fielen seinen Truppen zum Opfer. Die alte Kirche wurde in späteren Jahrhunderten zwar noch einmal nach den Originalplänen nachgebaut, da sie im späten 19. Jh. aber durch eine neugotische, weniger interessante Kirche ersetzt wurde, sind es hauptsächlich die *Wohnhäuser,* die in Argentat eine nähere Betrachtung verdienen.

Diese Gebäude bestanden ursprünglich, wie für die Xaintrie üblich, aus einem Stockwerk und darüber dem Dachboden. Nur die reicheren Bürger konnten sich ein weiteres Stockwerk leisten. Oft ist dies aus Fachwerk und etwas breiter als die Steinkonstruktion des Erdgeschosses. Da wegen der Brandgefahr innerhalb der Stadt Strohdächer verboten waren, wurden mit dem 16. Jh. Schieferziegel eingeführt. Man befestigte sie mit Holzstiften über einer Lage aus Kastanienholzschindeln. Wie gut sich diese Technik bewährt hat, sieht man heute daran, daß die Mehrzahl der Dächer noch derart eingedeckt ist.

Etwas herausgehoben stellen sich die *Häuser des Adels* dar: Meist ist es ein Ecktürmchen oder ein Turm an der Fassadenseite, der innen mit einer Treppe die Stockwerke verbindet oder als Eingang dient. – Im Zuge des wirtschaftlichen Aufschwungs und Bevölkerungsanstiegs des späten 17. Jh. entstanden die Vororte um Argentat. Originell ist der Zugang nach Basteyroux über eine Hängebrücke aus dem Jahre 1847.

□ Von Monceaux-sur-Dordogne nach Goulles

Einige Kirchen aus dem 12. Jh. sind auf dieser Strecke zu sehen, die erste steht im 800-Einwohner-Ort **Monceaux-sur-Dordogne.** Die Saint-Martin-Kirche ist wahrscheinlich an der

Stelle einer präromanischen Kapelle errichtet worden. Ältester Teil ist der Sockel des Glockenturms, im 13. Jh. wurde der Chor mit quadratischem Grundriß neu aufgebaut, zwei Jahrhunderte später entstanden die Seitenkapellen und das neue Gewölbe mit Liernen und Tierceronen. Auch die Westfassade stammt aus dem 15. Jh.

Auf dem nahegelegenen *Puy du Tour,* militärisch günstig zwischen Souvigne, Monceaunet und Dordogne gelegen, findet der archäologisch Interessierte die Überreste eines gallischen Oppidums.

La Chapelle-Saint-Géraud besitzt ein Schloß aus dem 14. Jh., Anziehungspunkt ist aber die 1989 renovierte Kirche aus dem 12. Jh. Auch die halbkreisförmige Apsis und der Glockenturm stammen aus derselben Zeit. Zwei Reliquienschreine sind im 13. bzw. 14. Jh. gefertigt, der Altaraufsatz gegenüber dem Eingang im 18. Jh. und die Holzaltäre der Kapellen im Flamboyant-Stil im 19. Jh. Auf der Weiterfahrt nach Reygades bietet sich ein wunderbarer Ausblick in die Täler rechts der Straße.

Reygades selbst, ebenfalls mit einer romanischen Kirche, nutzt besonders die nebenstehende Kapelle auf dem Friedhof touristisch: Die in Stein gehauene Grablegung Christi aus dem 15. Jh. wird mit einer kleinen Licht- und Tonschau stimmungsvoll untermalt und beleuchtet.

Mercoeur gilt trotz der nur 350 Bewohner wegen seiner Lage als Zentrum der schwarzen Xaintrie. Die Kirche des Ortes ist gotisch, ein Taufbecken mit gemeißeltem Flechtwerk in der linken Seitenkapelle datiert ins 13. Jh. zurück. Die Seitenkapellen bilden gleichzeitig das Querschiff, das Kreuzrippengewölbe der Vierung wurde im 15. Jh. errichtet.

Auf der Fahrt zur Cère-Schlucht, in die man vom Rocher du Peintre den besten Blick hat, durchquert man **Camps.** Die Kapelle Notre-Dame-de-Belpeuch in Camps wurde im 11. Jh. errichtet und ist seit dem 13. Jh. Wallfahrtsort. Im nahegelegenen Belpeuch ist die Kapelle aus dem 12. Jh. wohl eher besuchenswert als die Wallfahrtskirche aus dem 19. Jh. Das Sanktuarium der Kapelle besitzt einen geraden Schluß, der Chorbogen trennt es vom Schiff. Er ruht auf Säulen mit Blattkapitellen. Der Chor hat ein Kreuzrippengewölbe, in einer Mauernische steht eine Madonna aus dem späten 16. Jh.

Ein für die Xaintrie besonders typisches Dorf ist, ohne daß es irgend etwas Herausragendes bietet, **Saint-Mathurin-Léobazel.** Die romanische Kirche wurde im 12. Jh. errrichtet, die Häuser sind im Stil der Region erbaut. – Ähnliches gilt für **Goulles,** auch hier eine romanische Kirche (12. Jh.) mit Glockenturm.

Ganz in der Nähe die Ruinen der Türme von **Carbonnières,** gruppiert auf einem Felsvorsprung über dem Tal der Bedaine.

□ Die Türme von Merle

Hochburg des Rittertums im Limousin, wohl das bekannteste Bauwerk der Xaintrie und schon von weitem im Tal der Maronne zu sehen sind nahe der Dörfer Saint-Bonnet-les-Tours-de-Merle und Saint-Geniez-ô-Merle die Türme von Merle (Farbabb. 9). Sie ragen auf einem bewaldeten Felsvorsprung atemberaubend weit über die Maronne hinaus. Ihre Lage machte sie zur uneinnehmbaren Festung, erschaffen von Natur und Mensch. Am Fuße des Berges lag

Die Türme und ihre Geschichte

Besitzer dieser Türme, Wahrzeichen für eigentlich sieben verschiedene Schlösser, war die Familie von Merle, schon im 12. Jh. eine sehr einflußreiche Familie im Limousin, wenn auch nicht mit bestem Ruf. Einen Teil ihres Wohlstands erlangten die Bewohner von Merle nämlich mit raubritterartigen Methoden: So mancher vorbeiziehende Händler wurde seiner Habe entledigt. Das 13. Jh. brachte dann die Erbteilung mit der Folge, daß mehrere Erben das Recht erhielten, ihr eigenes Schloß zu bauen. So errichtete man bis ins frühe 14. Jh. insgesamt sieben verschiedene Schlösser, alle in unmittelbarer Nachbarschaft. Eine eigene Kirche, Sainte-Anne, und ein Marktplatz entstanden. Mit der Heirat der Töchter kamen neue Familiennamen auf, so die der Barone von Carbonnières oder der Lehnsherren von Veilhan und von Pesteils. Die einzige militärische Niederlage in dieser Zeit: Während des Hundertjährigen Krieges errangen die Engländer einen Teilerfolg und eroberten kurzzeitig den Turm von Pesteils. Nach Vermittlungen durch Papst Gregor XI. wurde er aber an Guy II. de Pesteils zurückgegeben. Erst die Entwicklung der Artillerie schränkte die Wehrtauglichkeit der Burgen von Merle ein, da sie vom benachbarten Plateau her zu beschießen waren. Dies wirkte sich jedoch erst in den Religionskriegen aus: Hugenotten belagerten die Festung und nahmen sie 1574 ein. Zwei Jahre später waren wieder die rechtmäßigen Herrscher am Zuge, Antoine de Veilhan verjagte die Eroberer. Doch allmählich wurde es still um das Tal, neue Handelswege führten Pilger und Kaufleute nicht mehr an der Festung vorbei. Noch einmal wurde Merle genutzt, als der Herzog von Noailles im 17. Jh. eine Garnison einrichtete, doch das neuerweckte Leben in der Siedlung war nicht von Dauer. Langsam gerieten die Türme von Merle in Vergessenheit.

ein Dorf, das einst 25 Häuser und zwei Kapellen zählte, heute sind von dieser Siedlung nur noch Ruinen zu sehen.

Die drei Blöcke von Türmen und Herrschaftsgebäuden, in die sich die sieben Schlösser aufteilen, sind schon von weitem zu erkennen. Nicht weit von der Kapelle Saint-Léger entfernt liegt der Felsen von Cafolenc, auf dem das älteste Schloß steht, zusammen mit dem Schloß von Fulcon und dem von Hugues de Merle auf der höchsten Stelle im ersten Block. Der zweite Bauabschnitt besteht aus dem Schloß der Barone von Carbonnières und seinen Nebengebäuden. Auf dem höchstgelegenen Teil des gesamten Felsvorsprungs, dem Berg von Gantac, überschauen zwei viereckige Türme, die von Noailles und Pesteils, das Ensemble. Etwas abseits liegt das Maison du Pont, ein Verteidigungsposten an der ehemaligen, 30 m langen Brücke. Ein imposant in Szene gesetztes Licht- und Tonschauspiel findet hier in den Sommermonaten statt.

□ Von Saint-Cirgues-la-Loutre zum Pont du Chambon

Auf der Fahrt in die weiße Xaintrie erreicht man zuerst **Saint-Cirgues-la-Loutre,** einen bescheidenen Ort mit knapp 300 Einwohnern. Die Kirche ist aus dem 15. Jh., das Langhaus unterstreicht die Bauepoche mit seinem typischen Kreuzrippengewölbe. Die Glockenwand entstand zur selben Zeit, die Seitenkapellen kamen erst im 18. Jh. hinzu.

Schon im Zentrum der weißen Xaintrie ist man beim Besuch von **Saint-Privat,** das abwechselnd mit Servières-le-Château die Hauptstadt der Gegend genannt wird. In Saint-Privat (1200 Einwohner) fielen einem Brand 1884 fast alle Häuser zum Opfer, lediglich die Kirche aus dem 15. Jh. mit ihrem viereckigen Turm am Westportal überstand die Flammen ohne großen Schaden.

Gut erhaltene Häuser aus dem 17./18. Jh. kann dafür **Saint-Julien-aux-Bois** bieten. Die ländliche 650-Einwohner-Gemeinde ist mit ihrem Hausberg Puy de Quinsac, von dem aus der Süden offen vor einem liegt, auch Ziel von Wanderurlaubern.

Schmuckstück dieser Gegend könnte einmal das Schloß von **Rilhac-Xaintrie** werden, ehemals Lehnsgut der Familie Scorailles und der Marquis von Rilhac, das gerade restauriert wird. Erbaut wurde das Château im 13. Jh., erhebliche Verschönerungsarbeiten – vor allem am Corps de logis – kamen im 15. Jh. hinzu. Grundbausubstanz ist Lavagestein, das Dach decken Schieferziegel. Zwei runde Türme waren einst zur Verteidigung gedacht, die Wachstube im Erdgeschoß wurde durch einen riesigen Kamin erwärmt.

Auf der Weiterfahrt nach Norden passiert man den *Puy du Bassin,* mit 707 m den höchsten Berg der Xaintrie. Auf seinem Gipfel überblickt eine Kapelle das Land. – In **Auriac** imponiert der Wehrturm der Kirche aus dem 13. Jh. – Am **Pont du Chambon** treffen sich die Angelfreunde, hier an der Brücke ist die Dordogne anscheinend besonders fischreich. Selbstverständlich ist auch eine Reihe von Gasthäusern in der Nähe, deren Köche bei den Stammgästen einen guten Ruf genießen.

□ Bassignac-le-Haut

Hier zeigt sich das Dordogne-Tal in seiner ganzen Größe: 300 m über dem Fluß liegt am linken Steilufer Bassignac-le-Haut. Trotzdem konnten sich die Bewohner mit denen von Nougein auf der anderen Talseite wegen der guten Akustik schon immer verständigen, ein Zusammentreffen war jedoch mit größten Schwierigkeiten verbunden.

Als bekanntes Kunstwerk aus dem 16. Jh. gilt das *Kreuz von Bassignac* nahe der Kirche. Am Stamm dieses Kreuzes ist auf zwölf Tafeln das Leben Christi dargestellt. Dazu sind die zwölf Apostel und die vier Evangelisten zu sehen. Auf einem Kreuzarm flankieren Petrus und Michael den gekreuzigten Jesus, auf der anderen Seite sieht man eine Pietà.

Die *Kirche* von Bassignac-le-Haut ist ebenfalls aus dem 16. Jh. Drei Kapellen umrahmen das Kirchenschiff im Süd- und Nordteil. Es ist kreuzrippengewölbt und wirkt durch seine niedrige Höhe im Vergleich zu gewohnten Kirchenproportionen recht ungewöhnlich.

□ Servières-le-Château

Einst, besonders aber während der Religionskriege von wichtiger strategischer Rolle, thront die Festung Servières-le-Château auf einer Anhöhe. Doch von der ursprünglichen Bausubstanz des 14. Jh. sind nur noch ein paar Steine übrig. Im 19. Jh. wurde das ehemalige Lehnsgut der Herrscher von Turenne und später der von Noailles in ein Altersheim umfunktioniert.

□ Weitere Kirchen der Xaintrie

Auch außerhalb der vorgeschlagenen Reiseroute durch die Xaintrie finden sich nette rustikale Orte und durchaus besuchenswerte Kirchen. So die gotische Kirche in **Altillac,** die im 16. Jh. von Jean Glandier aus Saint-Privat im Flamboyant-Stil erbaut wurde. Hier beeindrucken vor allem die Gesamtansicht des Chors und der Altaraufsatz. Die Holzarbeiten an der Chorwand stammen aus dem Jahre 1676 und stellen das Leben Christi dar. Zum Inventar gehören auch der Beichtstuhl aus dem 17. Jh. und das Taufbecken aus schwarzem Stein (12. Jh.), das von drei Löwen getragen wird. Die Mauern zeigen noch Spuren eines Litre funéraire, leider ohne Wappen.

In **Le Rieux** harmonieren die massigen Granitsteine des Schlosses bestens mit der umgebenden Landschaft. Es wurde in mehreren Phasen erbaut, und die heute ältesten Bestandteile stammen etwa aus dem 14. Jh.: der nördliche und achteckige Turm sowie das Corps de logis, die damals die Familie Pesteils errichten ließ. 1569 erlebt Le Rieux eine nächtliche Tragödie. Hugenotten überfallen im Schutz der Dunkelheit das Schloß und massakrieren alle, die sie dort auffinden. Einzig Hélène de Reilhac, zu dieser Zeit Hausherrin, wird verschont, da sie erkennbar schwanger ist.

Auch **Hautefage** ist ein Ort der Xaintrie, dessen Kirche Besonderes aufweist. Hier ist es das Westportal, das die Blicke auf sich lenkt: Ein rundbogenförmiger Portalvorbau und eine Vielzahl von Säulen und Wülsten zeichnen den Eingangsbereich aus. Die Mauern des Kirchenschiffes, die Kapellen und das Gewölbe stammen aus dem 15., das Sanktuarium aus dem 12. Jh. Der schöne Balken unter dem Triumphbogen wurde im 17. Jh. eingesetzt.

Bereits im 10. Jh. hatte **Saint-Pardoux-la-Croisille** sein Gotteshaus. Es wurde im 14. Jh. Prioratskirche und 1620 dem Kollegium der Jesuiten von Tulle angegliedert. Das 18. Jh. brachte einige bauliche Veränderungen. So wurde der Glockenturm, einst über dem vorderen Teil des Chors, an der Westfassade neu aufgerichtet. Schöne Konsolen sind in der halbkreisförmigen Apsis zu sehen; die Madonna in der Nische über dem Portal ist aus dem 16. Jh.

Die Lage zwischen Doustre und Dordogne gab **Saint-Martial-Entraygues** seinen Namen. Entraygues hat sich aus ›de interaquis‹ entwickelt, bedeutet also ›zwischen zwei Gewässern‹. Der Ort unterstand der Lehnsherrschaft der Familie Combarel, deren Wappen am Schlußstein des Chors in der Dorfkirche zu sehen ist. Diese Kirche wurde im 14. Jh. errichtet und erfuhr ein Jahrhundert später tiefgreifende Veränderungen. Die Nordkapelle mit ihrem Kreuzrippengewölbe und das Portal stammen aus dieser Zeit, während die Südkapelle mit ihrem Tonnengewölbe als älter einzustufen ist.

Das Tal der Dordogne

Die Dordogne hat ihren Ursprung in der Auvergne, passiert das Limousin im südöstlichen Teil der Corrèze und fließt durch das gesamte aquitanische Becken bis zu ihrer Mündung in die Garonne. Die Mannigfaltigkeit der Landschaft sowie die zahlreichen Schlösser und Kirchen entlang der Dordogne machen ihr Tal zu einem der schönsten Frankreichs. Von Argentat bis Liourdres wurde das Tal der Dordogne sogar zum Nationalpark ernannt. Allerdings hat die Dordogne in den Jahren zwischen 1932 und 1958 viel von ihrer Wildheit verloren: Fünf große Staustufen überfluten jetzt die tiefsten und gefährlichsten Schluchten. Damit und mit dem Ausbau des Eisenbahn- und Straßennetzes verschwanden auch die typischen flachrumpfigen Dordogne-Schiffe.

Diese Gabare genannten Holzkähne, im typischen Fall 20 m lang, 6 m breit und mit 1 m Tiefgang, wurden seit dem 8. Jh. nur für eine Fahrt flußabwärts gebaut. An ihrem Bestimmungsort, meist Bergerac oder Bordeaux, zerlegten die Flößer das einfache Schiff – oft nur ein besseres Floß – und verkauften es zu seinem Holzwert. Auch die Fracht dieser mit Stecken, selten mit Rudern gesteuerten Kähne war meist Holz, allerdings wesentlich wertvolleres Kastanienholz und Eiche für die Herstellung von Fässern.

Die Dordogne wurde immer befahren, mit Einschränkungen während der Zeiten des Hundertjährigen Krieges und der Religionskriege und nur selten – bei Hochwasser oder besonders trockenen Sommern – nicht das ganze Jahr über. Gefährlich waren vor allem die Felsen unmittelbar unter der Wasseroberfläche, die den Schiffen oft den Rumpf aufrissen. Daß zahlreiche Flößer zwischen Bort, Argentat und Bergerac ihr Leben ließen, zeigen die vielen Holzkreuze, die am Ufer an diese Unfälle erinnern. Besonders tragisch gingen im 18./19. Jh. oft die Kohletransporte ab Argentat aus. Die für Holztransporte gebauten Schiffe waren mit Kohle nicht selten überladen und mußten auf den ersten Kilometern nach Argentat gleich die riskantesten Stellen meistern. Allein zwischen 1775, dem Beginn des Kohlebergbaus, und 1785 starben hier 70 Flößer. Ohne Straßennetz war die Region allerdings auf die Dordogne als Transportweg angewiesen und verdankt ihr den für damalige Zeiten beachtlichen Wohlstand.

□ Bort-les-Orgues

Der Luftkurort Bort-les-Orgues (4500 Einwohner) liegt direkt an der Grenze der Corrèze zum Cantal, nicht weit vom Grenzdreieck der beiden zur Auvergne. Der Ort wird von den Einheimischen deshalb gerne als Herz des Zentralmassivs bezeichnet. Ursprung von Bort-les-Orgues ist eine mittelalterliche Benediktinerabtei 350 m unterhalb des beherrschenden 860 m hohen Puy de Bort. Um diese herum bildete sich die Stadt entlang des Dordogne-Ufers. Die Gesteinsformationen *Les Orgues* 350 m über dem Ort gaben ihm seinen Namen: Wie Orgelpfeifen scheinen auf 2 km Länge die aus vulkanischem Phonolitergußgestein herausverwitterten und bis zu 100 m hohen Felspfeiler in der Landschaft zu stehen. Klopft man auf sie, so hallt die erstarrte Lava. Von der Bergkuppe aus hat man übrigens auch einen weitreichenden Rundumblick auf die Monts Dore, das Artense-Plateau, die Wiesenhänge des Cézallier und das Cantal-Massiv.

Die *Kirche Saint-Germain* in Bort-les-Orgues gehörte einst zu einer Priorei, die dem Orden von Cluny unterstand. Das Gotteshaus präsentiert sich noch heute mit vielen romanischen Gebäudeteilen aus dem 12. Jh., so einem Mittelschiff mit Tonnengewölbe und einem Chor mit Apsiden. Auch eine Restaurierung der Kirchenschiffe im 15. Jh. änderte nicht viel, lediglich der auf romanischen Fundamenten erbaute Kirchturm bekam eine neue Spitze. Im Innern von Saint-Germain – hier ist übrigens Saint-Germain de Constantinople zum einzigen Male in ganz Frankreich Schutzpatron – beeindruckt eine Statue der hl. Anna aus dem 15. Jh. – Im Besitz der Familie de Bort war lange Jahrhunderte das *Château de Pierrefitte,* etwas nördlich von Bort. Erbaut 1465 erinnert es deutlich mehr an die Schlösser des Cantal als an die des Limousin.

□ Um den Lac de Bort

Der Lac de Bort gilt mit 477 Mio. m³ Wasser, 1400 ha Wasserfläche und einer Länge von 18 km nach Serre-Ponçon als zweitgrößter Stausee Frankreichs. Der gewölbte Damm mißt 120 m Höhe, 390 m Kronenlänge, ist unten 80, oben 8 m dick; er gilt als beliebtes Touristenziel.

Auf der rechten Uferseite der aufgestauten Dordogne liegen die Ruinen der **Priorei Port-Dieu.** Im 16. Jh., während der Religionskriege verwüstet, hatte sie ihre beste Zeit – zwischen dem 11. und 13. Jh. – schon lange hinter sich. Trotz dieses Schicksals sind heute noch erstaunlich viele Überreste zu sehen: Befestigungsmauern, der Große Saal, Grundmauern eines Wachturms, eine Kapelle und die Pfarrkirche, die der Priorei unterstand. Das Dorf Port-Dieu ist mit der Flutung des Stausees 1952 von der Landkarte verschwunden.

Ein paar Kilometer weiter, in **Confolent-Port-Dieu,** lohnt sich der Blick in die Kirche. Aus dem 15. Jh. ist hier eine Pietà zu sehen, die Statue des hl. Caprais aus mehrfarbigem Holz wurde im 17. Jh. geschnitzt. – Malerisch über den Schluchten von Dordogne und Dognon liegt das Dörfchen **Monestier-Port-Dieu.** Auch hier bietet das Kircheninnere eine sehenswerte Kostbarkeit, einen herrlichen Altaraufsatz.

□ Château de Val

Die linke Uferseite der Dordogne gehört hier zwar schon zum Cantal, ist aber Eigentum der Stadt Bort. Deshalb sei hier auch das Château de Val erwähnt (Farbabb. 1), eines der beachtenswertesten Schlösser der Region. Es liegt auf einem steil abfallenden Schieferfelsen, war einst im dichten Wald verborgen, aber seit 1951 spiegeln sich die sechs von Maschikulis und Helmdächern gekrönten Türme im 70–100 m tiefen Wasser des Stausees wider.

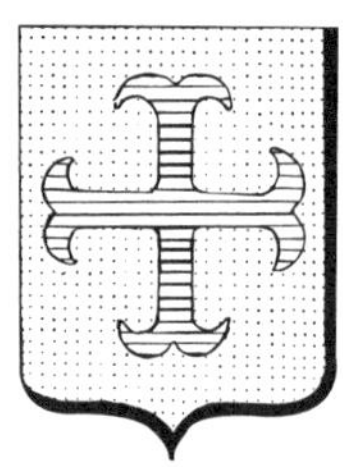

Wappen der Thynières

Wappen der d'Estaings

Bewohnt wurde der Bergrücken schon zur Jungsteinzeit, und noch lange nach dem Bau einer ersten Palisadenbefestigung und eines Bergfrieds aus Kalksandstein mit einem 5 m über dem Boden liegenden Eingang Anfang des 5. Jh. blieb diese Stelle für fremde Truppen uneinnehmbar. 1150 wurde die Familie de Thynières Besitzer der Anlage und erweiterte sie zu einem in etwa dem heutigen entsprechenden Bauwerk: Der vorher quadratische Bergfried wurde rechteckig und erhielt sechs Türme. Weitere Türme wurden in die Befestigungsmauer integriert. Doch erst Guillot d'Estaing, der das Schloß für seine Familie 1440, Ende des Hundertjährigen Krieges, erwarb, schuf im nächsten Jahrzehnt durch einen radikalen Wiederaufbau, fast von den Fundamenten aus, endgültig die bestehende Burg. Lediglich die Fenster - einst bessere Schießscharten - vergrößerte man noch in jüngster Zeit, alles andere wurde von den folgenden Besitzern immer wieder annähernd originalgetreu restauriert. So besteht beispielsweise das Dachgebälk der Türme noch aus dem ursprünglichen Eichenkernholz aus dem Jahre 1450. Auf die Familie d'Estaing geht auch das Wappen im Giebelfeld über der gotischen Eingangstür zurück, das die drei königlichen Bourbonenlilien zeigt: 1214 hatte Pierre d'Estaing dem französischen König Philippe Auguste in der Schlacht von Bouvine das Leben gerettet und durfte danach die Lilien in sein Familienwappen aufnehmen.

Die zum Schloß gehörige, dem hl. Blasius geweihte gotische Kapelle wurde ebenfalls Mitte des 15. Jh. an die bestehende Mauer aus dem 13. Jh. angebaut und zeichnet sich durch die Schönheit ihres Gewölbes aus, ihr Glockenturm ist mit Schindeln aus Kastanienholz gedeckt.

Fast ausschließlich aus dem 19. Jh. ist die derzeitige Einrichtung des Schlosses. Alljährlich im Sommerhalbjahr wird auf dem Schloß eine bedeutende Gemäldeausstellung zeitgenössischer Maler und Teppichweber veranstaltet, galloromanische Funde sind in einem kleinen Museum zu sehen.

□ Von Saint-Julien-près-Bort nach Marèges

Bei der Fahrt von Bort-les-Orgues am rechten Ufer der Dordogne flußabwärts kommt man zuerst nach **Saint-Julien-près-Bort,** einem 350-Einwohner-Ort, der an einem angeblichen Rastplatz des hl. Julien de Brioude gegründet wurde. Die Kirche besitzt ein Taufbecken aus dem 11. Jh. und ein romanisches Portal aus dem 12. Jh. Chor und Langhaus wurden im 15. Jh. umgebaut.

Vor der Weiterfahrt auf der Hauptroute sollte man einen Abstecher zum **Saint-Nazaire-Naturdenkmal** einplanen: Auf diesem vorspringenden Gebirgszug hoch über der Einmündung der Diège in die Dordogne bietet sich nach einer fünfminütigen Wanderung der vielleicht schönste Blick dieser Rundreise auf das Flußtal.

In **Liginiac** (620 Einwohner) sind vor allem die mit kunstvollen Metallbeschlägen aus dem 13. Jh. dekorierten Türflügel der romanischen Kirche interessant. Die Friedhofskapelle nebenan datiert ebenso ins 17. Jh. zurück wie das von zwei Türmen eingerahmte Rathaus auf dem Kirchplatz, einst ein kleines Schlößchen.

Liginiac, Tür der romanischen Kirche

Auch hier kommen Naturliebhaber auf ihre Kosten: Vom *Puy de Manzagol* (698 m) ist der See von Neuvic in seiner gesamten Ausdehnung zu überblicken.

In der Nähe des gleichnamigen Staudamms, des ältesten der Dordogne, steht das Schloß von **Marèges,** ehemals eine alte Trutzburg, die Joannes de Salagnac im späten 15. Jh. zu einem Lustschloß umwandelte. Elegant liegt das Corps de logis auf einer kleinen Anhöhe, flankiert von vier Türmen, von denen keiner dem anderen gleicht. Das Schloß ist allerdings in Privatbesitz und nicht zu besichtigen.

□ Neuvic

In 624 m Höhe gelegen ist Neuvic mit 2200 Einwohnern ein kleines Städtchen. Es gehörte lange Zeit zum Herzogtum Ventadour, in dieser Periode entstand auch die Stadtbefestigung aus dem 13. Jh. *Saint-Etienne,* die örtliche Kirche, ist romanischen Ursprungs, wie das Portal aus dem 12. Jh. mit seinem verzierten Kapitell auf der linken Seite unterstreicht. Langhaus, Apsis und Seitenkapellen wurden im 15. Jh. letztmals restauriert. Besonders verehrt wird die Statue der Notre-Dame de Penacorn in der gleichnamigen südlichen Kapelle.

Am Eingang zur Stadt Neuvic sind noch Überreste der Kapelle Saint-Projet am Ufer des Stausees vorhanden. Das dazugehörige Kloster versank bei der Flutung. Das Museum Henri Queuille ist ganz der Résistance gewidmet. Es gibt einen Einblick in diese französische Untergrundorganisation während der Besatzungszeit und spiegelt vor allem das Schicksal der Partisanen aus ihrer Sicht wider. – Neuvic lädt auch zum Baden an seinem Strand ein, die aufgestaute Triouzoune bildet einen See von 410 ha.

□ Von Neuvic nach Argentat

Von Neuvic bis Marcillac la Croisille, einem Ort galloromanischen Ursprungs, folgt man der Route touristique des Ajustants entlang der Dordogne, nun teilweise auch am linken Ufer.

Bei **Nougein** erkennt man vereinzelte Abschnitte einer römischen Straße. Sie führt an einem grob behauenen Felsen vorbei, dem ›Sessel Gottes‹. Etwas weiter sieht man auf einem Stein einen fußähnlichen Abdruck, ›Fuß des Teufels‹ genannt.

Saint-Martin-la-Méanne besitzt eine romanische Dorfkirche aus dem 11. Jh. Chor und Apsis liegen hier als Halbkreis vor dem Langhaus, eine Restaurierung hat besonders die Apsis besser zur Geltung gebracht. Ins 13. Jh. datieren Westportal und Glockenwand, die beiden Seitenkapellen kamen ab dem 15. Jh. hinzu, der Altaraufsatz zwei Jahrhunderte danach.

Kurz vor Argentat, in Höhe des Zusammenflusses von Dordogne und Doustre, stößt man auf die Burg **Gibanel.** Vollständig vom Wasser umgeben, wurde sie im 17. Jh. originalgetreu wieder aufgebaut. Heute ist Gibanel, einst im Besitz von Hugues de Combard, dem Erzbischof von Poitiers, ein attraktives Hotel. Zwei quadratische Türme schließen rechts und links das komfortabel ausgestattete Haupthaus ab.

Blick auf Uzerche, Lithographie von J.-B. Tripon, 1837

Uzerche und Umgebung

□ Uzerche

Die Perle des Limousin nennen die etwas über 3000 Einwohner gerne ihre Heimatstadt Uzerche (Farbabb. 11). Historisch nicht genau abgeklärt ist ihr Ursprung, sicher scheint, daß ein sich hier befindendes, fast völlig von der Vézère umflossenes Gemeinwesen von Pippin dem Kurzen befestigt wurde. Eine Episode aus dem Jahre 762 ist jedoch fester Bestandteil der geschichtlichen Überlieferung und auch im Wappen der Stadt – auf dem zwei Stiere und drei Weizenhalme zu sehen sind – dokumentiert: Die Sarazenen belagerten Uzerche 30 Jahre nach ihrer Niederlage bei Poitiers und hatten die Stadt schon beinahe ausgehungert. Mit einer Kriegslist ließen die Einwohner dann ihr letztes Kalb zu den Zelten der Belagerer laufen. Die Sarazenen bekamen den Eindruck, daß Uzerche genug Nahrung hätte, um noch wochenlang auszuhalten und zogen angesichts der vermeintlich hoffnungslosen Lage ab. Nicht nur die Araber kämpften im übrigen vergeblich vor Uzerche, trotz zahlreicher Belagerungen im Mittelalter wurde die Stadt nie eingenommen, was sich auch noch heute im stolzen Wappenspruch ›non polluta‹ – die Unbefleckte – ausdrückt. Damit blieben auch weitgehende Zerstörungen aus, und die zahlreichen Herrenhäuser, in denen der Adel vor allem im Winter wohnte, konnten den aristokratischen Charakter der Residenzstadt bis heute erhalten.

Bereits im 8. Jh. existierte in Uzerche ein Benediktinerkloster. 1030 begannen die Mönche mit dem Bau eines Gotteshauses, zuerst mit der Krypta, später im selben Jahrhundert mit Chor und Querschiff. Das Langhaus folgte im 12. Jh., Westfassade und der befestigte Turm entstanden im 13./14. Jh. Die Kirche wurde *Saint-Pierre* (1) geweiht und zeigt sich heute im klassisch romanischen Aufbau mit einem dreischiffigen Langhaus, einem Querschiff, Chor und Chorumgang sowie Seitenkapellen. Ein spitzbogig gebrochenes Tonnengewölbe überdacht drei Joche des Mittelschiffs, Gurtbogen trennen die einzelnen Abschnitte voneinander. Über dem zweiten Joch erhebt sich eine achteckige Pendentifkuppel, über der Vierung ein Kreuzrippengewölbe. Der Chor besteht aus einem tonnengewölbten Chorjoch und der Apsis. Sechs

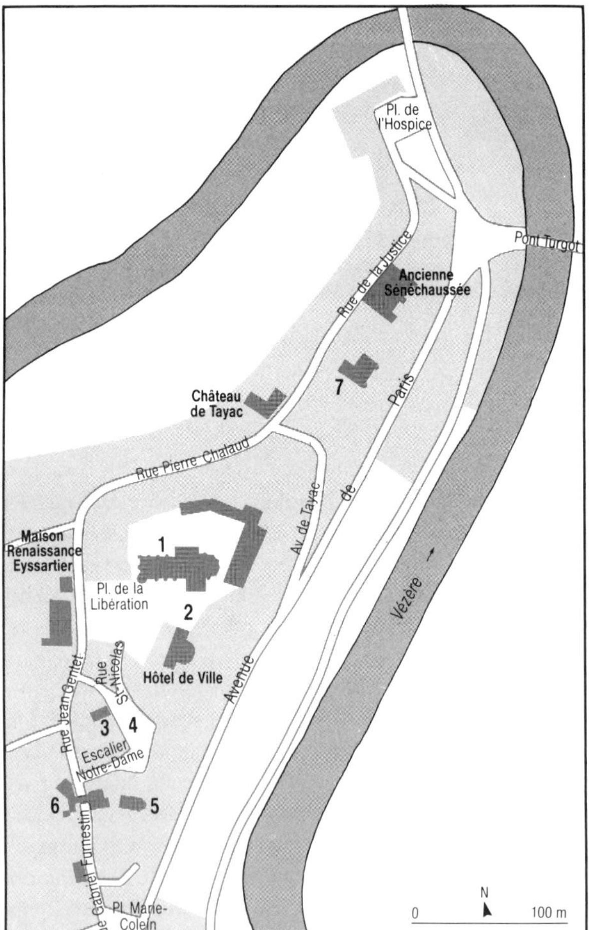

Uzerche
1 Kirche Saint-Pierre
2 Esplanade de la Lunade
3 Tour du Prince Noir
4 Place des Vignerons
5 Kapelle Notre-Dame
6 Porte Bécharie und Château
7 Château Pontier

20 TULLE Abtei Saint-Martin, Kreuzgang ▷
21 CHÂTEAU DE SÉDIÈRES ▷▷

23 AUBAZINE Abteikirche, Grab des hl. Etienne, Nordansicht
◁ 22 AUBAZINE Abteikirche, Blick zum Chor
24 AUBAZINE Abteikirche, Grab des hl. Etienne, Südansicht: Detail

25 HÖHLEN VON LAMOUROUX

27 WASSERFÄLLE VON MUREL ▷

26 TROPFSTEINHÖHLE VON LA FAGE

29 BEAULIEU-SUR-DORDOGNE Abteikirche Saint-Pierre, Südportal, Detail des Tympanons
◁ 28 BEAULIEU-SUR-DORDOGNE Abteikirche Saint-Pierre, Südportal

31 ARNAC Kirche St.-Pierre-et-St.-Pardoux, Statuen an der Westfassade

◁ 30 POMPADOUR Schloß, Westansicht 33 ARNAC Kirche St.-Pierre-et-St.-Pardoux ▷

32 ARNAC Kirche St.-Pierre-et-St.-Pardoux, Kapitellfries am Portal

35 MEYMAC Abtei Saint-André-et-Saint-Leger

◁ 34 USSEL Stadtsitz der Herzöge von Ventadour

36 MEYMAC Blick in die Stadt von Nordwesten

37 SAINT-ANGEL Kirche ▷

Säulen säumen den Chorumgang. Drei große Kapitelle, zwei am Südeingang, eines am Westportal, formen Weihwasserbecken, eines davon dekoriert mit einem löwenähnlichen Fantasietier. Beachtenswert an Saint-Pierre ist auch der Glockenturm über dem, von Westen, zweiten Joch. Eine achteckige Etage liegt über drei quadratischen, Fensternischen mit Säulen und Kapitellen lockern das Mauerwerk auf.

Zugang zur *Krypta* hat man nur noch von außen, sie liegt direkt unter dem Chor und gleicht diesem, dem Chorumgang und den Seitenkapellen in Grundrißabmessung und Raumaufteilung genau. Gestützt wird die Krypta von wuchtigen Säulen. In ihrer nördlichen Kapelle befinden sich unter einer Steinplatte aus dem 14. Jh. die Reliquien von Léon und Coronat, zwei heiliggesprochenen Bischöfen der Bretagne, deren Überreste im 12. Jh. nach Uzerche gebracht wurden.

Dort wo einst die Abtei stand, südöstlich vor der Kirche, erstreckt sich heute die *Esplanade de la Lunade* (2) und ermöglicht einen Blick auf die Vézère, Teile der Stadt und die angrenzenden Hügel. Nicht weit südlich davon der *Tour du Prince Noir* (3) (12. Jh.) am Eingang zum *Place des Vignerons* (4), der ansonsten von schönen Häusern und der romanischen, durch ihren Wehrturm auffallenden *Kapelle Notre-Dame* (5) gesäumt wird. Über die Treppe Notre-Dame erreicht man die *Porte Bécharie* (6), das einzige noch unbeschädigt erhaltene von einst 14 Stadttoren, früher mit einer Zugbrücke gesichert. Im Spitzbogenvorbau über dem Durchgang eine Marienstatue, das zum Tor gehörende *Château Bécharie* mit dem malerischen Runderker am quadratischen Turm steht zur Restaurierung an. Links von der Porte Bécharie ist in einen großen Stein das Wappen von Uzerche gehauen. Weiter nordöstlich, nahe der Vézère, liegt das *Château Pontier* (7), in dem ab dem 16. Jh. die Konsuln der Stadt wohnten.

□ Vigeois, Glandier und Beyssac

Ursprung der auf 1400 Einwohner angewachsenen Ortschaft **Vigeois** am Hang über der Vézère ist ein Kloster, das bis zurück ins 6. Jh. datiert. Die damals bedeutende Abtei errichtete im 11./12. Jh. ihre Kirche. Man betritt sie durch ein Portal, das von einer dreifachen Archivolte überspannt wird. Die Kirche besteht aus einem Langhaus, einem Querschiff mit spitzbogig gebrochenem Tonnengewölbe und Apsidiolen sowie einem Chor mit drei Kapellen. Die Fensternischen des Chors sind von Blendarkaden durchsetzt. Interessant sind die reich verzierten Kapitelle im Chorhaupt mit Szenen aus dem Alten und Neuen Testament. – Die Gründung des Kartäuserklosters von **Glandier** geht auf Archambaud VI., Graf von Comborn, zurück, der den Bau im 13. Jh. finanzierte. – 3 km vor Pompadour liegt die Kirche von **Beyssac,** die Papst Innozenz VI., einer der Päpste von Avignon, ebenfalls im 13. Jh. errichten ließ.

□ Pompadour

Der Marquise von Pompadour und dem Gestüt von Pompadour hat dieser Ort sein Renommee zu verdanken. Beider Geschichte geht auf Ludwig XV. zurück, der 1726 das Schloß und die Markgrafschaft Pompadour erwarb, nachdem der letzte Erbe der alten Familie Pompadour verstorben war. 1745 schenkte er den Besitz seiner Maitresse, Jeanne Le Normant d'Etiolles, die später den Titel Marquise de Pompadour annahm. In der Zeit von 1750–60 gründete diese

Château de Pompadour, Lithographie von J.-B. Tripon, 1837

ein Gestüt, um dort orientalische und arabische Hengste zu züchten. Da das Vorhaben jedoch mißlang, verkaufte die launische Marquise den gesamten Besitz an den Herzog von Choiseul, doch bereits 1761 erwarb Ludwig XV. den Komplex wieder und richtete ein königliches Gestüt ein. Schon lange vor dieser Zeit hat hier eine Befestigungsanlage gestanden, 1026 hatte sie Guy de Lastours in eine Burg umgebaut, die in den Kriegen des Jahres 1200, nach dem Tod von Richard Löwenherz, stark in Mitleidenschaft gezogen wurde. Geoffroy Helie de Pompadour baute das Feudalschloß dann im 15. Jh. völlig neu auf. Viel wurde während der Französischen Revolution zerstört, doch auch die übriggebliebenen Gebäude sind mit ihren dicken Rundtürmen noch recht imposant (Abb. 30). Befestigungsmauern und ein Burggraben umgrenzen die weitläufige Anlage, Zugang hat man über ein kleines, von zwei Türmchen eingerahmtes Schlößchen. Heute wohnen hier die Angestellten des nunmehr staatlichen Gestüts.

□ Arnac

Der mit dem 2 km entfernten Pompadour eine Gemeinde bildende Ort Arnac ist vor allem wegen seiner *Kirche* (Abb. 33) einen Besuch wert. Saint-Pierre-et-Saint-Pardoux wurde 1102/03 neu aufgebaut, nachdem eine erste Kirche 1028, sechs Jahre nach der Gründung eines Klosters, eingeweiht wurde. Im 15. Jh. brachte eine Restaurierung einige Veränderungen, so wurde das romanische Gewölbe über dem dreijochigen Mittelschiff und der Vierung durch ein Kreuz-

Ségur-le-Château, Lithographie von J.-B. Tripon, 1837

rippengewölbe ersetzt. Das Tonnengewölbe des Querschiffs ist jedoch noch vorhanden. Den Chor schließt eine Apsis ab, von der kleeblattartig drei Seitenkapellen mit gotischen Spitzbogen und Fenstern im Limousinstil ausgehen. Die Wände des Hauptschiffs werden von großen Spitzbogenarkaden mit skulptierten Kalksteinkapitellen durchbrochen. Über dem für das Limousin typischen Kirchenportal die Statuen der Heiligen Pardoux und Martial mit Maria in der Mitte (Abb. 31). Die Kapitelle des Portals verzieren Fratzen und andere Motive (Abb. 32).

□ Ségur-le-Château

Einst war Ségur-le-Château (Farbabb. 6), auch mit dem Prädikat der ›schönsten Orte Frankreichs‹ versehen, eine regionale Hauptstadt und im Mittelalter die Wiege der ersten Vizegrafen von Limoges. Heute leben in dem malerischen Dorf am Ufer der Auvézère gerade noch 300 Einwohner.

Die Geschichte von Ségur begann im 9. Jh. mit dem Bau eines ersten Feudalschlosses auf einer sicheren Bergkuppe, daher auch der Name vom lateinischen ›securus‹. Im 12. Jh. neu aufgebaut, spielte es im Hundertjährigen Krieg eine wichtige Rolle und war 1316–56 im Besitz der Engländer. Im 15. Jh. ging das Schloß an das Haus Albret über. Jean d'Albret, später König von Navarra, wurde 1468 in Ségur geboren. Jeanne d'Albret, seine Urenkelin, heiratete Heinrich IV., der die Grafschaft von Limoges dem königlichen Besitz angliederte. Ségur spielte aber weiter eine wichtige Rolle: Seit dem 15. Jh. Sitz eines Berufungsgerichts, das hier bis 1750 tagte, zog es zahlreiche Juristen an und behauptete sein Ansehen. An diese Tage erinnern noch heute die sehenswerten alten Häuser in den engen Gassen.

Vom Schloß sind nur noch Ruinen übrig: dickes Mauerwerk der Einfriedungen, ein Wachturm und einige weitere Türmchen, in einem die Kapelle Notre-Dame. Über dem Tor zum Schloßhof sind die Wappen der Familie Bretagne – Arthur de Bretagne herrschte im 13. Jh. über Ségur – und der Familie Chauvigny-Brosse zu erkennen.

□ Saint-Eloy-les-Tuileries

Wesentlich interessanter als die Ruinen des Château de Mas oder die Kirche sind in Saint-Eloy-les-Tuileries ein *Granges-chapiteaux* und eine galloromanische Siedlung. Das im Ortsteil La Ribière gelegene Granges-chapiteaux, auch Granges ovalaires genannt, ist ein ellipsoides, mit Stroh gedecktes ländliches Gebäude. Das Gebälk besteht aus ganzen Baumstämmen, Stall und Scheune sind unter einem Dach. Diese Bauten gelten als typisch für das mittelalterliche Limousin, sind jedoch nur noch selten zu finden. Im Ortsteil Le Boin entdeckte der Archäologe Robert Joudoux 1972 die Fundamente einer galloromanischen Villa urbana, die sich auf einer Fläche von 1 ha ausbreitete.

Die Beliebtheit von Saint-Eloy-les-Tuileries als Siedlungsort schon zu frühesten Zeiten unterstreicht der Fund einer prähistorischen Wohnstätte und einer Rotunde mit 8,50 m Durchmesser aus dem 2. Jh. v. Chr., die Teil eines Thermalbeckens war. Eine weitere Villa aus dem 1. Jh. wurde weiter nordöstlich gefunden: Zehn Säle mit guterhaltenen Böden lassen eine sichere Rekonstruktion der ursprünglichen Anlage zu. Zu den Ausgrabungsstätten werden in den Sommermonaten Führungen veranstaltet.

□ Lubersac und Masseret

Die Ursprünge des 2500-Einwohner-Ortes **Lubersac** gehen bis in die galloromanische Zeit zurück. Die Kirche Saint-Etienne wurde im 11./12 Jh. erbaut und ist romanisch. Bemerkenswert die Halbtonnengewölbe der Nebenschiffe, das Südportal ist im romanischen Limousinstil. Auch die Kapitelle sind besonders ausgearbeitet: In Apsis und Seitenkapellen stellen sie das Leben Jesu dar, seine Kindheit, sein öffentliches Leben und seinen Tod. Die Kapitelle der Blendarkaden an der Außenmauer des Chorhaupts sind der Passion gewidmet.

Südlich des Dorfes steht das *Château du Verdier* aus dem 15. Jh., das bis auf das originale Eingangsportal im 19. Jh. grundlegend restauriert wurde. Die Fassade wurde dabei dem Limousinstil des 17. Jh. nachempfunden. Der Giebel trägt das Familienwappen der Lubersac.

Auf der Weiterfahrt nach **Masseret** sieht man schon von weitem den Wasserturm, der in der Form eines mittelalterlichen Wachturms erbaut wurde. Über 100 Stufen gelangt man nach oben, wo ein weiter Blick nach Osten auf die Berge der Monédières und das Plateau de Millevaches möglich ist.

Das Gebirgsmassiv der Monédières

Südwestlich vom Millevaches-Plateau liegen die Monédières, der südlichste Teil des Limousin-Gebirges (Farbabb. 29). Die Monédières, ein Bergmassiv aus kristallinem Schiefer und Granit mit abgerundeten Formen, liegen zwischen den Tälern der Flüsse Vézère und Corrèze, etwa auf Höhe der Orte Treignac und Corrèze. Mit 919 m hat das Massiv seinen höchsten Punkt auf dem Gipfel des Puy de la Monédières, der wie einige andere isoliert stehende Bergkuppen über die Umgegend herausragt. Vom 908 m hohen Suc-au-May hat man einen herrlichen Blick auf die angrenzenden Gebirgszüge: im Nordosten das Plateau de Millevaches, im Osten die Monts Dômes und Monts Dore und am südlichen Horizont die Berge des Cantal.

Die Bergkuppen der Monédières haben diesen Landstrich aber nicht nur wegen ihrer Aussicht bekannt gemacht. Auf diesen Gipfeln finden sich auch die meisten der malerischen Findlinge. Typisch für die Felsbrocken der Monédières sind ihre Mulden, in denen sich das Regenwasser sammelt. Da es hier wegen der ozeanischen Klimaeinflüsse oft und viel regnet, trocknen diese kleinen Wasserbecken selten aus. Die am meisten besuchten Ansammlungen dieser Gesteinsriesen bietet der Suc-au-May und die Region um Freysselines.

□ Corrèze

In das 9. Jh. geht die Geschichte der Stadt Corrèze am Fuße der Monédières zurück. Im 15. Jh. erhielt das heute 1400 Einwohner zählende Corrèze die Rechte einer Freistadt. In dieser Zeit

Flora und Fauna

Das Massiv der Monédières war einst von einer geschlossenen Waldfläche bedeckt. Der Überlieferung nach brannte Julius Cäsar den Wald größtenteils ab, um die gallischen Druiden aus dieser Region zu vertreiben. Louis de Pompadour, Anführer der Katholiken während der Religionskriege, war Ende des 16. Jh. der zweite große Brandstifter, der die Bäume in den Monédières dann auch weitgehend ausrottete. Heute sind die Hügelketten von Heidekraut, Heidelbeeren und Farnen bedeckt, allerdings bemüht man sich seit etwa 30 Jahren intensiv um eine zumindest teilweise Aufforstung, vor allem in den Hanglagen. Ein Großteil der nutzbaren Fläche wird zur Aufzucht von Rindern und Schafen verwendet, vor allem Letzteres verhindert eine natürliche Rückkehr der Bäume. Viele Seeufer, aber auch verlandete ehemalige Weiher sind heute zu Torfmooren geworden, die in allen Stadien ihrer Entstehung in den Monédières zu finden sind und dem Botaniker durch ihre Vegetationsvarianten abwechslungsreiches Studienmaterial bieten können. Für die angel- und jagdsportinteressierten Franzosen ist jedoch meist die Fauna der Monédières attraktiver.

Corrèze, Zeichnung von U. Hallmeyer, 1991

wurde auch die befestigte Kirche in der Ortsmitte, umgeben von eng aneinander liegenden Häusern, errichtet, der Altar stammt aus dem 17. Jh.

Als typischer Fotoblick für Corrèze gilt das Margot-Portal, durch das seit dem 15. Jh. der Zugang zur Altstadt von Westen hergestellt ist und das einst Teil der Befestigungsanlagen war. In der Nähe des Friedhofs befindet sich die Chapelle des Pénitents, die von Büßermönchen im Jahre 1763 errichtet wurde.

Als populärster Wallfahrtsort der Corrèze gilt die *Kapelle Notre-Dame-du-Pont-du-Salut,* einige hundert Meter vom Ortskern entfernt. Sie liegt am rechten Ufer der Corrèze, nahe einer Brücke (18. Jh.) und einer Mühle. Die Kapelle selbst stammt aus dem 15. Jh., der Glockenturm über dem Portalvorbau wurde im 17. Jh. hinzugefügt. Ihre Bedeutung als Wallfahrtsort ist auf eine Marienstatue zurückzuführen, die nach der Legende Pierre Dulaurent, ein Maurer aus Reygnac, um 1400 von einer Spanienreise mitbrachte und erst in einer Grotte plazierte, ehe bald darauf die Kapelle errichtet wurde. Traditionell findet die wichtigste Wallfahrt seit 1608 jährlich am 8. September statt, dem Geburtstag der Jungfrau Maria. Die Geschichte der Marienstatue erzählt auch das Gemälde im Kapelleninneren auf dem Chorbogen.

□ Saint-Augustin

Der 550-Einwohner-Ort liegt direkt unterhalb des Monédières-Massivs. Zu sehen gibt es im Ort eine romanische Kirche und außerhalb zwei Schlösser: das Château von Beyssac in der

Nähe des Ganezande-Sees und das Château von Tourondel, beide aus dem 15. Jh. Letzteres wirkt besonders durch seine Türme, einem runden und zwei rechteckigen, die über dem einstöckigen Hauptgebäude aufragen. Die Erbauer und ehemaligen Besitzer bringen sich durch ihr in die Mauer gemeißeltes Wappen in Erinnerung, es ist die Familie Ventadour.

□ Von Chaumeil nach Lestards

Chaumeil gilt als der Hauptort innerhalb des Monédières-Massivs. Dies nicht nur wegen seiner zentralen Lage, sondern auch wegen seiner touristischen Aktivitäten. Mittelpunkt des Ortes ist die gotische Kirche (15. Jh.), die noch einen romanischen Chor besitzt. Das im 17./18. Jh. ausgebaute Gotteshaus zeigt ansprechende Holzarbeiten, eine Pietà aus dem 16. Jh. und Heiligenstatuen. Die Häuser um die Kirche herum sind allesamt aus Granit erbaut und mit Schieferziegeln gedeckt.

Alte Häuser aus der Renaissance prägen das Ortsbild von **Freysselines.** – Den besten Ausblick auf dieser Rundreise bietet der 908 m hohe Gipfel des **Suc-au-May.** Auch eine Wanderung auf den Col des Géants (824 m) ist ein ruhiger und erholsamer Spaziergang. In der Nähe dieses Berges liegt die ehemalige Ausgrabungsstätte Jaillants, an der zwischen 1966 und 1973 zwei galloromanische Tempel aus dem 1. Jh. freigelegt wurden.

Am Puy Messou (907 m) vorbei führt die Straße nach **Lestards.** Dieser Ort besitzt noch eine nach alter Tradition mit Stroh gedeckte romanische Kirche. Aus dem 13./14. Jh. stammen die beiden Kapellen.

□ Treignac

Am Fuße des Monédières-Massivs, an der Ventadour-Route gelegen, gruppiert sich Treignac um seine etwa zur Jahrtausendwende erbaute Burg. Im 12. Jh. war die Stadt von einer Befestigungsmauer umgeben, von der heute nur noch ein Tor steht. 1284 erhielt die Stadt den Freibrief, während des Hundertjährigen Krieges wurde sie weitgehend verwüstet. Im 15. Jh. war Treignac eine der wenigen Städte des unteren Limousin, deren Bewohner die protestantische Reformbewegung übernahmen. 1580–90 hatten die Hugenotten in Treignac das Sagen, drei von ihnen erbaute Gotteshäuser zeugen heute noch von dieser Periode. Um die Hugenotten zu vertreiben, legte Louis de Pompadour 1585 einen riesigen Brand im Wald des Monédières-Massivs und zerstörte damit nicht nur die Vegetation, sondern auch mehrere Dörfer. Damit siegte letztendlich die Gegenreformation der Katholiken, und die Protestanten waren bald völlig aus der Gegend von Treignac verschwunden.

Sehenswert sind in Treignac drei Kapellen. Aus dem 15. Jh. stammt die *Burgkapelle* mit ihrem achteckigen, auch an den Senkrechten mit Schieferschindeln gedeckten Turm. Heute ist das die Stadtkirche, nachdem die Burg selbst 1794 bis auf die Grundfesten zerstört wurde. Gelungen ist die Kombination der modernen Fenster und des an einen Dolmen erinnernden Altars mit dem gotischen Kreuzrippengewölbe.

Zwei weitere Kapellen wurden im 17. Jh. errichtet. Während die *Büßerkapelle* noch eingeengt zwischen schiefergedeckten Stadthäusern und der Schule steht, wurde aus *Notre-Dame-de-la-Paix* mit ihrem ungewöhnlichen Turm der derzeitige Sitzungssaal des Rathauses.

Ein weiteres historisches Bauwerk ist die *gotische Brücke* über die Vézère, über die schon im 13. Jh. der Verbindungsweg von Nord nach Süd führte. – Mit Volkskunst und Brauchtum macht das *Museum* im Marc-Sangnier-Haus bekannt.

Ein 30-Minuten-Spaziergang führt aus Treignac zum *Rocher des Folles.* Dieser Felsen selbst ist wie auch der dortige Aussichtspunkt den Fußweg wert. – Einen schönen Blick auf die rundumliegenden Schieferdächer der Stadt hat man auch von einem Aussichtsturm aus dem 16. Jh. – Für längere Freizeitsportaktivitäten eignet sich der *Bariousses-See* mit knapp 100 ha Wasserfläche, der Kanusport auf der Vézère hat in Treignac eines seiner Zentren.

Treignac, Museum im Marc-Sangnier-Haus: typischer Küchen- und Wohnraum der Corrèze

□ Chamberet

Die *Kirche* von Chamberet wurde zwischen 1121 und 1137 von den Mönchen aus Uzerche erbaut. Die jüngste Restaurierung datiert ins späte 19. Jh. zurück, renoviert wurde die Kirche im Innern 1983–85. Dort zieht sofort das holzgetäfelte Tonnengewölbe in Langhaus und Chor die Blicke auf sich. Glanzpunkt der Kirche ist jedoch die Schatzkammer am Eingang, die erst 1986 neu eingerichtet wurde. Prunkstück hier ist der Reliquienschrein des hl. Dulcet (12./13. Jh.), eine herrliche Emailarbeit aus dem Limousin. Aus der gleichen Periode stammt der Reliquienschrein des hl. Martial. Außerdem beherbergt die Schatzkammer ein Reliquientürmchen des hl. Nicolas, ein Armreliquiar, eine Hostienschale sowie eine Pietà aus Holz und andere Kostbarkeiten. Eine Marienstatue mit Kind, die erst 1983 entdeckt wurde, wird ab und zu an eine nahegelegene Kapelle ausgeliehen.

□ Von Madranges nach Beaumont

Eine Besonderheit bietet das Dorf **Madranges:** Es besitzt sowohl eine katholische als auch eine Hugenottenkirche. Für die Hugenotten war Madranges vom 16. Jh. an zu einem Zentrum geworden, und sie lebten hier auch nach der Aufhebung des Edikts von Nantes weiter.

Schon wesentlich früher, nämlich während der Jungsteinzeit, war die Gegend um die Nachbarstadt **Chamboulive** bewohnt, und auch zu galloromanischer Zeit gab es hier eine erwähnenswerte Ansiedlung. Heute wohnen hier über 1200 Einwohner zwischen Weiden und Feldern am Fuße der Monédières-Hügel. Für Freunde alter Gewehre ist das Rathaus mit einer

Waffensammlung der Nationalgarde der richtige Anlaufpunkt. Gewehre aus dem Jahre 1777 und Musketen von 1786 sind neben anderen Waffen dort zu sehen.

Die *Kirche Saint-Côme-et-Saint-Damien* imponiert durch ihren Portalvorbau und einen wuchtigen zweistöckigen Glockenturm. Erbaut wurden im 12. Jh. Querschiff und Altarraum mit Tonnengewölbe und einer Pendentifkuppel über der Vierung und im 15. Jh. das Hauptschiff und die beiden Seitenschiffe. Statuen aus bemaltem Stein, die verschiedene Heilige darstellen, wurden im 16. Jh. gefertigt.

Eine Emaille-Monstranz aus dem 14. Jh. macht bei der Rückfahrt nach Corrèze einen Aufenthalt in **Beaumont** lohnenswert. Sie steht in der Kirche des kleinen Dorfes, die allerdings selbst wesentlich jünger ist (17. Jh.).

□ Seilhac

Fährt man weiter nach Tulle, so kommt man durch Seilhac, einen Touristenort 15 km nördlich von Tulle, der vor allem im Sommer viele Gäste an die Seen Lac de Bournazel und Etang Neuf lockt. Von kulturellem Interesse ist das *Château* von Seilhac. Bereits im 11. Jh. existierte in Seilhac ein von der Familie Chanac erbautes Schloß. Vom 14.–16. Jh. war es im Besitz der Familie Pompadour. Im Jahre 1600 erwarb die Familie Rodorel, Marquis von Seilhac, das Schloß, und es ist auch heute noch in deren Besitz. Allerdings sind von den ursprünglichen Gebäuden nur noch der achteckige Turm und der Wachturm übrig. Der Rest des einstigen

Château von Seilhac, Zeichnung von U. Hallmeyer, 1991

Bauwerks wurde während der Französischen Revolution niedergebrannt. Das heutige Schloß wurde im 18. Jh. im Renaissancestil neu aufgebaut.

Die Kirche von Seilhac brannte im 17. Jh. aus, nur der Chor ist deshalb noch original aus dem 12. Jh., der übrige Bau wurde im 18. Jh. vollständig restauriert.

Will man von hier in Richtung Ussel, so empfiehlt sich der Weg über **Lagraulière.** Die dortige Kirche ist befestigt, ein Wehrturm wacht im Westen, unter den Blendarkaden des Portalvorbaus sind zwei Reliefs zu sehen. – In der Nähe liegt das trutzige *Château de Blanchefort*, unaufdringlich in die waldreiche Landschaft eingepaßt.

Ussel und das Plateau de Millevaches

□ Ussel

Das mit 12 000 Einwohnern drittgrößte Städtchen der Corrèze liegt auf 630 m Höhe an den südlichen Ausläufern des Plateau de Millevaches. Seine Bedeutung in der Vergangenheit hat Ussel vor allem den Herzögen von Ventadour zu verdanken, die sich Ende des 16. Jh. hier ein Palais im Renaissancestil erbauten. Besonders die beiden achteckigen, vorspringenden Türmchen prägen die Fassade dieses Herrschaftshauses in der Rue des Ventadours. Mit dem *Stadtsitz der Herzöge von Ventadour* (1, Abb. 34) – das Schloß wurde in der ersten Rundreise besprochen – ist aber nur eines der mittelalterlichen Häuser genannt, die auch heute noch die zahlreichen malerischen Gassen säumen. Aus dem 15.–17. Jh. stammen das *Maison Montloys* (2), das *Maison Clidière* (3) und das *Logis Gondounèche*, alle mit den Familienwappen ihrer Besitzer. Der *Tour de Soubise* (4) in der Rue du Sénéchal ist einziger Überrest des ehemaligen Schlosses von Ussel, das bis zum 17. Jh. stand. Es war im 14. Jh. zusammen mit dem Bau der Befestigungsmauern der Stadt ausgebaut worden. Den Verlauf dieser Stadtmauern kann man auch heute noch leicht an dem Kreis der Boulevards um die Innenstadt erkennen.

Im Zentrum von Ussel zwängt sich die *Kirche Saint-Martin* (5) zwischen die Stadthäuser. Die enge Lage im Stadtkern ergibt sich aus der Entwicklung des Gotteshauses. Der älteste Teil dieser romanischen Kirche entstand im 12. Jh. Aus dieser Zeit ist nur noch das Chorhaupt original erhalten. Aus dem 13. Jh. stammt das Gewändeportal, 1250–1350 baute man Langhaus und Querschiff, doch die ursprüngliche Planung bot zuwenig Raum, um das gesamte Volk zum Gottesdienst aufnehmen zu können. So erhielt Ussel 1499 von König Ludwig XII. das Recht, die Kirche auf Kosten des Friedhofs zu vergrößern. Im gotischen Stil kamen zu Beginn des 16. Jh. die Seitenschiffe hinzu. Die Schlußsteine dieser Kirchenerweiterung tragen Wappen der Familien von Ventadour und Beaufort. Ortsansässige Handwerker fertigten im 18. Jh. die Holztäfelungen im Chor und das Chorgestühl. Auch die Pietà aus mehrfarbigem Holz (16. Jh.) ist das Werk eines Künstlers aus Ussel. Nicht mehr erhalten ist der ursprüngliche Kirchturm, er wurde 1838 vom Blitz zerstört und 1862 durch den derzeitigen viereckigen Turm mit Granitspitze und Zwillingsfenstern ersetzt.

Nicht mehr als Gotteshaus, sondern als Museum dient heute die *Chapelle des Pénitents* (6), die Büßerkapelle, in der Rue Pasteur, die von einer eleganten kleinen Glockenwand über dem Westportal geschmückt wird. Chor und Langhaus mit zwei Kapellen wurden im 14./15. Jh. erbaut. Die Räumlichkeiten beherbergen Kunstgegenstände, die das religiöse Leben der Region

Blick auf Ussel und Umgebung

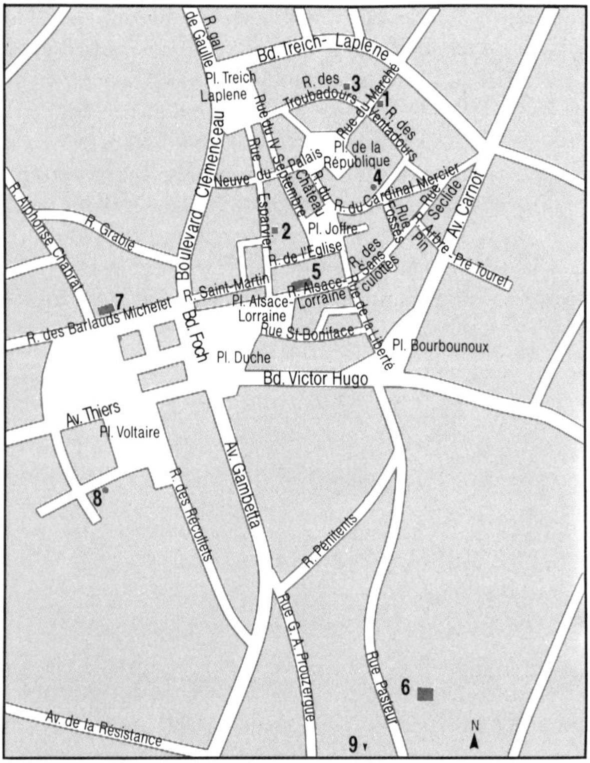

Ussel
1 Stadtsitz der Herzöge von Ventadour
2 Maison Montloys
3 Maison Clidière
4 Tour de Soubise
5 Kirche Saint-Martin
6 Chapelle des Pénitents (Museum)
7 Palais des Richters Choriot
8 Adler
9 Notre-Dame-de-la-Chabanne

um Ussel zum Ausdruck bringen. Ein geschnitzter und teilweise vergoldeter Altar aus dem 17. Jh. wurde von den Mönchen aus Bonnaigue gefertigt. Von mehreren Statuen verdient eine Pietà aus dem 16. Jh. die größte Aufmerksamkeit. Das Regionalmuseum wird in einem zweiten Gebäude weitergeführt, dem *Palais des Richters Choriot* (7), einem ehemaligen Herrschaftshaus aus dem 18. Jh. Hier bilden die alten Handwerksberufe aus der ländlichen Gegend um Ussel den Schwerpunkt: Schmied, Holzschuh- und Holzpantoffelmacher, Weber.

Ein antikes Kunstwerk ist nicht im Museum, sondern auf dem Place Voltaire im Südwesten der Altstadt beim Fremdenverkehrsamt von Ussel zu sehen: Ein *Adler* (8) aus Granit, 800 kg schwer, steht dort auf einem Podest. Er stammt aus der Besatzungszeit durch die Römer und wurde bei einem Oppidum südlich der Stadt gefunden.

Ein Rundumblick auf die Täler der Diège und der Sarsonne im Osten, die bewaldeten Plateaus bei Eygurande im Norden, das Plateau de Millevaches im Westen und die Berge des Cantal im Süden hat man von der Kapelle *Notre-Dame-de-la-Chabanne* (9), die ebenfalls südlich der Stadt liegt, einige hundert Meter von der Büßerkapelle entfernt. Sie wurde im 12. Jh. erstmals errichtet und in der Folgezeit mehrmals restauriert bzw. neu aufgebaut. Die Statue der Namenspatronin hinter dem Altar wird von der blaugetäfelten Holzdecke der Kapelle überdacht.

□ Eygurande

An der nordwestlichen Grenze der Corrèze liegt mit dem 850-Einwohner-Dorf Eygurande das Zentrum einer ›grünen‹ Ferienregion. Obwohl das Hinterland reich an malerischen Weilern, alten Kirchlein und Dolmen ist, stehen hier Wälder und weite Wiesen im Vordergrund des touristischen Interesses. Ein Naturschutzgebiet, das Massif des Agriers, und der Lac de l'Abeille, ein See mit zahlreichen Freizeiteinrichtungen, waren ausschlaggebend für das Prädikat eines ›grünen Ferienortes‹, das sich Eygurande geben darf.

□ Saint-Angel

Etwas über 500 Einwohner beleben heute das Dorf Saint-Angel, das auf einem Felsvorsprung über dem Tal der Triouzoune liegt. Eine Wehrkirche und eine Priorei waren einst Mittelpunkt dieses Gemeinwesens. Die *Priorei Saint-Michel-des-Anges* datiert bis ins 8. Jh. zurück, ihre Gründer waren Roger, Graf von Limoges, und seine Frau Euphrasie. Von diesem Kloster ist allerdings nicht mehr viel erhalten, im Gegensatz hierzu präsentiert sich die *Kirche Saint-Angel* in bestem Zustand (Abb. 37). Sie ähnelt auch durch ihre Lage mehr einer Burg als einem Gotteshaus und wurde größtenteils im 12. Jh. errichtet. Zugang hat man über die Westfassade, die von eindrucksvollen Strebepfeilern gestützt wird. Das Langhaus ist gotisch, seine Außenmauern allerdings noch romanisch. Das Gewölbe des Hauptschiffs wird von den Gewölben der Seitenschiffe gestützt, die kreuzrippengewölbte Apsis ist siebenseitig und erhält ihr Licht durch fünf Fenster, unter denen drei kleine Kapellen in die Wand eingelassen sind. In der Verlängerung des südlichen Querschiffs befindet sich noch einer der Flügel des Klostergebäudes der Priorei. Er umfaßt den Kapitelsaal mit Kreuzrippengewölbe und die ehemalige Küche. Der Klosterflügel endet mit einem runden Turm, der über dem Fluß aufragt. Das Innere der Kirche birgt einige bemerkenswerte Kunstwerke, so ein in ein Kapitell gemeißeltes Weihwasserbecken, einen barocken Altar, zwei Holzkruzifixe aus dem 15./16. Jh., zwei Marienstatuen aus dem 17. Jh. und zwei Holzreliefe.

□ Meymac

Mit seinen 2500 Einwohnern am Fuß des 977 m hohen Mont Bessou gelegen, darf sich auch Meymac (Abb. 36) offiziell ›grüner Ferienort‹ nennen und ist Ausgangspunkt für Wanderungen und Reittouren, lockt die Besucher aber auch zum Wassersport aller Art an den Sèchemailles-See. Zudem bietet Meymac auch kulturell einiges: Ortsmittelpunkt ist die Abtei, um die sich historische Häuser zu einem malerischen Zentrum gruppieren.

Über viele Jahrhunderte war Meymac Handelszentrum für die in den Bergen des Millevaches-Plateaus lebenden Bauern, die hier ihre Wolle und den Käse verkauften. Diese Tradition lebt bis in unsere Tage fort: Jeweils am dritten Sonntag im August findet hier ein Markt statt, der sich langsam zur Kunsthandwerksmesse entwickelt. Gleichzeitig wird mit einem Fest auch die Schafzucht in den Blickpunkt gerückt. Diese spielt allerdings neben der expandie-

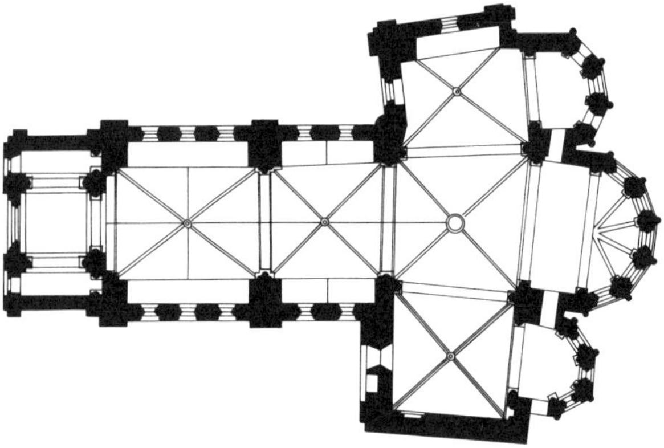

Meymac, Abtei Saint-André-et-Saint-Leger, Grundriß

renden Holzwirtschaft nicht mehr die Rolle vergangener Zeiten. Die Fußgängerzone von Meymac ist aber auch an normalen Tagen Lebensmittelpunkt der Hochebene.

Schon die Ausmaße der *Abtei Saint-André-et-Saint-Leger* (Abb. 35) in Meymac verdeutlichen den klösterlichen Ursprung der Kirche. Das Kloster wurde als Priorei zu Uzerche von Archambaud III., Vizegraf von Comborn, 1085 ins Leben gerufen. Zu Beginn des 12. Jh. erhält es die Reliquien des hl. Leger und wird dadurch zum Wallfahrtsort. 1147 erhält das Kloster die Rechte einer Abtei. Dies wiederum beschleunigt die Entwicklung der gesamten Stadt Meymac und ihrer Umgebung, die von den Mönchen erschlossen wird.

Die romanische Abteikirche wurde in mehreren Etappen errichtet. Ältester Teil ist der kreuzgewölbte Portalvorbau aus dem späten 11. Jh. Mit Löwen und diabolischen Masken sind die Kapitelle verziert. Eines dieser Kapitelle ist zu einem Weihwasserbecken gestaltet und ebenfalls verziert: Ein Engel hält an einer Leine den Teufel im Zaum, der seinerseits einen Menschen an den Haaren gepackt hat. Apsis und Seitenkapellen stammen ebenfalls noch aus dem ersten Bauabschnitt, das Langhaus mit seinem Kreuzrippengewölbe schon aus dem 13. Jh. Sehenswert ist im Innern der Kirche eine schwarze romanische Marienstatue aus dem 12. Jh., eine Pietà aus Stein (15. Jh.), eine weitere Marienstatue aus dem 17. Jh. sowie ein schönes Lesepult.

An den Südteil der Kirche grenzen ehemalige Klostergebäude aus dem 17.–19. Jh. Sie beherbergen heute das nach dem Heimatforscher Marius Vazeilles benannte Museum und das Zentrum zeitgenössischer Kunst. Das Museum zeigt steinzeitliche Relikte der Gegend, galloromanische Funde und regionale Möbel, Werkzeuge, Ackergeräte, Kleider und Trachten. Das Zentrum zeitgenössischer Kunst hat sich auf Fotografien und Beispiele aus Werbung, Grafik und Design spezialisiert.

□ Über das Millevaches-Plateau

Die Hochebene liegt auf einem Granitsockel, in den Bodensenkungen haben sich torfhaltige Moore gebildet, die früher ausgebeutet wurden. Hier ist das Klima rauh, besonders die Winter sind wesentlich härter als sonst für das Limousin üblich, über 800 m kann es zu jeder Jahreszeit Nachtfrost geben. Häufige Niederschläge führen zu dem namengebenden Wasserüberfluß. Millevaches bedeutet nämlich ›Land der Tausend Quellen‹, der zweite Namensteil stammt vom okzitanischen ›vacca‹, Quelle. Creuse, Taurion und Maulde entspringen hier und führen das Wasser nach Norden; Vienne, Vézère, Corrèze und Diège fließen aus der Hochebene nach Westen und Süden.

Die Straße von Meymac über Millevaches nach Felletin durchquert diesen Landstrich von Süd nach Nord. Sie führt an den beiden mit je 977 m höchsten Erhebungen des Limousin, dem Mont Bessou und dem Puy Pendu, vorbei in das nicht einmal 100 Einwohner zählende und 912 m hoch gelegene **Dorf Millevaches.** Wer auf eigene Faust mehrtägige Wandertouren unternehmen will, hat hier einen idealen Ausgangspunkt.

Ein verträumter, aber gepflegter Ort für den Naturliebhaber ist am Ufer der Vézère auch **Saint-Merd-les-Oussines,** in dem eine ehemals dem Malteserorden gehörende Kirche und ein alter Friedhof eine romantische Atmosphäre entstehen lassen.

□ Die Ruinen von Les Cars

Einige Kilometer vom nächsten Ort entfernt liegen inmitten der sanften Hügel des Millevaches-Plateaus die galloromanischen Ruinen von Les Cars. Marius Vazeilles leitete in der Zeit von 1936–55 die Ausgrabungen, das Ergebnis der Arbeiten ist gut zu erkennen: Hier standen einst ein Tempel und ein Mausoleum, errichtet um das 2. Jh. Der Tempel bestand aus monumentalen Granitblöcken, die mit Eisenklammern zusammengehalten wurden. In Ost-West-Richtung orientiert, hatte er den Grundriß eines Rechtecks mit dem Eingang nach Osten, wo eine breite, heute noch gut erhaltene Treppe in den Tempel führte. Die Westseite des Bauwerks schloß eine Apsis ab. Nur wenige Meter nördlich des Tempels wurden die Ruinen des ehemaligen Mausoleums entdeckt. In dessen Zentrum befand sich ein Sarg aus Granit, eingelassen in das Fundament des Gebäudes. Auf einem Pfad erreicht man nach 300 m Ruinen einer galloromanischen Villa, die ebenfalls ins zweite nachchristliche Jahrhundert zurückdatiert. Freigelegt sind 15 Räume, ein Innenhof und ein 8 t schweres, aus einem einzigen Granitstein gehauenes Wasserbecken, das als Wasserspeicher das ganze Haus versorgte. Der schönste Raum liegt im Südteil. Ein Mosaik aus roten und grauen dreieckigen Sandsteinplatten verziert heute noch den Boden, und ein kleiner Springbrunnen kühlte und befeuchtete einst die Luft.

□ Von Saint-Setiers nach Bonnefond

Auf dem Weg von Millevaches nach Saint-Setiers überschreitet man auf 938 m Höhe die Wasserscheide zwischen dem Loire-Tal und dem der Dordogne. Markantes Zeichen dieser Trennlinie ist der Signal d'Audouze, der von 953 m Höhe einen Rundblick über die Hochebene bietet. Bei **Saint-Setiers,** zu erreichen über ein Hochmoor und eine Fichtenallee, erinnern eine einfache Kapelle und eine gefaßte Quelle an den hl. Sagittaire, einen Märtyrer aus galloromanischer Zeit. Die Dorfkirche aus dem 12. Jh. kann als stellvertretend für viele dieser rauhen, dem Menschen harte Arbeit abverlangenden Gegend gelten.

Die Ruinen von Les Cars

Der Ferienort **Peyrelevade** liegt wie Saint-Setiers 800 m hoch. Die Kirche stammt aus dem 13. Jh., hinter ihr ein Wegkreuz aus dem 16. Jh. Am Ortsausgang, auf der Route de Saint-Merd, findet man ein weiteres altes Wegkreuz aus dem 13. Jh., das Kreuz des Schafes.

Nördlich von **Tarnac** liegen malerisch über der Vienne-Schlucht einige keltische Kultsteine. Tarnac selbst, ein kleiner, für seine Gastronomie werbender Ferienort mit 500 Einwohnern, gruppiert sich um seine Kirche, die mit ihrem romanischen Teil auf der südlichen Seite aus dem 11./12. Jh., mit dem nördlichen gotischen aus dem 13./14. Jh. stammt und 1960 komplett restauriert wurde. Das gotische Seitenportal aus dem 14. Jh. wird flankiert von Darstellungen des hl. Gilles und des hl. Georg, der Kirchenheiligen. Das Inventar stammt größtenteils aus dem 17. Jh.

Weiter in Richtung Viam liegt **Toy-Viam,** ein Kloster, das zur Abtei von Tulle gehörte und dem ansässigen Lehnsherren unterstand. Die Kirche wurde im 14. Jh. erneuert und um eine Glockenwand ergänzt. Im Innern befindet sich ein schönes Taufbecken.

Viam liegt am, **Bugeat** in der Nähe des vom Wald idyllisch umgebenen und auch im Sommer nie übermäßig besuchten Stausees von Monceaux-la-Virolle auf 680 m Höhe. Das größere, 1000 Einwohner beherbergende Bugeat gilt als Zentrum für den ›grünen Tourismus‹ dieser Region und liegt direkt an der Vézère. Beide Orte besitzen kleine, vom 12.–15. Jh. errichtete Kirchen. Das Gotteshaus in Bugeat hat noch ein Taufbecken aus dem 12. Jh.

Die Rückfahrt führt durch die dünnbesiedelte Millevaches-Landschaft. **Bonnefond** hat seine Hauptsaison im Winter. Der 150-Einwohner-Ort wirbt für Skiferien und bietet eine Reihe von Langlaufloipen. Den Kirchplatz markiert ein Menhir, das Gotteshaus schmückt eine Pietà aus dem 15. Jh. – Den vielleicht schönsten Landstrich auf dieser Route durchquert man erst auf der letzten Etappe nach Meymac. Es ist das Teilstück von Bonnefond bis Péret-Bel-Air. Kurz vor diesem Ort bietet sich ein weitreichender Ausblick.

HAUTE-VIENNE

Das Departement

Totenlaterne

Die Landschaft der 5520 km² großen Haute-Vienne ist von weitläufigen Bergrücken geprägt, die Höhen bis zu 700 m erreichen. Bewachsen sind sie mit Wäldern von Kastanien, Eichen und Buchen, die natürlich auch in der Holz- und Papierindustrie genutzt werden. Auf den gerodeten Flächen wird hauptsächlich Rinder- und Schafzucht betrieben. Der Granit liefert das Baumaterial und prägt die Architektur der Gegend. Der bekannteste Handwerkszweig ist die Porzellan- und Emailfabrikation. 3000 Menschen produzieren etwa die Hälfte des französischen Porzellans. Auch die Schuh- und Handschuhfertigung des Departements mit 4000 Beschäftigten ist überregional anerkannt. Bodenschätze wie Gold und Uran sorgen in der Metallindustrie für etwa 3500 Arbeitsplätze. Die Chemie ernährt mit der Herstellung von Insektiziden, Medikamenten und Farben ebenfalls einen Teil der 360 000 Einwohner der Haute-Vienne. Mehr als 50 der 200 Gemeinden in der Haute-Vienne und alle Quellen sind nach Heiligen benannt, was die bedeutende Rolle vor allem der einheimischen Kirchengrößen reflektiert. Die Quellen stellen dabei einen wichtigen Teil der Heiligenverehrung dar. Dem Wasser wird oft Heilkraft zugesprochen, für Pilger stehen deswegen häufig Kapellen neben der meist in Stein gefaßten Quelle. Zumindest findet sich jedoch ein Holzkreuz, auf dem Opfergaben niedergelegt werden, traditionell sind es Kleidungsstücke. Auf mittelalterliche Riten gehen die Totenlaternen zurück, die es in der Haute-Vienne wie kaum anderswo in Frankreich noch zu sehen gibt. Bis ins 17. Jh. brannten in diesen Steintürmchen Kerzen zu Ehren der Verstorbenen.

Das Gebiet der Haute-Vienne gehörte nicht immer zusammen. Der nördliche Teil war als Basse-Marche ab Ende des 9. Jh. mit der Marche einem anderen Machtbereich unterstellt als der südliche Teil, der als Grafschaft Limoges zusammen mit den Grafschaften auf dem Gebiet der heutigen Corrèze Limousin genannt wurde. Da beide Teile der Haute-Vienne in ihrer geschichtlichen Entwicklung in den Kapiteln über die Creuse bzw. Corrèze ausreichend berücksichtigt wurden, soll hier vor allem auf die beiden bedeutenden Kunsthandwerkszweige der Haute-Vienne eingegangen werden.

Kunst und Handwerk

Die Emailarbeiten

Wie könnte es in der Haute-Vienne anders sein: Auch für die Emailarbeiten steht ein Heiliger. Der hl. Eloi, Schutzpatron der Goldschmiede, gilt als einer der ersten, der um das 7. Jh. herum seine Goldschmiedearbeiten mit Email verzierte. Chemische Grundlage des Emails sind die bleihaltigen Silikate, also dem Kristall ähnliches Bleiglas, aus den Flüssen der Haute-Vienne. Die verschiedenen Farbschattierungen gehen auf metallhaltige Erde zurück. Gold (purpur), Silber (gelb), Zinn (weiß), Kupfer (grün), Eisen (rot), Mangan, (schwarz und violett), Kobalt (blau), Uran oder Titan sind als Oxide vorhanden und werden für Emailarbeiten verwendet. Seit der Herrschaft der Merowinger ließen sich die Königshäuser ihre Schmuckstücke im Limousin fertigen. Vor allem die Abtei von Solignac und die Abtei Saint-Martial in Limoges, aber auch verschiedene kleinere Werkstätten begründeten den Ruf der Emailpreziosen der Haute-Vienne.

Bis ins 11. Jh. waren dabei die Goldschmiedearbeiten von herausragender Bedeutung und das Email nur unbedeutendes Detail. Für die nachfolgenden Jahrhunderte galt dann das Emailkunstwerk zwar als Wertstück, die berühmten Reliquienschreine von Gimel oder Malval unterstreichen eine erste Blütezeit im 12./13. Jh., es stand aber immer noch im Schatten der Goldschmiedeprodukte. Erst ab dem 14. Jh. begann die große Zeit der Emaux Peints, des Maleremails, als dessen bekanntester Künstler Léonard Limosin gilt. Häufig sind religiöse Motive: Der Jakobsweg brachte mit den Pilgern hierfür potentielle Käufer nach Limoges und Solignac. Das Limousin eroberte sich in dieser Technik eine Spitzenstellung in Europa, die nur von Italien bedrängt wurde.

Heute gibt es etwa 25 Werkstätten, die Emailkunstwerke in Handarbeit fertigen. In einigen kann man sich die langwierige und komplexe Herstellung bei einer Führung erklären lassen. Nachdem früher Gold als Unterlage genommen und Mosaike dadurch erreicht wurden, daß feine Metallstreifen Zellen für die Mosaiksteinchen abtrennten (Zellenschmelz oder Email cloisonné), sind seit ihrer erstmaligen Verwendung 1167 jetzt meist Kupferplatten die Träger, die nach der Formbearbeitung mit einem Hämmerchen in Silikat getaucht und dann gebrannt werden (Grubenschmelz oder Email champlevé). Die metalloxidhaltigen Farben müssen einzeln in die gehämmerten kleinen Gruben aufgetragen und bei unterschiedlich hohen Temperaturen gebrannt werden. Dabei sind bis zu 15 Arbeits- und Brenngänge mit variablen Temperaturen bis 1100° Celsius keine Seltenheit. Oft werden die noch sichtbaren Kupferteile anschließend vergoldet. – Eine bemerkenswerte Sammlung über die Geschichte und Technik der Emailarbeiten gibt es im Musée Municipal im ehemaligen Bischofspalast von Limoges (Farbabb. 12, 13). Dabei wird auch eine Eigenart der Werkstätten der Haute-Vienne deutlich: Die reliefartige Ausführung der Köpfe dargestellter Personen, deren übriger Körper in der Fläche eingebunden bleibt.

Der hl. Eloi, Schutzpatron der Goldschmiede

Das Porzellan

Im Vergleich zum Email ist die Porzellanherstellung in der Haute-Vienne ein junges Handwerk. Erst 1766 wurde in Saint-Yrieix-la-Perche im Süden des Departements das hierzu nötige Kaolin entdeckt, doch schon 1827 zählte Limoges 42 Porzellanmanufakturen. Aufgrund seines exquisiten Designs war das Porzellan aus Limoges weltweit hoch angesehen. Als Wirtschaftsfaktor ließ es das Email also bald weit hinter sich.

Im Musée National Adrien-Dubouché präsentiert Limoges über 10 000 Stücke Porzellan aus aller Welt und jedem Zeitalter, eine gute Gelegenheit, die globale Entwicklung dieser Kunst anhand wertvoller Exponate nachzuvollziehen (Farbabb. 14, 15, 16). So repräsentieren Stücke aus dem Mittelalter und dem heutigen Nahen Osten die ursprünglichen Tonwaren aus Kieselerde, die aus einer Mischung aus Sand, Alkalisalzen und Kalkstein gebrannt wurden und ihren Glanz oft durch Kupferbeigaben erhielten. Die nach dem italienischen Faenza benannten und mit Farben auf Metalloxydbasis bemalten Fayencen nehmen einen breiten Raum ein. Dabei werden die mit einem Emailbelag überzogenen porösen Tonerdestücke zum einen als mit der ›grand feu‹-Technik bei 900° Celsius zum anderen als mit der jüngeren ›petit feu‹-Technik bei 400° Celsius gebrannte Fayencen vorgestellt. Außergewöhnliche Exponate aus dem Frankreich des 17./18. Jh. sind beispielsweise in Nevers (mit blauem Grund) oder in Moustiers (erstmals mehrfarbig) gefertigt, oder stammen aus dem holländischen Delft. Der Ausstellungsteil des echten Porzellans unterscheidet zwischen dem weichen und dem harten Porzellan. Das vor der Entdeckung von Kaolin aus Silikaten, Kreide und kalkhaltigem Mergel, erstmals für Frankreich in Rouen Mitte des 17. Jh. gebrannte weiche Porzellan ist meist mit einer bleihaltigen Glasur überzogen, das Dekor in blau gehalten. Altes Porzellan aus Limoges zählt schon zum harten Porzellan. Nach der Entdeckung des Kaolins in Frankreich 1766 bestand das Grundmaterial aus diesem Material, aus Feldspat und Quarz. Dabei ist das Kaolin für die weiße Farbe verantwortlich, Feldspat für das Schimmern. Gebrannt wird, bei Temperaturen von

800°–1500° Celsius, in mehreren Arbeitsgängen. Zwischen diesen erfolgen Bemalungen und Glasierungen.

In Europa wurde Kaolin erstmals 1710 in Aue entdeckt und in Meißen gebrannt. Natürlich kommt man im Museum auch nicht an den zahlreichen Varianten der Geschichte über die Entdeckung des Kaolin in der Haute-Vienne vorbei: Gegen Ende der Regentschaft Ludwigs XV. begann sich die Marquise de Pompadour für das Porzellan zu interessieren, das Reisende aus China mitbrachten. Um es auch in Frankreich herstellen zu können, mußte aber die Grundsubstanz, die nach dem Berg Kao-Ling in China benannte und dort schon vor der Jahrtausendwende bekannte weiße Tonerde, im heimischen Boden gefunden werden. In Saint-Yrieix-la-Perche gab es hochwertiges Kaolin, das aber vorerst als solches nicht erkannt wurde. Ohne großen Erfolg versuchte man es als Perückenpuder oder Seife zu verwenden, bis es der dort ansässige wissenschaftlich ausgebildete Chirurg Darnet, der von der Kaolinsuche des Königs gehört hatte, chemisch analysieren ließ. Nach der eindeutigen Bestimmung des Kaolins wurde Turgot, damals Generalintendant des Limousin, aktiv. Er gründete umgehend die erste Porzellanmanufaktur in Limoges, denn neben dem Kaolin gab es in der waldreichen Haute-Vienne auch genügend Heizmaterial für die Brennöfen.

Heute entwickelt sich die Porzellanherstellung natürlich noch weiter. Nicht nur Geschirr wird gebrannt, sondern auch hochleistungsfähige High-Tech-Keramik ergänzt das Produktionsspektrum. Eine weltweit wichtige Messe in diesem Bereich lockt die Fachleute an. Touristen können in den Sommermonaten bei einer Ausstellung im Pavillon Verdurier von Limoges (bei der Kirche Saint-Pierre) einen Eindruck von der Vielfalt dieses Industriezweigs gewinnen.

Gerber und Bandholzmacher

Zwei weitere typische Berufe der Haute-Vienne sind der des Gerbers und der des Bandholzmachers. Die Gerber haben in Eymoutiers und Saint-Junien ihre Zentren, die Bandholzmacher sind im Südwesten des Departements zu Hause. Der Beruf des *Gerbers* ist wohl einer der ältesten Berufszweige der Welt, so auch im Limousin. Hier entwickelte er sich dank des reinen und extrem weichen Wassers vor allem im Vienne-Tal zu einem bedeutenden Wirtschaftsfaktor. Auch der im Limousin häufige Kastanienbaum war den Gerbern nützlich: Das aus ihm gewonnene Tannin ist als Gerbsäure unentbehrlich. In der Haute-Vienne sind die Gerber seit langem bekannt für ihre Lederhandschuhe, -schuhe und -schuhsohlen. In unserer Zeit erweitern Fußbälle die Produktpalette.

Das junge Holz der Kastanienbäume verwendeten die *Bandholzmacher.* Ganze Wälder der Plateaus im Südwesten der Haute-Vienne wurden eigens dafür zurechtgeschnitten, um alle sieben Jahre 1–3 m lange und 3 cm dicke Äste ernten zu können. Die Bandholzmacher schnitzten mit einem langen Messer die Stangen zurecht, aus denen Fässer, Stützgestelle für Kleinmöbel und Körbe entstanden oder Zäune und Werkzeugstiele gefertigt wurden. Eisenprodukte verdrängten ab 1910 das Bandholz, trotzdem üben auch heute noch etliche Handwerker diesen Beruf aus.

Die Hauptstadt Limoges

Stadtgeschichte zur Römerzeit

Die Hauptstadt der Haute-Vienne und des Limousin existiert seit mehr als 2000 Jahren. Seit alters wird Limoges das Tor zum Süden genannt, heute leben etwa 145 000 Einwohner in der Stadt, 30 000 weitere in Vororten. Ihren Namen hat die Stadt vom keltischen Volksstamm der Lémovices oder Lemoviten, die hier am Ufer der Vienne vor der Eroberung durch die Römer 51 v. Chr. einen kleinen Ort namens Rita oder Ritos bewohnten. Die Römer gründeten dann 10 v. Chr. eine Stadt, die sie nach ihrem Kaiser und dem bereits vorhandenen gallischen Dorf Augustoritum nannten. Diese neue Stadt lag an der zehn Jahre zuvor erbauten Via Agrippa, einer kaiserlichen Straße, die Saintes nahe der Atlantikküste mit Lyon im Osten verband, vor allem dem schnellen Truppentransport diente, aber auch den Handel erleichterte. Nicht weit östlich von Augustoritum kreuzte eine wichtige Nord-Süd-Verbindung die Via Agrippa, und durch diese verkehrsgünstige Lage wuchs die römische Ansiedlung schnell. Die Wasserversorgung der neuen Bevölkerung stellten die Römer in bewährter Weise mit einer Reihe von Aquädukten sicher. Der bekannteste ist der Aquädukt von Aigoulène, der auch heute noch zu besichtigen ist.

Seine Glanzzeit hatte Augustoritum sicher im 2. Jh. Die großzügig angelegte Stadt bedeckte bis zu 150 ha Fläche, hatte etwa 6000 Einwohner und war Sitz eines römischen Prokonsuls. Zahlreiche Monumente wurden errichtet, so eine Steinbrücke über die Vienne, die spätere Saint-Martial-Brücke, ein Theater, ein Amphitheater, Tempel und Paläste. Das Forum befand sich da, wo heute das Rathaus steht, daneben, am heutigen Place des Jacobins lagen die Thermen mit Zentralbau, drei großen Sälen, Palästra und Nebengebäuden. Das *Amphitheater* im heutigen Jardin d'Orsay lag damals außerhalb der Stadt, mit 137 × 116 m Grundfläche war es eines der größten Galliens. Hinter dem Justizpalast aus dem 18. Jh. sind noch Überreste der Arena zu sehen.

Limoges, Hauptstadt des Limousin und der Haute-Vienne

Um das Jahr 250 begann der später heiliggesprochene Missionar Martial mit der Christianisierung von Limoges. Nach der Erzählung drang Martial in das Theater ein, unterbrach ein schamloses Schauspiel und begann, das Wort Gottes zu predigen. Natürlich wurde er zur Belustigung der Menge ergriffen und in den Kerker geworfen. Dort erschien jedoch plötzlich ein übernatürliches Licht, das Volk glaubte an ein Wunder und ließ Martial frei. Der Missionar begab sich daraufhin in den Jupiter-Tempel, zerstörte die dortigen Götzenaltäre und weihte ihn Saint-Etienne, dem hl. Stephanus, Schutzpatron der Märtyrer. Eine weitere Episode, die immer wieder im Limousin erzählt wird, berichtet von den Missionserfolgen Martials bei Valérie, der Tochter seiner Gastgeberin. Valérie löste nach einer Begegnung mit Martial ihre Verlobung mit dem römischen Stadtverwalter Junius Sillanus und wurde deshalb zum Tode durch die Folter verurteilt. Bei der Strafausführung verspürte Junius jedoch Reue, so daß er sie insoweit ›begnadigte‹, als er sie mit dem eigenen Schwert enthauptete. Valérie nahm daraufhin ihren Kopf und trug ihn zu Martial. Durch die Kraft seines Gebets wurde das Haupt direkt in den Himmel erhoben. Valérie wurde später ebenfalls heiliggesprochen, und Junius ließ sich auf den Namen Etienne taufen. Ende des 3. Jh., mit dem Abzug römischer Legionen und dem

Einfall der germanischen Stämme, kam es auch in Augustoritum zu einer wirtschaftlichen Regression, man zog sich in den schützenden Ring einer Wehranlage auf dem Puy Saint-Etienne zurück, dem Kern der hier entstehenden mittelalterlichen Cité. Um die Nekropole, die sich außerhalb dieser Stadtmauern befand, entwickelte sich ein zweites Zentrum, die Ville.

Stadtgeschichte im Mittelalter

Im späten 4. Jh. änderte die Stadt ihren Namen in Civitas Lemovices. Wie überall im Abendland ist für die zweite Hälfte dieses Jahrtausends aber keine deutliche Weiterentwicklung der Stadt oder der Baukultur zu beobachten. Mit der Machtübernahme durch die Karolinger im 8. Jh. begann sich das Christentum in Limoges fest zu etablieren. Sechs Jahrhunderte stand darauf die Stadt unter der Autorität der Kirche, was auch gleichzeitig deren Schutz bedeutete. Saint-Etienne, der Bischofssitz auf dem Gelände des ehemaligen Jupiter-Tempels, wurde das Zentrum von Limoges, allerdings bildete sich daneben eine später zeitweise fast in Konkurrenz stehende Ansiedlung um den Bergfried des Markgrafen und das Kloster Saint-Martial. Die Reliquien des Heiligen im Kloster ließen die Abtei zu einem wichtigen Wallfahrtsort und zu einer Zwischenstation auf dem Pilgerweg nach Santiago-de-Compostela werden. Zudem machte sich Saint-Martial mit seinen Emailarbeiten einen Namen.

Aufgrund der Lage am Rande von Aquitanien wurde Limoges zweimal mit der gesamten Region an England abgegeben: erstmals 1256 im Vertrag von Paris und, nachdem es unter Philipp III. wieder zurück an Frankreich gekommen war, zum zweitenmal 1360 im Vertrag von Brétigny. Ab 1370 war Limoges wieder französisch, fiel allerdings bei der Rückeroberung in Schutt und Asche, 3000 Einwohner wurden hingemetzelt. Diese unstabile Situation nutzte die Bourgeoisie, um sich von der Autorität der Lehnsherren zu lösen. Teils unterstützt von englischer Seite, konnte das Bürgertum im 13./14. Jh. den königstreuen Adel zurückdrängen. Die vielschichtigen Intrigen in der Zeit des Hundertjährigen Krieges verdeutlicht die Geschichte des Markgrafen Jean de Laigle, der das widerspenstige Limoges 1425 erobern wollte, jedoch nicht ausreichend Truppen mobilisieren konnte. So bot er zum einen den Bürgern der Stadt den Frieden an, angeblich um gemeinsam einen englischen Angriff abzuwehren, gleichzeitig bestach er aber mit Gautier Pradeau einen der Konsuln von Limoges, der ihm bei einem Angriff auf die nach dem Friedensangebot – wie er hoffte – sorglosen Städter ein Tor öffnen sollte. Die übrigen Konsuln wurden aber gerade durch den angebotenen Frieden mißtrauisch, ließen die Wachen verstärken und schlugen den Angriff des Markgrafen zurück, obwohl der sich für diesen Beutezug noch mit englischen Truppen verstärkt hatte. Gautier Pradeau wurde als Verräter entlarvt, geköpft und gevierteilt.

Nach dem Hundertjährigen Krieg gewann jedoch wieder die königliche Krone an Einfluß, Kirche und Stadt wurden in ihren gewonnenen Freiheiten wieder deutlich beschnitten. Nach den Religionskriegen war dieser Trend noch stärker, unter der absoluten Monarchie des 17. Jh. verschwanden alle kommunalen Einrichtungen, die Wirtschaft erfuhr wiederholt schwere Rückschläge, Steuern stiegen, die Not war groß. Erst ab 1715, unter der Autorität der Intendanten der Stadt, der königlichen Stadtverwalter, von denen einige herausragende Leistungen brachten, erholte sich Limoges. So zeigten die Bürger der Stadt auch 1789 zu Beginn der Französischen Revolution eher Zurückhaltung. Erst nach dem Sturz von Robespierre engagierte sich Limoges für die Idee der Revolution, 1792 vereinigten sich auch die beiden bislang unabhängigen Ortsteile von Limoges, Ville und Cité.

Der unter den Intendanten begonnene Wirtschaftsaufschwung setzte sich im 19. Jh., begünstigt durch den Bau der Eisenbahn, fort. Zuerst profitierte davon die Bourgeoisie, nach der Organisation in vom Sozialismus inspirierten Gewerkschaften auch die Arbeiterklasse. Vor allem die Porzellan- und Schuhherstellung entwickelten sich mächtig. Ab 1930 geriet Limoges dann in eine wirtschaftliche Krise, von der es sich, wie die gesamte Region, erst in jüngster Zeit wieder erholt.

In der Cité

In der oberen Altstadt, der Civitas oder dann Haute-Cité, dem ältesten Stadtviertel von Limoges, prägen gotische Arkaden und Fachwerk das Bild (Stadtplan s. hintere Umschlagklappe). Die südöstlich davon ab dem 13. Jh. erbaute **Kathedrale Saint-Etienne** (1, Farbabb. 21) ist eines der seltenen gotischen Bauwerke dieser Größe südlich der Loire. Schon seit der Römerzeit hatten an dieser Stätte immer geweihte Bauten gestanden, Spuren gibt es allerdings nur von der romanischen Kirche, von der heute noch ein Teil der Krypta und die unteren drei Etagen

Limoges, Kathedrale Saint-Etienne, Grundriß
1 Nordportal Saint-Jean
2 Querschiff
3 Chor
4 Steingrab des Bernhard Brun
5 Steingrab des Jean de Langeac
6 Steingrab des Raynaud de la Porte
7 Langhaus
8 Lettner
9 Vorhalle
10 Glockenturm
11 Westportal

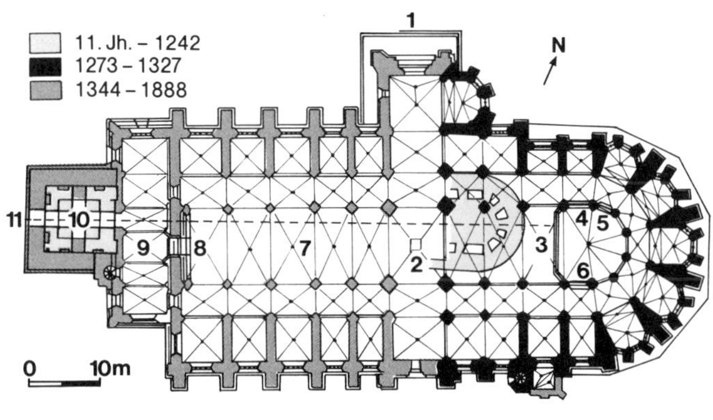

des Glockenturms erhalten sind. Ansonsten begann der nordfranzösische Architekt Jean Deschamps 1273 mit einem grundlegend neuen Bauplan im Stil seiner Heimat, der bis zum endgültigen Abschluß der Arbeiten 1888 eingehalten wurde und damit trotz dieser Zeitspanne von sechs Jahrhunderten einen einheitlichen Stil garantierte. Bis 1327 wurde der Chor errichtet und eine Verbindung zum damals noch stehenden romanischen Langhaus fertiggestellt. 1344 begannen die Arbeiten am südlichen, 1378 am nördlichen Querschiff; bis zum Ende des Jahrhunderts stand auch die Kapelle Saint-Martial, und der Glockenturm wurde aufgestockt. 1458–99 wuchsen die beiden ersten Gewölbejoche empor, 1530 war das Portal Saint-Jean im nördlichen Querschiffarm fertig, und danach ruhte die Baustelle für fast 350 Jahre. Erst von 1876–88 beendete man das Werk und verband Langhaus und Glockenturm mit drei weiteren Jochen und einer Vorhalle.

Haupteingang in die Kathedrale blieb jedoch das *Nordportal Saint-Jean* (Abb. 38), das in 15jähriger Bauzeit im Flamboyant-Stil aus feinem Granit erstellt wurde. Zwei Galerien gliedern die Fassade über dem Portal in drei Stockwerke, das Giebelfeld besteht aus Arkaden, in die reich kolorierte Fensterscheiben eingelassen sind. Über dem Tympanon umschließt ein Wimperg die Archivolte, der mit seiner Spitze hoch bis zu der Rosette unterhalb der zweiten Galerie reicht (Abb. 39). In die beiden hölzernen, im Renaissancestil gehaltenen Türflügel des Nordportals sind Episoden aus dem Leben der Heiligen Martial und Etienne eingeschnitzt. – Grabsteinplatten aus dem 14./15. Jh. sind im westlichen Portalvorbau zu erkennen.

Den Abschluß der Stephanus-Kathedrale auf dieser Seite gibt seit Baubeginn der *Glockenturm* vor. Über den drei erhaltenen romanischen Etagen ragen vier gotische, die drei oberen davon achteckig, bis in 62 m Höhe auf, die Kirchturmspitze wurde schon 1571 durch Blitzschlag zerstört.

Die trotz der besonders langen Bauzeit verblüffende Harmonie setzt sich auch im Innern von Saint-Etienne fort, wobei die feine Eleganz des hochgestreckten Mittelschiffs beeindruckt. Der *Lettner,* 1533–34 aus Sandstein erbaut, trennte einst Chor und Querschiff und befindet sich heute an der Vorhalle. Unter der Brüstung sieht man Abhänglinge, die mit Statuen der sechs Tugenden verziert sind, ein Werk von Jean Arnaud. Mythologische Szenen stellen die Reliefs der Grundmauern dar, so die Taten des Herkules.

Um den Chor sind drei reich verzierte Grabmäler angeordnet. Rechts liegt die gotisch gehaltene letzte Ruhestätte von Raynaud de la Porte, im 14. Jh. Bischof von Limoges, später Erzbischof von Bourges und Kardinal. Das mittlere Grab von Jean de Langeac wurde 1544 im Renaissancestil errichtet und läßt auf 14 Platten Episoden aus dem Leben des hl. Johannes wiederaufleben. Der hier begrabene Adlige hatte das Saint-Jean-Portal finanziert. Mit Reliefs reich geschmückt ist auch das links gelegene gotische Grab von Bernard Brun, Bischof von Le Puy, Noyon und Auxerre. Es stammt aus dem 14. Jh. und die Reliefs zeigen oben links die Krönung Mariens und auf der anderen Seite eine Darstellung der Deësis sowie unten den Leidensweg der hl. Valérie und gegenüber die Kreuzigung.

Der alte *Bischofspalast* (2) aus dem 18. Jh., nahe der Kathedrale inmitten des Parks und neben dem botanischen Garten hoch über der Vienne, ist heute Stadtmuseum. Es beherbergt unter anderem sehenswerte Email-Sammlungen vom 12.–18. Jh. Herausragend aus den über

Limoges, Kathedrale Saint-Etienne,
Grabmal des Bernard Brun: Krönung Mariens

300 Exponaten sind zwei bemalte Emailtafeln von Prétendu Monvaerni aus dem 15. Jh., einige Werke von Léonard Limosin (1505–1576) und ein Wasserkrug von Jean III. Pénicaud aus dem 16. Jh. Als wertvollstes Stück gilt ein kleines Eucharistiekästchen. Auch die ägyptologische Sammlung des Museums ist sehenswert, zeitgenössische Kunst und Bilder französischer Maler, darunter zwei Porträts des 1841 in Limoges geborenen Auguste Renoir, sind in den weiteren Räumen des Erdgeschosses ausgestellt. Das Untergeschoß des Museums präsentiert in fünf Sälen Kunst aus der Eisenzeit und der galloromanischen Epoche sowie Architekturfragmente der Baugeschichte des Mittelalters. Im oberen Stockwerk veranschaulichen Fresken aus dem 2. Jh. diese Technik der Wandmalerei, andere Räume enthalten mineralogische und archäologische Funde, wie eine Kopie des Vogelmosaiks vom Grab des hl. Martial aus dem 9. Jh. Der westliche Pavillon des Museums zeigt zeitgenössisches Email, der östliche erinnert an die Résistance.

Die Unterstadt der Cité, das *Quartier de l'Abbesaille* mit malerischen Gäßchen (Umschlagrückseite), erstreckt sich vom Chor der Kathedrale bis zum *Pont Saint-Etienne* (3, Farbabb. 21), einer 1210 erbauten achtbogigen Brücke. Hier, in der Rue du Pont-Saint-Etienne Nr. 37, befindet sich auch das *Geburtshaus des Jean-Baptiste Jourdan* (4), einst Kommandant der französischen Armee. Wichtige Stationen im Leben des am 29. April 1762 geborenen Marschalls werden mit Zinnsoldaten nachgestellt, so die Schlacht am 26. Juni 1794 bei Fleurus gegen die Österreicher.

Etwas weiter die Vienne hinunter überspannt der *Pont Saint-Martial* (5) auf romanischen Pfeilern den Fluß. Bis 1182 war die römische Brücke vollständig intakt, 1215 wurde sie restauriert.

In der Ville

Das ehemalige Schloß von Saint-Martial, von dem keine Überreste mehr zu sehen sind, war zusammen mit der Abtei Kern der Ville, deshalb wird dieses Viertel, heute die Innenstadt mit Fußgängerzone und Einkaufszentrum, bisweilen auch Château genannt. Die Ville gruppiert sich um den *Platz der Republik* (6), unter dem sich in einer *Krypta* das Grab des *hl. Martial* (7) befindet. Es ist eines der ersten christlichen Gräber auf der damaligen Nekropole und wurde bald Wallfahrtsort. Im 6. Jh. befand sich nach Berichten über dem Grab bereits eine Kapelle, die später zur Kirche Saint-Pierre-du-Sépulcre umgebaut wurde. 848 schlossen sich die Geistlichen dem Benediktinerorden an, richteten im selben Jahrhundert die Grabesanlage neu her – unter anderem mit dem berühmten Mosaik der beiden aus einem Becher trinkenden Vögel – und führten die Reliquien des hl. Martial in die neuerbaute Basilika du Sauveur über. Heute liegen sie übrigens in der Kirche Saint-Michel-des-Lions. Die Cluniazenser zogen 1063 die Abtei in ihren Bann, und die Mönche unterstellten sich dem Orden aus dem burgundischen Cluny. Während des Mittelalters wurde Saint-Martial zum geistlichen, kulturellen und künstlerischen Zentrum, so fertigten die Schreiber der Abteischulen das ›Manuskript der zweiten Bibel‹, ein Kunstwerk, das in der Nationalbibliothek in Paris aufbewahrt wird.

Über eine Treppe in der Südwestecke des Place de la République erreicht man den ältesten Ort des Stadtteils, die Krypten der ehemaligen Abtei mit den mit 2,80 m überlangen Sarkophagen, in denen Martial und seine Begleiter Alpinien und Austriclinien bestattet wurden. In der anschließenden gefliesten Nische befand sich das Grab der hl. Valérie. Der zweite Saal der Krypten, das Sanktuarium, enthält einen weiteren riesigen Sarkophag aus dem 4. Jh., ein galloromanischer Mauerteil datiert ins 2. Jh. Ein dritter, ungleich größerer Kryptensaal, gebildet durch die Grundmauern der ehemaligen Kirchen Saint-Pierre-du-Sèpulare und Saint-Benoit, basiert auf galloromanischen Ruinen und schließt den vorchristlichen Friedhof ein. Zahlreiche Gräber dieser Epoche, aus Granitplatten und Backsteinen oder ganz aus Blei, kann man noch sehen, die Kindergräber sind aus Ton. Die Sarkophage dieses Saals stammen vor allem aus der Merowingerzeit.

Um das Grab des hl. Martial entstanden drei Kirchen, die wie die gesamte Abtei während der Revolution ab 1792 völlig zerstört wurden: im 9. Jh. die 102 m lange Basilique-du-Sauveur oder Erlöserkirche, an deren nördlichem Querarm und direkt über der Krypta stand schon Saint-Pierre-du-Sépulare, wegen der etwas tieferen Lage im Mittelalter auch Basse Eglise genannt, und wiederum nördlich an diese angebaut Saint-Benoit, eigentlich nur eine etwas größere Kapelle.

Beim Stadtrundgang durch die Ville sollte man die historischen Straßen *Rue du Clocher, Rue du Consulat* und *Rue du Temple* mit einschließen, letztere verbunden durch den mit Fachwerkhäusern aus dem 16./17. Jh. gesäumten *Cour du Temple* (8, Abb. 42) oder Cour des Templiers.

Besuchenswert sind auch die beiden Kirchen *Saint-Pierre-du-Queyroix* (9) und Saint-Michel-des-Lions. Erstere wurde im 12. Jh. südlich der Abtei errichtet, der harmonisch proportionierte Glockenturm datiert fast noch in diese Zeitspanne (13. Jh.) zurück und war Modell für die Türme von Saint-Michel und Saint-Etienne. Aus dem 12. Jh. erhalten sind im unregelmäßig rechteckigen Innenraum die großen zylindrischen Säulen, bekrönt mit dekorativen Kapitellen. 1510 entstand unter Anleitung von Jean Pénicaud das farbenfrohe Kirchenfenster rechts des Chors mit den Motiven von Tod und Krönung Mariens, die Christusstatue rechts hinter dem Hauptaltar war zu diesem Zeitpunkt schon 150 Jahre alt. 1534 wurde dann die Fassade von Saint-Pierre-du-Queyroix im Flamboyant-Stil erneuert.

Saint-Michel-des-Lions (10) wurde ab 1364 neu erbaut, ein romanisches und ein gotisches Gotteshaus an dieser Stelle westlich der Abtei trugen schon den gleichen Namen. Mit dem Nordportal im 15. Jh. – auch die Marienstatue darüber datiert in diese Zeit – und der Erweiterung des Langhauses um ein Joch im 16. Jh. wurde der Bau abgeschlossen. Die Löwen, die schon im Kirchennamen auftauchen, wachen neben dem Südportal als zwei verwitterte Granitstatuen am Fuße des 68 m hohen Glockenturms: Sie versinnbildlichen die Grenzen der Rechtsprechung der beiden Autoritäten in der Ville, der Äbte von Saint-Martial einerseits, des Markgrafen von Limoges andererseits.

Im Innern überrascht die Leichtigkeit der drei gleich hohen Schiffe, die von den fast grazilen Säulen noch betont wird. Beidseitig des Chors zeigen schöne Kirchenfenster aus dem 15. Jh. Szenen aus dem Leben der Jungfrau Maria und Johannes' des Täufers. Der skulptierte Steinaltar birgt einen vergoldeten Reliquienschrein aus Bronze, in dem seit dem 19. Jh. Schädel und Gebeine des hl. Martial liegen. Damit ist die Kirche auch Ausgangspunkt der Heiligenprozession, die seit 1519 alle sieben Jahre stattfindet, das nächste Mal 1995. Bis dahin sollte die derzeitige Renovierung beendet sein.

Nördlich an Saint-Michel-des-Lions schließt sich der *Place du Présidial* (11) mit königlichen Verwaltungsgebäuden aus dem 17./18. Jh. an. – Unterhalb davon der *Place Fontaine-des-Barres* (12) aus dem 16. Jh. – *Markthallen* (13) aus dem 19. Jh. mit regem Betrieb und einen offenen Handelsplatz

Kreuz des hl. Aurélien

findet man am Place de la Motte et des Bancs, dem Standort des ehemaligen Markgrafenschlosses. – Das alte Metzgerviertel mit seiner *Saint-Aurélien-Kapelle* (14) aus dem 15. Jh. zieht nicht nur beim ›Fest der kleinen dicken Bäuche‹ jeden Oktober die Besucher an.

Die Metzgergasse

Die beiden voneinander getrennten mittelalterlichen Ortschaften von Limoges, die Cité am Fuß der Kathedrale Saint-Etienne und die Ville mit dem Schloß und der Kirche Saint-Martial, waren durch eine Reihe von Vororten miteinander verbunden. In der Faubourg Boucherie wohnten und arbeiteten vor allem Metzger, seit dem 10. Jh. eine einflußreiche Gilde. Bei ihren Schlachtungen benutzten sie das Wasser aus dem Palvézy-See. Nachdem zu Beginn des 13. Jh. die Ville unter dem Einfluß der Bürgerschaft so stark gewachsen war, daß die Stadtmauern erweitert werden mußten, wurde der Vorort der Metzger miteingeschlossen, ihre Wasserversorgung damit aber abgeschnitten. Die Metzger ließen sich daraufhin entlang eines Bachlaufs nahe der Schloßmauern nieder und hatten damit das Wasser des Aygoulène-Sees, der am heutigen Place de la Motte lag, zur Verfügung. So entstand die *Rue de la Boucherie* (15), die Metzgergasse. Dabei lagen die Ställe und Schlachthöfe hinter den Häusern, zugänglich durch kleine Gäßchen. Unter den hohen Dächern der Metzgerhäuser, auf Galerien, trockneten die Häute; der Fleischverkauf fand lange am Place des Bancs-Chariers statt, der dann Anfang des 18. Jh. mit zwei Hallen überdacht wurde. Im Jahre 1315 grub man bei Reparaturarbeiten an der Kirche Saint-Cessateur die Reliquien des Bischofs Aurélien aus. Die Metzger von Limoges beschlossen, den Heiligen zu ihrem Schutzpatron zu ernennen, gründeten eine Zunftgenossenschaft und erhielten 1471 auch das Recht, zu Ehren des hl. Aurélien eine Kapelle zu errichten, was bis 1475 realisiert wurde. Zuerst bauten sie das kleine Gotteshaus auf dem *Place de la Chapelle* mit drei kreuzrippengewölbten Jochen, in der zweiten Hälfte des 17. Jh. ließ der Abt Houdin ein viertes Joch und den Glockenturm hinzufügen. Das Kreuz rechts des Eingangs stammt aus dem 14. Jh.

Ihren heutigen Charakter erhielt die Metzgergasse endgültig während der Revolution: Die Metzger verließen die Verkaufshallen am Place des Bancs-Chariers und eröffneten im Erdgeschoß ihrer Häuser Geschäfte. Bis in das zweite Jahrzehnt unseres Jahrhunderts war der Verkauf von Fleisch in Limoges auf die Metzgergasse konzentriert, die traditionell in den Händen von sechs Familien war. Erst durch das Anwachsen der Bevölkerung wurden schließlich auch in anderen Stadtbereichen Fleischergeschäfte eröffnet, parallel hierzu schlossen in der Rue de la Boucherie viele alte Läden die Türen. Etliche Häuser sind noch heute, teilweise bis hin zu den Schlachtbänken, in der Bausubstanz des frühen 13. Jh. erhalten: Das Erdgeschoß ist aus Stein, eine Holzständerkonstruktion sorgt für die Stabilität und malerisches Fachwerk. Zum Museum umgebaut ist eines dieser typischen Geschäfte im *Maison Traditionelle de la Boucherie* (16).

Außerhalb der Boulevards

Das *Rathaus* (17, Abb. 41) wurde 1879–83 im Stil der Neorenaissance errichtet und hat einen weitläufigen begrünten Vorplatz. Es liegt südlich vom Place Leon Betoulle außerhalb der Boulevards, die in ihrem annähernd kreisförmigen Verlauf die ehemaligen Wallanlagen der Ville kennzeichnen. Im Garten erinnert ein *Brunnen* aus Porzellan an die wichtigste Zunft der Stadt.

Als schönsten *Bahnhof* (18, Abb. 43) des Landes oder gar Europas bezeichnen die Einheimischen das Jugendstilgebäude Bénédictins, im Nordosten der Stadt. Seine prächtige Fassade und Kuppel neben dem weithin sichtbaren Turm kommen durch den davorliegenden Park Champ-de-Juillet vor allem im Abendlicht zur Geltung.

Das *Museum Adrien-Dubouché* (19), im Westen von Limoges, wurde bereits 1881 zum Nationalmuseum ernannt. Nach seinem Gründer benannt, dem es auch den wesentlichen Bestandteil der Sammlungen verdankt, stellt es seit 1867 etwa 10 000 Exponate aus Porzellan aus (Farbabb. 14, 15, 16). Unter besonderer Berücksichtigung des Porzellans aus Limoges spiegeln sich in der Kollektion der Werdegang der Keramik und die charakteristischen Merkmale der großen Manufakturen aus der ganzen Welt wider.

Limoges, das Rathaus

Haute-Vienne-Rundreisen

In der Haute-Vienne sind nicht wie in der Creuse Rundreisen für den Urlauber durch das Departement ausgeschildert. Regional ziemlich unterschiedliche Teile des Departements geben jedoch Einheiten vor, die zusammenhängend gut zu besuchen sind. Die Rundreisen führen nicht immer zum Ausgangspunkt zurück, oft begleiten sie Flußtäler oder, wie gleich die erste Reise, eine Verteidigungskette von Burgen. Diese erste Route ist durch private Initiative als Route Richard Coeur de Lion ausgeschildert, allerdings dürfen die Schilder nur während weniger Sommerwochen angebracht werden. Zum Teil führt der Weg auch zu Sehenswürdigkeiten in Nachbardepartements, diese werden hier jedoch nur erwähnt und nicht ausführlich beschrieben.

Die Straße ›Richard Löwenherz‹

□ Coussac-Bonneval

Weithin sichtbar ist die imposante Silhouette des *Schlosses von Bonneval* (Abb. 45) über dem 1600-Einwohner-Städtchen Coussac. Obwohl seine Wurzeln im Jahre 930 liegen, zeigt die Architektur neben mittelalterlichen Zügen auch – und das ist im Limousin selten – deutliche Spuren des Zeitalters der Aufklärung. Der ursprüngliche Bau war nämlich im 13. Jh. stark beschädigt worden; das 14. Jh. sah einen Neuaufbau, der im 15. und 17. Jh. vervollständigt und teilweise verändert wurde. Die Westfassade erhielt ihr heutiges Gesicht erst im 18. Jh. Im Grundriß ist Bonneval quadratisch, an jeder Ecke befindet sich ein runder Turm. Der quadratische Turm in der Ostfassade wird über eine Zugbrücke betreten. Der Innenhof des Schlosses ist der Renaissance zuzuordnen, Museumscharakter haben die Räume, allesamt üppig ausgestattet mit alten Möbeln, Gemälden und Skulpturen. Die Wandteppiche kommen aus Aubusson und Flandern und datieren zurück bis ins 17. Jh. Prunkvoll wirken auch die geschnitzten Türen und Türrahmen aus Eichenholz. Nach einer Besichtigung kann man die Weiträumigkeit des Schloßparks unter den kühlen Eichenalleen genießen. Das Schloß ist auch heute noch im Besitz der Familie Bonneval und von ihr bewohnt, doch für Besucher zugänglich. Während der Führungen kann man auch Einzelheiten aus dem Leben von Claude-Alexandre de Bonneval erfahren, dem bekanntesten Sproß dieser im Limousin bedeutenden Familie.

Claude-Alexandre de Bonneval, später Achmet-Pascha genannt, kam 1675 auf dem Familienstammsitz zur Welt. Von 1701–06 nahm er als Offizier an Eroberungszügen in Italien teil. Danach bot er seine Dienste dem Kaiser von Österreich an, der ihn zum General ernannte. An der Seite von Prinz Eugen, dessen Freund und Vertrauter er wurde, errang er einige Erfolge. 1717 kehrte Claude-Alexandre de Bonneval nach Frankreich zurück und heiratete Judith de Biron. Nur eine Woche nach der Hochzeit brach er wieder nach Österreich auf, doch diesmal führten Meinungsverschiedenheiten schnell zu einer Trennung, und de Bonneval zog weiter nach Dalmatien und Korfu, das zum osmanischen Reich gehörte. Um in Konstantinopel Karriere machen zu können, bekehrte sich Claude-Alexandre de Bonneval zum Islam. Als Artillerie-General unter dem Namen Achmet-Pascha organisierte er die türkische Armee für den Sultan zu einer schlagkräftigen und modernen Truppe um. Mit ihr erlangte er glanzvolle Siege über die Österreicher. Eine Rückkehr in sein Heimatland Frankreich wurde ihm aber verweigert, und so starb Claude-Alexandre de Bonneval in Konstantinopel.

Die kleine *gotische Kirche* in der Nähe des Schlosses Bonneval stammt aus dem 12. Jh. und wurde 300 Jahre später modernisiert. Fresken, ein Litre funéraire, ein geschnitztes Relief aus vergoldetem Holz aus dem 16. Jh., eine Pietà und ein Gemälde von Lebrun, ›Dieu le Père‹, aus dem 17. Jh. schmücken den Innenraum der rechten Kapelle.

□ Saint-Yrieix-la-Perche

Der Eremit Arediux, um 515 in Limoges geboren, gründete 560 ein Kloster in einem Dorf, das sich bis dahin Attanum nannte. Der Heilige zog durch seinen Ruf viele Menschen an, die seinen Namen bald in Yrieix änderten. Nach dessen Tod 591 ehrten die Bewohner Saint Yrieix, indem sie seinen Namen dem ihres Ortes hinzufügten: Saint-Yrieix-d'Attare; erst seit dem 15. Jh. lautet die Bezeichnung Saint-Yrieix-la-Perche. Neben der Stiftskirche aus dem 12. Jh. ist es vor allem die Entdeckung des Kaolins (1765) als Basis der Porzellanherstellung im Limousin, die diese Stadt bekannt gemacht hat. Seit 1774 existiert im Vorort Seynie eine Porzellanfabrik, und das Museum Les Palloux zeigt eine interessante Sammlung einheimischer Stücke ab dem 18. Jh.

Die *Stiftskirche* in Saint-Yrieix-la-Perche steht dort, wo einst die Abtei des Arediux ihren Platz hatte. Das mächtige Bauwerk präsentiert sich heute in einer Mischung aus romanischer und gotischer Kunst. Das ursprüngliche Langhaus aus dem 11. Jh. wurde im späten 12. und frühen 13. Jh. durch einen weiträumigen Bau ersetzt, übrig blieb aber der romanische Vorhallenturm. Von zwei schmalen Seitenschiffen flankiert und mit robusten Pilastern versehen, verleiht der massive Charakter dieses Portalvorbaus dem Gotteshaus das Ansehen einer Wehrkirche. Im Limousinstil zeigen sich die Rundbogen des Portals mit beidseitigen Blendarkaden, daneben zieren den Glockenturm drei hohe Fenster. Die oberen Stockwerke sind an ihren vier Seiten jeweils mit sechs Dreipaßbogen geschmückt. Über dem gotischen Gewändeportal im Süden eine Christusstatue aus dem 12. Jh. Aus dieser Zeitspanne stammt auch das mit Blendarkaden verschönerte neue Langhaus (Farbabb. 27). Dabei wurden die romanischen Mauern beibehalten, das Gewölbe mit seinen Stützpfeilern ist unabhängig davon. Typisch für die Limousingotik sind die Blattwerkskulpturen an den Kapitellen der Säulen. Zu einer Empore schließt

Saint-Yrieix-la-Perche, Stiftskirche

sich das abschließende Gesims des Hauptschiffs, im Nordteil ist es breiter und zugleich, auf Höhe der Säulen, eine innere Mauerverstärkung. Damit sparte man sich das Strebewerk am Außenbau, das wiederum den Kreuzgang gestört hätte. Diese zweite mögliche Lösung der Statikprobleme wurde im Südteil verwirklicht: innen ein schmales abschließendes Gesims, außen die Strebepfeiler. Ein Kreuzrippengewölbe überdacht den gesamten Kirchenraum, der große Okulus im Hauptschiff weist darauf hin, daß hier einst ein Turm geplant war. Die Apsis mit drei großen, hohen Fensternischen und die Seitenkapellen des Querschiffs stammen aus dem 14. Jh. Ungewöhnlich reich für die Region ist die Dekoration des Chors mit vielfältigen Motiven besonders auf den Konsolen. Im Chor befindet sich auch das Hauptreliquiar des hl. Yrieix; im Langhaus beherbergt eine kleine Nische einen vergoldeten und emaillierten Messing-Reliquienschrein aus dem 12. Jh. mit 20 Medaillons sowie eine eucharistische Taube aus dem gleichen Material und Zeitabschnitt.

Nahe der Kirche stellt der *Tour du Plô* als ehemaliger Bergfried den verbliebenen Rest der Stadtbefestigung aus dem 13. Jh. dar.

Beim Gang durch Saint-Yrieix gefallen Bürgerhäuser aus dem 15./16. Jh. Das ›Schmuckstück‹ der Stadt wird im Rathaus aufbewahrt: eine repräsentative Bibel aus dem 11. Jh., geschrieben in Saint-Martial in Limoges. Eine Seite davon ist in der Kirche ausgestellt.

□ Le Chalard

Historisches Zentrum im Süden der Haute-Vienne ist sicherlich Le Chalard. Auf dem Boden eines weiträumigen Kessels erhebt sich Le Chalard auf einem Granitfelsen über seine direkte Umgebung: 40 m hohe Felswände fallen nach Süden und Westen hin zum gewundenen Bett der Isle ab; nach Norden, zum Bächlein Porteil hin, ist die natürliche Begrenzung nicht so markant, Mauerreste lassen erkennen, daß hier ein zusätzlicher Schutz vor Angreifern nötig war. Den Kessel bilden die waldreichen Berge Car, Courbefy mit der Ruine eines Feudalschlosses der Markgrafen von Limoges, das an der Stelle einer gallischen Festung stand und wie so viele von Richelieu abgerissen wurde, der Puy Chalard und die Anhöhen von Teindeix und Theil. Die Hügel tragen die Restbestände des einst riesigen Waldes von Domacenac und Courbefy, der sich noch im 11. Jh. von Châlus und Jumilhac bis Ladignac und Saint-Yrieix erstreckte. In dieser Gegend hinterließen schon Urvölker ihre Spuren, an den Abhängen von Teindeix bauten sie Quarz für ihre Waffen ab und entdeckten Gold, das seither zu allen Zeiten geschürft wurde. Auch heute noch wird eine Ader dieses Edelmetalls in Bourneix, am Puy Chalard, ausgebeutet. Um die Goldminen zu sichern, errichteten die Römer ein Kastell, um das sich ein kleines Dorf gruppierte. Außer einem Kalksteinsarkophag, der in der Stiftshalle aufbewahrt wird, und einem in Stein gemeißelten Sonnenrad sind von diesem Dorf aber keine Überreste erhalten.

Le Chalard, Blick auf die Kirche

Um das Jahr 800 entstand unter Karl dem Großen eine erste Abtei, die aber 846 von Plünderern zerstört und niedergebrannt wurde. Im Frühjahr des Jahres 1088 kam ein Priester namens Geoffrey mit zwei Novizen in diese Gegend. Zuerst lebte er als Eremit in einer Hütte unter einem Felsüberhang, dann nahm er die Ordensregeln des hl. Martin von Tours an und errichtete ein Bethaus. Dieses Oratorium ist als ältester Teil noch heute in den monastischen Baukomplex integriert. Im August 1088 schenkte der Markgraf von Limoges Geoffrey Baugrund für eine Kirche und die dazugehörigen Klostergebäude. Er selbst begann mit dem Bau eines befestigten Gerichtssaals zur Versammlung der Ritter des nördlichen Aquitanien, die hier unter dem Vorsitz des Grafen von Poitiers ihren Kreuzzug beschlossen. Geoffrey wurde als Anführer gewählt, lehnte aber zugunsten von Goulfier de Lastours ab, der später als Chevalier au Lion – den Namen erhielt er nach einem gezähmten Löwen, den er bei allen Feldzügen mit sich führte – verschiedene Heldentaten beging. Geoffrey vollendete inzwischen in erstaunlich kurzer Bauzeit seine Kirche, die am 18. Oktober 1100 eingeweiht wurde, und das Kloster. Nach Geoffreys Tod 1126 stand diese Abtei noch 500 Jahre in voller Blüte, mußte allerdings im Hundertjährigen Krieg durch den Sturm englischer Truppen unter Beauchamp 1419, die mit Artilleriegeschützen erzwungene Rückeroberung 1421 und während der Religionskriege starke Beschädigungen an den Gebäuden hinnehmen. So sind heute keinerlei Reste mehr vom ehemaligen romanischen Hauptschiff zu erkennen, lediglich Spuren eines nie über die Anfänge hinausgekommenen Neuaufbaus während der gotischen Epoche an der Westmauer.

Die *Kirche von Le Chalard* (Abb. 46) besteht aus dem Chor mit drei Limousinfenstern, der von zwei Seitenkapellen mit je einem Fenster flankiert wird, und dem Querschiff, über dem sich der massige, mit rundbogigen Nischen verzierte Glockenturm erhebt. Im Innern sieht man romanische Kapitelle mit Personen-, Tier- und Pflanzenmotiven an den eingelassenen Säulen, die die Pendentifkuppel des Turms stützen, ein Taufbecken, eine Mensa mit Altarunterbau und einen Beichtstuhl. Die Blicke zieht aber ein großer Reliquienschrank aus Holz im Flamboyant-Stil des 15. Jh. auf sich. Dieser setzt sich aus 35 Holzplatten zusammen und schützt das *Steingrab des hl. Geoffrey,* das früher von den Gläubigen langsam dadurch zerstört wurde, daß sie sich etwas vom Stein abkratzten in der Hoffnung, das so gewonnene Pulver würde Heilkräfte, vor allem gegen Asthma, besitzen.

Neben dem Eichenschrank führt eine Treppe in die Kapelle hinunter, angeblich ehemaliger Wohnraum des hl. Geoffrey. Ein Prachtstück ist der emaillierte *Reliquienschrein* aus dem 13. Jh., der mit Platten aus dem 12. Jh. verziert ist. Er wurde in Limoges hergestellt und gilt wegen des kantigen, strengen Faltenfalls der Gewänder der Figuren unter den Experten als erstes oder zweites Exemplar einer Serie von fünf oder sechs, bei der die gleichen, immer stumpfer werdenden Formen verwendet wurden. Eine Platte fehlt dem Reliquienschrein: Sie ist im Cluny-Museum in Paris ausgestellt und zeigt drei Apostel. Die in den Fußboden eingelassene Grabplatte vor dem großen Holzschrank trägt das kaum mehr erkennbare Wappen von Goulfier de Lastours, des schon genannten Löwenritters, der hier neben dem Heiligen ruhen wollte.

Ein Paradegrab desselben Kreuzritters befindet sich auch im Kapitelsaal des an die Kirche angebauten Klosterteils, der jedoch für die Öffentlichkeit unzugänglich auf Privatgrund hinter einer Mauer liegt. In diesem Gebäude liegt auch das Grab von Agnès d'Aubusson. Ebenso ist der Gerichtssaal, bis zu dem wohl einst das romanische Langhaus gereicht hatte, nicht zu besichtigen. Fertiggestellt noch im 11. Jh., gilt er als das älteste noch erhaltene weltliche Gebäude der Haute-Vienne.

Südwestlich vom Friedhof erkennt man gut den ältesten Gebäudeteil der Kirche, das 1088 von Geoffrey errichtete Oratorium. Es steht auf Grundmauern, die als Überreste der auf römischen Ruinen errichteten Abtei aus dem Jahre 800 gelten. Über dem Bethaus, in zwei Stockwerken angeordnet, die 16 Schlafzellen der Mönche, jede mit einem Guckloch als Fenster.

Auf dem *Friedhof* sieht man viele Gräber aus dem 11., 12. und 13. Jh. Die Granitgrabsteine verraten, daß hier nicht nur Geistliche begraben liegen. Neben ihren Grabsteinen in Form von kleinen Kirchen, gibt es nämlich noch ganz flache, mit eingemeißelten Symbolen der Berufe der Begrabenen. So erkennt man das Grab eines Schmieds an Hammer und Zange, das des Holzfällers an der Axt.

Beim Rückweg durch das gepflegte Dorf lohnt sich ein Blick auf das ›*Haus der Engländer*‹. Es ist im romanisch-gotischen Stil im 12. Jh. erbaut und im 14. Jh. aufgestockt worden. Seinen Namen hat es seit 1419, als es während einer Besetzung durch Engländer für zwei Jahre als Wohnhaus der Truppenführer diente. – Ein kleiner Ausflug in die Umgebung führt zu Ruinen eines Turms an der Isle. Bei einer Brücke steht dieser Überrest des 1793 zerstörten Château d'Estivaux aus dem 15. Jh.

□ Von Ladignac-le-Long nach Saint-Hilaire-les-Places

Einige Kilometer nördlich von Le Chalard gelegen, gruppiert sich **Ladignac-le-Long** um eine tonnengewölbte romanische Kirche mit einem achteckigen Glockenturm. Die Apsis des Gotteshauses ist fünfseitig und wird von drei Fensternischen im Limousinstil erhellt, das Chorhaupt von zweien. Der innere Bogen des Portals ist fächerförmig gestaltet. Im Chorbereich fallen die Ecksäulen auf, die Kapitelle des Chorbogens sind reich verziert. Im Osten der Querschiffarme sind Kapellen plaziert.

Auf einem alleinstehenden Hügel, 11 km nördlich von Saint-Yrieix-la-Perche und abseits der direkten Strecke befindet sich der kleine Ort **La Roche-l'Abeille.** In der Nähe des Dorfes sind noch Ruinen einer alten Burg zu sehen. Einzug in die Geschichtsbücher fand La Roche-l'Abeille dadurch, daß hier die Calvinisten unter Coligny über die Katholiken unter dem Befehl des Herzogs von Anjou einen deutlichen Sieg errangen. – **Saint-Hilaire-les-Places** ist heute ein blumengeschmückter moderner Ort, im alten Ortsteil steht noch eine romanische Kirche aus dem 12. Jh. mit ihrem achteckigen Turm.

□ Nexon

Der Name des 2400-Einwohner-Ortes ist aus zwei Gründen bekannt. Zum einen gab er der alten Baronie Nexon den Namen, zum anderen stand hier die Wiege der gleichnamigen angloarabischen Pferderasse.

In Nexon interessiert vor allem die *Kirche.* Schon im 11. Jh. entstand deren erster, romanischer Teil mit Sanktuarium, Querschiff und Glockenturm, vier Jahrhunderte später, in einem

Ruinen von Lastours

zweiten Bauabschnitt, wurde das gotische Langhaus errichtet. Es ist im Flamboyant-Stil gehalten und besitzt drei kreuzrippengewölbte Joche und zwei Seitenkapellen. Im romanischen Kirchenabschnitt geben die drei Fenster der fünfeckigen Apsis ein typisches Beispiel des Limousinstils mit den kleinen Säulen und Archivolten. Über dem Querschiff ein Tonnengewölbe, die Vierung liegt unter einer Pendentifkuppel, getragen von Wandsäulen, deren Kapitelle zum Chor hin skulptiert sind. Im Limousinstil ist auch der Portalvorbau gestaltet, und bei genauem Hinsehen erkennt man noch die Überreste ehemaliger Befestigungen. Wertvollstes Inventar der Kirche ist ein kupferner, mit emaillierten Platten versehener Reliquienschrein aus dem 13. Jh. und ein Büstenreliquiar von 1346; die Holzstatuen der Sainte-Catherine und des Saint-Roche stammen aus dem 15. bzw. 16. Jh. Die Reliquien werden im Sakramentshäuschen im rechten Querhausarm aufbewahrt, die Holzstatuen blicken aus Maueröffnungen zwischen Querschiff und erstem Joch herab.

Eine exponierte Lage im Stadtpark hat das *Schloß* von Nexon. Ursprünglich im 15./16. Jh. errichtet, fiel es der Revolution fast vollständig zum Opfer. Der heute sichtbare Bau stammt aus dem 19. Jh.

Auf der Weiterfahrt kommt man an **Lastours** und dem **Château des Cars** vorbei. Nur noch Ruinen stehen von diesen beiden Schlössern, wobei Lastours derzeit wiederhergerichtet wird. Eine Attraktion sind dort die im Juli und August angesetzten nächtlichen Vorstellungen, bei denen das Gelände nur mit Fackeln erleuchtet wird. Bei diesen torches et lumières wird, anders als bei den üblichen Shows, der Besucher in das Geschehen miteingebunden. Er wird durch die Ruinen geführt und erhält interessante Erklärungen über die Geschichte von Schloß und Region.

□ Châlus

Der Ort in den nach ihm benannten Bergen von Châlus war, bedingt durch eine strategisch günstige Lage, schon lange vor der Zeitwende Hauptstadt eines mächtigen keltisch-ligurischen Stammes. Aus dieser Zeit sind noch erstaunlich viele Monumente erhalten, so acht Oppida in bemerkenswert gutem Zustand. Auch noch zu gallischer Zeit war Châlus ein belebter Ort, allerdings ist er heute vor allem durch seine Geschichte im Mittelalter bekannt. Herausragendes Ereignis im Rückblick ist sicherlich die Tatsache, daß 1199 bei der Belagerung von Châlus Englands König Richard Löwenherz durch einen Armbrustpfeil den Tod fand.

Châlus und Richard Löwenherz

1199 war Châlus eine gerade neu erbaute Befestigungsanlage mit einem uneinnehmbaren Donjon. Nach einer Legende, und es gibt über diesen für die weitere Entwicklung Aquitaniens so bedeutenden Vorfall unzählige Berichtsvarianten von Zeitgenossen, soll der damalige Markgraf von Limoges, Adhémar V., einen Schatz mit mehreren Statuen aus massivem Gold in seinem Schloß Châlus versteckt haben. Geschichtlich gesichert scheint jedenfalls, daß sich Adhémar, eigentlich Vasall von Richard Löwenherz, mit dem französischen König Philipp gegen Richard Löwenherz verbündet hatte. Philipp war früher als sein ehemaliger Kampfgefährte Richard vom dritten Kreuzzug heimgekehrt und nutzte die Zeit zu politischen Intrigen gegen den englischen König. Löwenherz schwor deshalb nach seiner zweijährigen Gefangenschaft bei Herzog Leopold in Österreich und Kaiser Heinrich VI., Adhémar zu bestrafen und seine Burgen, darunter auch Châlus, zu zerstören. Mag sein, daß der Goldschatz ein zusätzlicher Anreiz war. Am 24. März 1199 jedenfalls kommt Richard Löwenherz, überraschend für die Verteidiger, mit einer Söldnertruppe aus der Gascogne vor Châlus an. In der Burg leben zu dieser Zeit nur 38 Personen, darunter Frauen und Kinder, und wahrscheinlich nur zwei Ritter, Pierre Basile aus der Gegend um Firbeix und Pierre Brun aus Montbrun, obwohl auch der Name Bertrand de Gourdon in manchen Berichten auftaucht. Diese bieten die kampflose Übergabe der Burg an, falls das Leben der Verteidiger geschont würde, doch Löwenherz lehnt diese Bitte ab. Die Verteidiger ziehen sich darauf in den Bergfried, den Tour de Fort, zurück, trotzen allen Angriffen und hoffen auf Verstärkung. Am 26. März 1199 inspiziert Löwenherz selbst in vorderster Front den Turm und wagt sich dabei zu weit vor: Aus einer der Schießscharten trifft ihn Pierre Basile (oder Bertrand de Gourdon?) mit einem Pfeil aus seiner Armbrust in die Schulter. Die Verwundung ist nicht besonders schwer, doch ein Stück der Pfeilspitze bricht

Richard I.,
genannt Löwenherz
(1157–1199)

ab, und die Wunde infiziert sich. Von einem Boten aus der Abtei Fontevrault geholt, trifft in den nächsten Tagen die 77jährige Elionore von Aquitanien ein, doch auch sie kann ihren Sohn nicht retten. Am 6. April 1199 gegen 7 Uhr abends erliegt der 42jährige Richard Löwenherz dem Wundbrand. Begraben wird sein Körper am 11. April neben seinem Vater Heinrich II. in der Abtei Fontevrault, in der später auch seine Mutter ihre letzte Ruhe findet. Sein Herz liegt, dem letzten Willen entsprechend, in der Kathedrale von Rouen in der Normandie, während seine Eingeweide in der Schloßkapelle von Châlus bestattet wurden. Richards Thronfolger wird sein Bruder Johann ohne Land, was den baldigen Zusammenbruch des Reichs der Plantagenets zur Folge hat.

Vor seinem Tod hatte Löwenherz noch dem Schützen verziehen. Das Versprechen auf freies Geleit hielt Richards Oberbefehlshaber und Belagerungsspezialist Merchadier nach der Legende jedoch nicht ein. Er ließ nach dem Tod des Königs dem Armbrustschützen die Haut abziehen und ihn an der Burgmauer aufhängen. Wie die Verteidiger letztendlich doch in die Gewalt der Belagerer kamen, vielleicht gaben sie wegen Wassermangels auf, ist übrigens nicht überliefert. Die Berichterstatter beschränken sich auf die Angabe, daß alle getötet und ihre Leichen an der Burgmauer aufgehängt wurden. Ob diese für Söldner nicht unübliche Brutalität allerdings den historischen Tatsachen entspricht, ist zweifelhaft. So ist für Pierre Basile, den wahrscheinlichen Schützen, in einer zeitgenössischen Akte 1239 als Todesjahr vermerkt. Das Stadtwappen von Châlus erinnert jedenfalls bis heute an diese Geschichte: Es stellt einen Pfeil dar, der von den neun legendenumwobenen Goldkegeln umgeben ist.

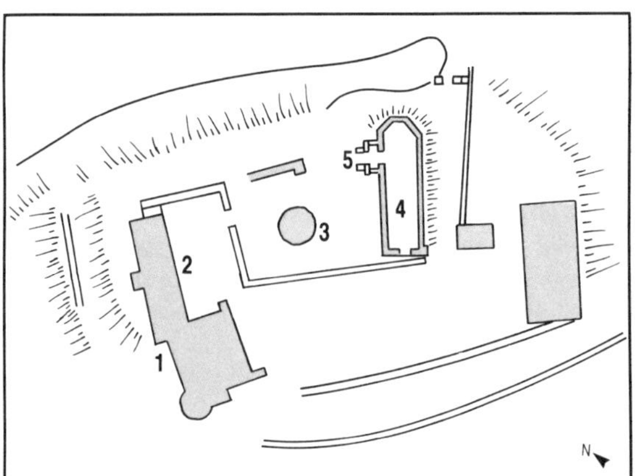

Schloß Châlus, Grundriß
1 Corps de logis, 11.–13. Jh.
2 Corps de logis, 17. Jh.
3 Bergfried, 11.–12. Jh. (Tour du Fort)
4 Kirche (Ruine), 11. Jh.
5 Chouly-Kapelle (Ruine), 15. Jh.

Durch seine Grenzlage zwischen französischem und englischem Herrschaftsgebiet war Châlus auch während des gesamten Hundertjährigen Krieges immer wieder Schauplatz von Auseinandersetzungen, wodurch die gesamte Gegend schwer litt. Ein ähnliches Schicksal wiederholte sich in den Religionskriegen, als Hugenotten die Stadt heimsuchten. Vom alten **Schloß Châlus** steht heute neben dem *Corps de logis* aus dem 11.–13. Jh. noch ein einzelner Turm, der im Durchmesser 10 m breite Bergfried, der *Tour du Fort.* Seine 3 m dicken Mauern, die erste Öffnung in 6 m Höhe, und die Konstruktion im Innern mit übereinanderliegenden Räumen, deren Aufgänge wieder 4 m über den Geschoßböden liegen, lassen nachvollziehen, daß dieser Donjon aus Granit für die Truppe von Richard Löwenherz uneinnehmbar gewesen sein muß. Ehemals 42 m hoch, wurde er 1870 auf 27 m abgebaut und bietet dem Besucher einen Ausblick auf die Stadt und das Tardoire-Tal, so sieht man 300 m südwestlich die Turmruine des Rocher de Maulmont. Nur noch Grundmauern stehen von der *Kirche* (11. Jh.) und der *Chouly-Kapelle* (15. Jh.). – Das gesamte Gelände ist seit 1535 in Besitz der Grafen Bourbon-Châlus, kann jedoch täglich besichtigt werden.

□ Dournazac

Inmitten vieler Schlösser und Burganlagen dieses südwestlichen Teils der Haute-Vienne ist es in Dournazac eine Kirche, die das Interesse weckt. *Saint-Sulpice* hat seine Ursprünge im 12. Jh. und präsentiert sich dieser Epoche entsprechend mit tonnengewölbtem, dreijochigem Hauptschiff, Apsis und einem Querschiff, das von zwei Seitenkapellen im Osten flankiert wird. Die Vierung überdacht eine achteckige Pendentifkuppel und ein quadratischer Glockenturm. Die in das Mauerwerk eingestellten Säulen, schmaler als die Gurtbogen, krönen ausdrucksvolle, mit Blattwerk und Fratzen verzierte Kapitelle. In die fünfeckige Apsis dringt das Tageslicht durch ein Fenster im Limousinstil, den gesamten Altarraum und beide halbkreisförmigen Seitenkapellen verziert ein auf skulptierten Konsolen ruhender Rundbogenfries. – Besonders viele Touristen empfängt Dournazac im Oktober zum Maronenfest.

□ Château de Montbrun

Die Burganlage von Montbrun entstand erstmals 1179 durch Aymeric Brun, doch von dieser romanischen Festung ist nur noch der 36 m hohe Bergfried Grand-Jacques erhalten. 1440 war es Pierre de Montbrun, Bischof von Limoges, der die Anlage neu aufbaute und dabei den Innenhof mit vier großen runden Türmen umschloß. Den schönsten Eindruck macht das Schloß von der südwestlichen Seite des Wassergrabens, besonders wenn sich bei Nachmittagssonne die Silhouette im Wasser spiegelt (Farbabb. 24).

2 km westlich von Montbrun liegen die galloromanischen Ruinen von Les Couvents. – Auf der Weiterfahrt nach Brie kommt man am waldreichen Puyconnieux vorbei, einem 496 m hohen Berg, von dem der Blick nach Osten und Norden über die Haute-Vienne möglich ist.

□ Château de Brie

Erbaut 1484–1525 von Jean de Brie, macht das Schloß mit seinen 2–3 m dicken Mauern und den beiden Wachtürmen einen wuchtigen Eindruck (Abb. 44). Beherrscht wird der Baukomplex im Süden von einem 25 m hohen Eingangsturm, in dessen Innern eine Wendeltreppe aus Granit nach oben führt. Den Weg nach oben lohnt das verzierte Gewölbe, ein Schmuckstück der Architektur der Übergangszeit von später Gotik zur beginnenden Renaissance. Das Schloß ist reich möbliert und die Zimmer teilweise sehr elegant hergerichtet. Eine schmale Treppe führt im Mauerwerk des Schlosses ins Chambre des Amours, das Zimmer der Verliebten, wie es romantisch genannt wird. In Wirklichkeit dürfte es ein Wachraum gewesen sein.

Im Sommer werden in einer sehenswerten Scheune auf dem Gelände Konzerte veranstaltet. Wer in dieser romantischen Umgebung übernachten will, kann das jederzeit: 4 Zimmer des Château de Brie sind als Pensionszimmer hergerichtet und werden vermietet.

□ Saint-Mathieu

Die Hauptstadt des Pays des Feuillards, des Landes der Faßbinder, Saint-Mathieu, ist für ihren Schinken und ihr Pökelfleisch bekannt. Am 13. jeden Monats und am 11. August findet ein Markt für Bohnen und Schinken statt, auf dem man auch die Produkte der Gegend kosten kann.

Mit dem *Château Rocher* besitzt Saint-Mathieu ein äußerst attraktives Schloß. Es wurde zwar schon im 15. Jh. erbaut, seither aber laufend im jeweils aktuellen Stil restauriert, und so ist es heute in bestem Zustand und auch bewohnt. Das Château ist zwar nicht zu besichtigen, der Weg kann sich aber dennoch lohnen, denn auch von außerhalb des Besitzes hat man einen guten Blick in den Park und auf das Gebäude. Vom Kirchplatz weisen Schilder den Weg zu der etwa 3 km westlich liegenden Anlage.

Einige Kilometer nördlich von Saint-Mathieu liegen die Ruinen des *Château de Lavauguyon.* Die im 15. Jh. erbaute Burg war von zwei Einfriedungen umgeben und ragt an einem Hang über der Tardoire empor.

□ Les Salles-Lavauguyon

Mit *Saint-Eutrope* steht in Les Salles-Lavauguyon eine markante Kirche aus dem 11. Jh. mit einem äußerst schönem Hauptschiff. Blickfang sind die außergewöhnlichen *romanischen Wandmalereien,* die seit 1986 allmählich restauriert werden. Noch sind die Arbeiten nicht abgeschlossen, doch schon jetzt erkennt man die 80 m² bedeckenden Fresken auf der Westfassade, die zu Beginn des 12. Jh. aufgetragen wurden. Die Malereien lassen sich in fünf Abschnitte gliedern: Oben die Erschaffung von Adam und Eva durch die Dreifaltigkeit und die Verkündigung, in der zweiten Reihe die Geburt Christi und die Anbetung der Heiligen Drei Könige. In der mittleren Zone wird vor den Lastern Gefräßigkeit, Gewalt, Eitelkeit und Unzucht gewarnt, die vierte Bildreihe stellt Heilige wie Etienne und Martial vor. Nur noch blaß sind im untersten Abschnitt Ornamente zu erkennen. An den Seitenwänden der Kirche werden kontinuierlich weitere Fresken freigelegt; meist stellen sie Heilige dar, so Valérie und Christophorus, oder die ersten Prioren des Ortes, wie Boso, Sohn Aymerics III. Die Fresken von Les Salles-Lavauguyon zeichnen sich vor allem durch ihren Farbenreichtum und die Intensität der Blautöne aus. Ungewöhnlich für das Zeitalter der Romanik ist die Darstellung der Schöpfung durch die Dreifaltigkeit.

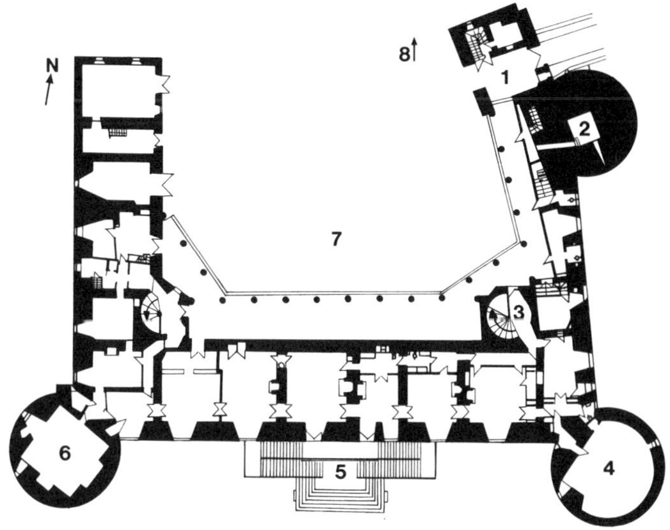

Schloß von Rochechouart, Grundriß
1 Eingangsschlößchen mit Tor
2 Bergfried (Nordostturm)
3 Eingang zum Museum
4 Ostturm (Löwenturm)
5 Terrassen
6 Westturm (Kapellenturm)
7 Innenhof
8 Tour des Allées

Der Chor der Kirche, ebenfalls mit Seitenschiffen, kam erst im 12. Jh. hinzu. Die Eigenart von Saint-Eutrope: Sie ist auf unebenem Untergrund erbaut und deswegen nach jedem Gewölbefeld um eine Stufe erhöht. Licht findet Einlaß durch Fenster im Limousinstil. Drei Joche, größer als diejenigen des Hauptschiffs, bilden den Chor, wobei das erste der Anfang eines nicht mehr existierenden Querschiffs war. Sie werden von einem Kreuzrippengewölbe überspannt. Über dem westlichen Joch erhebt sich ein unten quadratischer und oben achteckiger Glockenturm, getragen von einer achteckigen Pendentifkuppel. Die Wand des Chorhaupts durchbrechen vier Fenster im Limousinstil.

□ Rochechouart

Das **Schloß von Rochechouart** wurde im 11. Jh. unter dem Schutz der Benediktinerpriorei von Charroux und den Markgrafen Aymeric IV. und Aymeric VI. gegründet. Seit 805 existierte hier bereits ein Oratorium, erbaut von Roger, Graf von Limoges, und seiner Frau Euphrasie. Das Schloß liegt inmitten von Parks an der Seite eines Felsmassivs über dem Zusammenfluß der Graine mit der Vayres. Der *Bergfried* aus dem 12. Jh. wurde im 16. Jh. bis auf die Höhe der übrigen Dächer abgetragen, trotzdem imponiert das Äußere mit den attraktiven Lukarnen und Maschikulis. Auch die Fresken im Jagdsaal, zu datieren zwischen 1498 und 1515, und Wandmalereien der Herkulestaten, wenige Jahre später entstanden, sind einer Betrachtung wert. Die Szenen der Hirschjagd geben dem Betrachter gleichzeitig einen Eindruck vom Schloß zu seiner Blütezeit und von der rundum befestigten Stadt.

In anderen Schloßräumen werden in einem 1894 gegründeten *Museum* prähistorische und galloromanische Funde, meist aus dem benachbarten Chassenon, ausgestellt. Spitzenqualität haben auch die wechselnden Ausstellungen über zeitgenössische Kunst.

Von Aymeric und seiner Frau Alix ist die Geschichte überliefert, der Intendant des Schlosses habe vergeblich um die Gunst der schönen Markgräfin geworben. Als sie sich ihm verweigerte, beschuldigte er sie zu Unrecht, ihn verführen zu wollen. Der impulsive Aymeric warf jedoch seine Frau dem Löwen, den er im Nordostturm des Schlosses für derartige Gelegenheiten hielt, zum Fraß vor. Zwei Tage später, als er nachzusehen geruhte, lag das Raubtier friedlich zu Füßen von Alix. Damit war nach mittelalterlicher Denkweise eindeutig die Unschuld der Markgräfin bewiesen, aber auch gleichzeitig die Schuld des Intendanten. Mit diesem konfrontiert, zeigte der Löwe wesentlich mehr Appetit. Ein Löwenrelief sieht man heute noch am *Ostturm;* daß es jedoch als Andenken an diese Legende über Alix gelten soll, darf bezweifelt werden, eher wurde es den Markgrafen von Limoges, Vorfahren der Familie Rochechouart, gewidmet.

Vor dem Schloß spendet der Schloßpark unter Linden angenehmen Schatten und Platz für Petanque, von dort führt auch ein Zugang zum Terrassengarten. Der hier gut erkennbare *Westturm* beherbergte übrigens lange die Kapelle des Schlosses. Von Norden sieht man den noch erhaltenen unteren Teil des *Tour des Allées,* der im 15. Jh. außerhalb des Schlosses gebaut wurde, um durch seine vorgeschobene Position einen zusätzlichen Schutz gegen die sich entwickelnde Artillerie zu gewährleisten.

Im Ort Rochechouart, in dem heute über 4000 Einwohner leben, hat sich eine reizvolle Altstadt erhalten, von der ehemaligen Stadtmauer sind noch drei Türme zu sehen.

Die *Kirche Saint-Julien* geht ebenfalls auf die Mönche von Charroux zurück, die sie im 11. Jh. errichteten. Aus diesem Zeitabschnitt stammen noch das Westportal, die Nordmauer, ein Teil des Querschiffs und der quadratische Chor. Schon das Fenster des Chors und das Südportal sind gotisch, aus dem späten 13. Jh. Über dem Portalvorbau erhebt sich ein achteckiger, zweistöckiger Glockenturm, seine spiralförmige Spitze wurde 1764 restauriert. Der steinerne Sarkophag an der Nordmauer ist ins 12. Jh. zu datieren.

□ Chassenon und Biennac

An der Grenze der Haute-Vienne zur Charente, 5 km westlich von Rochechouart, liegen die *galloromanischen Bäder* von **Chassenon,** dem antiken Cassanomagnus, an der ehemaligen Römerstraße von Limoges nach Saintes. Etwa 20 teils unterirdische Räume gehören zu diesem Komplex sowie drei Tempel und ein Theater.

Nur wenige Kilometer jenseits der Departementsgrenze liegt **Rochebrune.** Ein Besuch des dortigen Schlosses kann diese Reise entlang der Route ›Richard Löwenherz‹ vervollständigen.

2 km östlich von Rochechouart steht in **Biennac** die Kirche *Saint-Julien.* Im 12./13. Jh. errichtet, ist das Langhaus noch romanischen Stils, zwei Kapellen bilden ein Querschiff. Pfeiler mit reich verzierten Kapitellen tragen die achteckige Kuppel über der Vierung, rundbogige Zwillingsfenster auf allen vier Seiten sind von außen an dem darüberliegenden Turm zu erkennen. Während die rechte Kapelle nur einen einfachen hölzernen Dachstuhl besitzt, wird die linke schon von einem gotischen Kreuzrippengewölbe überzogen, auch der Chor mit seinem Gewölbe ist gotisch. Der Portalvorbau mit seinen zwei Boudins ist im Limousinstil gehalten.

Das Tal der Briance

Idyllische Straßen, meist durch helle Laubwälder, führen entlang der Briance vom südlichen Rand des Departements Haute-Vienne bis kurz vor die Tore von Limoges. Beginnen sollte man diesen Reiseabschnitt auf dem **Mont Gargan,** an dessen westlicher Flanke auch die Briance entspringt. Auf dem 731 m hohen Gipfel des Berges verfallen seit Jahrzehnten die Ruinen einer ehemaligen Kapelle; der Ausblick reicht weit in alle Himmelsrichtungen.

□ Saint-Germain-les-Belles

Hugue Roger, Bischof von Tulle und Bruder des Papstes Klemens VI., gab 1376 den Auftrag, die *Stiftskirche* von Saint-Germain-les-Belles auf den Fundamenten einer romanischen Kirche zu errichten. Die Wehrkirche überdauerte die Jahrhunderte bis zur Revolution unbeschädigt und erhielt im 15. Jh. zwei Kapellen am südlichen Teil des weiträumigen, zweijochigen Langhauses. Am attraktivsten in der Kirche ist der fünfseitige Altarraum, dessen Kreuzrippengewölbe auf mit Blattwerk verzierten Säulen ruht. Der Schlußstein stellt das Wappen des Bischofs Hugue Roger dar, die Fenster werden auch hier wieder durch Wülste gerahmt. Das Chorgestühl wird derzeit restauriert. Oberhalb der Sakristeitür zeugt ein Bogenfragment in der Mauer vom ursprünglichen romanischen Bauwerk. Die Sakristei selbst ist ein sehenswerter Raum mit Kreuzrippengewölbe, einem Schlußstein mit dem Wappen Hugue Rogers und reich verzierten Gewölberippen. Über ihr befindet sich der Kapitelsaal, von dem eine Wendeltreppe zu den Befestigungsanlagen der Kirche führt. Dieser Wehrgang um das Chorhaupt wird vom Strebewerk getragen, dessen Arkaden ungewöhnlich weite Maschikulis bilden.

□ Magnac-Bourg

Das Örtchen Magnac-Bourg besitzt ein hübsches gotisches Kirchlein aus dem 15. Jh., Saint-Jacques-le-Majeur. Zwei Joche bilden das Langhaus, getrennt werden sie von einem großen Gurtbogen. Wandsäulen mit reich verzierten Kapitellen stützen das Gewölbe des Altarraums, in der Apsis spenden drei, noch aus dem späten 15. Jh. stammende große Fenster Licht. Aus teilweise vergoldetem Holz präsentiert sich der Hauptaltar.

□ Pierre-Buffière

Auf einer Anhöhe über dem Briance-Tal liegt Pierre-Buffière, das schon zu römischen Zeiten als Petra Bufferia existierte. Der Name bedeutet soviel wie ›der Stein, wo der Wind heult‹ und wird dem Reisenden im Limousin in Variationen immer wieder für kleine Weiler begegnen.

Erstmals erwähnt wird 1183 ein Schloß, von dem aber nur noch Ruinen erhalten sind. Pierre-Buffière gilt als die erste Baronie des Limousin und Apanage der Grafen von Limoges. Bis 1626 war der Ort im Besitz der Lehnsherren von Pierre-Buffière, danach ging er an das Haus Sauveboeuf über und später an die Familie Mirabeau, der er bis zur Revolution unterstand.

Auf zwei Ärzte ist Pierre-Buffière stolz: Guillaume Dupuytren, der bekanntere, wurde hier 1777 geboren, er gilt als Entdecker der Ursache der Fingerverkrümmung; Fernand

Guillaume Dupuytren

Langrange kam 1845 zur Welt. Auch in der Kirche Saint-Croix gibt es einen Bezug zur Medizin: In dem Gotteshaus aus dem Jahre 1060 werden die Reliquien des hl. Côme und des hl. Damien aufbewahrt, Schutzpatrone der Ärzte und Chirurgen. – Eine besondere Verzierung weist das Portal auf: Die zwölf Apostel sind dort auf Porzellan gemalt zu sehen. Links vom Eingang liegt ein Grabstein aus der Merowingerzeit.

Ein weiteres romanisches Bauwerk in Pierre-Buffiere ist die Brücke über die Breuilh, der Pont Vieux überspannt seit dem 12. Jh. die Briance.

□ Château de Chalusset

Am Zusammenfluß von Ligoure und Briance, 16 km südlich von Limoges, liegt die Ruine von Chalusset. Der Burghügel ist seit der Vorgeschichte bewohnt, in Bronze- und Eisenzeit war er bedeutendes Zentrum für das Umland. Auch die Lemovices halten hier einen Posten, der allerdings während der Römerzeit aufgegeben wird. 1050 läßt Ithier, Bischof von Limoges, dann das Schloß errichten, das eine bewegte Geschichte erlebt, mehrmals im Besitz zwischen Engländern und Franzosen wechselt und auch Stützpunkt für skrupellose Herrscher wird, die der Bevölkerung hohe Zahlungen abpressen. Während der Religionskriege, ab 1574, restauriert die Familie de Maumont das Schloß. Mit dem Vorwand, Lebensraum für die Reformierten zu schaffen, beginnen sie jedoch fast ein Raubrittertum, holen sich Schutzzahlungen gewaltsam von Nachbardörfern und Reisenden. Nach drei Jahren Ausbeutung ziehen sie freiwillig fort. 1593 besetzen erneut Hugenotten Chalusset und stellen sich wieder als Plünderer heraus. Jetzt engagiert sich die Bevölkerung von Limoges, auch die Einwohner von Saint-Léonard, Solignac und Eymoutiers schließen sich an: Nach fünf Tagen Belagerung geben die Verteidiger auf und ziehen nach einer Abstandszahlung fort, das Schloß wird jedoch fast völlig dem Erdboden gleichgemacht.

Auch heute noch bedecken die Ruinen eine beachtliche Fläche. Die Festung konnte 20 000 Personen aufnehmen, und eine Rekonstruktion ist als Modell in einer Ausstellung am Eingang aufgebaut. Das Schloß hatte die Form eines Trapezes mit den vier Haupttürmen an den Ecken. Im Südwesten zeigen sich auch noch deutliche Spuren des alten Schloßgrabens, die anderen Seiten waren durch den steilen Abhang geschützt. Die Raumaufteilung ist noch einigermaßen erkennbar, am besten erhalten im Zentrum der Ruinen ein hoher Fünfeckturm und zur Briance hin zwei Säle, deren Kreuzrippengewölbe auf gotischen Pfeilern ruht.

38 LIMOGES Kathedrale, Nordportal Saint-Jean ▷

40 LIMOGES Kathedrale, Strebewerk über Chorumgang
◁ 39 LIMOGES Kathedrale, Nordfassade

41 LIMOGES Hôtel de Ville

43 LIMOGES Bahnhof Bénédictins ▷

42 LIMOGES Cour du Temple

44 CHÂTEAU DE BRIE

46 LE CHALARD Abtei und Friedhof ▷

45 COUSSAC-BONNEVAL

47, 48 SOLIGNAC Abteikirche Saint-Pierre, Kapitelle

50 SOLIGNAC Abteikirche Saint-Pierre, Langhaus nach Osten ▷

49 SOLIGNAC Abteikirche Saint-Pierre, Rundbogenfries an der Langhauswand

52 SAINT-LÉONARD-DE-NOBLAT Stiftskirche, Tambour über Vierung

◁ 51 SAINT-LÉONARD-DE-NOBLAT Stiftskirche, Vierung und Mittelschiff nach Westen

54 MORTEMART Markthalle
◁ 53 EYMOUTIERS Stiftskirche Saint-Etienne
55 MORTEMART Alter Torbogen des Karmeliterkonvents

56 LE DORAT Stiftskirche Saint-Pierre

57 LE VIGEN Kirche Saint-Saturnin

58 Eine Schafherde bei La Vigen

59 VIENNE-TAL bei Nedde

□ Le Vigen

Auf das 7. Jh. geht der Ursprung der *Kirche Saint-Saturnin* in Le Vigen zurück, damals wurde vom hl. Théau eine Betkapelle errichtet. Im 11. Jh. entstand dann das heutige Bauwerk, Portal und Glockenwand kamen 200 Jahre später hinzu (Abb. 57). Über dem ersten der drei Joche befindet sich eine Pendentifkuppel, über der Vierung dann eine achtkantige Pendentifkuppel. Der übrige Teil der Kirche ist kreuzgewölbt. Das für das Limousin typische Säulenportal ist fünffach abgetreppt und darüber ragt die Glockenwand auf. Sie hat je zwei übereinanderliegende rundbogige Öffnungen, die durch vorgeblendete Bogen und Mittelsäulen den Eindruck von Zwillingsfenstern erwecken. In den beiden unteren Öffnungen hängen die Kirchenglocken. An der Südseite der Kirche sind romanische, skulptierte Steinsärge aufgestellt, im Innern eine Statue des Kirchengründers Saint-Théau aus Buntsandstein (15. Jh.).

□ Solignac

Kaum noch 1000 Einwohner zählt die alte Stadt Solignac am rechten Flußufer der Briance. Ihren Ursprung und Bekanntheitsgrad verdankt sie der Benediktinerabtei Saint-Pierre, die 631 oder 632 vom im Limousin geborenen hl. Eloi, dem Schutzheiligen der Goldschmiede, gegründet wurde. Eloi, oder Eligius, erlernte zuerst das Goldschmiedehandwerk, wurde königlicher Münzmeister und Minister unter König Dagobert, dann Bischof von Noyon und hatte die königliche Domäne Solemniac von Dagobert als Dank für seine Dienste erhalten. Sarazenen und später Normannen plünderten und zerstörten im 8./9. Jh. die 150 Mönche beherbergende Abtei, aus der zahlreiche spätere Heilige, wie Hadelin und Theatus, hervorgingen. Ludwig der Fromme setzte sie vollständig instand. So fand die Abtei, deren Mönche sich vor allem der Goldschmiedekunst widmeten, wieder zu ihrem früheren Reichtum, auch wenn 1388 und 1568 Verwüstungen durch Engländer und Protestanten schwere Einschnitte bedeuteten. Ein Brand im frühen 18. Jh. beschädigte einen großen Teil der Gebäude, daraufhin erneuerte man den Westteil. 1783 stürzte der im 13. Jh. erbaute Glockenturm ein und wurde durch eine Glockenwand ersetzt. Während der Französischen Revolution war die Abtei Gefängnis, danach Rathaus und schließlich Porzellanfabrik.

Die *Abteikirche Saint-Pierre* wurde weitgehend im frühen 12. Jh. errichtet und 1143 eingeweiht. Von außen ist der Granitbau sehr harmonisch gestaltet. Blendarkaden, Lisenen und Rundbogenfriese gliedern die Mauern. Die Chorpartie ziert ein Kranzgesims, darunter reihen sich Blendarkaden. Beide Gliederungs- und Verzierungsformen setzen sich auf der Querhausmauer fort, so daß diese Bauglieder optisch zu einer Einheit verschmelzen. Noch immer ihr altes, abgetrepptes Portal besitzt die Westfassade, die in einem Dreiecksgiebel endet und auf der Nord- und Südseite von Blendarkaden verziert wird.

Auch im Innern beeindruckt die großartige Harmonie (Abb. 50). Das einschiffige Langhaus besitzt einschließlich Vierung drei Gewölbejoche, die jeweils von einer Pendentifkuppel überdeckt und von zwei Fenstern je Seite erhellt werden. Solignac ist damit das wichtigste Beispiel einer aquitanischen Kuppelkirche im Limousin. Getragen wird das Gewölbe von imposanten quadratischen Pfeilern. Die Vierungskuppel ist mit denen des Langhauses identisch, im Querschiff sind jedoch unterschiedliche Stilrichtungen berücksichtigt. So wird der Nordarm von

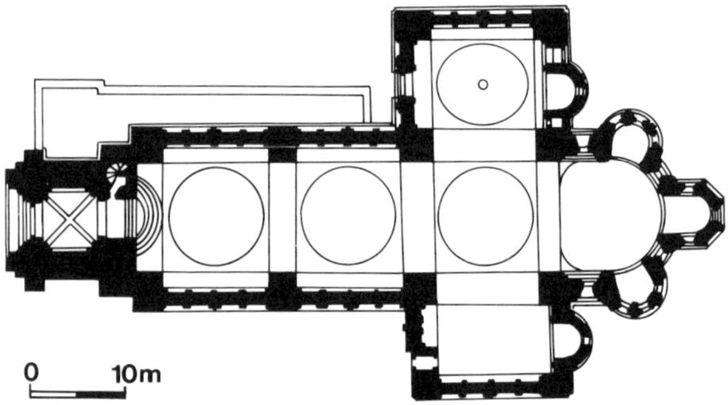

Solignac, Abteikirche Saint-Pierre, Grundriß

einer ovalen Kuppel überdacht, über dem südlichen Arm des Querschiffs erhebt sich ein Tonnengewölbe. Über dem Nordarm war einst ein Glockenturm, der jedoch wegen seines Gewichts wieder abgebaut werden mußte. An den Chor, über dem sich ebenfalls eine Kuppel erhebt, schließen sich drei Kapellen an, zwei weitere befinden sich im Osten der Querhausarme. In jeder lassen drei Fenster im Limousinstil großzügig Licht ins Innere. Sie werden durch Wülste und Säulchen mit reich verzierten Kapitellen gerahmt (Abb. 47, 48). Fünf weitere kleine Rundbogenfenster befinden sich unter dem Gewölbe des Altarraums und über den Seitenkapellen im Tambour. Ein schmaler Laufgang verläuft über dem Rundbogenfries (Abb. 49) und den Blendarkaden entlang der Langhauswände. Das im Langhaus aufgestellte Chorgestühl aus dem 15. Jh. ist reich mit Monstern, Fratzen, Vögeln und Blattwerk verziert. Rechts neben dem Choreingang ein Fresko aus dem 15. Jh., das den hl. Christophorus darstellt. Zwei weitere Fresken in der Apsis stammen aus dem späten 16. Jh. Von der Scheitelkapelle führen Stufen in eine Krypta. An die Südseite der Kirche schließt sich der Innenhof mit den übrigen zur Abtei gehörenden Gebäuden an. Durch ein – jetzt zugemauertes – Rundbogenportal unter dem zweiten Gewölbefeld gelangte man ursprünglich in den Kreuzgang.

Die Stadt Solignac hat noch einige sehenswerte alte Häuser bewahrt, eine gotische Brücke, Pont Rompu, führt über die Briance. Dieser Übergang war schon für eine Römerstraße vorhanden, und später führte der Wallfahrtsweg nach Santiago de Compostela über diese Brücke.

Im Tal der Vienne

Im südöstlichsten Eck des Departements, wo die Vienne aus ihren Schluchten heraustritt und die Grenze zur Haute-Vienne überschreitet, beginnt diese Route. Nicht weit südlich des Lac de Vassivière, der schon im Kapitel über die Creuse beschrieben wurde, befindet sich auch die Stelle, an der sich die drei Departements des Limousin berühren. Das nächstliegende Örtchen ist **Rempnat,** das dortige Château Mazeau soll demnächst renoviert werden. – Im 700-Einwohner-Ort **Nedde** säumen viele Cafés die kleine Dorfstraße. Ein Holzschindeldach schützt

Dorfkirche und Turm aus dem 13. Jh.; bemerkenswert auch der Eisenriegel an deren Hauptportal, der noch aus dem 15. Jh. stammt. Diese Region im Herzen des Limousin ist auch ein Wintersportgebiet, in dem vor allem Skilangläufer ideale Bedingungen finden.

□ Eymoutiers

Ein Eremit namens Psalmet oder Psalmodius (gest. 630) siedelte als erster auf diesem Granitrücken am Rande des Millevaches-Plateaus. Aus der Einsiedelei wuchs ab dem 7. Jh. das Kloster Ahenti monasterium, in dessen Schutz sich die Ortschaft Eymoutiers entwickelte. Vom Kloster steht noch die *Stiftskirche Saint-Etienne* (Abb. 53), in zwei unterschiedlichen Epochen hauptsächlich im 11. und 15. Jh. erbaut. Betritt man die Kirche durch das für das Limousin typische Südportal aus dem 13. Jh., so liegt links der ab 1012 unter Balduin, Bischof von Limoges, erbaute romanische Teil, bestehend aus Glockenturm und Langhaus. Die Jahreszahl des Bauabschnitts bürgt für reinsten romanischen Stil: Zwei Joche des Schiffs sind tonnengewölbt und von Gurtbogen getrennt. Während am Querschiff im 11., 13. und 15. Jh. gebaut wurde, sind Altarraum, der vordere, östliche Teil des Mittelschiffs und der Seitenschiffe sowie einige Kapellen wuchtige Gotik, errichtet um 1450. Dieser gotische Abschnitt ragt höher als der romanische, beleuchtet wird er durch beachtenswerte Fenster im Chor und in den Seitenschiffen. Im 15./16. Jh. ausgeführt, zählen sie zu den schönsten Kirchenfenstern Zentralfrankreichs. Das Chorgestühl stammt ebenso wie das Lesepult aus dem Jahre 1762; ein in der Abtei Grandmont gefertigtes Kreuzreliquiar im südlichen Seitenschiff ist herausragendes Beispiel für die Goldschmiedekunst des Limousin im 13. Jh.

Im alten Stadtviertel, etwas östlich an der Vienne gelegen, stehen typische Gerbermeisterhäuser. Diese Zunft war vor allem im 17./18. Jh. eine angesehene und wohlhabende Gilde. Die Häuser erkennt man an den offenen obersten Stockwerken unter dem Dach: Zwischen dem Fachwerk wurden die Häute getrocknet. 30 Quellen im Stadtgebiet mit auch heute noch äußerst reinem Wasser waren im übrigen der Grund, warum gerade Eymoutiers derart viele Gerber anzog.

□ Peyrat-le-Château und Bujaleuf

Nur wenige Kilometer westlich vom Lac de Vassivière liegt zwischen von Heidekraut und Pinienwäldern bewachsenen Hügeln am Ufer eines kleinen Sees der Ferienort **Peyrat-le-Château.** Hier befinden sich die Elektrizitätswerke, zu denen das Wasser des Lac de Vassivière zur Stromerzeugung geleitet wird. Den Namen hat der 1500-Einwohner-Ort von einem Schloß direkt am See, das einst von den Prinzen von Lusignan bewohnt wurde und von dem heute noch der quadratische Wachturm aus dem 12. Jh. erhalten ist. Die Kirche von Peyrat datiert ins 11. Jh. zurück, wurde aber nach einem Brand 1184 im gotischen Stil neu aufgebaut. Zu einigen lokalen Sehenswürdigkeiten führen von Peyrat-le-Château herrliche Wanderwege.

Der kleine Ort **Bujaleuf** stellt sich mit einer Kirche aus dem 13. Jh. vor, die zumindest teilweise noch mit Kastanienschindeln gedeckt ist. Der Quelle Saint-Martin, die aus einem Granitbecken heraussprudelt, sprach man lange Zeit Heilwirkung bei Wunden zu. Im Park des Schlosses von Bujaleuf ist eine ständige Ausstellung zeitgenössischer Granitskulpturen zu sehen. Der See von Bujaleuf gilt bei den Einwohnern von Limoges als Tip für einen attraktiven Wochenendausflug ins Grüne. – Unten im Tal, wo die Maulde in die Vienne mündet, findet man das *Château du Chalard* und die Ruinen der *Priorei von Artige.*

□ Saint-Léonard-de-Noblat

Der Einsiedler und Wunderheiler Leonhard ließ sich im frühen 6. Jh. im Wald von Pauvain am rechten Ufer der Vienne nieder und genoß bald großes Ansehen. Auf einem Hügel gegenüber stand zu dieser Zeit ein Schloß, das im Besitz der Könige von Austrasien war. Einer dieser Könige, Chlodwig I., war Taufpate Leonhards, der selbst aus einem fränkischen Adelshause stammte. Eines Tages kam der Nachfolger Chlodwigs, Theodebert, mit seiner schwangeren Frau Wisigarde auf einer Limousinreise in diese Burg. Bei Wisigarde setzten heftige Wehen ein, da es aber nicht zur Niederkunft kam, bangte der König um das Leben seiner Frau. Der herbeigeholte Leonhard rettete Wisigarde, die einen gesunden Sohn gebar. Als Dank für die Heilung gab Theodebert dem Leonhard ein so großes Territorium als Geschenk, wie dieser in einer Nacht auf seinem Esel durchreiten konnte. Leonhard gründete eine Landwirtschaft und

Saint-Léonard-de-Noblat
1 Stiftskirche
2 Maison de la Tour
3 Maison de la Tour carrée
4 Haus aus dem 13. Jh.
5 Brücke
6 Geburtshaus des Gay-Lussac
7 Denkmal
8 Gay-Lussac-Museum

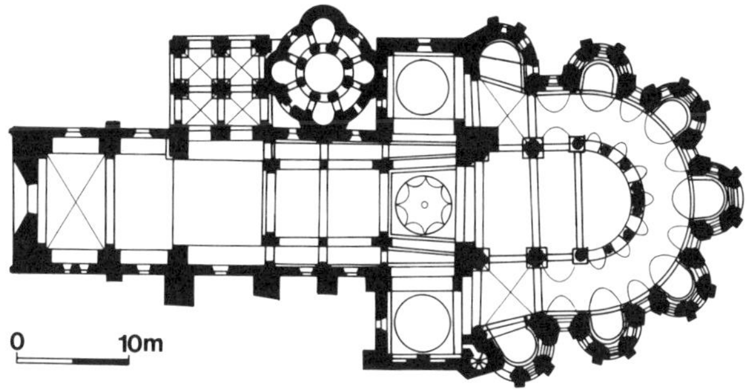

Saint-Léonard-de-Noblat, Stiftskirche, Grundriß

verwendete die Erträge zum Loskauf von Gefangenen, die dann hier arbeiten konnten. In Erinnerung an die königliche Schenkung nannte man das Gebiet ›Nobiliacum‹, aus dem später ›Noblat‹ wurde. Nach dem Tod des hl. Leonhard am 6. November 559 wurde dessen Leichnam in seiner Betkapelle Notre-Dame de sous les Arbres aufbewahrt, die aber wegen der zahlreichen Pilger – Leonhard galt als Schutzpatron der Gefangenen und der Pferde – zu klein wurde und einer größeren Kirche weichen mußte.

Auch von diesem Bau sind, wie von der Kapelle, keine Reste mehr erhalten, jedoch eine Überlieferung, nach der die für die Grabespflege zuständigen Geistlichen um ein Zeichen baten, wo der Ort für den Neubau gewählt werden sollte. In der dritten Nacht der Gebete um einen göttlichen Rat bedeckte eine für das Limousin ungewöhnlich dicke Schneeschicht den gesamten Landstrich bis auf eine Stelle: an dieser wurde dann gebaut. Ein drittes Gotteshaus folgte Mitte des 11. Jh., als Saint-Léonard als Stift dem Augustinerorden unterstand. Von dieser Kirche sind die Mauern des Haupt- und Querschiffs noch weitgehend im derzeitigen Bau erhalten.

Aufgrund der unterschiedlichsten Bauepochen und Erweiterungen bietet die *Stiftskirche* (1) heute ein fast verwirrendes Bild – auch ein Ausdruck dafür, daß Saint-Léonard eine wichtige Etappe auf der Pilgerstraße nach Santiago de Compostela geworden war und dem anschwellenden Pilgerstrom im Mittelalter immer mehr Raum zur Verfügung stellen mußte.

Die Fassade von Saint-Léonard stammt aus dem späten 13. Jh. Das Westportal ist elegant mit in Gewändestufen eingestellten Säulen gestaltet. Die skulptierten Kapitelle bilden einen Kranz, der sich links und rechts des Portals als Fries fortsetzt. Über diesem Fries zu beiden Seiten je eine Dreipaßnische. An der Nordseite der Kirche befinden sich der 52 m hohe Glockenturm und die Chapelle du Sépulare, ein Rundbau aus dem 11. Jh. Die Kuppel dieser heute als Baptisterium genutzten Kapelle wird von acht Pfeilern getragen, um diese herum vier kleine Seitenkapellen. Der romanische Glockenturm aus dem frühen 12. Jh. ist vielleicht der eleganteste seiner Stilrichtung im Limousin. Neun Pfeiler stützen die Grundmauern, die einen Portalvorbau bilden, die Kapitelle sind mit Blattwerk, Figuren und Tieren verziert. Darüber liegen drei quadratische Stockwerke, die auf jeder Seite von Fenstern durchbrochen werden. Die beiden unteren Stockwerke besitzen pro Seite zwei rundbogige Fenster, das dritte eins, das jeweils von einem spitz zulaufenden Blendgiebel bekrönt wird. In den beiden obersten Stockwerken wird der Glockenturm achteckig, mit je einem Zwillingsfenster pro Seite.

Das Langhaus (Abb. 51) umfaßt fünf Joche, die in ihrer Unterteilung Anfang des 12. Jh. mit zusätzlichen mächtigen Pfeilern entstanden, als die Kirche erstmals eingewölbt wurde. Die beiden ersten Joche sind rechteckig, das dritte quadratisch, wobei das erste Joch ein Kreuzgratgewölbe besitzt, die beiden nächsten ein Tonnengewölbe. Das vierte und fünfte Joch erhielten enge Seitenschiffe, die den Druck des Gewölbes abfangen sollten. Licht erhält das Langhaus durch rundbogige Fenster. Über der Vierung ragt ein achteckiger Tambour mit acht Fenstern empor (Abb. 52). Beide Querschiffarme, etwas niedriger als das Hauptschiff, werden von Pendentifkuppeln überwölbt. Der gesamte Altarraum mit Chor und Kapellen hebt sich aufgrund seiner Dimensionen deutlich vom Langhaus ab. Er stammt zwar aus dem späten 12. Jh., wurde im 17. Jh. jedoch wesentlich erhöht, was eine Verstärkung der einst grazilen Säulen im Innern und zusätzliches Strebewerk am Außenbau notwendig machte. Der Chorbereich selbst setzt sich aus zwei Gewölbejochen und einer Apsis zusammen, der Chorumgang präsentiert sich hell und elegant, insgesamt sind sieben Kapellen radial um ihn angeordnet.

Beim Inventar von Saint-Léonard fällt der Blick zuerst auf das im Jahre 1480 aus Eiche geschnitzte Chorgestühl. Der Hauptaltar aus vergoldetem Holz wurde im 18. Jh. gefertigt.

Joseph-Louis Gay-Lussac

Zwei Pietàs und die Kalksteinstatue des hl. Roch datieren ins 16. Jh. Über dem Grab des hl. Leonhard im nördlichen Querschiffarm sind als Symbol Gefangenenketten angebracht.

Der Ort Saint-Léonard-de-Noblat besaß im Mittelalter auch eine Burg, die allerdings im 14. Jh. schon zu Ruinen zerfiel. 1423 erhielten die Bewohner dann die Erlaubnis, die Steine für einen Schutzwall zu verwenden, so daß hiervon nichts mehr zu sehen ist. Der ehemalige Wall ist in seiner Lage jedoch gut nachvollziehbar: Die Boulevards führen dort entlang. Innerhalb dieser, also im Bereich der Altstadt, trifft man auf eine ganze Reihe von Wohnhäusern, die ins 14.–16. und teilweise sogar 13. Jh. zurückdatieren. So das *Maison de la Tour* (2), Nr. 18 am Place de la République, mit einem Runderker aus dem 16. Jh. und das *Maison de la Tour carrée* (3) mit seinem im Grundriß quadratischen Turm an der Ecke dieses Platzes zur Rue de la Halle. Nördlich, zum Place Noblat hin, erkennt man eines der *Häuser aus dem 13. Jh.* (4) an seinem großen Eingang und den beiden Doppelfenstern im zweiten Stock. Ebenfalls aus dem 13. Jh. stammt die *Brücke* (5), die unten im Ortsteil Noblat über die Vienne führt.

Saint-Léonard-de-Noblat ist die Geburtsstadt eines großen Wissenschaftlers, Joseph-Louis *Gay-Lussac.* Er kam 1778 hier zur Welt, sein *Geburtshaus* (6) steht direkt neben der Kirche am Place Gay-Lussac. An diesem Platz, damals das Einkaufszentrum des Ortes, erinnert auch ein *Denkmal* (7) an den Chemiker. Gay-Lussac hatte sich vor allem mit Gasen beschäftigt, entdeckte unter anderem die Gesetze ihrer Ausdehnung und Verbindungen. In den Räumen des Fremdenverkehrsamtes befindet sich das 1991 neu umgebaute *Gay-Lussac-Museum* (8), wo auch eines seiner Labors mit Originalgeräten nachgestellt wurde.

Die Vienne fließt von Saint-Léonard-de-Noblat weiter Richtung Limoges. Die Hauptstadt der Region und des Departements wurde schon ausführlich vorgestellt, so daß die Routenbeschreibung westlich von Limoges wieder einsetzt.

□ Aixe-sur-Vienne

Die historisch überlieferte Geschichte von Aixe-sur-Vienne geht auf das Jahr 283 v. Chr. zurück, als Hannibal hier einen schon bewohnten Ort auf einer Anhöhe zwischen Vienne und Aixette Emporia-Axia taufte und eine Handelsniederlassung gründete. Gehandelt wurde mit Schmuck, Wein, Stoffen, Waffen und Landwirtschaftsgeräten. 51 v. Chr. kamen die Römer hierher, und die Armee von Tertius errichtete am Ufer der Aixette ihr Lager. Die Legionäre schlugen eine Brücke über den Fluß und nannten sie, da die Aixette am Abend der Ankunft des Tertius besonders viel Wasser führte, ›mala sere‹, also schlechter Abend. Heute heißt die Brücke Pont Romain oder Pont Malassert.

Im Mittelalter entwickelte sich Aixe zur heiligen Stadt des Limousin. Jedes Viertel hatte seine eigene Kapelle und seine eigene Schutzpatronin. Die Religiosität des Ortes ist bis in unsere Tage erhalten geblieben. Wie in vielen Orten der Haute-Vienne finden in Aixe-sur-Vienne alle sieben Jahre Heiligenprozessionen statt. Dann werden 20 Reliquien von den Vertretern der verschiedenen Innungen der Stadt zur Wallfahrtskapelle Notre-Dame d'Arliquet getragen und in der Nacht bei Fackelschein wieder zurückgebracht. In der heute 6000 Einwohner beherbergenden Stadt sind ansonsten nur noch wenige Relikte vergangener Epochen zu sehen. Die Ruinen des Schlosses lassen kaum noch die Bedeutung während des Mittelalters erahnen, wegen der es immer wieder hart umkämpft war. Guillaume III., Herzog von Aquitanien, blieb 1080 mit seiner Belagerung erfolglos. Auch Richard Löwenherz hatte 100 Jahre später kein leichtes Spiel, nahm dann aber doch Stadt und Schloß ein. Aus Ärger über den harten Widerstand ließ er eine große Zahl der die Stadt verteidigenden Soldaten ertränken, 80 von ihnen wurden die Augen ausgestochen. 1206 baute Guy III., Graf von Limoges, das Schloß wieder auf: Es war als Bastion gegen Johann ohne Land gedacht und erfüllte seine Aufgabe auch. 1266 waren es dann die Bewohner der Stadt Aixe selbst, die das Schloß belagerten. Sie wehrten sich damit gegen Aymard de Maumont und seine beiden Brüder, die das Schloß für die Gräfin Marguerite de Bourgogne besetzt hielten und von der Bevölkerung überhöhte Geldabgaben eintrieben. Glück hatte Aixe-sur-Vienne während der Religionskriege. Nur ein Vorort der Stadt ging 1569 beim Angriff der Truppen des Herzogs von Anjou in Flammen auf, Stadt und Schloß übernahmen die Katholiken kurz darauf, ohne daß es zu Zerstörungen kam.

Aus dem 12. Jh. ist mit der Kirche Saint-Croix noch ein Gotteshaus erhalten, das besonders wegen seiner Fenster bemerkenswert ist. Übrigens kommt auch die traditionelle Kopfbedeckung der Frauen im Limousin, der Barbichet, in seinen Ursprüngen aus Aixe, er wurde in der Rue Rochefroide kreiert.

□ Saint-Victurnien

Dieser kleine Ort am Ufer der Vienne verdankt seine Entstehung einem schottischen Eremiten, der sich hier Ende des 5. Jh. niedergelassen hatte. Nach seinem Tod zog sein Grab zahlreiche Pilger an, die sich auch noch von dessen Reliquien die ihm schon zu Lebzeiten nachgesagten Heilkräfte erhofften.

Neben dem Grab wurde im 12. Jh. eine *Kirche* errichtet und in den beiden folgenden Jahrhunderten erweitert. Das zweite, linke Schiff stammt aus dem 14. Jh. Besonders beachtenswert sind in der Kirche die Fenster und die Steinfiguren, die das Kreuzrippengewölbe tragen. Interessant auch das Grab des Heiligen in der Krypta unter dem Altar. Die Fresken wurden im 15. Jh. gemalt, der Altaraufsatz ist aus dem 14. Jh.; seine Malereien stellen die Passion und die Wiederauferstehung Jesu dar. An der Rückwand des Altars befinden sich zwei Öffnungen, die für Pilger angefertigt wurden: Steckt man seinen Kopf in eine der Öffnungen, wird man angeblich von Krankheit und Leid erlöst.

Nicht weit von der Kirche befinden sich die Ruinen einer alten Burg und eine der für die Haute-Vienne typischen Totenlaternen.

□ Saint-Junien

Sanfte Wälder, aufgelockert durch Anhöhen und Wasserläufe, hielten schon im frühen 6. Jh. den jungen Junian hier am Ufer der Vienne. Dieser war aus Cambrai ausgezogen, um bei dem Eremiten und Heiler Amand in die Lehre zu gehen. Junian blieb 40 Jahre, bis zu seinem Tode 540, und übertraf noch den Ruf des väterlichen Freundes mit seiner eigenen Heilkunst. Ihm verdankt die Stadt dann auch ihren Ursprung, der auf ein Kloster zurückgeht, das Roricus II., Bischof von Limoges, 544 auf dem Grab des hl. Junian errichten ließ, von dem er einst geheilt worden war. Diese Abtei von Comodoliac wurde von Normannen und Sarazenen

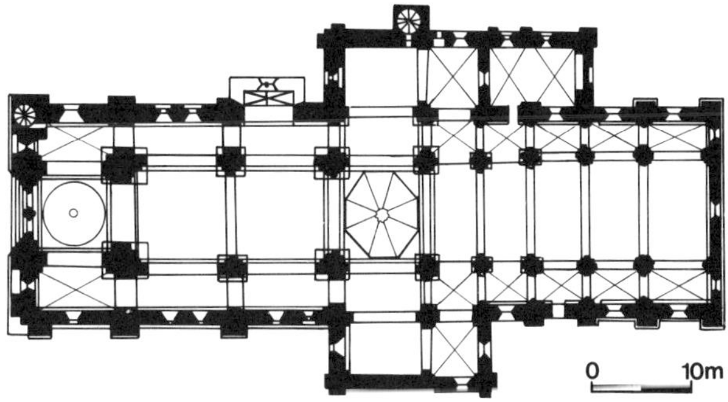

Saint-Junien, Stiftskirche, Grundriß

angegriffen, 1090–1230 mußte die *Stiftskirche* neu aufgebaut werden; sie ist heute bedeutendstes Bauwerk von Saint-Junien.

Das romanische Gotteshaus umfaßt ein großes Hauptschiff, Seitenschiffe und ein Querschiff, an dessen Vierungsarmen beidseitig große Ostkapellen rechtwinklig abschließen. Die Chorpartie entspricht mit ihren Ausmaßen denen des Langhauses. Limousinstil zeigt im Westen das Säulenportal mit Mittelpfeiler. Unter dem Dach des Glockenturms erkennt man den Ansatz eines Giebels, von dem aus der im Grundriß quadratische Glockenturm einst in eine achteckige Form überging. Flankiert wird der Glockenturm von zwei Steintürmchen. Auch der Vierungsturm war ursprünglich mit einer höheren Spitze ausgestattet, die aber 1816 zusammenbrach. Das Hauptschiff besteht aus drei Jochen, von denen das erste unterhalb des Glockenturms von einer Pendentifkuppel überwölbt wird, eine Eigenart der aquitanischen Romanik des 12. Jh. Die beiden anderen Joche, wie auch die der Seitenschiffe, sind von einer spitzbogig gebrochenen Tonne überwölbt. Die Deckenmalereien im zweiten Joch scheinen schon zur Bauzeit im 12. Jh. angebracht worden zu sein. Über der Vierung ragt eine achteckige Pendentifkuppel mit einem achtpässigen Okulus empor, der Tambour wird von vier rundbogigen Fenstern durchbrochen. Die Querschiffarme bestehen aus je zwei Gewölbefeldern, das innere bildet jeweils die Verlängerung der Seitenschiffe. Über den Kapellen des Querschiffs ruhen Kreuzrippengewölbe auf zierlichen Säulen, die Seitenschiffe des Chors und der Saint-Martial-Kapelle sind kreuzgratgewölbt. Der fünfjochige Chor hat ein Tonnengewölbe, das von Pfeilern mit Vorlagen getragen wird. Die beiden östlichen Chorjoche und der gerade Chorschluß mit der rundbogigen hohen Fensternische und der großen Rosette kamen erst im 13. Jh. hinzu.

Herausragendes Inventar im Innern der Kirche ist hinter dem Hauptaltar das *Grab des hl. Junian,* ein bildhauerisches Kunstwerk aus dem 12. Jh. Auf den Langseiten des Sarkophags sieht man zwei übereinanderliegende Arkadenreihen, in die Figuren eingebettet sind. Es handelt sich um Könige aus der Apokalypse, die auf der Südseite das Agnus Dei mit zwei Engelsfiguren rahmen, auf der gegenüberliegenden beiseitig eine Mandorla mit der Muttergottes und dem Kind flankieren. Die Ostseite schmückt der thronende Christus mit den vier Evangelistensymbolen.

Saint-Junien, Stiftskirche, Grab des hl. Junian: Christus in der Mandorla

Die Kirche bietet noch einige Wandmalereien aus dem 13. Jh., darunter eine Darstellung des Christophorus im nördlichen Querschiffarm, zwei romanische, vielblättrige Weihwasserbecken und mehrere Statuen aus dem 15. Jh. Ein Marmorrelief am Hauptaltar wird dem 18. Jh. zugeordnet, der Stein stammt aus der alten Abtei von Grandmont.

Mit der *Kapelle Notre-Dame du Pont* steht ein feines Schmuckstück spätgotischer Flamboyant-Baukunst direkt am rechten Vienne-Ufer neben der gleichnamigen Brücke aus dem 13. Jh. 1451 ließ Pierre de Montbrun, Bischof von Limoges, die Kapelle mit drei gleichhohen Schiffen auf den Ruinen eines Oratoriums erbauen. Vor etwa einhundert Jahren erfolgte eine grundlegende Restaurierung. Der Legende nach wurde das erste Bethaus an dieser Stelle errichtet, nachdem man eine Marienstatue, die sich heute in der Apsis befindet, hier am Flußufer gefunden hatte. Zwar transportierte man die Statue zuerst feierlich in die Stiftskirche, doch soll sie am nächsten Tag auf wundersame Weise wieder hier am Ufer gelegen haben, woraufhin das Oratorium gebaut wurde.

Die der hl. Elisabeth geweihte *romanische Brücke* im Westen der Stadt überspannt die Glane und führt zu einem malerischen Stadtviertel, dessen Häuser sich an die Flanken des Glane-Tals schmiegen. Aber auch in anderen Straßenzügen erinnern Häuser aus dem 14.–17. Jh., alte Türme und Mauerreste an die Vergangenheit von Saint-Junien.

Das *Glane-Tal* zog übrigens durch seine schöne Naturlandschaft zahlreiche Maler an; zu den bekanntesten zählen Jean Teilliet (1870–1931), Louis Codet (1876–1914) und Jacques Blény (1925–1960), zudem Corot, zu dessen Erinnerung eine Gedenktafel auf einem Fels im Glane-Tal angebracht wurde.

Im Westen von Saint-Junien, bei der Jugendherberge, befinden sich noch Ruinen der ehemaligen Abtei Saint-Amand.

Saint-Junien ist eine Stadt der Heiligenverehrung. Alle sieben Jahre findet ein solches Fest statt, das nächste 1995. Dabei werden die Reliquien des hl. Junian durch die Straßen getragen, die Hauptstraße schmückt man mit Bäumen und Blättern, um an den Wald zu erinnern, in dem Junian lebte. Sogar Vogelkäfige werden in die Äste gesetzt, um die Nachahmung noch deutlicher werden zu lassen.

Für einen Ausflug in die Natur bietet sich auch der Wald von Brigueil an, der nördlich der Glane über die Grenzen der Haute-Vienne hinausführt. Dieser Forst liefert auch einen Großteil des Holzes für die Papierindustrie von Saint-Junien. Bekannter ist die zweitgrößte Stadt des Departements allerdings wegen ihrer Weißgerbereien und der Herstellung von Handschuhen. Diese werden aus Ziegen- und Lammhäuten gefertigt. Bei der Lage von Saint-Junien inmitten einer Viehzuchtregion herrscht kein Mangel an Rohstoffen, das nötige saubere Wasser liefern die zahlreichen Bäche und Flüsse. Die Handschuhmacherei hat eine lange Tradition. Seit dem frühen Mittelalter ist sie hier zu Hause, und schon im 15. Jh. besaß sie überregionalen Ruf. Heute verlassen jährlich etwa eine halbe Million Handschuhe die 13 Fabriken der 12 000-Einwohner-Stadt.

Die Monts de Blond

Zwischen dem Haut-Limousin und der Basse-Marche liegen die Berge von Blond, ein 515 m hohes Bollwerk aus Granit, in dem die Natur rauh und wild erscheint. Die Winter sind streng, doch im Sommerhalbjahr bieten die alten Dörfchen, eingenistet in diese kaum besiedelte und urwüchsige Landschaft, für die vielen möglichen reizvollen Wanderungen oder Radtouren willkommene Zwischenstationen. So findet man auf dieser Route auch keine prachtvollen Bauwerke, die Natur steht im Vordergrund beim Besuch der Monts de Blond und mit ihr die über 1000 Quellen und die zahlreichen Dolmen und Menhire. Für das westliche Limousin bilden die Höhen der Monts de Blond übrigens die alte Grenze des Nordfranzösisch (Langue d'Oil) zum Südfranzösisch (Langue d'Oc).

□ Oradour-sur-Glane

Auf dem Weg von Limoges zu den Monts de Blond kommt man durch Oradour-sur-Glane, einen Ort, der in diesem Jahrhundert Schlimmes erleben mußte. Am 9./10. Juni 1944 gab es hier über 600 Tote. Besatzungssoldaten, am 10. Juni auf der Suche nach einem von der Résistance entführten Offizier und einem Führungsstab der Widerstandskämpfer, fanden nach ihren Berichten am Ortsrand von Oradour-sur-Glane die Leichen eines am Vortag von den Maquisards überfallenen Verwundetentransports und in den Häusern des Dorfes versteckte Waffen und Munition. Daraufhin erschossen sie die meisten aufgegriffenen Männer als Partisanen und brannten die Häuser nieder. Viele der Frauen und Kinder, in die Kirche gesperrt, kamen bei dem Brand ums Leben. Die Ruinen und ausgebrannten Mauerreste sind heute eine eingezäunte Geisterstadt und gutorganisiertes, vielbesuchtes Touristenziel. Einige der Objekte, die dem Flammeninferno entgingen, sind im Ort ausgestellt; für die Kirchenruine steht ein Führer zur Verfügung. In der Nähe des alten Ortes entstand alsbald das neue, moderne Oradour, in dem heute 2100 Menschen leben.

Mortemart, Dorfkirche, Detail des Chorgestühls

□ Mortemart

Etwas nördlich von Oradour, an einem großen Freizeitsee, liegt **Cieux** und die unscheinbare *Chapelle du Rat* (13. Jh.), die jährlich am 6. Mai und 27. Dezember Ziel von Wallfahrten ist. Von hier führen mitten durch die Monts de Blond herrliche Wanderungen, zum Beispiel zu dem alten Bergdorf Montrol-Senard kurz vor Mortemart, zum *Pierre Branlante de Boscartu,* Felsengewirren inmitten des Waldes, oder zum Dorf Peyrelade, das eine weitreichende Aussicht bietet.

Mortemart ist ein kleiner 150-Einwohner-Ort voll von historischen Granithäusern um einen unter Ensembleschutz stehenden Marktplatz, der sich mit der Auszeichnung, zu den ›schönsten Dörfern Frankreichs‹ zu gehören, rühmen darf. Neben der zentralen, offenen *Markthalle* aus Eichen- und Kastanienholz (Abb. 54), unter deren Schutz noch jeden zweiten Sonntag die Produkte der Region verkauft werden, sind in Mortemart zwei Klöster und ein Schloß zu besichtigen.

Die Klöster unterstanden den Karmelitern und Augustinern. Das *Augustinerkloster* ist heute Schule und Rathaus, der nördlicher stehende ehemalige *Karmeliterkonvent* (Abb. 55) befindet sich in Privatbesitz und soll für einige Künstlerateliers hergerichtet werden. Die Dorfkirche zeigt sich als großzügiger Hallenbau aus dem 14. Jh. mit einem doppelreihigen Eichenchorgestühl aus dem 15. Jh., dessen Armlehnen mit Tieren, Figuren und fratzenartigen Gesichtern verziert sind. Aus dem 17. Jh. stammt der Barockaltar.

Das von einem Wassergraben umgebene *Schloß* der Herzöge von Mortemart, den Marktplatz südlich abschließend, wurde 995 von Abun Drut errichtet und ist heute Touristenbüro und Ausstellungsgebäude. Es wird jeden Winter ein weiteres Stück restauriert. Bekanntester Sproß der Herrscherfamilie ist wohl die Mätresse Ludwigs XIV., Madame de Montespan.

□ Blond

Auch dieses kleine Dorf ist Startpunkt für eine ganze Reihe von interessanten Ausflügen für Wanderer oder Radfahrer. Die Wege führen vorbei an Flüssen und Seen und mitten durch die waldreichen Landschaften der Monts de Blond. Immer wieder stößt man auf neolithische und galloromanische Überreste wie Hünengräber und Opfersteine. Besonders lohnenswert ist sicherlich der Spaziergang zu den *Felsen von Puychaud,* die hier mit dem Pierre Branlante die Grenze zwischen dem Pays d'Oc und dem Pays d'Oil markieren.

Die Kirche von Blond selbst, *Saint-Martin,* stammt aus dem späten 12. Jh., 350 Jahre später wurde sie zur Wehrkirche umgestaltet. Das fünfjochige Langhaus ist weiträumig, wird von Tonnengewölben überspannt und in den drei östlichen Jochen beiderseits von drei Kapellen flankiert. In der halbkreisförmigen Apsis sollte man einen Blick auf die drei romanischen Fenster werfen, die den typischen Stil des Limousin repräsentieren.

Eine vornehme Übernachtungsmöglichkeit in Blond bietet das zum Hotel ausgebaute Château de Brouilles.

□ Die Megalithen

Vor allem im Südwesten der Monts de Blond treten die Dolmen und Menhire derart gehäuft auf, daß eine halbtägige Rundwanderung zu einer ganzen Reihe dieser Megalithen führen kann. Die Dolmen der Monts de Blond sind in der einfachsten Technik erstellt: Zwei oder drei senkrecht stehende Steine wurden mit einer Steinplatte überdacht. Ihr Verwendungszweck ist eindeutig, die Funde lassen auf Begräbnisstätten schließen. Datiert werden Dolmen wie Menhire in die Zeit ab 4000 v. Chr. Letztere kommen nicht nur als einzelne Steine vor, sondern auch als Steinkreise, und man vermutet hier religiöse Hintergründe.

Folgt man dem in der Skizze vorgeschlagenen Rundweg ab Cieux, so kommt man zuerst zum *Dolmen de la Betoulle* (1) in der Nähe des gleichnamigen Dorfes. Er liegt am Waldrand und besteht aus vier Steinen ohne Dachplatte. In seinem Steinkreis wurden galloromanische Tonwaren gefunden. Der *Menhir du Pic* (2) vor Javerdat ist imponierende 5,30 m hoch. Am

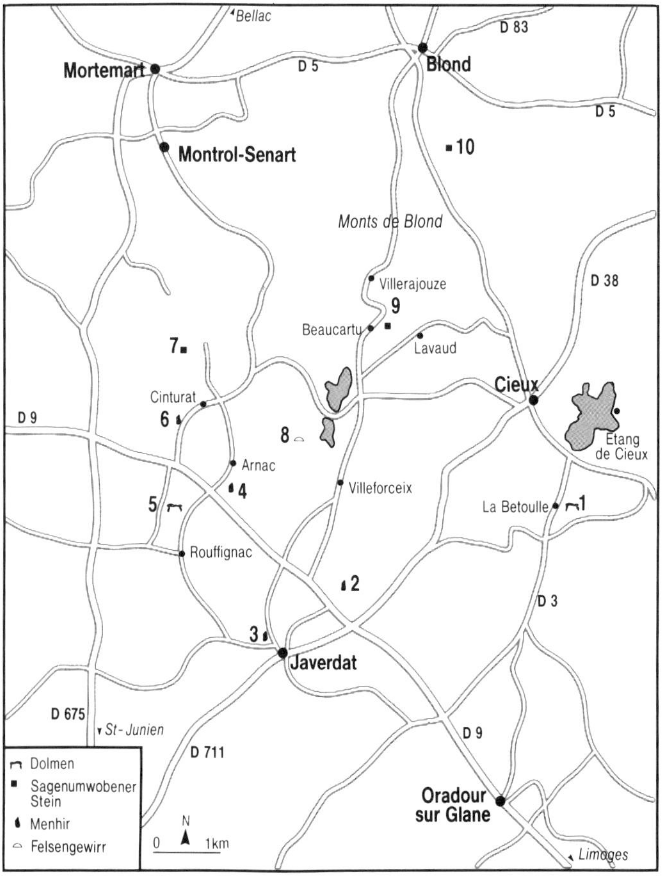

Die Megalithen
1 Dolmen de la Betoulle
2 Menhir du Pic
3 Menhir de l'Eglise
4 Pierre à cupulles d'Arnac
5 Dolmen von Ruffignac
6 Menhir von Cinturat
7 Opferstein von Cinturat
8 Abri de la Roche aux Fées
9 Roche Branlante de Beaucartu
10 Felsen von Puychaud

Kirchenportal von Javerdat liegt der knapp 2 m messende *Menhir de l'Eglise* (3). Den Ortseingang von Arnac markiert der 3,20 m hohe, gravierte *Pierre à cupules d'Arnac* (4). Der *Dolmen von Rouffignac* (5) beim gleichnamigen Ort schützte unter seinem 2,50 m × 2,30 m großen Dach bis in unsere Zeit hinein eine Reihe von Keramikgegenständen aus der Jungsteinzeit. 7,10 m Länge – davon sind 2 m im Boden verankert – machen den *Menhir von Cinturat* (6) kurz vor dem gleichnamigen Weiler zum imponierendsten Megalithen dieser Tour. Etwas nördlich des Ortes liegt der *Opferstein von Cinturat* (7), ein Granitstein mit einer Mulde. Bereits 15 000 Jahre vor unserer Zeitrechnung war das Gebiet um den *Abri de la Roche aux Fées* (8) bewohnt, die jüngsten Funde datieren ins 8. Jh. v. Chr. 120 t wiegt der *Roche Branlante de Beaucartu* (9), der mit nur wenigen Kontaktpunkten auf einem anderen Felsblock aufliegt. Er soll nach der Legende auch als Gottesurteil bei unsicheren Gerichtsverfahren geholfen haben: Fand der Angeklagte den Punkt, an dem man den Steinbrocken etwas ins Wackeln bringen konnte, galt er als unschuldig.

Weiter in Richtung Blond sieht man den *Felsen von Puychaud* (10), von dem schon vorher die Rede war (s. Blond).

Das Taurion-Tal und die Berge von Ambazac

□ Ambazac

Auf einem Hochplateau am Fuße des Mont Garbassou, inmitten der Wälder, Bergrücken und Seen der bis zu 700 m hohen Monts d'Ambazac liegt das muntere Städtchen Ambazac mit seinen 4500 Einwohnern, Ausgangspunkt auch für lange Wanderungen.

Die Kirche von Ambazac, *Saint-Antoine*, wurde ab dem 12. Jh. erbaut, ist einschiffig und dreijochig, der Chor endet in einem geraden Chorhaupt.

Saint-Antoine beherbergt zwei sehenswerte Kunstwerke: Eine im 11. Jh. gefertigte *Dalmatika* aus Seide war 1121 ein Geschenk der deutschen Kaiserin Mathilde an Etienne de Muret. Das Meßgewand befindet sich seit 1793 in Ambazac.

Als Prachtexemplar gilt der byzantinische, mit Gold und Edelsteinen besetzte *Reliquienschrein des hl. Etienne de Muret* in Form einer romanischen Kirche. Er hat mit 74 cm Länge, 25 cm Tiefe und 63 cm Höhe respektable Maße. Dieses wunderschöne Beispiel der lokalen Goldschmiedekunst stammt aus dem späten 12. Jh. und kommt ursprünglich aus der Abtei von Grandmont. Etienne de Muret (1046–1124) hatte diese Abtei im 11. Jh. in den Bergen von Ambazac gegründet; heute sind im Ort Grandmont, in der Nähe von Saint-Sylvestre, nicht

Ambazac, Reliquienschrein des hl. Etienne

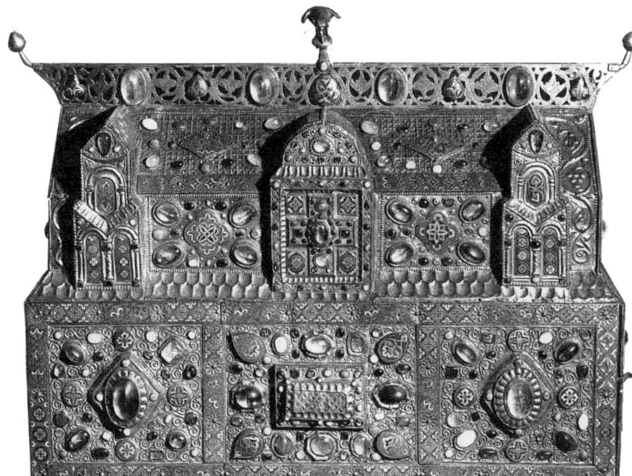

einmal mehr Ruinen zu sehen. Der Orden von Grandmont war schon 1076 ins Leben gerufen worden, sein Hauptsitz war anfangs Muret. Erst später zogen die Mönche nach Grandmont um. Der Orden zeichnete sich durch Strenge und Askese aus, persönlicher Besitz war verboten, Gebet und Nächstenliebe waren seine Grundlagen. Dies brachte den Mönchen den Namen ›Bons-hommes‹, also gute Menschen, ein. Im späten 12. Jh. entwickelte sich die Abtei von Grandmont, die auch drei Päpste hervorbrachte, zu einem Zentrum der Email- und Goldschmiedekunst. Zahlreiche berühmte Reliquienschreine wurden dort hergestellt, der des hl. Etienne stand jahrhundertelang mit sechs anderen auf dem Hauptaltar der Abtei. Erst als der Orden von Grandmont im 18. Jh. vom Papst unterdrückt und 1772 gar verboten wurde, kam der des hl. Etienne 1790 in die Kirche von Ambazac.

Ein halbstündiger Spaziergang durch eine langgezogene Allee führt von Ambazac zum *Schloß Mont-Méry,* das sich deutlich von anderen Schlössern des Limousin unterscheidet. Erbaut wurde es 1889 von dem Amerikaner Theodore Haviland, der als Porzellanhersteller nach Limoges gezogen war und sich hier, einzigartig für Frankreich, eine Residenz im New Yorker Stil des 19. Jh. errichtete. Interessanter als das etwas ramponierte Schloß mit einigen Porzellanexponaten ist jedoch der 17 ha große *Schloßpark.* Aus allen Kontinenten wurden hier vor einem Jahrhundert Bäume angepflanzt, und heute hat das Arboretum mächtige Exemplare unterschiedlichster exotischer Arten zu bieten.

□ Im Taurion-Tal

Saint-Martin-Terressus, etwas unterhalb des Staudamms von Saint-Marc gelegen, den man über eine malerisch gelegene Straße erreicht, ist wie geschaffen für einen kleinen Spaziergang. Vom Rathauspark hat man einen wunderschönen Blick auf die Taurion-Schluchten. In der Kirche fällt der Altar auf. Sein Unterbau ist aus gaufriertem Leder, das sein Muster in der Abtei von Grandmont erhielt. Die Pietà der Kirche stammt aus dem 16. Jh., deutlich älter ein Grab in einer der Seitenkapellen. Hier ruht ein unbekannter Ritter des Malteserordens.

Le Chatenet-en-Dognon ist vor allem für Landwirte interessant, denn hier liegt die Wiege der rotbraunen Limousin-Rinderrasse. Die Kirche stammt aus dem 15. Jh., der Glockenturm ist 100 Jahre jünger. Dognon war früher stolzer Ort einer Burg, die zur Grafschaft der Marche gehörte. Heute sieht man von ihr nur noch Gemäuerreste.

Die Weiterfahrt nach Les Billanges führt über die Brücke *Pont du Dognon,* von der man den aufgestauten Taurion sehen kann. – Eine befestigte Kirche liegt im Zentrum von **Les Billanges.** Sie wurde erstmals im 12. Jh. gebaut und drei Jahrhunderte später grundlegend renoviert. Aus dem 13. Jh. datiert eine Statue von Saint-Etienne de Muret, die auf einem emaillierten Sockel aus dem 15. Jh. steht. Das silberne Armreliquiar in der Kirche stammt vom hl. Félicien, ein emaillierter Reliquienschrein ist aus dem 13. Jh.

□ In den Bergen von Ambazac

Noch aus dem 12. Jh. stammt das Schiff der Kapelle in **Sauvagnac,** die ansonsten wiederholt erweitert und restauriert wurde. Ihr spitzbogig gebrochenes Tonnengewölbe ruht auf massiven Pfeilern. Rechts vom Chor befindet sich eine Pietà aus dem 15. Jh.

Von der Kapelle führt ein Weg zum *Pierre Branlante,* einem Irrgarten von Granitblöcken, der auch einen weiten Blick über Ambazac bis nach Limoges im Südwesten, zum Mont Gargan und den Monédières im Süden sowie dem Puy de Sancy und dem Puy de Dôme im Ostsüdosten freigibt.

Die *Kirche* von **Saint-Sylvestre** besteht aus einem zweijochigen Schiff aus dem 13. Jh., einem quadratischen Glockenturm, der im 17. Jh. dazugebaut wurde, drei Kapellen im Nordteil und zweien im Südteil, die, wie der gerade abschließende Chor, aus dem 15. Jh. stammen. Mit Skulpturen verziert sind die Kapitelle und Basen der Pfeiler. Die beiden bedeutenden Kunstwerke beherbergt Saint-Sylvestre in der Sakramentsnische. Das Reliquiar des hl. Julien und hl. Amand wurde im 13. Jh., das Kopfreliquiar des hl. Etienne im 15. Jh. in der benachbarten Abtei von Grandmont gefertigt. Drei Kalksteinfiguren, darunter eine Pietà, sind aus dem 16. Jh.

Im Örtchen **Grandmont** kann man nur noch an Plantafeln nachvollziehen, wo einst die berühmte Abtei lag; aus den Steinen der Ruinen wurde 1825 eine Kapelle errichtet.

□ Zum Lac de Saint-Pardoux

Auf dem Weg von den Ambazac-Bergen zum Freizeitsee von Saint-Pardoux kommt man durch **Razès.** In der Nähe des alten Dorfes erreicht man nach kurzer Gehzeit das Hünengrab von Lavaud-Jallounaud und die Wackersteine von Lavaud und Bourgoin. – Heute etwas abseits der Hauptverkehrsstraßen gelegen, entwickelte sich **Compreignac** im Mittelalter direkt an der damals stark frequentierten Wegstrecke von Limoges nach Châteauponsac. Von den beiden Schlössern des 12./13. Jh. ist nichts mehr zu sehen, die *Kirche Saint-Martin* aus dem 15. Jh. ist jedoch einen Besuch wert.

Sie gilt als eine der sonderbarsten Wehrkirchen der Region, die mit Befestigungsanlagen wieder aufgebaut wurde, nachdem 1370 die Engländer den ursprünglichen Bau aus dem 12. Jh. dem Erdboden gleichgemacht hatten. Das Gebäude besteht aus fünf Jochen, an die sich in der Mitte zwei Seitenkapellen angliedern. Wandsäulen tragen das Kreuzrippengewölbe. Eine große Fensternische im Flamboyant-Stil prägt den geraden Chorschluß; noch aus dem 13. Jh. stammt das Portal, das durch die Südfassade Einlaß gewährt. Die Glockenwand überragt den gesamten Bau an der Westfassade. Gut erhalten ragen die mit Maschikulis besetzten Wehrgänge unter dem Dach hervor.

Nördlich des Ortes liegt der **Lac de Saint-Pardoux,** mit 300 ha Wasserfläche der größte Freizeitsee der Haute-Vienne. Er ist von Wäldern umgeben und bietet an seinen zerklüfteten Ufern alle Einrichtungen, die der Urlauber erwartet.

Die Basse-Marche

Der historische Landstrich der Basse-Marche ist ein Plateau in 200–400 m Höhe, begrenzt im Süden von den Monts de Blond und den Monts d'Ambazac, im Osten von den Bergen der einstigen Haute-Marche in der heutigen Creuse. Geschichtlich ist die Basse-Marche enger mit der Creuse als mit dem übrigen Teil der Haute-Vienne verbunden. Bellac, heute verwaltungstechnische Hauptstadt der Monts de Blond, ist als ehemalige Metropole der Basse-Marche in diese Rundreise durch die am dünnsten besiedelte Gegend des Departements eingebunden.

□ Bellac

Wo sich die Täler von Vincou und Bazine vereinigen, kurz bevor sie in das Tal der Gartempe münden, liegt Bellac (5500 Einwohner), bis zur Französischen Revolution Hauptstadt der Basse-Marche. Der Ursprung der Ansiedlung geht ins 8. Jh. zurück. Als Boson I., Graf der Marche, im 10. Jh. hier eine Burg errichten läßt, ist Bellac schon ein bedeutender Ort, der sich auch gut verteidigen kann. Gleich 995 wird Bellac vergebens von Guillaume dem Großen belagert, und noch Jahrhunderte erfüllt die Verteidigungsanlage gegen verschiedenste Angreifer ihren Zweck. Erst im 17. Jh. erweitern die Einwohner ihre Wehranlage nach Norden und Nordwesten.

Einen Gang durch Bellac beginnt man am besten am Place de la République, in der Nähe des Rathauses aus dem 16. Jh. mit einem Jean-Giraudoux-Denkmal im Rathausgarten, und geht die Rue Lafayette entlang. Nach etwa hundert Schritten gewährt eine Terrasse einen Ausblick auf den Fluß Vincou und die Kirche von Bellac. Im Haus Nummer 29 der Rue Thiers deutet ein Schild darauf hin, daß in dieser Pension La Fontaine 1663 sein Werk ›Le Coche et la Mouche‹ schrieb. Eine Treppe links vom Justizgebäude, flankiert von Überresten der ehemaligen Befestigungsanlage, führt hinunter zum Fluß und in das mittelalterliche Gerberviertel. Von der anderen Seite der Steinbrücke aus dem 13. Jh. öffnet sich der Blick zurück auf das alte Bellac. Der Weg zur Kirche führt durch kleine Gäßchen, begrenzt von betagten Häusern und kleinen Terrassengärten.

Die *Kirche Notre-Dame* war einst Kapelle der von den Grafen der Marche errichteten Burg und gibt somit deren ehemaligen Standort wieder. Erbaut im 12. Jh., erhielt Notre-Dame im

Jean Giraudoux

Bellac fühlt sich als Geburtsstadt von Jean Giraudoux stark mit diesem brillanten Dramaturgen verbunden, der sicherlich auch von der Landschaft um Bellac geprägt wurde. Ende Juni und im Juli findet hier jährlich zu seinem Gedenken ein Theater-, Musik- und Tanzfestival statt. Der am 29. Oktober 1882 geborene Giraudoux (gest. 31. 1. 1944) ist vor allem bekannt durch seine ironisch-poetischen Werke wie ›Der trojanische Krieg findet nicht statt‹, ›Amphytrion 38‹, ›Intermezzo‹ und ›Siegfried‹. Erinnerungen an Jean Giraudoux, sein Arbeitszimmer, Dokumente und Manuskripte bewahrt sein Geburtshaus in der Avenue Jean-Jaurès auf.

14. Jh. ein mit Kreuzrippen überwölbtes zweites Kirchenschiff hinzu und im 15. Jh. die beiden Seitenkapellen, von denen die nördliche als Sakristei dient. Das romanische Schiff ist dreijochig und wird von einem Tonnengewölbe überspannt. Die dreieckige Apsis schmücken Arkaden, das Portal im Südteil ist im Limousinstil gehalten. In der Südkapelle beeindruckt ein gotischer Altaraufsatz. Ein wunderschöner Reliquienschrein, in der nördlichen Kirchenwand aufbewahrt, wurde in der ersten Hälfte des 12. Jh. gefertigt und stellt damit die älteste noch erhaltene und bedeutende Emailarbeit aus dem Limousin dar. Er ist mit 14 emaillierten Medaillons verziert, die von Amethysten, Smaragden und Kristallen umgeben sind.

□ Le Dorat

Der Ursprung von Le Dorat geht auf ein von angelsächsischen Mönchen gegründetes Oratorium zurück, um das sich eine Ansiedlung namens Scotorium entwickelte. 886 wurde der Ort von den Normannen verwüstet. Bei den Wiederaufbau- und Befestigungsarbeiten um 980 unter dem Grafen der Marche, Boson I., auch Boson der Ältere genannt, errichtete man die *Stiftskirche Saint-Pierre* (Abb. 56).

Sie wurde im 12. Jh. fertiggestellt und zählt zu den schönsten romanischen Kirchen des Limousin. Mit ihren Wehrmauern und Türmchen sieht sie von außen fast wie eine Burg aus, und bis heute zeigen sich an der Scheitelkapelle und an der Nordseite des Glockenturms Spuren der Befestigungsanlage. Saint-Pierre ist ein sehr geräumiges, aber auch finsteres Gebäude – düster vor allem das Mittelschiff.

Man betritt die Kirche durch das Fächerportal im Westen, dessen beide Türflügel mit romanischen Eisenarbeiten verziert sind. Erhaben ist der Eindruck, den das Gotteshaus ausstrahlt, wenn man die zwölf Stufen vom Portal in das Hauptschiff hinabsteigt. Die Grundform ist die des lateinischen Kreuzes. Das Langhaus besteht aus fünf Jochen, das westliche überragt von einer Kuppel und dem viereckigen Glockenturm. Das im Scheitel zugespitzte Tonnengewölbe der übrigen Joche wird von Gurtbogen unterteilt, die auf Pfeilervorlagen mit reich verzierten

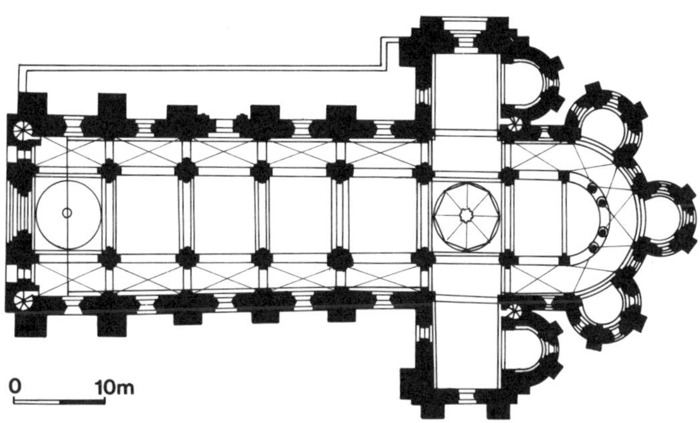

Le Dorat, Stiftskirche Saint-Pierre, Grundriß

Le Dorat, Stiftskirche Saint-Pierre

Kapitellen ruhen. Die Seitenschiffe sind schmal, werden zum Chor hin jedoch etwas breiter. Drei Kapellen befinden sich an der Apsis, zwei weitere an den östlichen Querschiffarmen. Über der Vierung erhebt sich eine achteckige Kuppel mit Tambour, in den acht Fenster im Limousinstil eingelassen sind. Dieser helle Tambour stellt das erste Stockwerk der insgesamt drei Ebenen des zentralen Kirchturms dar. Er endet in einer Spitze, auf die, 60 m über dem Boden, im 13. Jh. ein Engel aus vergoldetem Messing gesetzt wurde. Interessant die Verzierung des dritten Stockwerks mit dreipässigen Blendarkaden an der Außenmauer.

Noch bemerkenswert gut erhalten ist die Krypta aus dem 11. Jh., die in ihrer Anordnung Chor und Chorkapellen der Kirche widerspiegelt. Zwischen ihren vier mittleren Säulen steht ein schlichter Altar. In den zwei seitlichen Kapellen der Apsis befinden sich Reliquienschreine des hl. Israel und des hl. Theobald, deren Überreste einst in den kleinen Sarkophagen der Südkapelle aufbewahrt wurden.

Am westlichen Ende des Mittelschiffs sieht man ein großes, präromanisches Taufbecken und in der Schatzkammer der Kirche ein Kreuzreliquiar aus Silber, gefertigt in der ersten Hälfte des 13. Jh. Einen besonders guten Gesamteindruck von dem 77 m langen und 39 m breiten Gotteshaus hat man vom Friedhof aus. Dabei fällt besonders der Unterschied zwischen dem massiven romanischen Glockenturm und der eleganten Kirchturmspitze auf, die schon die Gotik ankündigt.

Le Dorat, heute Heimat für 2500 Einwohner, ist im übrigen Veranstaltungsort einer alle sieben Jahre stattfindenden Heiligenwallfahrt (die nächste: 1995). An Sommerabenden wird hier zudem eine prächtige Son-et-Lumières-Show mit bis zu 250 Darstellern in 1500 Rollen geboten. Im Ort haben sich um die Kirche Saint-Pierre noch manch schöne alte Gasse und interessantes Gebäude erhalten. Vom alten Schoß der Grafen der Marche sind allerdings nach der Zerstörung im 16. Jh. nur mehr Reste zu sehen.

Le Dorat, Portal der Stiftskirche

□ Magnac-Laval

Bekannt ist Magnac-Laval (2600 Einwohner) vor allem durch seine *Saint-Maximin-Prozession,* die jährlich am Pfingstmontag stattfindet und in ihren Wurzeln bis ins 4. Jh. zurückreichen soll. Nach der Mitternachtsmesse beginnen die Pilger mit ihrer 50-km-Prozession, auch Procession des Neuf Lieues genannt, und kehren erst am Abend des nächsten Tages in die kleine Ortschaft zurück. Magnac-Laval hat seinen Ursprung in der Römerzeit, als es unter dem Namen Augusto-Magnus gegründet wurde. Später wurde der Ort Lehnsgut der einflußreichen Familie Lamothe-Fènelon, lange Zeit Gouverneure der Marche. Diese Familie stellte auch den ersten Baron der Marche. Den Beinamen Laval erhielt Magnac 1763, als es Ludwig XV. zugunsten des Marschalls von Montmerency-Laval zur Grafschaft ernannte.

Die *Kirche* von Magnac-Laval hat ihre Ursprünge im 11. Jh., die Südkapelle war das damalige Gotteshaus. Im späten 12. Jh. kamen das Langhaus und der Vorhallenturm hinzu, der quadratische Chor vor der fünfseitigen Apsis besitzt bereits ein Kreuzrippengewölbe. Die Nordkapelle fügte man erst im 18. Jh. an. Natürlich beherbergt die nach Saint-Maximin benannte Kirche auch die Reliquien des Heiligen.

Sehenswert in Magnac-Laval sind außerdem die Sammlung historischer Architekturfragmente im Park des Krankenhauses, galloromanische Ausgrabungen und das Kollegium östlich der Kirche aus dem 16. Jh.

□ Saint-Sulpice-les-Feuilles und Bessines-sur-Gartempe

Ohne große historische Reize ist der nördliche Teil der Basse-Marche hauptsächlich als Schaf- und Rinderzuchtgebiet bekannt. Weitläufige Weidelandschaften wechseln mit Eichenwäldern und zahlreichen kleinen Seen. Wer durch den 1500-Einwohner-Ort **Saint-Sulpice-les-Feuilles** kommt, kann in der Kirche die Reliquiare aus dem 12.–15. Jh. aufsuchen. Über den Umkreis verteilt sind einige teilweise mächtige und guterhaltene Hünengräber, so in Les Bras und Bouéry. Das Schloß von Las-Croux liegt in Richtung Cromac, und in Martres sind Grotten zu besichtigen.

Bessines war eine Zeitlang Uranzentrum Frankreichs mit bis zu 1000 Arbeitsplätzen, doch die Erze gehen zur Neige. Heute bereiten den Einwohnern die radioaktiven Abfälle große Sorgen und führen landesweit zu sonst in Frankreich unüblichen Diskussionen über das Pro und Contra der Atomenergie zur Stromerzeugung.

Die Kirche in Bessines stammt aus dem 11. Jh., vom Schloß Monismes (15. Jh.) in der Nähe sind nur noch Ruinen vorhanden.

□ Châteauponsac

Am rechten Gartempe-Ufer, inmitten bewaldeter Hügel, liegt Châteauponsac (3000 Einwohner), das seinen Ursprung dem Castellum Potentium verdankt. Im 10. Jh. gründete Raoul de Déols hier ein Kloster, zu dem auch die *Kirche Saint-Thyrse* gehörte. Das Bauwerk, mit dem 1125 begonnen wurde, liegt im alten Teil von Châteauponsac. Vom ursprünglichen Gotteshaus stehen noch Chor und Querschiff; das Hauptschiff, im 14. Jh. beschädigt, wurde im 15. Jh. aus den alten Steinen neu aufgerichtet. Bei dem Grundriß eines lateinischen Kreuzes läßt sich der romanische Teil leicht an seinen Tonnengewölben ausmachen, wobei der Altarraum von schlanken Säulen mit reichverzierten Kapitellen begrenzt wird und die Vierung eine Pendentifkuppel trägt. Mittelschiff und Seitenschiffe besitzen ein gotisches Gewölbe. Unter dem südlichen Querschiff der Kirche befindet sich eine dreijochige Krypta. Der Glockenturm über der Vierung ist, wie im Limousin üblich, im Unterbau zuerst quadratisch und wird nach oben hin achteckig.

Rancon, Totenlaterne

Als wertvollstes Inventar des Kirchenschatzes ist ein Reliquiar aus vergoldetem Silber zu nennen, das 1226 in der Abtei Grandmont gefertigt wurde und als eines der filigransten Goldschmiedekunstwerke des Mittelalters im Limousin gilt.

Nicht weit südlich der Kirche, rechts über eine Treppe erreichbar, das alte Stadtviertel Sous-le-Moustier mit Häusern, die bis ins 15. Jh. zurück datieren. In einer ehemaligen Benediktinerkirche am Kirchplatz ist das *Museum von Châteauponsac* untergebracht, benannt nach René Bauberot. Prähistorische und galloromanische Fundstücke der Region, typische Kleidungsstücke und Berufe sowie ein für das Limousin charakteristischer Wohnraum sind neben der Geschichte von Châteauponsac wohl die interessantesten Themen. Hinter dem Museum das Tor Porte Peyrine.

Mit der *Kapelle Notre-Dame de Toute Bonté* gibt es am Ortseingang von Châteauponsac ein weiteres Gotteshaus, das aus einem romanischen (12. Jh.) und einem gotischen Teil (15. Jh.) besteht. Der Glockenturm ist mit Kastanienholzschindeln gedeckt, im Innern befinden sich ein Altaraufsatz aus dem17. Jh. und Statuen aus dem 15. und 17. Jh. – Etwas südlich der Stadt, am Gegenhang direkt bei der Brücke über die Gartempe, liegen versteckt im Wald die Ruinen des im 15. Jh. erbauten Château de Ventenat, das der Familie gleichen Namens gehörte.

□ Rancon

In dem 650-Einwohner-Ort Rancon an der Gartempe zeugen einige Inschriften an alten Häusern und Fundstücke von gallischer und römischer Vergangenheit. So trug der Ort nach Dokumenten des Abts Legros bei der Urbevölkerung den Namen Andecamulum, Bezug nehmend auf den gallischen Gott Camulus, Mars, und das gallische Wort ›ande‹, was ›siegreich‹ bedeuten soll. Aus der römischen Epoche ist ein Altarstein erhalten, der – einzigartig für das

Limousin – dem Gott Herkules gewidmet ist. Ein anderer Stein huldigt Pluto, dem Gott der Unterwelt und der Toten – auch eine Seltenheit.

Die Kirche von Rancon stammt aus dem 13. Jh. und zeigt deutlich die Übergänge zur Gotik. Im 14. Jh. bauten die Einwohner des Ortes Verteidigungsanlagen an, im 16. Jh. den Glockenturm, der noch heute mit Kastanienholzschindeln gedeckt ist. Ein hölzerner Kruzifixus aus dem 13. Jh. ist im Chor aufgestellt; vor dem Gotteshaus ragt eine Totenlaterne aus dem 12. Jh. in die Höhe. – Eine Kapelle in Rancon, westlich des Rathausplatzes, ist dem hl. Sebastian geweiht. An Sommernachmittagen kann man dort Kunstausstellungen besuchen.

Erläuterung der Fachbegriffe

Abtei Kloster, dem ein Abt oder eine Äbtissin vorsteht. Die Abtei genießt besondere Vorrechte, z. B. das zur Gründung von Filialklöstern

Agnus Dei Lamm Gottes, Osterlamm, auch Symbol für Christus

Altarschranken Niedrige Holz-, Metall- oder Steinschranken zur Abgrenzung des Raumes vor dem Altar vom übrigen Innenraum der Kirche

Apsis Halbrunder oder polygonaler, zum Hauptraum geöffneter Raum; in der christlichen Baukunst überwiegend der östliche Abschluß einer Kirche (Apsidiole: kleine Apsis)

Archivolte Plastisch gestaltete Stirn und → Laibung eines Rundbogens, häufig mit Bänderfriesen (Romanik) oder Figuren (Gotik) besetzt, auch Bogenlauf im → Gewändeportal als Fortsetzung der Gewändegliederung

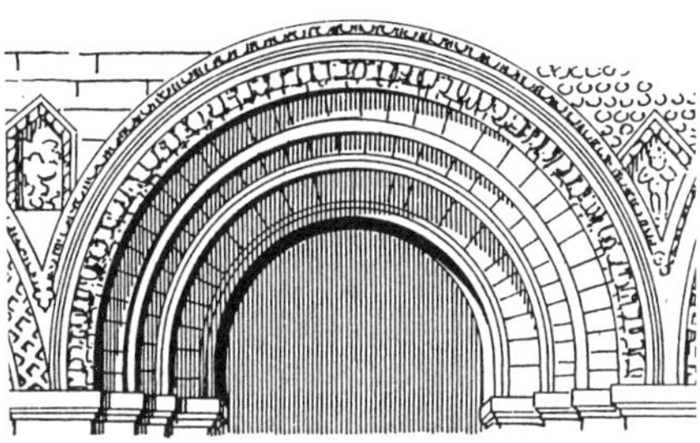

Archivolte

Arkade Von Säulen oder Pfeilern getragene Bogenstellung bzw. eine fortlaufende Reihe von Bogen

Balustrade Aus einer Reihe gedrungener Stützglieder gebildetes durchbrochenes Geländer

Baptisterium Taufkirche

Bergfried Hauptturm einer Burg, Beobachtungsstand und letzte Zuflucht

Blendarkade Der Wandfläche aufgelegte dekorative Bogenstellung, die die Wand nicht öffnet

Blendbogen Bogen, der nicht der Überbrückung einer Maueröffnung dient, sondern der Wandfläche nur vorgeblendet ist

Boudins Dünne Steinwülste, typisch für Portale und Kirchenfenster im Limousin

Campanile Freistehender Glockenturm neben der dazugehörigen Kirche

Chor Bezeichnung für den Altarraum und seine direkten Anbauten, ursprünglich der für den Chorgesang der Geistlichen bestimmte Raum

Chor

Chorbogen → Triumphbogen

Chorhaupt Abschluß eines Chors, der an der Außenseite der Kirche hervortritt

Chorgitter Hohes Eisen-, Messing- oder Bronzegitter, ersetzte in der Spätgotik oft die → Chorschranken, seit dem 17. Jh. den → Lettner und schließt den Chorbereich gegen Westen ab

Chorschranken Hohe Trennwände aus Stein oder Holz, die den mittleren Raumteil mehrschiffiger Chöre umschließen oder auch den Altarraum vom Gemeinderaum trennen

Corps de logis (franz.) Herrschaftlicher Wohntrakt, zentrales Hauptgebäude eines Schlosses (17. und 18. Jh.)

Dachgaube Dachgaupe, stehendes Dachfenster

Dalmatika Ursp. spätrömisches weißes Oberkleid, später liturgisches Gewand besonders der Diakone. Der Name kommt von der weißen Wolle aus Dalmatien, aus der dieser Überhang meist gefertigt wurde

Deësis Darstellung des thronenden Christus als Richter des Jüngsten Gerichts zwischen Maria und Johannes als Fürbittern

Dolmen Steintisch, tischförmig gebaute Steinkonstruktion der Jungsteinzeit oder Bronzezeit, die als Grab oder Lagerplatz diente

Donjon Wohnturm einer Burg

Dormitorium Schlafsaal der Mönche in einem Kloster

Dreipaß → Paß

Empore Offene Galerie im Obergeschoß eines Westbaus, häufiger als Aufsatz über den Seitenschiffen einer Basilika, zum Mittelschiff geöffnet

eucharistische Taube Behälter aus Metall in Gestalt einer Taube, dient der Aufbewahrung geweihter Hostien über dem Altar

Fächerbogen Vielpaßbogen, aus mehreren fächerförmig angeordneten Kreisbogen bestehender Bogen

Feston Gehänge aus Blumen, Blättern und Früchten, meist als Ornament aus Stein oder Gips auf Gebäuden

Flamboyant Spätgotische Stilrichtung in Frankreich und England, benannt nach dem flammenförmigen Fischblasenornament des Maßwerks

Fresko Wandgemälde, das auf den feuchten Verputz aufgetragen wird, durch gleichzeitiges Abtrocknen von Putz und Farbe besonders haltbar

Fries Waagerechter Bild- oder Ornamentstreifen, der Flächen begrenzt oder teilt. Es gibt eine Fülle von Friesformen, für die Romanik ist vor allem der *Rundbogenfries* charakteristisch, der sich aus Rundbogen zusammensetzt und besonders an Gesimsen der Kirchen zu sehen ist

Rundbogenfries mit Lisenen

Gesims Sims, meist horizontal verlaufender, vorspringender und profilierter Streifen, der einen Bau gliedert und die waagerechten Bauabschnitte betont; wird es an der Unterseite durch Konsolen gestützt, spricht man vom *Konsolgesims.* Je nach Lage und Bauteil wird unterschieden zwischen Sockel-, Gurt-, Kaff-, Kranzgesims oder Tür-, Fenstergesims

Gewände Schräg geführte Mauerfläche, → Laibung, seitlich eines Fensters oder Portals (Gewändeportal)

Gewölbe Gemauerter krummflächiger oberer Abschluß eines Raumes. Einfachste Form ist das *Tonnengewölbe* mit halbkreisförmigem Querschnitt. Durchdringt eine Längstonne eine gleich-

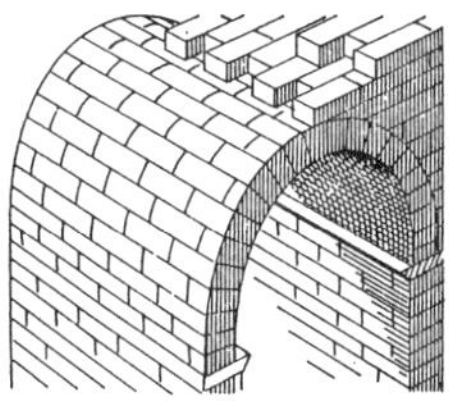

Tonnengewölbe

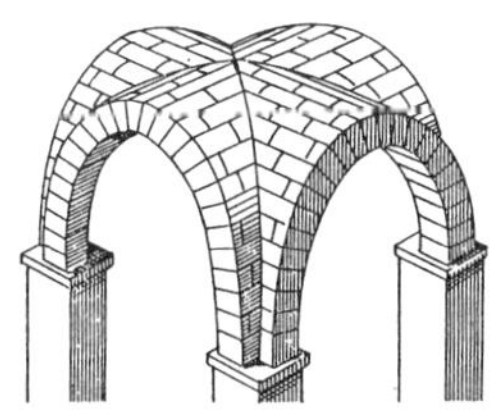

Kreuzgratgewölbe

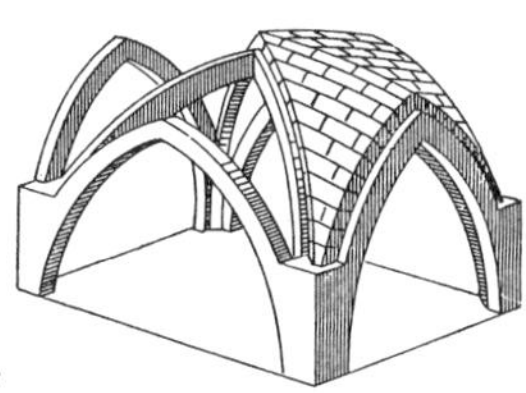

Kreuzrippengewölbe

hohe Quertonne entsteht ein *Kreuz-* bzw. *Kreuzgratgewölbe* (Grate sind scharfe Kanten, die beim Zusammentreffen zweier Flächen entstehen). Werden die Grate durch Rippen verstärkt, entsteht ein *Kreuzrippengewölbe.* Weitere Gewölbeformen sind das Netz-, Stern-, Klostergewölbe

Gurtbogen Quer zur Längsachse eines Gewölbes verlaufender Verstärkungsbogen, markiert die Jocheinteilung

Helmdach Steiles Turmdach, das pyramiden-, hauben-, kuppel- oder kegelförmig *(Kegeldach)* sein kann

Joch Gewölbeabschnitt, der durch Gurte und Stützen von den benachbarten Gewölbeabschnitten bzw. Raumteilen abgegrenzt ist

Kandelaber Ursp. eisernes Kerzengestell, später Leuchter überhaupt

Kapellenkranz Bezeichnung für die Gesamtheit der Kapellen an einem Chorumgang. Korrekterweise spricht man in der Romanik von Radialkapellen, da sie in der Regel isoliert nebeneinander stehen. Erst in der Gotik stoßen sie nahtlos aneinander und addieren sich zum Bild eines Kranzes mit zusammenhängenden Gliedern

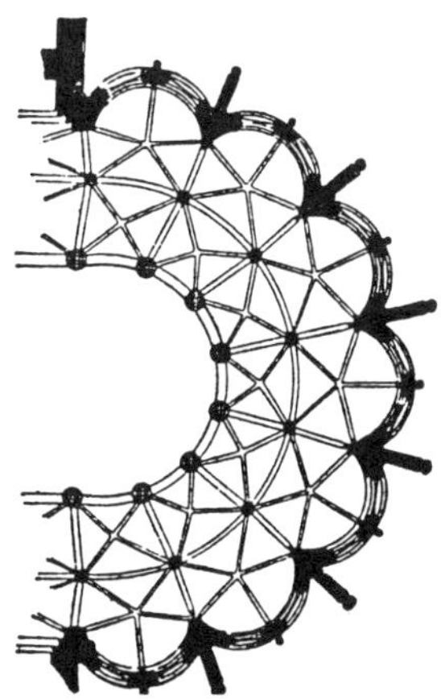

Kapellenkranz

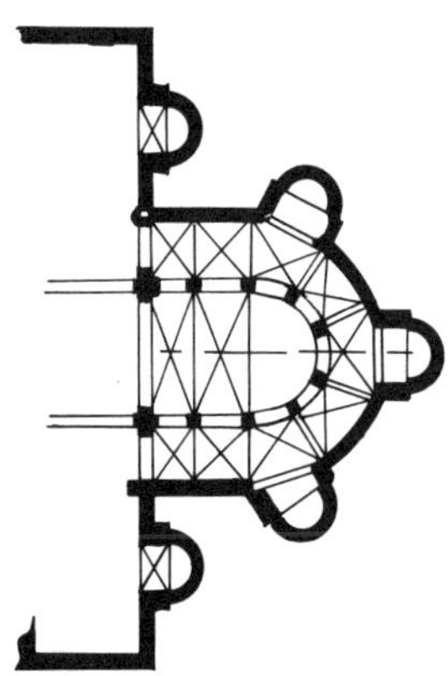

Radialkapellen

Kapitell Oberer Abschnitt einer Säule oder eines Pfeilers unterhalb der Kämpferplatte. Die wichtigsten antiken Grundformen sind das dorische, ionische und korinthische Kapitell; in der romanischen Architektur meist ornamental oder figural ausgeschmückt

Kapitelsaal Wichtigster profaner Saal eines Klosters, in dem Beratungen, Lesungen und außerliturgische Feste stattfinden; in der Regel hallenartig und an der Ostseite des Kreuzgangs gelegen

Konsolgesims → Gesims

Kranzgesims → Gesims

Kreuzgratgewölbe → Gewölbe

Krypta Teilweise oder vollständig unterirdischer Raum unter dem Ostchor romanischer Kirchen zur Aufbewahrung von Reliquien oder als Grabstätte für Heilige und weltliche Würdenträger

Laibung Schräge oder rechtwinklige Vertiefung, in der eine Öffnung oder das Gewände einer Öffnung sitzt

Lettner Trennwand zwischen → Chor und Mittelschiff mit einem oder mehreren Durchgängen zur Scheidung vom Raum der Kleriker und dem der Laien, konnte auch als Sängerbühne dienen

Lierne Neben- oder Zwischenrippe zur Teilung der Laibungsfläche eines Kreuzgewölbes, berührt keine Jochecke

Lisene Auch Lesene, senkrechter, pilasterartiger Mauerstreifen, jedoch ohne Basis und → Kapitell, häufig durch Rundbogenfriese mit den benachbarten Lisenen verbunden

Litre funéraire Schwarze Trauerstreifen, oft mit dem Wappen des Verstorbenen verziert, an den Innenwänden einer Kirche oder Kapelle

Lukarne Dacherker, Zwerchhaus, geschoßhoch und meist reich dekoriert

Mandorla Heiligenschein in Mandelform, nur bei Christus- und Mariendarstellungen üblich, der – anders als der nur das Haupt umgebende Nimbus – die ganze Figur umstrahlt

Mandorla

Maschikulis Ausgußöffnungen am Wehrgang einer Burg oder eines Schlosses zum Hinabgießen von heißem Öl oder Pech

Menhir Auch Hünenstein, unbehauene oder roh bearbeitete, senkrecht aufgestellte, vorgeschichtliche steinerne Stele

Miserikordie Unterbau an den Klappsitzen eines Chorgestühls, der ›aus Barmherzigkeit‹ hochgeklappt wird und den Mönchen beim Stehen als Gesäßstütze dient, oft mit kunstvollen Schnitzereien verziert

Mittelpfeiler → Türpfeiler

Monstranz Liturgisches Gefäß, es zeigt hinter Glas die geweihte Hostie

Nekropole Vorgeschichtlicher Friedhof, Totenstadt

Okulus Kleines Rundfenster

Oppidum Befestigte präromanische Siedlung auf einer Bergkuppe

Oratorium Eine in der Regel durch Fenster gegen den Hauptraum abgeschlossene → Empore im → Chor, bestimmt für besondere Kirchenbesucher

Palästra Platz für sportliche Übungen, Ringerschule in der Antike

Palisade Aus Pfählen errichtete Schutzwand

Paß Aus Dreiviertelkreisen zusammengesetzte gotische Maßwerkfigur. Je nach Anzahl der Kreissegmente wird unterschieden zwischen Drei-, Vier-, Vielpaß

Dreipaß

Pechnase Erkerartiger Ausguß der mittelalterlichen Burg, durch den man Steine werfen oder heißes Pech und Öl gießen konnte

Pendentif Hängezwickel, eine sphärische Dreieckskonstruktion, die am Fuß einer Kuppel den Übergang vom Quadrat zum Rund ermöglicht

Pietà Auch Vesperbild, Darstellung der Maria mit dem vom Kreuz abgenommenen Jesus auf dem Schoß

Pilaster Wandpfeiler, der nur wenig aus der Wand hervortritt, zur Mauerverstärkung

Refektorium Speisesaal eines Klosters

Reliquiar Behälter, in dem die sterblichen Überreste eines Heiligen oder die seinem Andenken geweihten Gegenstände aufbewahrt werden. Hauptform ist der *Reliquienschrein,* figurierte Reliquiare sind das *Büsten-*, *Kopf-*, *Arm-* oder *Handreliquiar,* jeweils der Form des Körperteils nachgebildet, den sie bergen

Retabel Altaraufsatz, entweder direkt auf der Mensa (der oberen Abdeckplatte des Altars) aufgesetzte, auf der Predella (dem Sockel des Retabels auf dem Altar) oder dahinter auf einem Unterbau stehende Schauwand

Rotunde Zentralbau mit kreisförmigem Grundriß

Sakramentshäuschen Turmartiges Gehäuse zur Aufbewahrung von Hostien, Kelchen und anderen liturgischen Gefäßen, seltener nur eine Nische in der Wand *(Sakramentsnische)*

Sanktuarium Aufbewahrungsort für einen → Reliquienschrein, auch Bezeichnung für den gesamten Altarraum einer christlichen Kirche

Säulenportal Portal mit in den Gewändestufen eingestellten Säulen

Scheitelkapelle Mittelkapelle am Chorumgang, in der Mittelachse des Chors bzw. der Kirche

Schlußstein Stein am Knotenpunkt der Gewölberippen und im Scheitelpunkt eines Bogens

Schlußstein

Skriptorium (Kloster-)Schreibstube der Spätantike oder des Mittelalters

Strebebogen → Strebewerk

Strebepfeiler → Strebewerk

Strebewerk Besteht aus *Strebepfeilern* und *Strebebogen,* die ein Stützsystem bilden, um den Schub von Mauern und/oder Gewölben abzufangen und abzuleiten.

Stufenportal Portal, dessen → Gewände von außen nach innen sich verengend zurückspringt, so daß die Türöffnung erheblich kleiner ist als der äußere Portalumfang

Tabernakel Gehäuse zur Aufbewahrung geweihter Hostien, auch von Stützen getragener Überbau eines Altars oder Grabes. In der Gotik zum → Sakramentshäuschen ausgestaltet

Tambour Seltener auch Trommel, zylinderförmiger Kuppelunterbau, meist mit Fenstern

Tierceron Nebenrippe an einem Rippengewölbe

Tonnengewölbe → Gewölbe

Totenlaterne Säule mit kleinen Nischen, in deren Spitze ständig ein Licht brannte; lokale Besonderheit der westfranzösischen Romanik

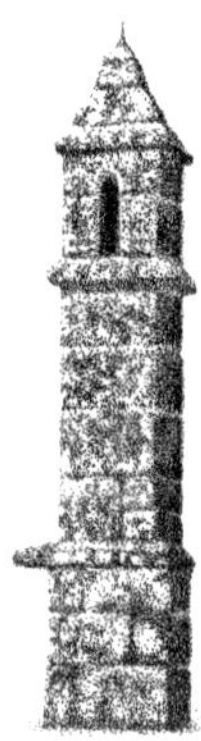

Totenlaterne

Triptychon Dreiteiliges Gemälde, insb. dreiflügeliger Altar mit feststehendem Mittelteil und beweglichen Flügeln

Triumphbogen Hier ein Bogen zwischen dem Mittelschiff eines Langhauses bzw. der → Vierung und dem → Chor

Tumba Sarkophagartiges Grab mit einer Grabplatte, die ein Relief oder eine vollplastische Darstellung des Toten ziert

Türpfeiler Mittelpfeiler eines Portals als Stütze des Türsturzes

Tympanon Die das Bogenfeld eines Portals füllende Steinplatte, häufig mit ornamentalem oder figürlichem Relief geschmückt. Vorherrschendes Thema romanischer Tympana ist das Weltgericht

Vierung Raum einer Kirche, der durch die Kreuzung von Lang- und Querhaus entsteht

Vierungspfeiler Pfeiler an den Eckpunkten einer Vierung

Vierungsturm Turm, der über einer Vierung aufsteigt

Volute Schneckenförmig gewundene Verzierung in der Baukunst

Vorhallenturm (clocher-porche) Tritt an die Stelle der mächtigen Westmassive vor allem in der westromanischen Architektur. Sein Erdgeschoß, das oft nach drei Seiten geöffnet ist (z. B. mit → Arkaden), dient als Vorhalle zum Portal der Kirche

Wimperg Giebelförmige Bekrönung über Fenstern oder Portalen, vor allem in der Gotik

Zarge Eingemauerte Fenster- bzw. Türrahmen aus Vierkanthölzern oder Bohlen

Zwiebeldach Haubendach, das unten konvex und oben konkav geschwungen ist

Zwillingsfenster Gekuppeltes Fenster, durch einen Mittelpfosten in zwei Öffnungen gegliedertes Fenster

Literaturhinweise

Die im folgenden aufgeführten Publikationen wurden für die Erarbeitung des Textes zugrunde gelegt.

Barriere, B. und andere: Limousin – Corrèze, Creuse, Haute-Vienne, Le Puy-en-Velay 1984
Bobe, Bernard: Limousin 2007, Panazol 1988
Die Burg von Val, Office de Tourisme du Pays de Bort-Artense 1990
Domke, Helmut: Aquitanien, München 1978
La Haute-Vienne, Union Touristique Limoges o. J.
Malte-Brun, V.-A.: Corrèze – Géographie, histoire, statistique, administration, o. O. 1982, Nachdruck 1980
Malte-Brun, V.-A.: La Haute-Vienne, Géographie, histoire, statistique, administration, o. O. 1882, Nachdruck 1989
Maury, Jean und andere: Limousin roman, Zodiaque, 3. Auflage, St-Léger-Vauban 1990
Mercier-Sivadijan, Éve (Hrsg.): Pays et gens du Limousin, Paris 1984
Pernoud, Régine: Königin der Troubadoure, 9. Auflage, München 1991
Pouget, G. und Couchon, B.: Guide du Limousin, Limoges 1988
La Revue géographique et industrielle de France: Département de la Haute-Vienne, Paris 1966
Richesses de France: Creuse, Paris 1974
Richesses de France: Haute-Vienne, Paris o. J.
Veyrinaud, Georges: Histoire de Limoges, Limoges 1985

Abbildungsnachweis

Farb- und Schwarzweiß-Abbildungen

Archiv des Autors Farbabb. 1, 5, 9, 10, Umschlagrückseite, Abb. 3, 26, 27, 31, 32
Archiv des Verlags Abb. 28
Bildarchiv Foto Marburg, Marburg Abb. 24, 40
Cedri Agence, Paris Farbabb. 7, 8
Lisa Hammel, Dortmund Abb. 30, 44, 45, 54, 55
Florian Monheim, Düsseldorf Farbabb. 3, 22, 23, 25, 26, Abb. 1, 5, 6, 7, 8, 9, 10, 11, 19, 20, 21, 22, 23, 25, 29, 34, 35, 36, 37, 38, 53
Werner Neumeister, München Abb. 2, 4, 13, 14, 39, 51, 52
Werner Richner, Saarlouis Farbabb. 28, 30, 31, 32
Freddy le Saux, Le Vigen Abb. 58
Toni Schneiders, Lindau Farbabb. 11
Scope, Agence photographique d'illustration, Paris Farbabb. 2, 4, 6, 12, 13, 14, 15, 16, 17, 18, 19, 20, 24, 29, Umschlagvorderseite, Umschlagklappe vorn, Abb. 15, 16, 17, 18, 42, 43, 49, 59
Regina Tremmel & Lisa Hammel, Dortmund Farbabb. 21, 27, Abb. 33, 41, 46, 57

Klas Winter, Meschede Abb. 12
Zodiaque, St-Léger-Vauban Abb. 47, 48, 50, 56

Abbildungen im Text

Archiv für Kunst und Geschichte, Berlin Abb. S. 3, 17, 102, 103, 119, 242
Atelier photographique des A. D. de la Corrèze Abb. S. 12, 28, 39, 48, 112, 115, 159, 172/173, 183, 202, 203, 218/219, 231
B. Barriere und andere: Limousin – Corrèze, Creuse, Haute-Vienne; Le Puy-en-Velay 1984 Abb. S. 107, 208, 222
Bildarchiv Foto Marburg, Marburg Abb. S. 229, 274
Ulrich Hallmeyer, Abenberg Abb. S. 160/161, 206, 209
Lisa Hammel, Dortmund Abb. 240, 276
Florian Monheim, Düsseldorf Abb. S. 14, 57, 74, 114, 165
Werner Neumeister, München Abb. S. 11, 70, 279
La Revue geographique et industrielle de France, Department de la Haute-Vienne; Paris 1966 Abb. S. 33, 35, Frontispiz S. 2
Richesses de France, Creuse; Paris 1974 Abb. S. 23, 24, 55, 67, 220
Klas Winter, Meschede Abb. S. 169

Alle nicht einzeln aufgeführten Abbildungen sind aus den Archiven von Autor und Verlag
Karten und Pläne: DuMont Buchverlag, Köln

Praktische Reiseinformationen

Auskünfte 298
In der Bundesrepublik 298
Im Limousin und in Paris 298

Anreise 298
Mit dem Auto 298
Mit der Bahn 299
Mit dem Flugzeug 300

Vorschläge für Kurzaufenthalte 300

Kunst und Kultur 301
Burgen und Schlösser 301
Museen 303
Archäologische Stätten 304
Kulturelle Veranstaltungen 305
Kirchenbesuche 306

Sitten und Gebräuche 306

Folklore 307

Gastronomie im Limousin 308

Freizeitaktivitäten 310
Touren mit Rad, Pferd, Kanu
oder zu Fuß 310
Angelferien 310
FKK 310

Reisezeit 311

Öffnungszeiten 311

Unterkünfte 311
Hotels 311
Gîte rural und Chambre d'Hôte 321
Jugendherbergen 322
Camping 323

Auskünfte

In der Bundesrepublik

Maison de la France
Postfach 100 128
Kaiserstraße 12
6000 Frankfurt/Main
✆ 0 69/75 60 83–0
Fax 0 69/75 21 87

Maison de la France
Berliner Straße 26
4000 Düsseldorf 1
✆ 02 11/8 03 75

Im Limousin und in Paris

Comité Régional du Tourisme
27, Boulevard de la Corderie
87031 Limoges Cedex
✆ 00 33/55 45 18 80
Fax 00 33/55 45 18 25

Comité Départemental du Tourisme de la Corrèze
Quai Baluze
19000 Tulle
✆ 00 33/55 26 46 88
Fax 00 33/55 26 86 80

Comité Departemental du Tourisme de la Haute-Vienne
4, Place Denis-Dussoubs
87000 Limoges
✆ 00 33/55 79 04 04
Fax 00 33/55 79 57 81

Comité Departemental du Tourisme de la Creuse
43, Place Bonnyaud
23000 Guéret
✆ 00 33/55 52 33 00
Fax 00 33/55 51 05 20

Maison du Limousin
18, Boulevard Haussemann
75009 Paris
✆ 00 33/7 70 32 63

Unter den aufgeführten Anschriften können Prospekte über die jeweilige Region und über Hotels, Pensionen, Campingplätze, Reiterferien, Angelwochen, Radtouren, Wandertouren, Restaurants und vieles mehr angefordert werden. Die genannten Stellen bieten einen Buchungsservice. In Limoges und Tulle spricht das Personal auch deutsch, in Guéret englisch.

Anreise

Mit dem Auto

Die Mehrzahl der Urlauber reist mit dem eigenen Wagen ins Limousin. Von Deutschland kommend, bieten sich drei Hauptrouten an. Von Norden fährt man über Paris, Orléans und Châteauroux, wo sich der weitere Weg in die Haute-Vienne oder Creuse teilt. Der Vorteil dieser Strecke liegt darin, daß man bis kurz vor die Regionsgrenze auf der Autobahn fahren kann. Zudem bietet sich ein Zwischenstopp in Paris oder ein Abstecher von Orléans zu den Loire-Schlössern an. Die gebührenfreien deutschen Autobahnen nutzt man am besten, wenn man kurz vor Basel bei Mulhouse über die Grenze fährt. Nach etwa 250 km auf den mautpflichtigen französischen Autobahnen verläßt man diese in Beaune.

Sehenswert ist dort vor allem das 1443–45 von Nicolas Rolin, dem Kanzler der Herzöge von Burgund, errichtete Armenhospiz Hôtel-Dieu. Aber auch das Burgunderwein-Museum im Hôtel des Ducs des Bourgogne (14.–16. Jh.) ist einen Besuch wert.

Die weitere Strecke führt durch berühmte Weindörfer wie Pommard, Volnay und Auxey-Duresses nach Autun, das römische Augustodunum.

Hier lohnt sich der Besuch der Kathedrale Saint-Lazare (12. Jh.). Im Giebelfeld des Mittelportals präsentiert sich mit dem ›Jüngsten Gericht‹ von Giselbert ein Prunkstück romanischer Bildhauerei aus dem 12. Jh.

Über Lucy und das Thermalbad Bourbon-Lancy gelangt man an den Oberlauf der Loire, deren Tal man hier überquert. Die nächsten Zwischenziele sind Moulins und Montluçon, bis dieser Anreiseweg von Nordosten in das Departement Creuse im Limousin mündet. Der südlichste Anreiseweg aus Deutschland führt von Basel bis Genf durch die Schweiz und dann nach Lyon.

Sehenswert in der drittgrößten Stadt Frankreichs, die auch das Zentrum der Textilindustrie des Landes darstellt, sind u. a. der Place Bellecour, der schönste Platz der Stadt, die Kathedrale St-Jean, das Hôtel de Ville mit seiner reich skulptierten Hauptfassade, die Altstadt und natürlich auch das Musée historique des Tissus (Weberei-Museum).

Bis Clermont-Ferrand – auch auf diesem Abschnitt wird die junge Loire überquert – gewinnt man einen guten Eindruck vom Zentralmassiv, wenn auch der überragende Vulkan Puy de Dôme (1465 m) und der das Zentralmassiv beherrschende Puy de Sancy (1886 m) erst westlich der Stadt liegen.

In Clermont-Ferrand ist vor allem die romanische Kirche Notre-Dame-du-Port den Halt wert, aber auch die aus dunklem Vulkangestein errichtete Kathedrale Notre-Dame imponiert mit ihren Fenstern aus dem 13. Jh.

Das Limousin erreicht man auf dieser Route auf seiner Hochebene, dem Plateau de Millevaches nahe Ussel.

Mit der Bahn

Wer nicht eine kleine Odyssee über die Provinzbahnhöfe Frankreichs starten will, dem ist für die Anreise aus Deutschland nur die Strecke über Paris zu empfehlen. Reisende aus dem Norden Deutschlands kommen im Nordbahnhof an, die aus Süddeutschland im Ostbahnhof. Der Zug nach Limoges fährt vom Bahnhof Austerlitz ab, und man kann die Reise in der Landeshauptstadt gut für ein paar Stunden unterbrechen, um sich bei einem Frühstücksbummel umzusehen oder einen letzten Ferienabend in der Metropole zu genießen.

Für die Etappe von Paris nach Limoges müssen gute drei Stunden eingerechnet werden, und generell sollte man bedenken, daß die kleineren Städte im Limousin am besten von Limoges aus zu erreichen sind.

Weit weniger attraktiv ist die Anreise aus dem Osten ins Limousin. Hier ist meistens Lyon der zentrale Umsteigebahnhof. Die südliche Route führt dann über Ussel, Tulle und Brive durch die Corrèze, während die Nordstrecke die Verbindung nach Guéret, Limoges und Saint-Junien herstellt.

Etwas unübersichtlich ist die Preisgestaltung der Bundesbahn. Besonders wenn man nicht allein reist, sind verschiedene Tarifmöglichkeiten gegeben, die oft einiges Geld sparen helfen. In Frankreich bietet sich die Touristenkarte billet de séjour an. Mit ihr spart man 25%, dafür müssen aber einige Bedingungen, wie eine Mindeststrecke, erfüllt werden.

Für Radfahrer ist die Bahn eine gute Anreisemöglichkeit, man ist auch im Zielgebiet flexibel, obwohl auch lokale Züge und Busse eine gewisse Beweglichkeit ermöglichen.

Mit dem Flugzeug

Der Flugplatz Bellegarde nordwestlich von Limoges bietet inzwischen gute Möglichkeiten, mit Linienflügen ins Limousin zu gelangen. Für deutsche Touristen ist die Anreise über Paris nach Limoges wohl am bequemsten. Hier gibt es nicht nur die meisten Verbindungen, die Anschlußflüge sind auch aufeinander abgestimmt.

Da der Flugplan immer wieder den Bedürfnissen der Flugreisenden angepaßt wird, sind aktuelle Auskünfte nur über die entsprechenden Büros möglich.

Für Privatpiloten stehen neben dem Flughafen Bellegarde noch einige gut ausgebaute Pisten zur Verfügung. So kann man die Creuse über Landeplätze in Guéret und am Nordostrand des Departements erreichen; die Corrèze bietet Start- und Landebahnen bei Brive und Ussel.

Vorschläge für Kurzaufenthalte

Das Limousin ist aufgrund seiner Lage im Herzen Frankreichs für viele Urlauber auch Durchgangsstation auf dem Weg von Deutschland zum Atlantik oder in den Süden Frankreichs. Wer die lange Fahrt für ein paar Tage unterbrechen will, oder aus anderen Gründen kurze Zeit im Limousin verweilt, für den sind die folgenden Vorschläge für Kurzaufenthalte gedacht. Als Ausgangspunkte wurden jeweils die größten Städte der Departements gewählt.

Ausgangspunkt: Limoges

Von der Hauptstadt der Region lohnt ein Abstecher nach Osten ins 20 km entfernte *Saint-Léonard-de-Noblat.* Auf der Rückfahrt können dann die südlich von Limoges im Briance-Tal gelegenen Ruinen des Schlosses von *Chalusset* und die Kirche in *Solignac* besucht werden.

Wer seinen Tagesausflug von Limoges aus etwas naturnaher gestalten will, dem sei hier die Fahrt nach *Ambazac* und eine Wanderung in den gleichnamigen Bergen nördlich der Stadt empfohlen. Im Sommer lohnt auch eine Verlängerung des Ausflugs zum See von *Saint-Pardoux* westlich des Gebirgsmassivs. Als Alternative bieten sich auch Wanderungen in den *Monts de Blond* an.

Westlich von Limoges liegt *Rochechouart,* wo Kunstinteressierte Ausstellungen moderner Kunst und wenige Kilometer entfernt die *galloromanischen Bäder von Chassenon* besichtigen können.

Ausgangspunkt: Brive

Fast ein Muß im Süden der Corrèze ist der Besuch der Städtchen *Collonges-la-Rouge* und *Turenne.* Auf der Fahrt dorthin kommt man an zahlreichen Sehenswürdigkeiten vorbei, so den Grotten von *La Fage.*

Hat man mehr Zeit eingeplant, so sollte der Ausflug über *Aubazine* nach *Argentat* gewählt werden. Dem *Dordogne-Tal* kann man dann bis *Beaulieu* folgen und die Rückfahrt über *Curemonte* antreten.

Nach Norden lohnt ein Tagesausflug über *Uzerche* nach *Pompadour*. Der Besuch von *Ségur-le-Château* und dem herrlich eingerichteten Schloß von *Coussac-Bonneval* schließt diese Fahrt ab.

Ausgangspunkt: Guéret

Den ersten Ausflug sollte man in das Teppichweberzentrum *Aubusson* unternehmen. Auf dem Weg dorthin kommt man nach *Ahun* und vor allem nach *Moutier-d'Ahun*. Lohnende Abstecher sind das wenige Kilometer östlich gelegene Schloß von *Villemonteix* oder im Westen das Schloß von *Le Théret*.

Nordwestlich von Guéret sind das Künstlerstädtchen *Fresselines* und die geschichtlich bedeutenden Burgruinen von *Crozant* einen Ausflug wert. Man fährt das Creuse-Tal entlang, und die drei auf der Strecke liegenden Stauseen laden im Sommer zum Baden ein.

Boussac mit seinem bestens eingerichteten Schloß kann ebenfalls als Tagesausflugsziel empfohlen werden. Hier sind Ausstellungen moderner Wandteppiche und historische Möbel zu besichtigen. Die nahegelegenen *Pierres-Jaumâtres* ermöglichen eine naturnahe Abrundung des Ausflugs.

Kunst und Kultur

Burgen und Schlösser

CORRÈZE

Château de Sédières

Im 14. und 16. Jh. erbautes Schloß.
Führungen (1 Std.) im Juli und Aug. tägl. 10–12 und 14–19 Uhr; Eintritt 15 F.

Château de Val

1440–50 erbautes mittelalterliches Schloß bei Bort-les-Orgues im Stausee von Bort.
Kunstausstellungen; Führungen (1 Std.) tägl. 9–12 und 14–18 Uhr. 15. Sep.–15. Juni di geschl., 2. Nov.–15. Dez. geschl.; Eintritt 10 F.

Collonges-la-Rouge

Als Frankreichs schönstes Dorf ausgezeichnete Ortschaft, erbaut vollständig aus rotem Sandstein, mit Schlößchen und Türmen, vielen Kunstläden.

Curemonte

Mittelalterliche Stadt mit einer Reihe von Schlössern und Herrschaftshäusern.

Pompadour

Schloßkomplex aus dem 15. Jh. und Gestüt.
Besichtigungen tägl. 9–12 und 14–18 Uhr. An Renntagen nur vormittags; Eintritt frei.

Ségur-le-Château

Ruinen eines Schlosses aus dem 12. Jh. über malerischen Häusern der Altstadt.

Tours-de-Merle

Ruinen von sieben Schlössern aus dem 12.–14. Jh., in Sommermonaten Son et Lumière.
Besichtigungen tägl. 10–19 Uhr. Son et Lumière Juli und Aug. tägl. ab 21 Uhr, Juni und Sep. jeweils sa 20 Uhr; Eintrittt zur Show 30 F.

Turenne

Ruinen eines Schlosses aus dem 11.–14. Jh. über einer malerischen Stadt.
Schloßbesichtigungen April–Nov. 9–12 und 14–19 Uhr; Eintritt 10 F.

Ventadour
Ruinen einer Burg aus dem 11. Jh.
Die Ruinen liegen frei zugänglich auf einem Berg.

CREUSE

Boussac
Ab dem 12. Jh. erbautes Schloß mit herrlicher Innenausstattung.
Tapisserieausstellungen; Führungen (1 Std.) tägl. 9–12 und 14–18 Uhr; Eintritt 30 F.

Bourganeuf
Zizim-Turm aus dem 15. Jh., Komturei und Hauptsitz der Hospitaliter.
Juli und Aug. tägl. 10.30–11.30 Uhr, Sep. nur nachmittags, April–Juni so nachmittags; Eintritt 10 F.

Château de Théret
Schloß aus dem 15. und 18. Jh. in La Saunière.
Juni–Sep. tägl., Okt.–Mai an Wochenenden 10–19 Uhr; Eintritt 20 F.

Lavaufranche
Komturei der Tempelritter und Hospitaliter aus dem 12./13. Jh.
Juli und Aug. 14–18 Uhr; Eintritt 20 F.

Saint-Germain-Beaupré
Vollständig erhaltener Schloßkomplex ab dem 12. Jh.
Juni–Sep. mo, di und sa 9–18 Uhr. Führungen und Besichtigung der Gärten etwa 1 Std.; Eintritt 30 F.

Saint-Maixant
Burg aus dem 14. Jh.
15. Juni–15. Sep. tägl. 10–12 und 14–19 Uhr. Führung etwa 1 Std.; Eintritt 10 F.

Villemonteix
Vollständig aus dem 15. Jh. erhaltenes Schloß bei Chenerailles.
Ausstellungen; Führungen (1 Std.) Mai–Okt. tägl. 10–12 und 14–19 Uhr; Eintritt 20 F.

HAUTE-VIENNE

Châlus
Festungsruine aus dem 11.–13. Jh.
1199 starb hier Richard Löwenherz.
1. Juli–15. Sep. tägl. 10–12 und 14–18 Uhr; Eintritt 15 F.

Chalusset
Ruinen eines militärisch orientierten Bollwerks aus dem 11. Jh.
15. Juni–15. Okt. tägl. 9–12 und 14–19 Uhr. Führung 2 Std.; Eintritt 10 F.

Château de Brie
Burg aus dem späten 15. Jh. im Flamboyant-Stil, möbliert.
Führungen (¾ Std.) April–Okt. am Wochenende und an Feiertagen; Eintritt 10 F.

Château des Cars
Ruine aus dem 12. Jh., restauriert im 15. Jh.
Ganzjährig zu besuchen; Eintritt frei.

Coussac-Bonneval
Schloß aus dem 10.–13. Jh., im 15. und 18. Jh. neu aufgebaut, sehr schön ausgestattet.
Führungen (1 Std.) tägl. 14.30–18 Uhr außer mo und fr, sa bis 19 Uhr; Eintritt 30 F.

Montbrun
Festung aus dem 12. und 15. Jh.
Führungen (½ Std.) tägl. 10–12 und 14–18.30 Uhr; Eintritt 17 F.

Nexon
Schloß aus dem 15./16. Jh., restauriert im 19. Jh., Park, Gestüt.
Freier Zugang tägl. 9–12 und 14–19 Uhr.

Lastours
Turm und Ruinen aus dem 12. Jh.
Führungen mit Fackelbeleuchtung; freier Zugang in den Ferien und am Wochenende.

Rochechouart
Schloß aus dem 13. und 15. Jh.
Wandmalereien, Kunstausstellungen; Juli–Sep. 9–12 und 14–18 Uhr; Führungen 2 Std.; Eintritt 8 F.

Museen

Gerade bei den kleineren Museen ist zu beachten, daß die Betreuung meist nicht durch hauptberufliche Angestellte erfolgt. Wechselt das Personal, so kommt es oft kurzfristig zu einer Veränderung der Öffnungszeiten. Die Eintrittspreise hatten bei Redaktionsschluß dieser Ausgabe Gültigkeit und können sich im Laufe der Zeit ändern, wie auch einzelne Themenstellungen der Museen.

CORRÈZE

Brive
Hôtel Labenche
Ausstellungen über Geologie, Paläontologie, Archäologie, Geschichte, Naturgeschichte und Kunst.
Tägl. 10–18.30 Uhr; Eintritt 20 F.

Maison Edmond Michelet
Museum über die Résistance.
Tägl. 10–12 und 14–18 Uhr außer so, Eintritt frei.

Meymac
Museum Marius Vazeilles (in der Abtei Saint-André)
Örtliche Funde aus prähistorischer bis mittelalterlicher Zeit.
Juli und Aug. tägl., 1. Sept.–15. Okt. an Wochenenden und Feiertagen 10–12 und 15–18.30 Uhr; Eintritt 10 F.

Neuvic
Henri-Queuille-Museum
Museum über die örtliche Résistance.
15. Juni–15. Sep. tägl., sonst so und feiertags 10–12 und 15–18 Uhr; Eintritt 5 F.

Treignac
Museum im Marc-Sangnier-Haus
Traditionelle örtliche Kultur und Volkskunde.
Juli und Aug. tägl. 10–12 und 16–19 Uhr außer so; Eintritt 5 F.

Tulle
Museum im Kreuzgang
Örtliche prähistorische Funde, lokales Handwerk.
April–Sep. tägl. 9.30–12 und 14–18 Uhr, Okt.–März tägl. 10–12 und 14–17 Uhr außer di nachmittags; Eintritt 6 F.

Résistance-Museum (am Quai Edmond-Perrier)
Di 10–12 Uhr, mi 14–18 Uhr und fr ganztägig; Eintritt frei.

Ussel
Örtliches Museum (in mehreren Gebäuden)
Religiöse und weltliche Kunst.
Juli und Aug. 10–12 und 15–19 Uhr; Eintritt frei.

CREUSE

Aubusson
Wandteppich-Museum
Klassische und moderne Tapisserien.
Tägl. 9–12 und 14–18 Uhr außer di vormittags; Eintritt 10 F.

Haus des alten Teppichwebers (15. Jh.)
Alte Werkstätten.
15. Juni–15. Sep. 9–12 und 14–18 Uhr; Eintritt 8 F.

Guéret
Museum im Stadtpark
Örtliche Kunst und Kultur, Emailkunstwerke, allgemeinbildendes Museum.
Tägl. 10–12 und 14–18 Uhr außer di; Eintritt 9 F.

HAUTE-VIENNE

Châteauponsac
Museum René Bauberot (in der alten Benediktinerkirche)
Regionale Relikte aus prähistorischer und galloromanischer Zeit, lokale Geschichte.
Tägl. 15–18.30 Uhr außer mo; Eintritt 12 F.

Limoges
Nationalmuseum Adrien-Dubouché
Porzellan aus dem Limousin und der ganzen Welt, globale Geschichte der Töpferei.
Tägl. 10–12 und 13.30–17.15 Uhr außer di; Eintritt 16 F.

Städtisches Museum im Palais de l'Eveché
Emailkunstwerke, lokale Kunst und Kultur, Ägyptologie.
Tägl. 10–11.45 und 14–18 Uhr, Okt.–Juni di geschl; Eintritt frei.

Metzgermuseum in der Metzgergasse
Juli und Aug. tägl. 9–18 Uhr; Eintritt 5 F.

Rochechouart
Museum im Schloß
Tägl. 10–12 und 14–19 Uhr; Eintritt 10 F.

Saint-Léonard-de-Noblat
Gay-Lussac-Museum
Wissenschaftliches Museum in der Geburtsstadt von Gay-Lussac.
Juni–Sep. tägl. 15–19 Uhr, Okt.–Mai di–sa 14–18 Uhr; Eintritt frei.

Eisenbahnmuseum
Geschichte der Eisenbahn auch aus lokaler Sicht.
Tägl. 15–18.30 Uhr außer mo; Eintritt 15 F.

Saint-Yrieix-la-Perche
Porzellanmuseum Les Palloux
Lokale Geschichte der Kaolinfunde von 1766.
Di–sa 8–12 und 14–18 Uhr; Eintritt frei.

Vassivière
Freilichtmuseum l'Ile aux Pierres (auf der Insel im Stausee)
Skulpturen aus Stein und Holz.
Frei zugänglich.

Archäologische Stätten

Les Cars (Corrèze)
Galloromanische Überreste eines Tempels und einer Villa aus der Mitte des 2. Jh.

Brücke von Senoueix (Creuse)
Reste einer römischen Brücke über den Taurion

Chassenon (Haute-Vienne)
Eindrucksvolle galloromanische Bäderanlage

Limoges (Haute-Vienne)
Krypta Saint-Martial, Nekropole

Puy-Lautard (Haute-Vienne)
Gut erhaltener galloromanischer Tempel aus dem 1. Jh. bei Saint-Pierre Bellevue

Kulturelle Veranstaltungen

Alljährlich finden im Limousin bedeutende kulturelle Festlichkeiten statt, die meisten im Juli und August. Entsprechende aktuelle Programme erhält man über die Fremdenverkehrsbüros. Tradition haben die nachfolgenden Veranstaltungen.

CORRÈZE

Aubazine
Juli–Aug.: Klassische Konzerte in der Abteikirche

Beaulieu
Juli–Aug.: Ausstellung regionaler Maler und anderer Künstler

Bort-les-Orgues
Aug.: Internationales Folklore-Festival

Brive
Juli–Aug.: Klassische Konzerte

Château de Val
Mai–Aug.: Kunstausstellungen von Malern und Wandteppichwebern

Meymac
Juli–Okt.: Ausstellungen zeitgenössischer Kunst

Juli–Aug.: Sommer-Musik-Festival, Gastspiele auch in umliegenden Orten

Saillant
Juli–Aug.: Klassische Konzerte im Tal der Vézère

Saint-Robert
Juli–Aug.: Konzertreihe in der Kirche Saint-Robert

Sédières
Juli–Aug.: Musik-Festivals und Ausstellungen

Tours de Merle
Juni–Sep.: Son et Lumières

Tulle
Juli–Aug.: Konzerte im Klosterhof

Ussel
Juli: Kunstausstellungen

CREUSE

Aubusson
Juli–Aug.: Konzertreihe klassischer Musik

Boussac
Juli–Aug.: Theater-Festival

Chénérailles
1. Sonntag im Juli: Mittelalterliches Fest

Felletin
Aug.: Internationales Folklore-Festival

Guéret
Juli–Aug.: Ausstellung von Plastiken

Saint-Vaury
Juli: Theater-Festival

HAUTE-VIENNE

Bellac
Juni–Juli: Jean-Giraudoux-Festival für Theater und Musik mit Ausstellungen

Coussac-Bonneval
Juli–Aug.: Veranstaltungsreihe klassischer Sommerkonzerte

Le Dorat
Juli–Aug.: Son et Lumières

Limoges
Juli–Aug.: Porzellan- und Email-Ausstellungen

Rilhac-Lastours
Juli–Aug.: Torches et Lumières in den Schloßruinen von Lastours

Saint-Just-le-Martel
Sep.: Cartoon-Ausstellung bei Limoges mit 500 Zeichnungen aus 50 Ländern

Saint-Léonard-de-Noblat
Juli–Aug.: Konzertreihe

Saint-Yrieix-la-Perche
Juli–Aug.: Konzertreihe klassischer Musik

Solignac
Juli–Aug.: Son et Lumières

Vassivière
Juli: Konzertreihe mit franz. Popmusik

Kirchenbesuche

Normalerweise sind die Kirchen im Limousin tagsüber frei zugänglich. In kleineren Orten werden sie abends meist früher geschlossen als in Städten. Sollte eine Kirche abgesperrt sein, kann man beim nächsten Nachbarn erfahren, wer den Schlüssel bereithält. Etwas Kleingeld (1-, 2- oder 5-Franc-Stücke) sollte man auf jeden Fall zu den Besichtigungen mitnehmen, denn oft befinden sich die wertvollen Reliquiare in einem Tresor mit Glasscheibe und müssen mit Hilfe eines Automaten beleuchtet werden.

Zu berücksichtigen ist auch, daß sonntags meistens um 10 oder 11 Uhr die Messe gefeiert wird, danach sind eventuell noch Taufen angesetzt.

Eintritt verlangt bislang nur die Kirche in Moutier d'Ahun für die Besichtigung des Chors mit den berühmten Schnitzereien. Hin und wieder liegen in den Kirchen detaillierte Beschreibungen aus, selten allerdings in deutsch. Führungen sind in Kirchen nicht üblich, lediglich in Chambon-sur-Voueize steht während der Sommermonate eine fachkundige Person zur Verfügung.

Sitten und Gebräuche

Die Sitten und Gebräuche des Limousin unterscheiden sich nicht sehr von denen anderer Regionen Frankreichs. Die Ärmlichkeit der Region machte es erforderlich, daß Kinder mit sieben Jahren bei den Arbeiten in Haus und Hof mithalfen. Besonders im Sommer war dies eine harte Zeit, dagegen brachte der Winter mit seinen langen Abenden schon eher Stunden am Kamin, bei denen man heiße Maronen, das ›Brot der Armen‹, aß und sich Geschichten erzählte.

Im religiösen Bereich war das Limousin sicher nie Vorreiter, trotzdem hatte die Kirche einen hohen Stellenwert. Kinder wurden schnellstmöglich nach der Geburt getauft. Nach altem Brauch mußten sie dafür von einer Frau in die Kirche getragen werden.

Die Heiligenverehrung ist im Limousin tief verwurzelt. Vor allem heiliggesprochenen Einsiedlern und Geistlichen sind Kirchen und Kapellen geweiht. Alle sieben Jahre feiert man beispielsweise in der Haute-Vienne die Ostension, ein Heiligenfest, das in seiner Tradition bis ins 10. Jh. zurückgeht. Dabei werden alle Heiligen gleichzeitig verehrt, ihre Statuen, Reliquienschreine und Bilder bei einem Umzug in Trachten durch die Straßen getragen.

Folklore

Der typische **Tanz** des Limousin ist die *Bourrée,* der Bauerntanz. Er geht in seiner Entstehung auf das 16. Jh. zurück und war zeitweise bis an den Königshof verbreitet. Auch heute ist die Bourrée noch in jedem Dorf vertreten, immer in eigenen Variationen, und die meisten Feste oder Bälle enden mit diesem Tanz im ¾-Takt.

Viele der übrigen Tänze wurden von der Landbevölkerung in den ruhigeren Wintermonaten gepflegt. Tiere dieser Region dienten oft bei der Namensgebung, so gibt es den Tanz der Elster, lo Jasso, den Tanz des Wiedehopfs, la Pépue, oder den Tanz der Ziege, lo Chabro buro. Auch vom königlichen Hof wurden Tänze übernommen, die verbreitetsten sind la Manuguet, le Bal vieux und le Pélélé. Natürlich haben die Bewohner des Limousin auch in diesem Bereich andere europäische Kulturströmungen aufgenommen. Polka, Mazurka und Walzer sind dem lokalen Charakter des Landes und seiner Bevölkerung im lu Coutillou var, le Panliran, la Varsovienne oder lo Piquo talou angepaßt. Den letzten Namensteil hat der lu Coutillou var übrigens vom Gras, das beim Tanz Füße und Kleid grün, also vert oder okzitanisch var, färbt.

Drei typische **Musikinstrumente** kennt das Limousin: Neben dem *Akkordeon* gibt es seit dem 12. Jh. die Vielle, eine Drehleier, und die Cabrette, die an den schottischen Dudelsack erinnert. Sie ist ortsabhängig in mehreren Varianten zu finden und wird nicht immer einheitlich benannt.

Die *Vielle,* früher auch Organistrum genannt, hat den Korpus einer Laute. Vier Saiten werden über ein Holzrad, das in seiner Funktion einem Bogen entspricht, beim ständigen Drehen gespielt, den Takt bestimmt der Drehrhythmus. Zwei weitere Saiten werden wie beim Klavier durch Tasten angeschlagen und ergeben die Melodie.

Die *Cabrette* besteht aus einer Flöte und einem Ziegenlederschlauch, der vom Spieler von Zeit zu Zeit entweder mit einem Blasebalg oder mit dem Mund aufgeblasen wird. Hat die Cabrette ihre Heimat im südlichen Limousin, so wird im Norden die meist schöner verzierte und mit kleinen Spiegeln geschmückte Chabrette bevorzugt. Diese Variante des Instruments ist etwas schwieriger zu spielen, hat keinen Ledersack und muß deshalb direkt geblasen werden. Für die Reinheit der Töne aus den drei Pfeifen, die jede eine Oktave umfassen, ist die Luftfeuchtigkeit im Instrument sehr wichtig.

Trachten und Musikinstrumente des Limousin

Die **Trachten** im Limousin variieren von Dorf zu Dorf. Frauen tragen lange Röcke und bestickte, oft dunkle Schürzen. Farbenfrohe Tücher schmücken die Schultern. Die Hauben, barbichet genannt, sind oft mit Schleifen verziert und prägen die Tracht von Gebiet zu Gebiet unterschiedlich. Je nach Jahreszeit wählt man die Spitzenhandschuhe oder die aus Wolle - beide haben die Fingerkuppen frei.

Vom Klima ist auch die Unterwäsche abhängig, Unterhosen und Unterröcke sind immer hübsch mit Rüschen besetzt.

Für Männer ist Schwarz die Farbe der Jacken und Hosen, selten sind es andere dunkle Stoffe. Über den hellen Hemden sorgen alleine die bunten Westen für Farbe, denn auch der Hut der Männer, der chapron, wird stets schwarz getragen.

Gastronomie im Limousin

Die Landbevölkerung des Limousin war nie besonders reich, und das spiegelt sich auch in ihren typischen Speisen wider. Die Gerichte sind grundsätzlich einfach und enthalten wenig Fleisch. Ihre Zutaten stammen aus den heimischen Bauernhöfen, Wäldern oder Gewässern.

Ein beliebtes Werktagsgericht ist die Bréjaude, eine Suppe mit Speck und Kohl, zu der Roggenbrot gegessen wird. Die Menassou, eine Pastete aus geriebenen Kartoffeln, ist oft der Hauptgang. Zum Nachtisch gibt es dann Clafoutis, den Kirschkuchen der Region, aber vorsichtig zubeißen: die Kerne sind noch im Kuchen!

Die Limousiner wissen auch groß aufzutischen, besonders wenn sie Gäste bewirten, oder wenn es etwas zu feiern gibt. Als Aperitif trinkt man gerne ein Gläschen einheimischen Nuß- oder Heidelbeerlikör oder Kir aus Johannisbeercreme.

Bei der Vorspeise kann man beispielsweise wählen zwischen der Foie gras frais, frischer Gänseleberpastete, und Boudin aux châtaignes, Blutwurst mit Kastanien, oder Rilletes au canard, Entenpasteten, oder, wenn es feiner wird, zwischen Truffes sous la cendre, in Asche zubereiteten Trüffeln, und Ragoût aux écrevisses, Krebsragout.

Der Hauptgang kann auch im besseren Menü fleischlos bleiben, zum Beispiel bei Cèpes farcis, farcierten Steinpilzen.

Wenn es doch Fleisch sein soll, dann liefert das Limousinrind das Filet. Zu den Spezialitäten dieser Region gehören auch Lamm oder Ziegenfleisch mit Sauerampfer. Nicht nur auf den Bauernhöfen sind Ente oder Truthahn beliebt. Den zahlreichen Flüssen verdankt das Limousin die Forelle auf der Speisekarte, und aufgrund des leidenschaftlichen Jagdeifers der Franzosen findet der Feinschmecker oft Wildkaninchen oder Wachteln nach örtlichem Rezept zubereitet.

Nach der Hauptspeise ist auch im Limousin die Käseplatte üblich. Der Ziegenkäse Caillade, im Süden Cailladou genannt, oder Cabècou, ein kleiner, milder Ziegenkäse, Croupis und Marchois zählen zu den Spezialitäten der Region. Da das Limousinrind als Fleischvieh nicht auf Milchproduktion gezüchtet ist, greift man bei den Käsesorten häufig auf Ziegenmilch zurück.

Den Abschluß des Mahls versüßen meist Kuchen mit Früchten, aber auch Marrons glacés, kandierte Kastanien, oder Madeleines de Saint-Yrieix, kleine Bällchen aus Rührteig.

All das ist natürlich nur eine kleine appetitanregende Auswahl, die Küche des Limousin bietet noch viele andere Gerichte.

Hier ein Vorschlag für ein einfaches Menü:

Kartoffelpastete
(Paté de Pommes de Terre)
Für den Blätterteig benötigt man 400 g Mehl, 300 g Butter, 8 g Salz und 200 ml Wasser. Für den Belag werden 6–8 Kartoffeln, 200 ml Crème fraîche, etwas Petersilie, gehackte Zwiebeln, Salz und Pfeffer bereitgestellt.

Zuerst das Mehl sieben, Salz und Wasser hinzugeben, kneten und ausrollen. In der Mitte die Butter verstreichen, dann den Teig in die Länge ziehen und dreimal falten. Nochmals in die Länge ziehen und nochmals dreimal falten. Nach 45 Min. das Ganze zweimal wiederholen und die Hälfte des Teigs auf etwa 4 mm Dicke ausrollen. Mit in Scheiben geschnittenen Kartoffeln, Zwiebeln, Petersilie, Salz und Pfeffer den Teig bedecken. Die zweite Teighälfte darüberdecken und an den Enden gut zusammendrükken. Bei mittlerer Temperatur 45 Min. backen. Vor dem Anrichten die obere Teighälfte aufschneiden und die Crème fraîche hinzugeben.

Käsefondue (Fondu au fromage)
Einen würzigen Käse reiben, mit etwas Wasser mischen und in einem Topf zum Schmelzen bringen. Etwas Milch und Mehl dazugeben und gut verrühren. Die Mischung auf starker Flamme im Fonduetopf erhitzen, bis kleine Bläschen

aufsteigen, dann ein Eigelb und etwas Butter zugeben und zum Brot servieren.

Kirschkuchen (Clafoutis)
500 g Mehl, 30 g Zucker, 4 Eier und 8 g Salz in eine Schüssel geben und langsam verrühren. Dabei 500 ml Milch und 250 ml Wasser daruntermischen. Eine Backform gut mit Butter bestreichen und den Teig darin auslegen. 1 kg Kirschen darauflegen und hineindrücken. Vor dem Backen einige Butterflocken darüber verteilen; vor dem Servieren mit Puderzucker bestreuen.

Freizeitaktivitäten

Touren mit Rad, Pferd, Kanu oder zu Fuß

Tourisme vert, also Landschaftstourismus, ist ein vielgebrauchter Begriff im Limousin. Selbstverständlich verbunden mit den kulturellen Sehenswürdigkeiten der Region, bieten verschiedene Veranstalter im Limousin Pauschaltouren an, bei denen man Land und Leute auf recht ungewöhnliche Art kennenlernen kann. So bei Reitausflügen, Radtouren, Wanderungen oder Kanufahrten. Die Touren reichen von einem Tag bis zu zwei Wochen. Gerade bei den mehrtägigen Touren bieten die Veranstalter verschiedenste Serviceleistungen an, so wird bei vielen Rad- oder Reittouren das Gepäck zum nächsten Hotel weitergefahren, und man kann den Tag über unbeschwert in die Pedale treten oder auch durch unwegsames Gelände reiten. Selbstverständlich sind solche Trips für jeden Geldbeutel erschwinglich: Von der billigen Zeltübernachtung mit Selbstverpflegung bis zu besten Unterkünften mit Gourmet-Abendessen stehen alle Varianten zur Auswahl. Informationen geben die Touristenbüros der Departements und der Region.

Angelferien

Kein Wunder, daß bei den vielen Seen und Flüssen der Angelsport im Limousin nicht nur bei den Einheimischen hoch in der Gunst steht. Auch eine Reihe von Hotels und Pensionen hat sich auf Angler als Gäste spezialisiert. Ob Tages- oder Wochengäste, in diesen Unterkünften und Restaurants können die Petrijünger ihren eigenen Fang zum Abendessen verspeisen. Der Gast kann die Zubereitung dem Wirt überlassen oder sich selbst in der Küche als Koch versuchen – alles ist nach eigenem Geschmack zu buchen. Detaillierte Informationen geben auch hier die Touristenbüros der Departements und der Region.

FKK

Creuse Nature
23600 Boussac
✆ 55 65 03 34 und 55 65 18 01
***Campingplatz
Wohnwagen zu mieten
Tennis, Golf und Fitnesscenter

Bos-Redon
Brumas
Commune de Bussière-Galant
87230 Châlus
✆ 55 09 44 34
80 000 qm Campingplatz
Ferienhaus zu mieten

Reisezeit

Die günstigste Zeit für einen Urlaub im Limousin sind die Monate Juni–Oktober mit Tageshöchsttemperaturen von 24°–29° Celsius und Wassertemperaturen von 17°–22° Celsius. Da das Limousin zwischen 100 und 900 m über dem Meeresspiegel liegt, sind allerdings bei diesen Temperaturangaben örtliche Unterschiede zu berücksichtigen, die sich vor allem am Abend bemerkbar machen können.

Der Einfluß des Atlantiks sorgt für geringe Niederschläge und viele Sonnentage.

Die Zeit von November–April kann nicht nur ungemütlich kalt sein, der Tourist wird auch erleben müssen, daß viele der kleineren Sehenswürdigkeiten für den Besucher nicht zugänglich sind.

Öffnungszeiten

Wie in ganz Frankreich sind auch im Limousin die Öffnungszeiten kaum gesetzlich geregelt. *Behörden und Banken* haben fast immer von 12–14 Uhr geschlossen, montags bis freitags von 9–12 und 14–17 Uhr wird man jedoch meistens Zutritt finden. Manche Banken haben statt montags aber auch samstags geöffnet.

Für *Postämter* gelten ähnliche Zeiten. Abends sind die Schalterstunden oft ausgedehnt, auf dem Lande als Ausgleich für längere Mittagspausen. Samstags wird man auf dem Postamt meist bis gegen 16 Uhr bedient.

Für *Geschäfte* läßt sich fast keine feste Öffnungszeit angeben. Ob schon um 7 oder erst um 10 Uhr geöffnet wird, bleibt ebenso dem Besitzer überlassen wie die Mittagspause. Abends kann man oft bis 22 Uhr einkaufen, und auch am Wochenende sind Läden geöffnet: samstags so wie wochentags, und zumindest Lebensmittelgeschäfte öffnen auch sonntags in den Vormittagsstunden.

Unterkünfte

Hotels

Die folgende Liste stellt eine Auswahl der Hotels im Limousin dar (alle mit Restaurant), die dem Reisenden eine Orientierung bieten soll. Eine vollständige Liste ist über die Touristenbüros der Departements und der Region zu erhalten.

Die angegebenen Preise gelten für Doppelzimmer und beziehen sich auf den Zeitpunkt des Redaktionsschlusses. Vor einer Buchung oder Bestellung empfiehlt es sich, die aktuellen Preise zu erfragen.

Die Sterne bezeichnen die Einstufung durch die Staatliche Touristikkommission: * einfache Ausstattung; ** Mittelklasse; *** gehobene Mittelklasse; **** erste Klasse.

Eine der zahlreichen Unterkünfte im Limousin: Jugendherberge in Beaulieu-sur-Dordogne

Man sollte jedoch berücksichtigen, daß bei dieser Einstufung das Alter der Häuser keine große Rolle spielt. Daher kann der deutsche Tourist ein modernes Ein-Sterne-Hotel durchaus einem höher klassifiziertem, aber längere Zeit nicht renoviertem Hotel vorziehen.

CORRÈZE

Argentat

Le Gambetta
15, place Gambetta
19400 Argentat
✆ 55 28 16 08
geschl. Okt.
5 Zimmer (85–170 F)

*Nouvel Hôtel Gilbert***
19400 Argentat
✆ 55 28 01 62
geschl. 15. Dez.–15. März
26 Zimmer (130–300 F)

Aubazine

*Le Coiroux***
19190 Aubazine
✆ 55 25 75 22
Fax 55 25 75 70
38 Zimmer (180–230 F)

*Hotel de la Tour***
Lachaud
19190 Aubazine
✆ 55 25 71 17
geschl. Febr.
20 Zimmer (140–250 F)

*Saint-Etienne**
19190 Aubazine
✆ 55 25 71 01
45 Zimmer (90–220 F)

*Le Saut de la Bergère**
19190 Aubazine
✆ 55 25 74 09

geschl. 1. Dez.–28. Feb.
10 Zimmer (125–210 F)

Beaulieu-sur-Dordogne
*Central Hotel Fournie***
19120 Beaulieu-sur-Dordogne
✆ 55 91 01 34
geschl. 15. Nov.–15. März
28 Zimmer (130–250 F)

*Le Turenne***
19120 Beaulieu-sur-Dordogne
✆ 55 91 10 16
geschl. 15. Jan.–15. Febr.
22 Zimmer (190–300 F)

Brive
*Chapon Fin****
1, place de Lattre-de-Tassigny
19100 Brive-la-Gaillarde
✆ 55 74 23 40
Fax 55 23 42 52
30 Zimmer (220 F)

*Hotel Mercure****
Le Griffolet
Route d'Objat
19106 Brive-la-Gaillarde
✆ 55 87 15 03
Fax 55 87 04 40
57 Zimmer (265–480 F)

*La Truffe Noire****
22, boulevard Anatole-France
19100 Brive-la-Gaillarde
✆ 55 92 45 00
Fax 55 95 45 13
29 Zimmer (450–650 F)

*Hotel Campanile***
Avenue de Général-Pouyade
✆ 55 86 88 55
19000 Brive-la-Gaillarde
42 Zimmer (248 F)

*La Crémaillère***
53, avenue de Paris
19100 Brive-la-Gaillarde
✆ 55 74 32 47
Restaurant so abends und mo geschl.
9 Zimmer (200–240 F)

*Urbis***
32, rue Marcelin-Roche
19100 Brive-la-Gaillarde
✆ 55 74 34 70
Fax 55 23 54 41
55 Zimmer (300–330 F)

*Balladins**
13, avenue du Président-Kennedy
19100 Brive-la-Gaillarde
✆ 55 74 40 40
Fax 55 74 01 82
38 Zimmer (179–203 F)

Chamboulive
*Deshors-Foujanet***
Le Bourg
19450 Chamboulive
✆ 55 21 62 05
geschl. Okt. und Feb.
29 Zimmer (120–220 F)

Chaumeil
*Auberge des Bruyères**
19390 Chaumeil
✆ 55 21 34 68
geschl. 10.–25. Okt.
und 3.–31. Jan.
14 Zimmer (140–180 F)

Clergoux
Hotel du Lac
Le Prévost
19320 Clergoux
✆ 55 27 77 60
geschl. Feb. und mi
1. Okt.–1. Mai
18 Zimmer (130–210 F)

Corrèze
*Hotel de la Seniorie***
Le Bourg
19800 Corrèze
✆ 55 21 22 88
Fax 55 21 24 00
geschl. Feb.
29 Zimmer (290–380 F)

Egletons
*Hotel Ibis Egletons***
Route Ussel
19300 Egletons
✆ 55 93 25 16
Fax 55 93 37 54
41 Zimmer (240–270 F)

Malemort
*Auberge des Vieux Chênes***
31, avenue Honoré-de-Balzac
19360 Malemort
✆ 55 24 13 55
geschl. 4.–24. Aug.
14 Zimmer (140–225 F)

Naves
*Auberge de la Route***
R. N. 120

19460 Naves
✆ 55 26 62 02
22 Zimmer (160–220 F)

Neuvic
*Hotel du Lac***
Neuvic-Plage
19160 Neuvis
✆ 55 95 81 43
geschl. Okt.–Ostern
15 Zimmer (260–320 F)

*Hotel de l'Escargot**
Place de la mairie
19160 Neuvic
✆ 55 95 80 19
geschl. 21. Dez.–7. Jan.
10 Zimmer (90–150 F)

Objat
*Le Pré Fleuri***
1090, avenue Jules-Ferry
19130 Objat
✆ 55 25 83 92
geschl. mo in der Nebensaison
7 Zimmer (160–200 F)

*Hotel de France**
12, avenue Georges-Clemenceau
19130 Objat
✆ 55 25 80 38
geschl. 25. Sep.–10. Okt.
15 Zimmer (95–180 F)

Pompadour
*Auberge de la Mandrie***
Route de Périgueux
19230 Pompadour
✆ 55 73 37 14
22 Zimmer (184–205 F)

*Auberge de la Marquise***
4, avenue des Écuyers
19230 Pompadour
✆ 55 73 33 98
geschl. Nov.–April
10 Zimmer (225–280 F)

La Roche-Canillac
*L'Auberge Limousine***
Rue Saule
19320 La Roche-Canillac
✆ 55 29 12 06
geschl. Sep.–April
26 Zimmer (180–300 F)

Sadroc
*Hotel de la Maleyrie***
Croix de la Maleyrie
19270 Sadroc
✆ 55 84 50 67
15 Zimmer (85–220 F)

*Relais du Bas Limousin***
Sadroc
19270 Sadroc
✆ 55 84 52 06
24 Zimmer (90–240 F)

Saint-Aulaire
*Auberge Bellevue**
19130 Saint-Aulaire
✆ 55 25 81 39
10 Zimmer (90–260 F)

Saint-Hilaire-les-Courbes
Le Saint-Hilaire
19170 Saint-Hilaire-les-Courbes
✆ 55 98 02 44
7 Zimmer (150–180 F)

Saint-Martin-la-Méanne
*Les Voyageurs***
Place de la Mairie
19320 Saint-Martin-la-Meanne
✆ 55 29 11 53
geschl. 3.–31. Jan.
8 Zimmer (200–252 F)

Saint-Merd-de-Lapleau
Rendez-Vous de Pêcheurs
Pont du Chambon
19320 Saint-Merd-de-Lapleau
✆ 55 27 88 39
geschl. 12. Nov.–20. Dez. und eine Woche im Feb.
8 Zimmer (200–240 F)

Saint-Pardoux-la-Croisille
*Hotel Beau Site****
Le Bourg
19320 Saint-Pardoux-la-Croisille
✆ 55 27 79 44
geschl. 1. Okt.–30. April
32 Zimmer (190–260 F)

Saint-Viance
*Hotel du Rieux***
Pont du Risque Toot
19240 Sainz-Viance
✆ 55 85 01 49
geschl. 20. Aug.–5. Sep. und 20. Dez.–5. Jan.
16 Zimmer (150–200 F)

*Auberge des Prés de la Vézère***
19240 Saint-Viance
✆ 55 85 00 50
Fax 55 84 25 36

Hotel mo geschl., Restaurant so abends und mo geschl.
11 Zimmer (165–205 F)

Seilhac
*Relais de Monédières***
19700 Seilhac
✆ 55 27 04 74
geschl. 15. Dez.–15. Jan.
19 Zimmer (170–250 F)

Tulle
*Limouzi***
16, quai de la République
19000 Tulle
✆ 55 26 42 00
geschl. erste Januarwoche
50 Zimmer (190–210 F)

*Hotel-Restaurant de la Gare***
25, avenue Churchill
19000 Tulle
✆ 55 20 04 04
Fax 55 20 15 87
geschl. 1.–15. Sep.
13 Zimmer (120–230 F)

Ussac
*La Borderie****
Le Pouret
12270 Ussac
7 Zimmer (350–675 F)

*Auberge Saint-Jean***
Le bourg d'Ussac
19270 Ussac
✆ 55 88 30 20
13 Zimmer (200–300 F)

Varetz
*Château de Castel Novel*****
19240 Varetz
✆ 55 85 00 01
Fax 55 85 09 03
geschl. 15. Okt.–27. April
37 Zimmer (510–1050 F)

Vignols
Auberge des Combes
Les Combes
19130 Vignols
✆ 55 25 91 47
geschl. mo
5 Zimmer (115–135 F)

CREUSE

Aubusson
*Hôtel de France***
Rue des Déportés
23200 Aubusson
✆ 55 66 10 22
geschl. so abends und mo Sep.–Juni
20 Zimmer (150–350 F)

*Hôtel de la Seiglière***
Vallée du Léonardet
23200 Aubusson
✆ 55 66 37 22
Fax 55 66 22 47
geschl. 15. Dez.–1. Feb.
42 Zimmer (300–470 F)

Bellegarde-en-Marche
Auberge du Franc Alleu
Place du Treix
23190 Bellegarde-en-Marche
✆ 55 67 60 63
geschl. mo und mi abends
8 Zimmer (70 F)

Bonnat
Le Bel Air*
23220 Bonnat
✆ 55 62 11 84
geschl. Okt.
10 Zimmer (95–130 F)

Bourganeuf
*Le Commerce***
12, rue de Verdun
23400 Bourganeuf
✆ 55 64 14 55
geschl. 22. Dez.–15. Feb. und in der Nebensaison so abends und mo
14 Zimmer (130–300 F)

Boussac
*Le Boeuf Couronné**
Place de l'Hotel-de-Ville
23600 Boussac
✆ 55 65 15 92
11 Zimmer (87–193 F)

Hotel du Tilleul
15, rue des Loges
23600 Boussac
✆ 55 65 08 41
geschl. 20. Dez.–5. Jan. und so abends von Okt.–Juni
10 Zimmer (75–110 F)

Budelière
Relais de Sainte-Radegonde
23170 Budelière
✆ 55 82 80 63
5 Zimmer (100–120 F)

Busseau-sur-Creuse
*Hotel du Viaduc***
23150 Busseau-sur-Creuse

✆ 55 62 40 62
Fax 55 62 55 80
geschl. so abends und mo im Nov. und Jan.
7 Zimmer (165–225 F)

La Celle-Dunoise
*Hostellerie Pascaud**
23800 La Celle-Dunoise
✆ 55 89 10 66
geschl. so abends und mo sowie 1.–15. Okt. und 15.–30. Jan.
9 Zimmer (110–200 F)

Chambon-sur-Voueize
*Les Estonneries***
41, avenue Georges-Clemenceau
23170 Chambon/Voueize
✆ 55 82 14 66
10 Zimmer (110–250 F)

Châtelus-le-Marcheix
*Hostellerie des Lacs**
23430 Châtelus-le-Marcheix
✆ 55 64 30 06
geschl. 15. Sep.–1. Okt.
12 Zimmer (97–160 F)

Châtelus-Malvaleix
*Hotel des Voyageurs**
23270 Châtelus-Malvaleix
✆ 55 80 78 11
geschl. 17. Aug.–8. Sep.
6 Zimmer (90–110 F)

Chénérailles
*Hotel de Bretagne**
Place de la Liberté
23130 Chénérailles
✆ 55 62 33 70
geschl. mi und Feb.
10 Zimmer (60–115 F)

*Le Coq d'Or***
Place du Champ-de-Foire
23130 Chénérailles
✆ 55 62 30 83
geschl. fr abends und sa sowie 21. Dez.–27. Jan.
7 Zimmer (90–200 F)

La Courtine
*Au Petit Breuil**
23100 La Courtine
✆ 55 66 76 67
geschl. so abends
9 Zimmer (80–150 F)

*Hotel Moderne***
23100 La Courtine
✆ 55 66 76 31
9 Zimmer (110–285 F)

Crozant
*Hotel des Ruines**
23160 Crozant
✆ 55 89 80 56
geschl. Okt.–Ostern
11 Zimmer (85–190 F)

Dun-le-Palestel
*Hotel de France**
23800 Dun-le-Palestel
✆ 55 89 07 72
geschl. 1.–15. Feb.
16 Zimmer (90–120 F)

*Hotel Joly***
Au bourg
23800 Dun-le-Palestel
✆ 55 89 00 23
geschl. so abends
13 Zimmer (85–180 F)

Évaux-les-Bains
*Hotel Chardonnet***
18, rue de l'Hôtel-de-Ville
23110 Évaux-les-Bains
✆ 55 65 51 78
geschl. Feb.
27 Zimmer (100–250 F)

*Grand Hotel***
Vallon des Thermes
23110 Évaux-les-Bains
✆ 55 65 50 01
geschl. 23. Okt.–31. März
77 Zimmer (77–176 F)

Genouillac
*Le Relais d'Oc***
23350 Genouillac
✆ 55 80 72 45
geschl. 20. Dez.–20. März
7 Zimmer (150–270 F)

Glénic
*Le Moulin Noyé***
23380 Glénic
✆ 55 52 09 11
31 Zimmer (120–220 F)

Gouzon
*Hotel Beaune**
Route de Montluçon
23230 Gouzon
✆ 55 62 20 01
14 Zimmer (80–230 F)

*Le Lion d'Or***
Route de Montluçon

23230 Gouzon
✆ 55 62 28 54
13 Zimmer (160–250 F)

Guéret
*Hotel Auclair***
19, avenue de la Sénatorerie
23000 Guéret
✆ 55 52 01 26
geschl. 22. Dez.–6. Jan.
28 Zimmer (135–295 F)

*Le Globe**
Place du Marché
23000 Guéret
✆ 55 52 02 00 und 55 51 07 56
11 Zimmer (125–230 F)

*Modern Hotel**
1, avenue Pierre-Leroux
23000 Guéret
✆ 55 52 13 34
geschl. 1.–15. Juni
18 Zimmer (94–205 F)

Hotel du Nord
1, boulevard de la Gare
23000 Guéret
✆ 55 52 71 85
geschl. 14. Juli–11. Aug.
und 23. Dez.–1. Jan.
sowie sa abends und so
20 Zimmer (89–195 F)

Hotel-Bar de Pommeil
75, route de Pommeil
23000 Guéret
✆ 55 52 38 54
geschl. 24. Juni–8. Juli
7 Zimmer (82–116 F)

*Hotel Saint-François***
31, place Bonnyaud
23000 Guéret
✆ 55 52 49 86
33 Zimmer (180–250 F)

*L'Univers**
8, rue de l'Ancienne-Mairie
23000 Guéret
geschl. so abends und mo
9 Zimmer (90–160 F)

Lavaveix-les-Mines
*Hotel de France**
23150 Lavaveix-les-Mines
✆ 55 62 42 26
geschl. fr
18 Zimmer (110–150 F)

Lizières
Auberge des Chasseurs
23140 Lizières
✆ 55 63 00 82
17 Zimmer (80–150 F)

Mainsat
Chez Gustou
23700 Mainsat
✆ 55 67 07 37
geschl. 15. Sep.–15. Okt.
7 Zimmer (78,50–130 F)

Montaigut-le-Blanc
Auberge de la Gartempe
Montaigut Gare
23320 Montaigut-le-Blanc
✆ 55 81 33 36
5 Zimmer (65 F)

Moutier-Rozeille
*Au Petit Vatel***
23200 Moutier-Rozeille
✆ 55 66 13 15
geschl. 24. Dez.–24. Jan.
12 Zimmer (82–250 F)

Saint-Étienne-de-Fursac
*Hotel Nougier S. A.***
23290 Saint-Étienne-de-Fursac
✆ 55 63 60 56
geschl. 10. Dez.–1. März
12 Zimmer (240–300 F)

Saint-Hilaire-le-Château
*Hotel du Thaurion***
23250 Saint-Hilaire-le-Château
✆ 55 64 50 12
11 Zimmer (150–350 F)

La Souterraine
*Grand Hotel**
3, place de la Gare
23300 La Souterraine
✆ 55 63 20 63
geschl. Jan. und 15. Sep.–15. Okt.
14 Zimmer (90–240 F)

*Hotel de la Porte Saint-Jean***
2, rue des Bains
23300 La Souterraine
✆ 55 63 03 83
Fax 55 63 77 27
16 Zimmer (128–222 F)

Vieilleville
Hôtel du Commerce
23210 Vieilleville
✆ 55 62 01 82
7 Zimmer (81–114 F)

La Villeneuve-en-Marche
*Le Relais Marchois**
23260 La Villeneuve-en-Marche
✆ 55 67 23 17
geschl. 15. Dez.–15. Jan.
10 Zimmer (120–160 F)

HAUTE-VIENNE

Ambazac
*Hotel de France**
Place de l'Eglise
87240 Ambazac
✆ 55 56 61 51
geschl. 21. Dez.–14. Jan.
8 Zimmer (75–130 F)

Augne
Ranch des Lacs
Vervialle
87120 Augne
✆ 55 69 15 66
geschl. 28. Aug.–10. Sep.
3 Zimmer (90–160 F)

Bellac
*Central Hotel***
Avenue Denfert-Rocherau
87300 Bellac
✆ 55 68 00 34
geschl. 15.–31. Jan. und 1.–21. Okt.
15 Zimmer (165–280 F)

*Les Chataigniers***
Route de Poitiers
87300 Bellac
✆ 55 68 14 82
Fax 55 68 77 56
27 Zimmer (206–345 F)

Bessines-sur-Gartempe
*Manoir Henri IV.***
La Croix-du-Breuil
87250 Bessines-sur-Gartempe
✆ 55 76 00 56
14 Zimmer (180–250 F)

*Hotel de la Vallée***
Avenue de la Gartempe
87250 Bessines-sur-Gartempe
✆ 55 76 01 66
Fax 55 76 60 16
20 Zimmer (116–220 F)

Bussière-Poitevine
*Le Relais de la Gartempe***
Le Bourg
87320 Bussière-Poitevine
✆ 55 68 40 26
12 Zimmer (155–210 F)

Châlus
*Le Carrefour***
Avenue Flaury
87230 Châlus
✆ 55 78 41 69
geschl. 7. Okt.–28. Dez.
10 Zimmer (85–140 F)

Châteauneuf-la-Forêt
*Auberge du Lac**
Avenue du Pont-la-Prairie
87130 Châteauneuf-la-Forêt
✆ 55 69 31 40
9 Zimmer (85–180 F)

Le Chatenet-en-Dognon
*Le Chalet du Lac****
Pont-du-Dognon
87400 Le Chatenet-en-Dognon
✆ 55 57 10 53 und 55 57 11 46
15 Zimmer (280–350 F)

Coussac-Bonneval
*Les Voyageurs***
87500 Coussac-Bonneval
✆ 55 75 20 24
geschl. Jan.
9 Zimmer (195–240 F)

Le Dorat
*Le Bordeaux**
39, place Charles-de-Gaulle
87210 Le Dorat
✆ 55 60 76 88
geschl. Jan.
10 Zimmer (80–160 F)

*Hotel de la Promenade**
3, avenue de Verdun
87210 Le Dorat
✆ 55 60 72 09
geschl. einige Wochen im Sep. und Feb.
8 Zimmer (100–150 F)

Isle
*Jeandillou***
87170 Isle
✆ 55 39 00 44
geschl. 1.–16. Nov.
15 Zimmer (110–280 F)

*Relais de Plaisance**
87170 Isle
✆ 55 39 00 17 und 55 39 05 36
geschl. mo
10 Zimmer (80–190 F)

Limoges

*Hotel Caravelle****
21, rue Armand-Barbès
87100 Limoges
✆ 55 77 75 29
Fax 55 79 27 60
39 Zimmer (200–350 F)

*Hotel Jeanne-d'Arc****
17, avenue Général-de-Gaulle
87000 Limoges
✆ 55 77 67 77
Fax 55 77 33 41
geschl. 24. Dez.–1. Jan.
55 Zimmer (190–380 F)

*Novotel****
Lac d'Uzurat
87280 Limoges
✆ 55 37 20 98
Fax 55 37 06 12
90 Zimmer (390–430 F)

*Le Richelieu Hotel****
40, avenue Baudin
87000 Limoges
✆ 55 34 22 82 und 55 34 33 63
Fax 55 32 48 73
32 Zimmer (280–450 F)

*Hotel Royal Limousin****
Place de la République et boulevard Carnot
87000 Limoges
✆ 55 34 65 30
Fax 55 34 55 21
75 Zimmer (380–505 F)

*Albatros Hotel***
Avenue du Golf
87000 Limoges
✆ 55 06 00 00
34 Zimmer (268–289 F)

*Auberge l'Etape***
Brachaud
87280 Limoges
✆ 55 37 14 33
Fax 55 38 33 42
13 Zimmer (190 F)

*Au Belvedere***
264, route de Toulouse
87000 Limoges
✆ 55 30 57 39
geschl. 2.–16. Jan.
26 Zimmer (130–280 F)

*Le Marceau***
2, avenue de Turenne
87100 Limoges
✆ 55 77 23 43
Fax 55 79 42 60
geschl. 4.–29. Aug.
24 Zimmer (215–260 F)

*Le Musset***
5, rue du 71e-Mobiles
87000 Limoges
✆ 55 34 34 03
geschl. zwei Wochen im Feb.
28 Zimmer (220–260 F)

*Hotel Orléans Lion d'Or***
9 et 11, cours Jourdan
87000 Limoges
✆ 55 77 49 71
Fax 55 77 33 41
geschl. 20. Dez.–1. Jan.
42 Zimmer (150–280 F)

*Hotel de la Paix***
25, place Jourdan
87000 Limoges
✆ 55 34 36 00
31 Zimmer (170–300 F)

*Hotel Urbis***
6, boulevard Victor-Hugo
87000 Limoges
✆ 55 79 03 30
Fax 55 79 31 50
68 Zimmer (260–270 F)

*Hotel Familia**
18, rue du Général-du-Bessol
87000 Limoges
✆ 55 77 51 40
18 Zimmer (75–120 F)

*Hôtel Mon Logis**
16, rue du Général-du-Bessol
87100 Limoges
✆ 55 77 41 43
12 Zimmer (110–175 F)

Magnac-Bourg

*Auberge de l'Etang***
87380 Magnac-Bourg
✆ 55 00 81 37
geschl. 23. Dez.–23. Jan. und in der dritten Oktoberwoche
14 Zimmer (200 F)

*Hôtel du Midi***
87380 Magnac-Bourg
✆ 55 00 80 13
geschl. 15.–30. Nov. und 15. Jan.–15. Feb.
13 Zimmer (200–350 F)

*Hôtel des Voyageurs**
Place de la pharmacie
87380 Magnac-Bourg
✆ 55 00 80 36
geschl. 2.–15. Jan. und
8.–20. Okt.
7 Zimmer (200–250 F)

Magnac-Laval
*Bram**
3, route de la Souterraine
87190 Magnac-Laval
✆ 55 68 56 97 und 55 68 64 45
13 Zimmer (95–165 F)

Mortemart
*Le Relais**
87330 Mortemart
✆ 55 68 12 09
6 Zimmer (120–180 F)

Nieul
*La Chapelle Saint-Martin****
87510 Nieul
✆ 55 75 80 17
Fax 55 75 89 50
10 Zimmer und 3 Suiten
(550–1300 F)

Oradour-sur-Glane
*Le Milord**
10, rue du 10-Juin
87520 Oradour-sur-Glane
✆ 55 03 10 35
geschl. Feb.
8 Zimmer (125–155 F)

Peyrat-le-Château
*Hotel La Caravelle****
Lac de Vassivière
87470 Peyrat-le-Château
✆ 55 69 40 97
geschl. Ende Okt.–Anfang
März
22 Zimmer (270–300 F)

*Au Golf du Limousin***
Auphelle, lac de Vassivière
87470 Peyrat-le-Château
✆ 55 69 41 34
18 Zimmer (135–218 F)

*Auberge du Bois de l'Étang**
38, avenue de la Tour
87470 Peyrat-le-Château
✆ 55 69 40 19
geschl. 20. Dez.–10. Jan.
29 Zimmer (120–240 F)

*Hotel Restaurant des
Voyageurs**
Avenue de la Tour
87470 Peyrat-le-Château
✆ 55 69 40 02
geschl. Nov.–Feb.
14 Zimmer (140–200 F)

Pierre-Buffière
*Hotel Dupuytren**
24, avenue de la République
87260 Pierre-Buffière
✆ 55 00 60 26
7 Zimmer (160–230 F)

Royères
*Hotel Beau Site***
Brignac
87400 Royères
✆ 55 56 00 56
11 Zimmer (185–230 F)

Saint-Junien
*Le Boeuf Rouge***
57, boulevard Victor-Hugo
87200 Saint-Junien
✆ 55 02 31 84
30 Zimmer (200–250 F)

*Relais du Comodoliac***
22, avenue Sadi-Carnot
87200 Saint-Junien
✆ 55 02 27 26
Fax 55 02 68 79
28 Zimmer (180–320 F)

Saint-Laurent-les-Eglises
*Le Rallye***
Pont du Dognon
87340 Saint-Laurent-les-
Eglises
✆ 55 56 56 11
geschl. März, Nov. und Dez.
19 Zimmer (160–250 F)

Saint-Laurent-sur-Gorre
Le Saint-Laurent
87310 Saint-Laurent-sur-
Gorre
✆ 55 00 03 96
geschl. Feb. und vom
1.–15. Nov.
5 Zimmer (140–195 F)

Saint-Léonard-de-Noblat
*Le Grand Saint-Léonard***
23, avenue du Champ-de-Mars
87400 Saint-Léonard-
de-Noblat
✆ 55 56 18 18
Fax 55 56 98 32
geschl. 15. Dez.–15. Jan.
13 Zimmer (200–240 F)

*Modern Hotel**
6, boulevard Adrien-Pressemane
87400 Saint-Léonard-de-Noblat
✆ 55 56 00 25
geschl. Feb.
8 Zimmer (200–240 F)

Saint-Priest-Taurion
*Relais du Taurion**
Le Pont
87480 Saint-Priest-Taurion
✆ 55 39 70 14
geschl. 15. Dez.–10. Jan.
12 Zimmer (100–220 F)

Saint-Yrieix-la-Perche
*Hôtel de la Tour Blanche***
74, boulevard de l'Hôtel-de-Ville
87500 Saint-Yrieix-la-Perche
✆ 55 75 18 17
geschl. 15. Feb.–15. März
11 Zimmer (160–229 F)

Séreilhac
*Relais de Tuileries***
Les Betoulles
87620 Séreilhac
✆ 55 39 10 27
geschl. 15.–30. Nov.
und 8.–31. Jan.
10 Zimmer (230–260 F)

Solignac
*Les Touristes***
Le Vigen
87110 Solignac
✆ 55 00 52 11
7 Zimmer (120–180 F)

Gîte rural und Chambre d'Hôte

Ein *Gîte rural* ist ein rustikales Ferienhaus oder eine Ferienwohnung auf einem Bauernhof oder in einem kleinen Dorf, das auch modernen Komfort bietet. Im Limousin gibt es etwa 2000 derartiger Unterkünfte, die jeweils wochenweise vermietet werden. Die komplette Wohnungs- und Kücheneinrichtung ist vorhanden, der Gast muß nur die Bettwäsche mitbringen und natürlich für die Verpflegung selbst sorgen.

Ein Gîte rural kann für zwei Personen, eine Familie oder auch Gruppen bis zu zehn Personen geeignet sein. Komfort und Preis sind selbstverständlich in einem weiten Spektrum wählbar. Dabei ist das Preis-Leistungs-Verhältnis nicht nur in der Nebensaison erstaunlich günstig. Die Unterkunft kann über die Touristenbüros der Departements reserviert werden, dort sind auch jährlich aktualisierte Broschüren mit allen wissenswerten Details zu erhalten.

Die Pension auf dem Lande, zusammen mit einem herzhaften Frühstück, hat hier den Namen *Chambre d'Hôte.* Man wohnt bei einem Rentnerehepaar, einer Bauernfamilie oder auch in umgebauten Privatschlößchen. Hin und wieder begleitet der Table d'Hôte das Angebot, ein Abendessen auf dem Bauernhof. Dabei dürfen nach strengen Richtlinien nur Produkte aus eigener Herstellung verwendet werden. Oft sind diese derart köstlich zubereitet und urgemütlich in der Bauernstube serviert oder vornehm und trotzdem nicht überteuert im Speisezimmer eines Schlößchens, daß ein Table d'Hôte durchaus zum lukullischen Höhepunkt einer Reise werden kann. Die Liste der Zimmer sowie der Bauernhöfe mit einem Table d'Hôte ist ebenfalls vom Fremdenverkehrsbüro zu erhalten.

Jugendherbergen

Alle Angaben hatten bei Redaktionsschluß Gültigkeit. Die Preise gelten pro Person. In der Regel bezahlt man für ein Frühstück 15 F, Mittag- oder Abendessen kosten 41 F. Einfachere Jugendherbergen werden mit einem Tannenbaum, durchschnittliche mit zwei Tannenbäumen klassifiziert. Drei Tannenbäume sind für die Kennzeichnung der komfortabelsten Jugendherbergen vorgesehen.

Voranmeldungen sind auch in der Nebensaison ratsam, besonders wenn man mit öffentlichen Verkehrsmitteln, zu Fuß oder mit dem Fahrrad anreist. Übernachtungen in Jugendherbergen sind nur für Mitglieder möglich. Auskunft erteilt jede deutsche Jugendherberge oder das Deutsche Jugendherbergswerk, Bismarckstraße 8, Postfach 1455, 4930 Detmold, ✆ 52 31/7 40 10.

Aubusson (Creuse)
Foyer mixte des Jeunes Travailleurs ⌂
Route de Clermont
23200 Aubusson
✆ 55 66 13 59
geöffnet von Juni–Sep.
10 Betten (25 F)

Banize (Creuse)
C. H. A. Lou Pélélé ⌂⌂
Ecole publique de Banize
23120 Vallière
✆ 55 66 07 93
ganzjährig geöffnet
30 Betten (38 F), 10 Zeltplätze (20 F)

Beaulieu-sur-Dordogne (Corrèze)
La Riviéra Limousin ⌂⌂
Place du Monturu
19120 Beaulieu-sur-Dordogne
✆ 55 91 13 82
April–Sep. geöffnet
45 Betten (38 F)
Die Jugendherberge bietet auch Wanderwochen mit Führung an

Bétête (Creuse)
Auberge de Jeunesse ⌂⌂
Centre d'animation de l'Abbaye de Prébenoît
23270 Bétête
✆ 55 80 78 91
April–Okt. geöffnet
30 Betten (38 F), 60 Zeltplätze (20 F)

Brive (Corrèze)
Auberge de Jeunesse ⌂⌂⌂
56, avenue du Maréchal Bugeaud
Parc Monjauze
19100 Brive
✆ 55 24 34 00
Feb.–Nov. geöffnet
109 Betten (42 F)

Limoges (Haute-Vienne)
Accueil F. J. T. 2000 ⌂⌂
20, rue Encombe Vineuse
87100 Limoges
✆ 55 77 63 97
Juni–Sep. geöffnet
40 Betten (38 F)

Saint-Junien (Haute-Vienne)
Auberge de Jeunesse ⌂⌂
13, rue de Saint-Amand
87200 Saint-Junien
✆ 55 02 22 79
ganzjährig geöffnet
50 Betten (38 F)

Spontour (Corrèze)
Auberge de Barrages ⌂

Spontour de Soursac
19550 Lapleau
✆ 55 27 52 73
geöffnet Ostern–Okt.
20 Betten (25 F), 7 Zeltplätze (20 F)

Camping

Ob man nun am Rand der größeren Städte, an einem der vielen Seen oder irgendwo abseits der Reiserouten sein Zelt aufschlagen möchte – fast unbeschränkt ist die Auswahl an Campingplätzen im Limousin. 300 Campingplätze mit 50 000 Stellplätzen sind in Kategorien von einem bis zu vier Sternen eingeteilt; auf vielen kann man auch Wohnmobile oder einfache Ferienhütten mieten. Grundsätzlich sind die Campingplätze im Limousin besonders billig, eine Übernachtung für zwei Personen mit Auto und Zelt oder Wohnmobil liegt in der Regel zwischen 15 und 25 F. Besonders viel Platz bieten die Saison-Campingplätze kleinerer Orte, die oft neben dem Sportplatz zur Verfügung stehen, oder Plätze an kleineren, unbekannteren Badeseen. Manche Stellplätze, dann allerdings ohne großen Komfort, werden den Touristen auch ohne Bezahlung zur Verfügung gestellt. Für Strom betragen die durchschnittlichen Tagestarife 4–8 F.

An Hauptreisetagen können die Campingplätze an der Durchgangsstraße zum Atlantik abends besetzt sein, in Guéret ist dies trotz sehr hoher Preise (55 F für zwei Personen pro Nacht) häufig der Fall.

Eine originelle Art sein Zelt aufzuschlagen oder den Caravan abzustellen ist das Camping auf dem Bauernhof. Die Plätze dürfen dabei höchstens 20 Personen gleichzeitig aufnehmen, um das zu gewährleisten, was der Camper hier sucht: Ruhe und Abgeschiedenheit, frühmorgens vielleicht ein frisches Ei und auf Wunsch auch andere vom Besitzer selbsthergestellte ländliche Gaumenspezialitäten. Dafür sind im Limousin Möglichkeiten auf rund 75 Höfen gegeben.

Campingführer mit detaillierten Angaben zu allen Plätzen können für die drei Departements getrennt und kostenlos bei den Fremdenverkehrsämtern angefordert werden (s. Auskünfte).

Noch ein Tip am Rande: Toilettenpapier sollte man sicherheitshalber immer selbst mitbringen.

Register

Personen

Abadie, Paul 70
Adhémar V., Markgraf von Limoges 241
Alard, Antoine 26
Alarich I., Westgotenkönig 31
Albert II. von Charroux 18
Albret, Jean d' 203
Albret, Jeanne d' 203
Alemannen 17, 27
Alix, Frau Aymerics VI. **246**
Almodis, Tochter Alberts II. 18
Alpinien, Begleiter des hl. Martial 230
Amand, Eremit und Heiler 272
Angoulême, Isabelle von 18
Anjou, Herzog von 239, 272
Antonius von Padua, hl. 158
Araber 17, 183
Archambaud III., Vizegraf von Comborn 214
Archambaud VI., Graf von Comborn 201
Aredius, Abt 80
Armagnac, Bertrand d' 25, 43
Armagnac, Jacques d' 52
Arnaud, Jean 228
Arnaud de Saint-Astier, Bischof von Tulle 108
Arthur de Bretagne 204
Artus, König 119
Aubusson, Familie 77
Aubusson, Agnès d' 239
Aubusson, Charles d' **75**
Aubusson, Francois d' 50
Aubusson, Francoise d' 57
Aubusson, Pierre d' 47, 64, 66, 67, 68, 78
Augustiner 277
Augustus 100
Aurelien, hl. 232
Austriclinien, Begleiter des hl. Martial 230
Aymeric IV., Markgraf 245
Aymeric VI., Markgraf 245, **246**

Bajazet, Sohn Mohammeds II. 64
Balduin, Bischof von Limoges 267
Bardinon, Familie 55
Basile, Pierre 241, 242
Bauberot, René 287
Bauer, Simon 73, Abb. 18
Beauchamp 238
Beaufort, Dynastie 160, 211
Benediktiner 73, 168
Bernard de Ventadour 102, **119, 120**
Bernhard I. von Charroux 18
Bertrand, Eremit 154, 155
Billon, Pierre 26
Biron, Judith de 235
Blanchefort, Guy de 47, 64, 66
Blény, Jacques 275
Blondeau, Familie 38
Bonneval, Claude-Alexandre de (Achmet-Pascha) 234, **235**
Bonneval, Familie 234
Boso, Sohn Aymerics III. 244
Boson, Familie 18
Boson I., Graf der Marche (Boson der Ältere) 18, 31, 73, 282, 283
Botier, Jean 117
Bourbon, Pierre de 58
Bourbon-Châlus, Grafen von 243
Bourdan, Pierre (Mailland, Pierre) 36
Bourgogne, Marguerite de 272
Bouyssonie, Amédée 100, 171
Bouyssonie, Jean 100, 171
Braquilanges, Familie 118
Bridiers, Graf von 29
Brie, Jean de 243
Brioude, Julien de 35
Brosse, Familie **38,** 47
Brosse, Jean de 38
Brosse, Jean I. de 39
Brosse, Jean IV. de **38**
Brosse, René de 38
Brouse, Jacques 54
Brun, Aymeric 243
Brun, Bernard 228
Brun, Pierre 241
Brunyer, Gabriel 70

Cacaud, Jean 63
Calvinisten 167, 239
Cambessédès, Familie 31
Carbonnières, Barone von 176
Carbonnières, Guillaume de 108, 109
Cäsar, Julius 205
Chabrat, Gabriel 76
Chabrol, Claude 77
Chagall, Marc 128
Chamborand, Arnould de 71

Chamborand, Familie 71
Chanac, Familie 209
Chapelle-Taillefert, Familie 80
Chapelle-Taillefert, Pierre de la 80
Châteauroux, Grafen von 37
Chauvigny-Brosse, Familie 204
Chlodwig I., König 17, 268
Choiseul, Herzog von 202
Chopin, Frédéric 38
Clergoux, Robert de 116
Codet, Louis 275
Coligny, Admiral von 167, 239
Combard, Hugues de 182
Combarel, Familie 178
Comborn, Grafen von 127, 128, 153, 160
Comminges, Dynastie 160
Coronat, hl., Bischof der Bretagne 201
Corot, Camille 275
Cosnac, Bertrand de 123
Cosnac, Daniel de, Erzbischof 166
Cosnac, Familie 166
Crozant, Gérald de 27
Cruber, Jean-Jacques 110

Dagobert, König 265
Dalí, Salvador 49
Darnet 223
Delambre 55
Déols, Raoul de 286
Deschamps, Jean 228
Dulaurent, Pierre 206
Dupuytren, Guillaume 247, 248

Ebles I., Markgraf von Ventadour 119
Ebles II., Troubadour 102, 119, 121
Ebles III. 119
Ebles VI. de Ventadour 118
Eduard, der ›schwarze Prinz‹ 31, 102, 167, 174
Eiffel, Gustave 80
Elias, Enkel von Ebles' II., Troubadour 102
Elionore von Aquitanien **119,** 122, 242
Eloi (Eligius), hl. **60,** 117, 221, 222, **265**
Engländer 8, **18,** 30, 38, 43, 53, 63, 167, 176, 203, 248, 265, 281
Ernst, Max 48
Estaing, Guillot d' 181
Estaing, Pierre d' 181
Estrade, Pierre 170
Etienne, hl. **154,** 155, 156, 225, 228, 244
Etienne de Muret, hl. **279**
Eugen, Prinz 235
Euphrasie, Gattin Rogers, des Grafen von Limoges 213, 245
Euric, Westgotenkönig 159

Foucauld, Familie 30, 31
Foucauld, Guy 31
Foucauld, Marc 30
Foucauld de Saint-Germain-Beaupre, Familie 37, 73
Francois I. 125
Franken 17
Franziskaner 158
Friedrich I. 38

Gallier 16, 49, 79
Gasperi, Raphael 164
Gay-Lussac, Joseph-Louis 270, **271,** 304
Geoffrey, Priester **238,** 239
Geoffroy Tête Noire 120
Geoffroy, Vater Heinrichs II. 18
Géraud, Abt 71
Germain de Constantinople, hl. 180
Girardin, Emile de 65
Giraudoux, Jean **282**
Giscard d'Estaing, Valéry 128
Gislebert 299
Glandier, Jean 178
Gonsaldus (Goussard), hl. 72
Gourdon, Bertrand de 241
Grechny, Nicolas 54
Gregor XI., Papst 176
Gui, Troubadour von Ussel 102
Guillaume, Graf von Poitou 119
Guillaume III., Herzog von Aquitanien 272
Guillaume IX. von Aquitanien 102
Guillaume der Große 282
Guillaumin, Armand 25
Guy de Ventadour 123

Hadelin, hl. 265
Hannibal 271
Haviland, Theodore 280
Heinrich II. von England 30, 242
Heinrich II. Plantagenêt 18, 19, 119, 120
Heinrich IV. von Navarra 19, 43, 103, 104, 203, 204
Heinrich VI., Kaiser 241
Heinrich von Lancester **102**
Henriette von England 166
Hospitaliter 40, 64, **65, 66,** 72, 302
Houdin, Abt 232
Hugo V. 18
Hugo XIII. 19
Hugo IX. von Lusignan 30
Hugo X. von Lusignan 18, 50
Hugenotten 46, 49, 164, 176, 178, 207, 208, 248
Humbert (Aubert, Umbert), Domherr aus Limoges 69, 70
Hunnen 17, 101

Innozenz VIII., Papst 65

Innozenz X., Papst 54
Ithier, Bischof von Limoges 248

Jacques II. de Bourbon 25
Jamot, Eugene 76
Jean II. de Calvimont 124
Jean III. Pénicaud 229
Jean de Laigle, Markgraf 226
Jeanne d'Arc 37, 38, 39, 41
Jesuiten 178
Joffre, Joseph 8
Johann ohne Land 18, 242, 272
Johannes XXII., Papst 108
Joudoux, Robert 120, 204
Jourdan, Jean-Baptiste 229
Julien de Brioude, hl. 181
Junian, hl. **272,** 275
Junius Sillanus 225

Kapetinger 17
Karl II., der Kahle 17
Karl II., Bourbonenherzog 19
Karl IV. 19
Karl V. 102
Karl VI. 30, 43
Karl VII. 41
Karl der Große 17, 238
Karl Martell 17
Karmeliter 277
Karolinger 17, 226
Katholiken 31, 41, 207, 239
Kelten 100, 153
Klemens V., Papst (Bertrand de Got) 80, 118
Klemens VI., Papst 247

Laborie François de 174
La Fayette 158
La Fontaine 282
Lamothe-Fènelon, Familie 286
La Meschaussée, Familie 166
Langeac, Jean de 228
Langrange, Fernand 247, 248
Lantarius, Herzog von Limoges 25
La Roche-Aymon 53
Lasteyrie, Familie 128
Lastic, Jean de 64, 66
Lastours, Goulfier de (Chevalier au Lion) 238
Lastours, Guy de 202
La Tour d'Auvergne, Henri de 60, 160
Lebrun, Charles 235
Legros, Abt 287
Lemovices (Lemoviten) 16, 100, 224, 248
Lentilac, Familie 117
Leon, Bischof der Bretagne, hl. 201
Leonhard, hl. 29, 100, **268, 269**
Leopold, Herzog 241
Leroy, Paul 25
Lévis, Familie 120
Lévis-Mirepois, Familie 120
Lévis-Ventadour, Familie 120
Ligurer 100
Limoges, Grafen von 247
Limoges, Markgrafen von 237, 238, 246
Limosin, Léonard 25, 221, 229
Lombardi, Jean Dominique 54
Lubersac, Familie 204
Ludwig I., Herzog der Bourbonen 19
Ludwig II., Bayernkönig 80
Ludwig II., Herzog der Bourbonen 53
Ludwig VII. 30
Ludwig VIII. 122
Ludwig IX., der Heilige Ludwig 18
Ludwig XII. 210
Ludwig XIII. 104, 121
Ludwig XIV. 49, 80, 104, 160, 166, 277
Ludwig XV. 104, 160, 201, 202, 223, 286
Ludwig XVI. 104
Ludwig der Fromme 17, 265
Lurçat, Jean 49
Lusignan 18, 267

Malapert, Abt 74
Malemort, Baron von 122
Malemort, Hélie de 123
Malteser 43
Malval, Familie 46, 47
Marche, Grafen der **18,** 26, 52, 285
Marguerite, Gattin des Grafen Reinaud VI. 50
Maria Theresia, von Österreich 166
Martial, hl. 42, 100, 157, **225,** 226, 228, 229, 230, 231, 244
Martin de Tours, hl. 109, 238
Martin von Spanien (Martin l'Espagnol), hl. 100, 122
Maumont, Aymard de 272
Maumont, Familie 248
Medici, Catherine von 170
Merchadier 242
Merle, Familie 176
Merle, Fulcon de 176
Merle, Hugues de 176
Merowinger 17, 221
Michaud, François 75
Michelet, Edmond 126
Michon, Abt 59
Millaud, Fernand 25
Milly, Jacques de 66
Mirabeau, Familie 247
Mohammed II. 64
Monet, Claude 8, **34, 35**
Montbrun, Pierre de 243, 274
Montespan, Madame de 277
Montmerency-Laval, Marschall von 286
Montmorency, Heinrich II. von 121
Montmorency, Herzog von 120
Montpellier, Alaiz von 119

Montpesier, Gräfin von (›Grande Mademoiselle‹) 31
Monvaerni, Prétendu 229
Mortemart, Herzöge von 277
Murat, Jean 63

Nadaud, Martin 65
Noailles, Alexis de 158
Noailles, Herzöge von 158, 166, 176, 178
Noailles, General de 158
Normannen 108, 265, 283

Orléans, Gaston d' 121

Palesteau, Adelsfamilie 37
Palestel, Roger le 37
Pardoux, hl. 100, 203
Pavillon, Jean 52, 75
Pénicaud, Jean 231
Pesteils, Familie 176, 178
Pesteils, Guy II. de 176
Philipp, König von Frankreich 241
Philipp III. 226
Philipp der Schöne 19, 65, 80
Philippe Auguste, König 181
Picasso, Pablo 49, 166
Pierre, Eremit 154
Pierre, Troubadour von Ussel 102
Pippin der Kurze 17, 159, 183
Pisseleu, Anne de 38
Place, Barthélemy de la 52
Plantagenêts, Könige von England 18, 242
Plas, Familie 171
Poitiers, Graf von 238
Pompadour, Familie 128, 201, 209
Pompadour, Geoffroy Helie de 202
Pompadour, Marquise von (Jeanne de Normant d'Etiolles) 201, 202, 223
Pompadour, Louis de 205, 207
Porte, Raynaud de la 228
Pradeau, Gautier 226
Probus 17
Protestanten 19, 41, 49, 52, 60, 72, 207, 265
Psalmet (Psalmodius), Eremit 267

Ranulphe, Graf von Aubusson 49
Reilhac, Hélène de 178
Reinaud VI., Graf von Aubusson 50, 78
Renoir, Auguste 8, 229
Reynal de Saint-Michel, Familie 80
Richard Löwenherz 8, 18, 29, 120, 202, **241, 242,** 243, 272, 302
Richelieu, Kardinal 20, 51, 237
Rilhac, Marquis von 177
Robert, Kronprinz der Auvergne 59
Robert der Starke 18
Robert de Ventadour 120
Robespierre 105
Roche-Aymon 57
Rochechouart, Familie 246
Rodin, Auguste 8, 34
Rodorel, Familie 209
Roger, Familie 118
Roger, Graf von Limoges 213, 245
Roger, Guillaume 118
Roger, Hugue, Bischof v. Tulle 247
Roger von Montgomery, Herzog von Lancaster 18
Roland, Ritter 157
Rolin, Nicolas 299
Rollinat, Maurice 8, **34**
Römer 16, 17, 41, 49, **100,** 212, **224,** 237, 271
Roricus II., Bischof v. Limoges 272
Roux, Alain 120
Roux, Pierre 120

Sagittaire, hl. 216
Saint-Maixant, Philibert de 57
Salagnac, Joannes de 182
Salis, Géraud de 53
Sand, George **38,** 44
Sarazenen 17, 183, 265
Scorailles, Familie 177
Sédières, Dominique de 117
Sédières, Pierre de 117
Soudeilles, Annet de **121**
Soudeilles, Familie 120
Spencer, Diana (Lady Di) 18
Sudre, Kardinal 114
Sueben 17, 101
Sylvain, hl. 74, 75

Teilliet, Jean 275
Templer (Tempelritter) 40, 43, 62, 63, **65, 66,** 302
Tertius 271
Théau (Theatus), hl. 265
Theodebert, König **268**
Thiery, Gaston 34, **39**
Thynières, Familie de 180
Tournier, François 42
Trie, hl. 172
Turenne, Adelsfamilie 108, 127, 167, 170, 178
Turenne, Charles Godefroy de 160
Turenne, Géraud II., Abt 167
Turenne, Graf von 122
Turenne, Raimond von 101, 159
Turenne, Raoul de 166, 171
Turgot 223
Turpion, Bischof von Limoges 49

Urban II., Papst 101

Valéric, hl. 36

Valérie, hl. 41, 42, **225,** 230, 244
Valon, Alexis 116
Valon, Léon 116
Vandalen 17, 101
Vassinhac, Familie 165
Vazeilles, Marius 214, 215
Veilham, Antoine de 176
Veilhan, Lehnsherren von 176
Ventadour, Adelsfamilie 101, 120, 127, 207, 211
Vicomte, Grafen von 171
Viersat, François de 75
Vigreyos 166
Villedo 80
Vincent 77
Volterra, Daniel de 54

Waifre, Herzog von Aquitanien 17
Wilhelm von Aquitanien 101
Wissigarde, Gattin des Königs Theodebert **268**
Wolfgang, Herzog und Prinz der Kurpfalz 19, 73

Xaintrailles, Gefährte von Jeanne d'Arc 41

Yrieix (Arediux), hl. 235, 236

Zisterzienser 46
Zizim, Prinz (Djem Sultan) 38, **64, 65,** 68

Orte

Ahun 16, **74, 75,** 78, 301
Aixe-sur-Vienne **271, 272**
Ajain 97
Albussac 157
Allassac **127**
Ambazac **279,** 281, 300, 318
Aquitanien 8, 17, 241
Argentat 99, 100, 103, 172, **173–174,** 179, 182, 300, 312, Farbabb. 5
Arnac **202, 203,** 278, Abb. 31, 32, 33
Ars 75
Artense-Plateau 179
Aubazine **154–156,** 300, 305, 312, Farbabb. 3
- Abteikirche **154, 155, 156,** Abb. 22, 23, 24
Aubusson 16, 19, **48–51,** 55, 61, 66, 78, 301, 304, 305, 315, 322
- Kirche Sainte-Croix **50**
- Maison Corneille 51, Abb. 11
- Museum für Tapisserie **48, 49**
- Ruine des Schlosses von Aubusson **51**
Aufelle 61
Auriat 69
Auvergne 10, 16, 55, 71, 179
Auzances **53, 54**
Ayen 153

Banize 78, 322
Basse-Marche 18, **281,** 282
Bassignac-le-Haut 154, **177**
Basteyroux 174
Basville 15
Beaulieu-sur-Dordogne 10, 11, 103, 106, **166–170,** 300, 305, 312, 313, 322
- Abteikirche Saint-Pierre **169, 170,** Abb. 28, 29, Farbabb. 26
Beaumont 208, 209
Beaune 299
Bellac **282,** 306, 318
Bellefaye 40
Bellegarde-en-Marche 56, 315
Bénévent l'Abbaye **69, 70**
- Kirche Saint-Barthélemy **69, 70,** Abb. 13, 14, Farbabb. 25
Bergerac 179
Berry 38, 46
Bessines-sur-Gartempe 286, 318
Bétête 46, 322
Betoulle 277
Beyssac 201
Biennac 246
Blaudeix 43
Blessac 78
Blond **277,** 279
Bois-Lamy 47, 65
Bonlieu, Abtei von 53
Bonnat **45, 46,** 315
Bonnefond 215, 217
Bort-les-Orgues **179,** 180, 181, 305
Bourganeuf 18, 38, **64–66,** 69, 302, 315
Bourges 16, 44
Boussac **38, 39,** 45, 65, 301, 302, 305, 315, Abb. 5, Farbabb. 17, 19
Boussac-Bourg **39, 40**
Bretum (Bridiers) 17, 27, 30
Briance **247,** 248, 265
Brive (Brive-la-Gaillarde) 104, 106, **122–126,** 154, 158, 159, 299, 300, 303, 305, 313, 322
- Hôtel de Labenche **124, 125**
- Stiftskirche Saint-Martin **123, 124**
Bugeat 217
Bujaleuf 267, 268
Busseau-sur-Creuse 80, 315, 316
Bussière-Dunoise **36**

Cahors 158
Camps 175
Cantal-Massiv 179, 205, 212
Chabrière-Wald 25, 79
Châlus 8, 13, 237, **241, 242,** 243, 302, 318
Chamberaud 75
Chamberet 100, **208**
Chambon-sur-Voueize 38, **41, 42,** 306, 316
- Abteikirche Sainte-Valérie 41, 42, Abb. 8
Chamborand 71

Chamboulive 208
Champagnat 56
Champagnac-la-Noaille 118
Chassenon 246, 300, 305
Château Bodeau 54
Château de Brie **244,** 302, Abb. 44
Château de Chalusset **248,** 300, 302
Château d'Etang-Sanne 53
Château de la Fôt 38
Château de Massenon 75
Château de Mazeau 53
Château de Montbrun 13, **243,** 302, Farbabb. 24
Château de Sédières 104, **117,** Abb. 21
Château de Val **180, 181,** 301, 305, Farbabb. 1
Château de Ventadour 13, 102, **119, 120,** 301
Château de Villemonteix 13, **52, 53,** 301, 302, Umschlagvorderseite, Farbabb. 22
Château des Cars 240, 241, 302
Château du Lieuteret **121**
Château du Théret **80,** 302
Châteauponsac **286, 287,** 304
Châteauroux 298
Châteauvieux 97
Châtelet, Goldgräberstadt 41
Châtelus-le-Marcheix 72, 316
Châtelus-Malvaleix **46,** 316
Chaumeil 207
Chavanat 77
Chénérailles **52,** 305, 316
Chéniers 47
Cieux 276
Cinturat 278
Clergoux 116, 117, 313
Clermont-Ferrand 56, 104, 299
Clugnat 46
Coiroux-Schlucht **156**
Collonges-la-Rouge 10, 98, 158, **163–166,** 300, 301
– Kirche Saint-Pierre **164, 165,** Farbabb. 7
Comborn **127, 128**
Combrailles 48
Compreignac 13, 281
Confolent-Port-Dieu 180
Cornil **156**
Corrèze (Stadt) 101, **205, 206,** 209, 313
Corrèze (Fluß) 99, 108, 122, 156, 172, 205, 215
Cosnac **166**
Coussac-Bonneval 12, 13, **234, 235,** 301, 302, 306, 318, Abb. 45
Creuse (Fluß) 8, 15, 31, 35, 36, 74, 78
– Gr. Creuse 34, 45
– Kl. Creuse 34, **45,** 46
Crocq 19, **59, 60**
Crozant 13, 18, 27, **31,** 33, 34, 301, 316, Abb. 7
Curemonte **171,** 300, 301, Farbabb. 8

Darnets **120,** 121
Delft 222
Deutschland 49
Dontreix 54
Donzenac **126**
Dordogne 13, 99, 153, 166, 167, 170, 172, 173, 177, 178, **179,** 180, 181, 182, 215, 300
Dournazac **243**
Dünkirchen 55
Dun-le-Palestel **37,** 316

Egletons 101, 113, **118,** 313
Evaux-les-Bains **40, 41,** 316, Abb. 9, 10
Eygurande 212, 213
Eymoutiers 223, **267,** Abb. 53
Eyrein 122

Faux-la-Montagne 62
Felletin **49, 57, 58,** 305
Feniers 59
Fontevrault, Abtei 242
Forêt de la Feuillade 61
Fresselines 8, **34, 35,** 45, 301
Freysselines 205, 207
Fursac **71,** 72

Garonne 15, 179
Gartempe (Fluß) 71, 79, 286, 287
Gartempe (Ort) 79
Genouillac 47, 316
Gentioux **63**
Gibanel 182
Gimel 101, 221
Gimel-les-Cascades 114, 115, **116**
Gioux 59
Glandier 201
Glénic 13, 97, 316
Goulles 174, 175
Gouzon 43, 316, 317
Grandmont 281
Guéret 18, **25–26,** 27, 74, 78, 79, 298, 299, 300, 301, 304, 306, 317, 323
– Hôtel des Moneyroux 26, Abb. 1
– Musée Municipal 25, Farbabb. 20
– Place Bonnyaud 25, 26, Farbabb. 18

Haute-Fage 52
Hautefage 178
Haute-Marche 13, 18, 48, 281
Heiliges Land 18, 65, 101, 159

Ile aux Pierres 62
Isle 318
Issoudun-Letrieix (Uxellodunum) 16, 52
Italien 221
Ivaonum (Evaux) 17

Jarnages 43
Jarrauds, Wasserfall von 68
Javerdat 277, 278
Jerusalem 50, 101
Jugeals-Nazareth 159
Juillac 153

Konstantinopel 235
Korfu 235

La Borne 75
Lac de Bort 180
Lac de Lavaud-Gelede 63
Lac de Saint-Pardoux **281,** 300
Lac de Vassivière **61, 62,** 266, 267
La Celle-Dunoise **35,** 316
La Chapelle-aux-Saints 100, 170, 171
La Chapelle-Saint-Géraud 175
La Chapelle-Saint-Martial 76
La Chapelle-Spinasse **118**
La Chapelle-Taillefert 79
La Chaussade 56
La Courtine 15, **59,** 316
Ladapeyre 43
Ladignac 237
Ladignac-le-Long 239
La Fage **159,** 300, Abb. 26
La Forêt-du-Temple 47
Laguenne 114
Lamouroux, Höhlen von **158,** Abb. 25
La Nouaille **63**
Lapleau 99
La Roche-L'Abeille 239
La Rochette 78
La Saunière 80
La Souterraine 10, **27–30,** 71, 317
- Kirche Notre-Dame 27, **29,** Abb. 2, 3, 4
Lastours 240, 303
Lavalette 53
Lavaufranche 40, 302
La Villetelle 55
Le-Bourg-d'Hem **36**
Le Châtelard 54
Le Chalard **237–239**
- Kirche **238,** Abb. 46
Le Chatenet-en-Dognon 280, 318
Le Dorat 18, **283–285,** 306, 318
- Stiftskirche Saint-Pierre 10, **283–285,** Abb. 56
Le Grand-Bourg **71**
Le Jardin 118
Le Monteil-au-Vicomte **68**
Lepinas 76
Le Puids 55
Le Rieux 178
Le Saillant 128
Les Billanges 280
Les Cars 100, **215,** 216, 304
Les Couvents 243
Les Mars 54
Les Orgues 179
Les Pierres-Jaumâtres **44**
Les Salles-Lavauguyon 11, **244,** 245
Lestards 207
Les Verrines 37
Le Theil 69
Le Théret 13, 301
Le Vigen **265,** Abb. 57, 58
Liginiac 181
Limoges 8, 56, 72, 101, 166, 221, 223, **224–233,** 235, 246, 248, 271, 276, 280, 281, 298, 299, 300, 304, 305, 306, 319, 322, Abb. 41, 42, 43, Umschlagrückseite
- Cité **227–230**
- Kathedrale Saint-Etienne 11, 12, **227, 228,** Abb. 38, 39, 40, Farbabb. 21
- Metzgergasse (Rue de la Boucherie) **232**
- Musée Municipal (Bischofspalast) 222, **228, 229,** Farbabb. 12, 13
- Musée National Adrien-Dubouché **222,** Farbabb. 14, 15, 16
- Ville 227, **230–232**
Liourdres 179
Lioux-les-Monges 54
Lissac-sur-Couze 126
Loire 15, 99, 100, 215, 299
Lubersac 12, 204
Lupersat 56
Lyon 224, 299

Magnac-Bourg 247, 319
Magnac-Laval **286,** 319
Mainsat 53, 317
Maison Feyne 37
Maissonisses 76
Malemort 313
Malemort-sur-Corrèze 126
Malta 66
Malval **47,** 221
Mandranges 208
Mansat-la-Courrière 66
Marche **18, 19,** 20, 37, 46, 64, 102
Marcillac la Croisille 182
Marèges 181, 182
Marsac 72
Mas du Clos **55**
Masgot 75
Mas-Saint-Jean 37
Masseret 204
Maumont 118
Mautes 54
Menardeix 97
Mercoeur 173, 175
Meymac 101, 105, **213, 214,** 215, 217, 303, 305, Abb. 35, 36
Meyssac **163**
Millevaches-Plateau 15, 62, 99, 100, 204, 205, 210, 212, **214, 215,** 217, 267, 299
Millevaches (Ort) 215, 216
Monceaux-sur-Dordogne 174, 175

Monceix 100
Monédières, Massiv der 204, **205,** 206, 207, 208, 281, Farbabb. 29
Monestier-Port-Dieu 180
Montaignac 122
Montaigut-le-Blanc 78, 79, 317
Monteil-au-Vicomte 65
Montluçon 299
Monts d'Ambazac **279,** 280, 281
Monts de Blond 71, **275, 276,** 277, 281, 282, 300
Monts Dômes 71, 205
Monts Dore 179, 205
Mortemart **276, 277,** 320, Abb. 54, 55
Morterolles 65
Mortroux 47
Mouline, Wasserfall von 36
Moulins 121, 299
Mourioux 72, 73
Moustiers 222
Moutier-d'Ahun 12, **73, 74,** 97, 301, 306, Abb. 15, 17, 18, 19, Farbabb. 2, 4
Moutier-Malcard 47
Moutier-Rozeille **61,** 317
Mulhouse 299
Murel, Wasserfälle von 157, Abb. 27

Naillat **37**
Naves **113, 114,** 313, 314
Nedde 266, 267
Néoux 16
Neuvic 101, 182, 303, 314
Nevers 222
Nexon 239, 240, 303
Noailhac **166**
Noailles **158,** 159
Noth 37, 38
Nougein 182
Nouhant 40

Objat 106, 128, 153, 314
Oradour-sur-Glane 105, **276,** 320
Orléans 298
Österreich 105

Pallier 63
Paris 8, 21, 22, 66, 80, 238, 298, 299, 300
Paulhac 72
Périgord 10, 160
Peyrabout 79
Peyrat-la-Nonière 53
Peyrat-le-Château 61, 267, 320
Peyrelevade 216
Pierre-Buffière 247, 320
Pionnat 80, 97
Poitiers 17
Poitou 10, 17
Pommard 299
Pompadour 13, **201, 202,** 301, 314, Abb. 30
Pontarion 77, Farbabb. 23
Pont du Chambon 176, 177
Pontsebrot 74
Prébenoit, Abtei **46**
Pré-Saint-Julien 16
Puy d'Arnac 172
Puy de Bassin 173, 177
Puy de Bort 179
Puy de Chirouze 59
Puy de Dôme 44, 281, 299
Puy de Gaudy **79, 80**
Puy de Goth (Gaud) 70
Puy de Guet 59
Puy de Jouer 72
Puy de Pauliac 156
Puy de Quinsac 177
Puy de Sancy 281, 299
Puy des Trois-Cornes (Puy de Bernage) 36, 44, 79
Puy du Tour 100
Puy-Lautard 305
Puy Messou 207

Quercy 160, 167
Queyssac-les-Vignes 170

Rancon **287, 288**
Rempnat 266
Reygades 175
Rhodos 64, 66
Rilhac-Lastours 306
Rilhac-Xaintrie 177
Rocamadour 157
Rochebrune 246
Rochechouart 13, 218, 219, **245, 246,** 300, 303, 304
Roche-de-Vic 157
Roches 46
Rom 108
Rouen 222, 242
Rouffignac 278
Rougnat 54
Royère-de-Vassivière 63
Royères 320

Sagnat 37
Sagnat-Soubrenas 78
Saillac **163**
Saint-Angel 13, 213, Abb. 37
Saint-Antoine, Grotten von **158**
Saint-Augustin 206, 207
Saint-Bonnet-la-Rivière 153
Saint-Chamant **157**
Saint-Cirgues-la-Loutre 176, 177
Sainte-Feyre 79
Sainte-Fortunade **156, 157**
Saint-Eloy-les-Tuileries 100, **204**
Saintes 224, 246
Saint-Georges-la-Pouge 76
Saint-Germain-Beaupré **30,** 302, Abb. 6, Farbabb. 10
Saint-Germain-les-Belles **247**
Saint-Goussaud **72**
Saint-Hilaire-les-Places 239
Santiago de Compostela 61, 69, 117, 266, 269
Saint-Julien-aux-Bois 177
Saint-Julien-près-Bort 181
Saint-Junien 10, 223, **272–275,** 299, 320, 322

- Stiftskirche 11, **273–274**
Saint-Just-le-Martel 306
Saint-Léger-le-Guéretois 78
Saint-Léonard-de-Noblat 10, 11, **268–271,** 300, 304, 306, 320, 321
- Stiftskirche **269–271,** Abb. 51, 52
Saint-Loup 43
Saint-Maixant **56, 57,** 302
Saint-Marc-à-Loubaud 63
Saint-Martial-Entraygues 178
Saint-Martial-le-Mont 78
Saint-Martin-Château 68
Saint-Martin-la-Méanne 182, 314
Saint-Martin-Sainte-Catherine 69
Saint-Martin-Terressus 280
Saint-Mathieu **244**
Saint-Mathurin-Léobazel 175
Saint-Médard 51
Saint-Merd-les-Oussines 215
Saint-Michel-de-Veisse 75, 76
Saint-Moreil 68, 69
Saint-Nazaire-Naturdenkmal 181
Saint-Oradoux-de-Chirouze 59
Saint-Pardoux 281
Saint-Pardoux-la-Croisille 178, 314
Saint-Pierre-Cherignat 68, 69
Saint-Priest-d'Evaux 53
Saint-Priest-de-Gimel 116
Saint-Privat 177
Saint-Robert **153,** 305
Saint-Sernin-de-Larche 126
Saint-Setiers 215, 216
Saint-Silvain-Sous-Toulx 43
Saint-Sulpice-les-Champs 76
Saint-Sulpice-le-Dunois 37
Saint-Sulpice-les-Feuilles 286
Saint-Sylvain-Bellegarde 56
Saint-Sylvain-Montaigut 79
Saint-Sylvestre 281
Saint-Vaury **36,** 306
Saint-Viance 153, 154, 314, 315
Saint-Victor 79
Saint-Victurnien **272**
Saint-Yrieix-la-Perche 11, 61, 222, 223, **235–237,** 304, 306, 321
- Stiftskirche **235, 236,** 237, 239, Farbabb. 27
Saint-Yrieix-les-Bois 80
Sardent 76, 77
Sauvagnac 280
Sauviat 69
Schweiz 299
Segonzac 153
Ségur-le-Château **203, 204,** 301, Farbabb. 6
Seilhac 113, 209, 210, 315
Senoueix, Brücke von 14, 304
Séreilhac 321
Sermur 55
Servières-le-Château 173, 177, 178
Signal d'Audouze 216
Sioniac 170
Solignac 10, 166, 169, 221, **265, 266,** 300, 306, 321
- Abteikirche Saint-Pierre **265, 266,** Abb. 47, 48, 49, 50
Soubrebost 66, 68
Soudeilles **121**
Souillac 158
Soumans 40
Sous-Parsat 76
Suc-au-May 205, 207

Tarnac 216, 217
Taurion 63, 69, 72, **280**
Tintignat 101
Toulx-Sainte-Croix **43, 44**
Tours de Merle 13, 176, 301, 305, Farbabb. 9
Toy-Viam 217
Treignac 101, 103, 104, 205, **207, 208,** 303
Trois-Cascades-Wasserfälle **114,** 115, **116**
Tulle 101, 102, 104, 105, 106, **108–112,** 113, 114, 122, 154, 166, 209, 298, 299, 303, 305, 315
- Haus des Kunsthandwerks **111**
- Kathedrale Notre-Dame und Kreuzgang 11, **108–111,** Abb. 20
- Maison de Loyac 12, **111**
Turenne 9, 101, 102, 104, 158, **159–163,** 166, 300, 301
- Schloß von Turenne **160, 161**

Ussel 101, 102, 104, 106, **210–213,** 299, 300, 303, 305
- Kirche Saint-Martin **210, 211**
- Stadtsitz der Herzöge v. Ventadour 210, Abb. 34
Uzerche 10, 101, 102, 104, 166, **183, 184, 201,** 301, Farbabb. 11
- Kirche Saint-Pierre **184, 201**

Vallières 77, 78
Varetz 153, 154, 315
Vézère 99, 122, 128, 201, 205, 215, 217
Viam 217
Vienne 215, 217, **266, 267,** 271, 272, 274, Abb. 59
Viersat 40
Vigeois 201
Villard **35**
Volnay 299

Xaintrie 13, **172, 173,** 175, 177, 178

Yssandonnais 122, 126, 153

Zentralmassiv 15, 179, 299

DuMont Kunst-Reiseführer

Ägypten und Sinai – Geschichte, Kunst und Kultur im Niltal Vom Reich der Pharaonen bis zur Gegenwart

Albanien Kunstreise durch das Land der Skipetaren

Algerien – Kunst, Kultur und Landschaft Von den Stätten der Römer zu den Tuareg der zentralen Sahara

Belgien – Spiegelbild Europas Eine Einladung nach Brüssel, Gent, Brügge, Antwerpen, Lüttich und zu anderen Kunststätten

Die Ardennen Eine alte Kulturlandschaft im Herzen Europas

Bhutan Kunst und Kultur im Reich des Drachen

Brasilien Völker und Kulturen zwischen Amazonas und Atlantik

Bulgarien Kunstdenkmäler aus vier Jahrtausenden von den Thrakern bis zur Gegenwart

Volksrepublik China Kunstreisen durch das Reich der Mitte

Dänemark Land zwischen den Meeren

Bundesrepublik Deutschland

Das Allgäu Städte, Klöster und Wallfahrtskirchen zwischen Bodensee und Lech

Altmühltal Kultur und Landschaft zwischen Ansbach und Kelheim

Bayerisch Schwaben Kultur, Geschichte und Landschaft zwischen Ries und Lechfeld

Das Berchtesgadener Land Vom Watzmann zum Rupertiwinkel

Das Bergische Land Kultur, Geschichte, Landschaft zwischen Ruhr und Sieg

Bodensee und Oberschwaben Zwischen Donau und Alpen: Wege und Wunder im ›Himmelreich des Barock‹

Bonn Von der römischen Garnison zur Bundeshauptstadt. Kunst und Kultur zwischen Voreifel und Siebengebirge

Bremen, Bremerhaven und das nördliche Niedersachsen Kultur, Geschichte und Landschaft zwischen Unterweser und Elbe

Düsseldorf Eine moderne Landeshauptstadt mit 700jähriger Geschichte und Kultur

Die Eifel Entdeckungsreisen von Aachen bis zur Mosel

Franken – Kunst, Geschichte und Landschaft Würzburg, Rothenburg, Bamberg, Nürnberg und die Kunststätten der Umgebung

Freie und Hansestadt Hamburg Geschichte, Kultur und Stadtbaukunst an Elbe und Alster

Hannover und das südliche Niedersachsen Geschichte, Kunst und Landschaft zwischen Harz und Weser, Braunschweig und Göttingen

Hessen Vom Edersee zur Bergstraße. Die Vielfalt von Kunst und Landschaft zwischen Kassel und Darmstadt

Nördliches Hessen Zwischen Lahn und Werra, Reinhardswald und Rhön – Rundfahrten im Land des Fachwerkbaues

Hunsrück und Naheland Entdeckungsfahrten zwischen Mosel, Nahe, Saar und Rhein

Köln Zwei Jahrtausende Kunst, Geschichte und Kultur

Kölns romanische Kirchen Architektur, Ausstattung, Geschichte

Die Mosel Von der Mündung bei Koblenz bis zur Quelle in den Vogesen

München Von der welfischen Gründung Heinrichs des Löwen bis zur Gegenwart: Kunst, Kultur, Geschichte

Münster und das Münsterland Ein Reisebegleiter in das Herz Westfalens

Zwischen Neckar und Donau Kunst, Kultur und Landschaft von Heidelberg bis Heilbronn, im Hohenloher Land, Ries, Altmühltal und an der oberen Donau

Der Niederrhein Landschaft, Geschichte und Kultur am unteren Rhein

Oberbayern Kultur, Geschichte, Landschaft zwischen Donau und Alpen, Lech und Salzach

Oberpfalz, Bayerischer Wald, Niederbayern Regensburg und das nordöstliche Bayern

Osnabrück, Oldenburg und das westliche Niedersachsen Kultur, Geschichte, Landschaft zwischen Weser und Ems

Ostfriesland mit Jever- und Wangerland Über Moor, Geest und Marsch zum Wattenmeer und zu den Inseln

Der Rhein von Mainz bis Köln Eine Reise durch das Rheintal

Das Ruhrgebiet Kultur und Geschichte im »Revier« zwischen Ruhr und Lippe

Das Saarland Kunst und Kultur im Dreiländereck zwischen Blies, Saar und Mosel

Sachsen Kultur und Landschaft zwischen Dresden, Leipzig und Chemnitz

Sachsen-Anhalt Kultur, Geschichte und Landschaft an Elbe und Saale

Sauerland mit Siegerland und Wittgensteiner Land

Schleswig-Holstein Zwischen Nordsee und Ostsee

Der Schwarzwald und das Oberrheinland Wege zur Kunst zwischen Karlsruhe und Waldshut: Ortenau, Breisgau, Kaiserstuhl und Markgräflerland

Sylt, Amrum, Föhr, Helgoland, Pellworm, Nordstrand und Halligen Natur und Kultur auf Helgoland und den Nordfriesischen Inseln

Thüringen Reisen durch eine große deutsche Kulturlandschaft

Der Westerwald Vom Siebengebirge zum Hessischen Hinterland

Östliches Westfalen Vom Hellweg zur Weser. Kunst und Kultur zwischen Soest und Paderborn, Minden und Warburg

Württemberg-Hohenzollern Kunst und Kultur zwischen Schwarzwald, Donautal und Hohenloher Land: Stuttgart, Heilbronn, Schwäbisch Gmünd, Tübingen, Rottweil, Sigmaringen

Die Färöer Inselwelt im Nordatlantik

Frankreich

Auvergne und Zentralmassiv Entdeckungsreisen von Clermont-Ferrand über die Vulkane und Schluchten des Zentralmassivs zum Cevennen-Nationalpark

Die Bretagne Im Land der Dolmen, Menhire und Calvaires

Burgund Burgen, Klöster und Kathedralen im Herzen Frankreichs

Côte d'Azur Frankreichs Mittelmeer-Küste von Marseille bis Menton

Dauphiné und Haute Provence Entdeckungsfahrten zwischen Rhône und Alpen, von Lyon bis zur Verdon-Schlucht

Das Elsaß Wegzeichen europäischer Kultur und Geschichte zwischen Oberrhein und Vogesen

Frankreich für Pferdefreunde Kulturgeschichte des Pferdes von der Höhlenmalerei bis zur Gegenwart

Frankreichs gotische Kathedralen Eine Reise zu den Höhepunkten mittelalterlicher Architektur in Frankreich

Romanische Kunst in Frankreich Ein Reisebegleiter zu allen bedeutenden romanischen Kirchen und Klöstern

Korsika Natur und Kultur auf der ›Insel der Schönheit‹

Languedoc – Roussillon Von der Rhône zu den Pyrenäen

Das Limousin Im Herzen Frankreichs – Entdeckungsfahrten zwischen Zentralmassiv und Poitou, Périgord und Bourbonnais

Das Tal der Loire Schlösser, Kirchen und Städte im ›Garten Frankreichs‹

Lothringen Ein alter europäischer Kulturraum: Kunst, Geschichte, Landschaft

Die Normandie Vom Seine-Tal zum Mont St. Michel

Paris und die Ile de France Die Metropole und das Herzland Frankreichs. Von der antiken Lutetia bis zur Millionenstadt

Périgord und Atlantikküste Kunst und Natur im Land der Dordogne und an der Côte d'Argent von Bordeaux bis Biarritz

Das Poitou Westfrankreich zwischen Poitiers, La Rochelle und Angoulême – die Atlantikküste von der Loiremündung bis zur Gironde

Die Provence Ein Begleiter zu den Kunststätten und Naturschönheiten im Sonnenland Frankreichs

Savoyen Vom Genfer See zum Montblanc – Natur und Kunst in den französischen Alpen

---

Griechenland

Athen Geschichte, Kunst und Leben der ältesten europäischen Großstadt von der Antike bis zur Gegenwart

Die griechischen Inseln Ein Reisebegleiter zu den Inseln des Lichts

Korfu Das antike Kerkyra im Ionischen Meer

Kreta – Kunst aus fünf Jahrtausenden Von den Anfängen Europas bis zur kreto-venezianischen Kunst

Rhodos Eine der sonnenreichsten Inseln im Mittelmeer – ihre Geschichte, Kultur und Landschaft

Tempel und Stätten der Götter Griechenlands Ein Reisebegleiter zu den antiken Kultzentren der Griechen

---

Grönland Kultur und Landschaft am Polarkreis

Großbritannien

Englische Kathedralen Eine Reise zu den Höhepunkten englischer Architektur von 1066 bis heute

Die Kanalinseln und die Insel Wight Die britischen Inseln zwischen Normandie und Süd-England

London Biographie einer Weltstadt

Die Orkney- und Shetland-Inseln Landschaft und Kultur im Nordatlantik

Ostengland Suffolk, Norfolk und Essex. Von Künstlern und Bauern, Kirchen und Palästen der Countryside

Schottland Geschichte und Literatur. Architektur und Landschaft

Süd-England Von Kent bis Cornwall. Architektur und Landschaft, Literatur und Geschichte

Wales Literatur und Politik – Industrie und Landschaft

Guatemala Honduras – Belize. Die versunkene Welt der Maya

Holland Ein Reisebegleiter durch Städte und Provinzen der Niederlande

Indien Von den Klöstern im Himalaya zu den Tempelstätten Südindiens

Ladakh und Zanskar Lamaistische Klosterkultur im Land zwischen Indien und Tibet

---

Indonesien Ein Reisebegleiter nach Java, Sumatra, Bali und Sulawesi (Celebes)

Bali Tempel, Mythen und Volkskunst auf der tropischen Insel zwischen Indischem und Pazifischem Ozean

---

Irland – Kunst, Kultur und Landschaft Entdeckungsfahrten zu den Kunststätten der ›Grünen Insel‹

Island Vulkaninsel zwischen Europa und Amerika

Israel

Das Heilige Land Historische und religiöse Stätten von Judentum, Christentum und Islam in dem zehntausend Jahre alten Kulturland zwischen Mittelmeer, Rotem Meer und Jordan

---

Italien

Die Abruzzen Das Bergland im Herzen Italiens. Kunst, Kultur und Geschichte

Apulien Kastelle und Kathedralen im Südreich der Staufer

Elba Ferieninsel im Tyrrhenischen Meer. Macchienwildnis, Mineralienfundorte, Kulturstätten

Emilia-Romagna Oberitalienische Kunststädte zwischen Po, Apennin und Adria

Das etruskische Italien Entdeckungsfahrten zu den Kunststätten und Nekropolen der Etrusker

Florenz Ein europäisches Zentrum der Kunst. Geschichte, Denkmäler, Sammlungen

Gardasee, Verona, Trentino Der See und seine Stadt – Landschaft und Geschichte, Literatur und Kunst

Latium – Das Land um Rom Klöster und Villen, Kirchen und Gräberstädte, mittelalterliche Orte und arkadische Landschaften

Lombardei und Oberitalienische Seen Kunst und Landschaft zwischen Adda und Po

Die Marken Die adriatische Kulturlandschaft zwischen Urbino, Loreto und Ascoli Piceno

Der Golf von Neapel Das Traumziel der klassischen Italienreise. Geschichte, Kunst, Geographie

Piemont und Aosta-Tal Begegnungen italienischer und französischer Kunst im Königreich der Savoyer. Kultur, Geschichte und Landschaft im Bogen der Westalpen

Die italienische Riviera Ligurien – die Region und ihre Küste von San Remo über Genua bis La Spezia

Rom – Ein Reisebegleiter Zweieinhalb Jahrtausende Kunst und Kultur der Ewigen Stadt

Rom in 1000 Bildern Kunst und Kultur der ›Ewigen Stadt‹ in mehr als 1000 Bildern

Das antike Rom Die Stadt der sieben Hügel: Plätze, Monumente und Kunstwerke. Geschichte und Leben im alten Rom

Sardinien Entdeckungsreisen auf einer der schönsten Inseln im Mittelmeer

Sizilien Insel zwischen Orient und Okzident

Südtirol Begegnungen nördlicher und südlicher Kulturtradition in der Landschaft zwischen Brenner und Salurner Klause

Toscana Das Hügelland und die historischen Stadtzentren

Die ländliche Toscana Entdeckungsreisen abseits der bekannten Routen

Die Villen der Toscana und ihre Gärten Kunst- und kulturgeschichtliche Reisen durch die Landschaften um Florenz, Pistoia, Lucca und Siena

Umbrien Eine Landschaft im Herzen Italiens

Venedig Die Stadt in der Lagune – Kirchen und Paläste, Gondeln und Karneval

Das Veneto Verona, Vicenza, Padua. Städte und Villen, Kultur und Landschaft Venetiens

Die Villen im Veneto Eine kunst- und kulturgeschichtliche Reise in das Land zwischen Alpenrand und Adriabogen

Japan – Tempel, Gärten und Paläste Einführung in Geschichte und Kultur und Begleiter zu den Kunststätten Japans

Der Jemen Nord- und Südjemen. Antikes und islamisches Südarabien

Jordanien Völker und Kulturen zwischen Jordan und Rotem Meer

Jugoslawien Kunst, Geschichte und Landschaft zwischen Adria und Donau

Karibische Inseln Westindien. Von Cuba bis Aruba

Kenya Kunst, Kultur und Geschichte am Eingangstor zu Innerafrika

Luxemburg Entdeckungsfahrten zu den Burgen, Schlössern, Kirchen und Städten des Großherzogtums

Malaysia und Singapur Dschungelvölker, Moscheen, Hindutempel, chinesische Heiligtümer und moderne Stadtkulturen im Herzen Südostasiens

Malta und Gozo Die goldenen Felseninseln – Urzeittempel und Malteserburgen

Marokko – Berberburgen und Königsstädte des Islam Ein Reisebegleiter zur Kunst Marokkos

Mexiko Ein Reisebegleiter zu den Götterburgen und Kolonialbauten Mexikos

Mexico auf neuen Wegen Ein Reisebegleiter zu präkolumbischen Kultstätten und Kunstschätzen

Namibia und Botswana Kultur und Landschaft im südlichen Afrika

Nepal – Königreich im Himalaya Geschichte, Kunst und Kultur im Kathmandu-Tal

Norwegen Natur- und Kulturlandschaften vom Skagerrak bis nach Finnmark

Österreich

Das Burgenland Land der Störche und der Burgen: Kultur, Landschaft und Geschichte zwischen Ostalpen und Pußta

Kärnten und Steiermark Vom Großglockner zum steirischen Weinland

Salzburg, Salzkammergut, Oberösterreich Kunst und Kultur auf einer Alpenreise vom Dachstein bis zum Böhmerwald

Tirol Nordtirol und Osttirol. Kunstlandschaft und Urlaubsland an Inn und Isel

Vorarlberg und Liechtenstein Landschaft, Geschichte und Kultur im ›Ländle‹ und im Fürstentum

Wien und Umgebung Kunst, Kultur und Geschichte der Donaumetropole

Pakistan Drei Hochkulturen am Indus. Harappa – Gandhara – Die Moguln

Papua-Neuguinea Niugini. Steinzeit-Kulturen auf dem Weg ins 20. Jahrhundert

Polen Geschichte, Kunst und Landschaft einer alten europäischen Kulturnation

Portugal Vom Algarve zum Minho

Madeira Kultur und Landschaft auf Portugals ›Blumeninsel‹ im Atlantik

Rumänien Schwarzmeerküste – Donaudelta – Moldau – Walachei – Siebenbürgen: Kultur und Geschichte

Die Sahara Mensch und Natur in der größten Wüste der Erde

Sahel Senegal, Mauretanien, Mali, Niger Islamische und traditionelle schwarzafrikanische Kultur zwischen Atlantik und Tschadsee

Schweden

Schweden Vielfalt von Kunst und Landschaft im Herzen Skandinaviens

Gotland Die größte Insel der Ostsee. Eine schwedische Provinz von besonderem Reiz – Kultur, Geschichte, Landschaft

Schweiz

Die Schweiz Zwischen Basel und Bodensee · Französische Schweiz · Das Tessin · Graubünden · Vierwaldstätter See · Berner Land · Die großen Städte

Tessin Kunst und Landschaft zwischen Gotthard und Campagna Adorna

Das Wallis Der Südwesten der Schweiz

Skandinavien – Dänemark, Norwegen, Schweden, Finnland Kultur, Geschichte, Landschaft

Sowjetunion (ehemals)

Georgien und Armenien Zwei christliche Kulturlandschaften im Süden der Sowjetunion

Moskau und Leningrad Kunst, Kultur und Geschichte der beiden Metropolen, des ›Goldenen Ringes‹ und Nowgorods

Sowjetischer Orient Kunst und Kultur, Geschichte und Gegenwart der Völker Mittelasiens

Spanien

Die Kanarischen Inseln Inseln des ewigen Frühlings: Teneriffa, Gomera, Hierro, La Palma, Gran Canaria, Fuerteventura, Lanzarote

Katalonien und Andorra Von den Pyrenäen zum Ebro. Costa Brava – Barcelona – Tarragona – Die Königsklöster

Der Prado in Madrid Ein Führer durch eine der schönsten Gemäldesammlungen Europas (Frühjahr '92)

Mallorca – Menorca Ein Begleiter zu den kulturellen Stätten und landschaftlichen Schönheiten der großen Balearen-Inseln

Nordwestspanien Landschaft, Geschichte und Kunst auf dem Weg nach Santiago de Compostela

Spaniens Südosten – Die Levante Die Mittelmeerküste von Amposta über Valencia und Alicante bis Cartagena

Sudan Steinerne Gräber und lebendige Kulturen am Nil

Südamerika: präkolumbische Hochkulturen Kunst der Kolonialzeit. Ein Reisebegleiter zu den Kunststätten in Kolumbien, Ekuador, Peru und Bolivien

Südkorea Kunst und Kultur im ›Land der Hohen Schönheit‹

Syrien Hochkulturen zwischen Mittelmeer und Arabischer Wüste

Thailand und Burma Tempelanlagen und Königsstädte zwischen Mekong und Indischem Ozean

Tschechoslowakei Kunst, Kultur und Geschichte im Herzen Europas

Prag Kultur und Geschichte der ›Goldenen Stadt‹

Türkei

Istanbul Bursa und Edirne. Byzanz – Konstantinopel – Stambul. Eine historische Hauptstadt zwischen Abend- und Morgenland

Ost-Türkei Völker und Kulturen zwischen Taurus und Ararat

Ungarn Kultur und Kunst im Land der Magyaren

USA – Der Südwesten Indianerkulturen und Naturwunder zwischen Colorado und Rio Grande

Vietnam Pagoden und Tempel im Reisfeld – im Fokus chinesischer und indischer Kultur

Zimbabwe Das afrikanische Hochland zwischen den Flüssen Sambesi und Limpopo

Zypern 8000 Jahre Geschichte: Archäologische Schätze – Byzantinische Kirchen – Gotische Kathedralen